THE LOST 300 YEARS
1840
THE MAKING OF THE CHINESE CLOSED-DOOR POLICY BEFORE 1840

失去的三百年

地理大发现之后中国的开放与封闭
(1516—1840)

郭建龙 ◎ 著

浙江人民出版社

图书在版编目（CIP）数据

失去的三百年：地理大发现之后中国的开放与封闭：1516—1840 / 郭建龙著. -- 杭州：浙江人民出版社，2024.10（2025.7重印）. -- ISBN 978-7-213-11529-5

Ⅰ．K248

中国国家版本馆CIP数据核字第2024Y2Q713号

失去的三百年：地理大发现之后中国的开放与封闭（1516—1840）
SHIQU DE SANBAI NIAN: DILI DAFAXIAN ZHIHOU ZHONGGUO DE KAIFANG YU FENGBI (1516—1840)

郭建龙　著

出版发行：	浙江人民出版社（杭州市环城北路177号 邮编 310006）
市场部电话：	（0571）85061682　85176516
责任编辑：	齐桃丽　尚　婧　魏　力
特约编辑：	刘一冰
营销编辑：	陈雯怡　陈芊如
责任校对：	马　玉
责任印务：	幸天骄
封面设计：	水玉银文化
电脑制版：	北京九章文化有限公司
印　　刷：	杭州丰源印刷有限公司
开　　本：	710毫米×1000毫米　1/16　印　张：29.25
字　　数：	432千字　插　页：4
版　　次：	2024年10月第1版　印　次：2025年7月第6次印刷
书　　号：	ISBN 978-7-213-11529-5
定　　价：	98.00元

如发现印装质量问题，影响阅读，请与市场部联系调换。

目　录

楔子　洋人翻译告御状（1759）⋯⋯⋯⋯⋯⋯⋯⋯⋯⋯⋯⋯⋯⋯001
　　一条小船的冒险之旅 //001
　　乾隆时期的外贸规则 //006
　　宁波的贸易尝试 //010
　　原来如此 //015
　　擒拿汉奸案 //025
　　真正的分歧 //031

第一部　百年试探（1516—1644）

第一章　从耀兵到锁国（1516—1567）⋯⋯⋯⋯⋯⋯⋯⋯⋯⋯⋯037
　　第一个来自西方的使节 //037
　　元朝的遗产 //049
　　封闭的帝国 //052
　　朝贡式贸易 //055

第二章　隆庆开关（1567—1583）⋯⋯⋯⋯⋯⋯⋯⋯⋯⋯⋯⋯⋯060
　　无法禁绝的海外华人 //060
　　无力禁止的葡萄牙贸易 //062
　　隆庆开关 //069
　　竞逐东南亚 //074
　　晚明对西方的认知 //081

矿税之祸 //086

第三章 利玛窦和徐光启（1583—1622）·····················090

两位文人的经历 //090

利玛窦的进京之路 //094

科学传教策略 //101

中国第二次大翻译运动 //104

保守派的第一次反扑 //115

第四章 战争与枪炮（1622—1644）·························122

后金战争的转变 //122

无可奈何花落去 //127

西洋科学在中国 //131

被遗弃的海外华人 //135

荷兰占领中国台湾 //139

新势力英国 //141

第二部　在希望与失望中跌宕的百年（1644—1735）

第五章 换代时期的传教士与割据者（1644—1683）·············149

南明皇室的西教化 //149

明清换代时期的传教士 //153

郑一官的事业 //158

海禁政策和澳门的选择 //163

台湾：海洋帝国的根基 //169

换代时期的国家押宝 //172

郑氏集团的覆灭 //177

第六章 黄金时代（1644—1716）·····························180

汤若望的沉浮 //180

康熙皇帝与南怀仁 //190

科学的黄金时代 //195

目 录

　　清朝的北方边境关系 //203

　　《尼布楚条约》//209

　　一半中国的回归 //217

第七章　帝王与教皇（1683—1722）······················226

　　中俄"朝贡"贸易 //226

　　东正教的北方教团 //231

　　冲突不断的北方贸易 //235

　　南方的四口通商 //241

　　与天主教的争执 //250

　　英吉利的崛起 //261

　　华商的艰难 //270

第八章　强人皇帝的紧缩（1722—1735）··················277

　　雍正上台与禁止天主教 //277

　　阴谋论下的国际关系 //280

　　皇帝关注下的疆藏 //288

　　《恰克图条约》//294

　　第一个正式的中国使团 //298

第三部　锁死在系统中的百年（1735—1840）

第九章　乾隆皇帝：盛世闭锁（1735—1796）··············307

　　葡萄牙使节见乾隆 //307

　　准噶尔的灭亡 //311

　　帝国圈战争 //316

　　北方的贸易 //321

　　一口通商时代 //324

　　与皇帝无关的华人世纪 //329

　　美利坚的到来 //337

　　马戛尔尼：盛世的最后一瞥 //342

第十章　孱弱的军事，强硬的姿态（1796—1820）⋯⋯⋯⋯⋯⋯⋯⋯⋯352
　　西山的动荡 //352
　　海盗时代的起落 //358
　　戈洛夫金：被迫返回的使节 //368
　　阿美士德：英国人最后的尝试 //378

第十一章　战争是仅剩的可能性（1802—1840）⋯⋯⋯⋯⋯⋯⋯⋯⋯384
　　英国人觊觎澳门 //384
　　鸦片的由来 //392
　　鸦片"冷战"和伶仃模式 //397
　　当国家主义面对个人主义 //406
　　破产的十三行 //412
　　鸦片战争前的最后一瞥 //421

结论　失去的三百年⋯⋯⋯⋯⋯⋯⋯⋯⋯⋯⋯⋯⋯⋯⋯⋯⋯⋯⋯⋯⋯430

附录一⋯⋯⋯⋯⋯⋯⋯⋯⋯⋯⋯⋯⋯⋯⋯⋯⋯⋯⋯⋯⋯⋯⋯⋯⋯⋯⋯437
附录二⋯⋯⋯⋯⋯⋯⋯⋯⋯⋯⋯⋯⋯⋯⋯⋯⋯⋯⋯⋯⋯⋯⋯⋯⋯⋯⋯440
附录三⋯⋯⋯⋯⋯⋯⋯⋯⋯⋯⋯⋯⋯⋯⋯⋯⋯⋯⋯⋯⋯⋯⋯⋯⋯⋯⋯447
附录四⋯⋯⋯⋯⋯⋯⋯⋯⋯⋯⋯⋯⋯⋯⋯⋯⋯⋯⋯⋯⋯⋯⋯⋯⋯⋯⋯450
参考书籍⋯⋯⋯⋯⋯⋯⋯⋯⋯⋯⋯⋯⋯⋯⋯⋯⋯⋯⋯⋯⋯⋯⋯⋯⋯⋯452
后记⋯⋯⋯⋯⋯⋯⋯⋯⋯⋯⋯⋯⋯⋯⋯⋯⋯⋯⋯⋯⋯⋯⋯⋯⋯⋯⋯⋯460

楔子
洋人翻译告御状（1759）

一条小船的冒险之旅

乾隆二十四年（1759）对大清帝国来说本来是一帆风顺的一年。这个大帝国刚刚消灭了一个心腹大患：四年前，乾隆皇帝借助准噶尔瘟疫和内乱的机会，派出定北将军班第、定西将军永常率领大军讨伐位于新疆的准噶尔，并将之平定。这个从康熙皇帝时期开始就一直是清朝关注焦点的内亚巨型集团，也是唯一能够和清廷抗衡的游牧部落终于消失了。[①]之后的几年，乾隆皇帝再接再厉，进军南疆，获得了整个新疆地区的控制权，并平定了大、小和卓的反叛。到了乾隆二十四年，定边将军兆惠夺取了喀什噶尔（现新疆维吾尔自治区喀什），标志着新疆已经彻底平定，在乾隆皇帝手中，大清帝国终于确立了它的辽阔疆域。

然而也是在这一年，一件小事破坏了皇帝的心情，这件事是由一艘"红毛夷"的小船引发的。

6月13日，一艘叫作"成功号"的英国小型船舶离开澳门（行政权依然属于中国，葡萄牙人有居住权和默许的外国人管理权），向北方进发。到了6

[①] 准噶尔的存在影响了清朝自康熙皇帝以来的对外政策，特别是对俄国的政策。康熙皇帝与俄国签订《尼布楚条约》就有做一定让步、腾出手来对付准噶尔的考虑。康熙皇帝战胜了准噶尔部首领噶尔丹，但准噶尔依然有给清朝制造麻烦的实力。雍正皇帝同样为了对付准噶尔，对俄国采取了软化的政策。乾隆皇帝终于抓住机会平定了准噶尔，形成了清朝辽阔的版图。但此时，清朝与俄国的关系已经在两个条约（《尼布楚条约》和《恰克图条约》）中确定了。关于中俄关系和清廷平定准噶尔的内容，见本书的第二部和第三部。

月 21 日①中午,他们来到了浙江舟山附近的泗礁洋面上,在这里遭遇一艘巡海的清朝帆船战舰。战舰上的把总叫陈兆龙,他发现英国船之后,连忙将它逼停到了双屿岛②。

英国船靠岸后,陈兆龙对其进行了简单测量:船身长七丈,梁头一丈四,船上有十二人,其中一人是黑人。船上有两门铜炮、一门铁炮、四杆鸟枪、四把腰刀、三十斤火药、五十多颗炮弹。这艘船上的夷商叫作洪任,宣称他们是打前站的,后面还会有船过来,要到宁波做生意。

陈兆龙将此事上报给他的上司游击将军李雄,李雄再上报给上级定海总兵罗英笏。罗英笏听说后,连忙派手下守备娄全赶往现场。与此同时,英国船到来的消息也报给了浙江巡抚庄有恭。庄有恭的记忆力很好,得到汇报后,他突然记起洪任似乎前两年也来过。当时,浙江地区的官员曾告诉过洪任:他以后不能再来这里,只能去广州做买卖。官员们以为他已经明白了,可为什么过了两年他又来了呢?他到底想干什么?难道要走私?于是庄有恭派人通知定海县(位于舟山本岛)民政官员,后者派遣沈岙巡检高云蔚前去调查此事。③

根据英国人的记载,两位军官(陈兆龙和娄全)和一位文官(高云蔚)于 6 月 25 日抵达该船,他们虽然来自不同的部门,但带来的总兵和知县的命令都是告诉英国人,皇帝已经下令,不准他们在浙江做生意,他们必须回广州去。

英国船答应了他们的要求。在补给饮用水(清朝官员拒绝给予物资补给,只允许补水)之后,英国船被迫在当日离开。为了防止狡诈的英国人变卦,清朝海防派船跟了他们三天,直到他们到了鸦鹊山岛之外,才撤了回去。

当天,定海总兵给皇帝写奏折讲述了这件事。三天后,浙江巡抚也单独

---

① 阴历五月三十日,见定海总兵罗英笏奏折,出自《清代档案史料选编·乾隆朝·英吉利通商案》。本书中所有的阳历日期用阿拉伯数字表示,所有的阴历日期用汉字数字表示。
② 英国人记为"Kitto Point",根据奏折,为双屿岛。
③ 这里对于人名和过程的还原,英国人方面的记载取自《东印度公司对华贸易编年史(1635—1834 年)》,中方记载依据的是《清代档案史料选编》。

楔子　洋人翻译告御状（1759）

给皇帝发了奏折，两封奏折报告了同一个好消息：英国人被赶走了。①

但浙江的文武官员过于天真。事实上，英国船在摆脱了清朝海防的尾随之后，不仅没有南下广州，反而继续北上。7月10日，它已经到达天津海河的入海口附近。②这里是清朝海防的前哨大沽营所在地，海口处设有堡垒和炮台。见一艘奇怪的船到达，炮台里连忙派人过来，告诉船上的人不能进入内河。③到黄昏时，大沽营游击将军赵之瑛来到船上。他曾经在广州任职，见到船上的洪任后感到非常惊讶。原来，赵之瑛与洪任是在南方时的旧相识：所谓"洪任"，就是在广州活动的著名的英国人大班④洪任辉，他是历史上东印度公司培养的第一个由英国人担任的中文翻译（此前都是由中国人担任），也是一位兢兢业业的商人。这位商人怎么会不带一点货物，从广州来到天津呢？

遇到了熟人，洪任辉这才有机会将他北上的目的和盘托出。

事实上，在宁波舟山时，洪任辉已经声明过他是来告状的，要将外国商人们在广州遭受的委屈都告诉皇上。这些外国人认为，广州的官员太坏了，贪污腐败、只手遮天，将皇帝蒙在鼓里，为了摆脱这些可恶的官员，只有北上告状一条路可走了。⑤

洪任辉在浙江也诉说了他的委屈，但浙江的文武官员们显然不愿意接这桩棘手的事情，他们只想着怎样将洪任辉赶走——在奏折中他们都隐瞒了这一点。英国人曾经将一封告状信交给浙江的三位官员（陈兆龙、娄全、高云蔚），希望他们能够将信层层上传到皇帝手中，但他们拒绝了。后来，为了尽

---

① 这两份奏折都保存在清朝的档案之中，表明当时各级官员的上奏系统都是完善的，也表明当时虽然还没有实行一口通商，但皇帝对于禁止英国人在定海进行贸易是知情的。
② 根据规定，东南亚地区的朝贡队伍不得北上天津，只能在南方的广州登陆，再改走陆路和内河水路进京，英国人的做法已经违背了规定。
③ 见《东印度公司对华贸易编年史（1635—1834年）》。下文赵之瑛的名字来自中国方面的记载，并与英国人的记载吻合。
④ 大班是专门负责管理的商业代表，除了航行指挥权归属船长，船上货物的管理、处置，贸易如何进行，甚至船只航行目的地等，都由大班决定，其相当于贸易公司在船上的代表。
⑤ 英国人与广州海关的冲突到这时已经持续了六十多年，由于双方制度的原因，一直无法解决。见本书的第二部和第三部。

快让这些惹是生非的英国人离开，陈兆龙答应将这封信转交给总督。但当英国人离开后，也许他们并没有转交，也许转交总督后信在更上层衙门里不了了之，总之，浙江并没有向皇帝传递出任何关于这封信的消息。①

既然浙江的官员不肯给英国人传递信件，那么，英国人就算到了天津又有什么用处呢？浙江至少在早年还接待过海外商人，知道一些内幕，天津作为更加保守的北方城市，又怎么可能帮助外国人传递消息呢？

但这一次，英国人却是幸运的，事情的转折就出现在这位赵之瑛②身上。听完洪任辉的叙述之后，赵之瑛告诉他：如果他再像在舟山那样，希望依靠正规渠道将信递上去，那么信一定会被序列上的某位官员截住。作为帝国官僚体系中的一员，他对这个体系的弱点一清二楚，事情的关键在于一定要在短时间内让天津本地的官员都知道有一位洋人来告状，并且还要让每个人都知道别人也已经知道了。只有这个消息传达到位了，官员们才会不约而同地选择上报，洋人的告状才有可能成功。

但想让众多的官员同时知道这件事，仅仅靠洋人自己是做不到的，只有他赵之瑛才能够做到。但他做这件事情也是要冒风险的，那就是得罪所有的官员，甚至被革职。③为了让他冒的风险值得，就必须给他一笔补偿金。他希望的数目是五千两白银。

洪任辉不愧是活跃于广州的商人，在他的讨价还价之下，双方最后同意以二千两成交。

价格谈好之后，行动立刻开始。7月19日，赵之瑛将洪任辉接到他的驻所，并同时向各方面做了汇报。第二天早上，天刚亮，一位官员便来到了船上，他是奉都统的命令前来问询的。这位都统统率着三千名士兵、十二艘战船，驻扎的地方距离他们的停留地约二十海里。

这位官员听完洪任辉的汇报后就离开了。上午九点左右，洪任辉由水路被送往天津。当时天津道的道台是那亲阿，天津知府是灵毓。洪任辉最早并

---

① 英国人记载了这封告状信，但中方记载里显然没有提及。
② 英国人原文称其为"把总"。
③ 赵之瑛为了要钱可能夸大了风险。他认定英国人告状并不会给他带来多大的风险，因为作为武官的他并不需要为英国人的擅自北闯负责。

没有接触到这些人,事实上,最早接待他的反而是兼管天津海关的盐政官。

7月21日上午十一点,洪任辉到达天津,在口岸处有一位官员迎接他,并将他送入海关。约一个小时后,他被引到一间庙宇,一位天津盐政官员客气地接待了他,详细地询问了事情的来龙去脉,并让他交出告状信。此人表示,可以凭借天津盐政系统将告状信直接上交给皇帝。他会把信交给他的上司,也就是盐运使本人。但在这期间,需要洪任辉留在船上,不过他也不需要为生活担忧,所有生活物资都会拨发给他。

这件事开始从盐政系统发酵,到了傍晚,天津道台(也有可能是他派来的下属)也来见洪任辉了,于是他又把一封告状信交给道台。到这时,信件已经从两个系统传了出去。天津道官员与洪任辉谈了两个小时,在一间庙宇里指定几个房间给他居住,让他在此等候皇帝的命令,并再次关照了他的生活起居。①

行政系统运作起来之后,知县亲自来拜访。在洪任辉看来,所有的天津官员都是文质彬彬的谦谦君子,对外国人也显得客气、尊重。但他们对船只的清查却一刻也没有松懈,大炮被卸下,船只被看守起来。7月27日,知县再次前来清查了人员名单,并告诉洪任辉,一两天内,皇帝的命令就会到达。

7月28日,天津知府来了,并送来了一大包水果。然而知府对告状一事并不在意,他关心的是另外的问题,一再询问洪任辉是否受人指使,在宁波是不是有内应,等等。洪任辉表示没有受任何人指使,也没有内应。知府临走时将仆人留下,照看英国人的起居。

到了晚上六点,知县再次到来。这次他带来了好消息:英国人的告状信已经传到了皇帝手上。皇帝大怒,派两位钦差大臣前往广州彻查,分别是给事中朝铨②、福州将军新柱③。皇帝给大臣的命令中,要求到了广州后先将广州的海关监督李永标免职并抓起来,让两广总督李侍尧兼任海关监督,然后再和两位钦差大臣一起彻查海关的问题。只要查出来真的有问题,就将李永标

---

① 叙述来自洪任辉,也可以看出,他的告状信从海关和贸易官员到行政官员的传递过程。
② 见《清代档案史料选编·乾隆朝·英吉利通商案》,在皇帝的第一封诏书中,给事中的名字为胡铨。
③ 福建的海关由福州将军负责,因此,新柱恰好是福建系统内的海关官员,皇帝出于他对海关的熟悉而选择他担任钦差。

正法，以儆效尤。①

皇帝在谕旨中还着重点出：事涉外夷，关系国体，务须彻底根究，以彰天朝宪典。这样的话语不可谓不重。

洪任辉是从海路到达天津的，可现在，作为告状人，按规矩他不能再原路返回，只能跟随皇帝的钦差朝铨一同从陆路回去。为了免除洪任辉心中的疑虑，知县还专门告诉他，之所以走陆路，恰好表明他告状成功了，皇帝相信了他的话。②洪任辉听后安排船只单独回去，他自己跟随皇帝的人马从陆路返回南方。天津各级官员的君子之风让英国人赞叹不已。

至此，洪任辉的冒险大获成功。英国人凭借一己之力，终于突破了中央帝国重重的信息屏障，将海关腐败的消息传递给帝国的最高统治者，也就是乾隆皇帝本人。

但是，冒险成功的他真的告状成功了吗？我们不妨先看看当时清朝的海外贸易是如何进行的，这样才能理解洪任辉为什么告状，他告了什么状，才能理解事情后续的发展。

乾隆时期的外贸规则

在洪任辉告状之前，康熙皇帝制定的海外贸易政策已经运行了几十年。康熙二十三年（1684），随着清廷收复台湾，康熙皇帝改变了之前的海禁政策，采取允许贸易的姿态，开放广东、福建、浙江、江苏四个海关，与海外做贸易。③

这项政策对四大海关的影响各有差异，最终，海外贸易大部分向广东倾斜，其余三个海关并没有形成气候，原因之一在于贸易不便。葡萄牙人从明

---

① 广州的海关系统与福建不同，设立了专门的海关监督，独立于两广总督，皇帝的命令等于将海关监督免职，再由两广总督和福州将军两位没有利害关系的人共同查办广州海关的问题。
② 这里可以参考后来的英国使节马戛尔尼的路线，在来程时，皇帝允许英国人乘海船到达天津，但在回程时，则必须由内陆前往广州，不得再从天津由水路返回。
③ 康熙前期，为了对付台湾郑氏，清朝采取海禁和迁界的政策，造成了沿海居民的流离和贫困，见本书的第二部。

朝开始就借居在澳门,这给海外商船提供了便利——其他地区最初不允许海外商人居住,他们只能首先到澳门停留,再进入广州开展短期贸易。而其他海关没有形成便利的条件,加上有的距离产地较远,不具备金融条件,或者位置比较偏僻,官员没有理解海外贸易的重要性而采取了抵制的姿态,等等,最终没有形成贸易港。[1]

从西方商人的角度看,广州海关最初虽然提供了贸易的便利,但随着岁月的增长,形成了各种利益集团,导致弊病丛生,不仅关税奇高,并且几十年积累下来的各种互相矛盾的指令让海外商人处处受到刁难和盘剥。

在洪任辉时代,一艘海外商船如果想到广州做贸易,需要经历哪些步骤呢?

首先,必须把船开到澳门。澳门虽然居住着葡萄牙人,但行政管理权依然属于清政府的香山县,而对海外商人的贸易行为进行管理的还有另一个叫海关监督的机构。船到澳门之后,必须先找中国官方认可的引水员,由他报告驻于澳门的同知(属于清朝的官员),请求他开出印照,注明引水员的名字和船只名称、人数等之后,才能获准在引水员的带领下进入珠江,前往虎门。

在虎门,船只在这里接受丈量,按照船只大小缴纳一笔数额巨大的费用——船钞。这笔钱只与船只大小有关,哪怕是空船也必须缴纳。[2]

其次,商船开往广州黄埔,在这里,船上的负责人(称为"大班")谒见海关监督,并与十三行的行商[3]联系。外国商人不得自由买卖商品,必须在十三行中选取一家作保,这一家也就成了这艘船的保商。保商不仅完全包揽(或分发)这艘船的买卖,还负责担保这艘船的所有人和事,一旦船员出了问题,政府往往重罚保商,当然,这笔钱最终还是要找商船来付,因为保

---

[1] 其中江海关由于偏僻,被外国商人放弃;浙海关由于自己的贸易政策偏紧,不利于贸易;闽海关由于存在对台贸易,也对海外商人进行了限制,加上交给了福州将军管辖,不利于促进商业。见本书第二部。

[2] 在后期,清政府还会要求船只将随船的炮具都卸下,扣押在岸上,等回船的时候交还。但在当时还未形成固定化的要求。

[3] 大部分时候,十三行并非恰好十三家。事实上,到鸦片战争前,由于大量的行商倒闭,清政府很难找到愿意进入这个行业的人,最少时,有能力给外商作保的行商只剩下三四家,其余皆破产或接近破产状态。

商会设法把费用加入货价之中。

保商将船上的货物卸入自己控制的仓库之中，理论上，这些商品一旦进入仓库，外国商人就不能够再接触它们了。如果保商自己能够包销这些商品，并有充足的出口货源（主要是生丝、布匹、茶叶等），就直接与外国商人进行贸易；如果保商自己货源不足，便再联系其他行商，组成一个财团，向这艘船供货，并买走船上的物品。大部分情况下，一家保商不足以对接整艘船，往往需要组成这样的财团来集体协作。

另外，对于清政府来说，保商更重要的任务是负责帮助商船缴税。也就是说，除了最早的那笔船钞是由商船直接缴纳给海关监督之外，剩下的税款（包括货物税和其他苛捐杂税）都是先由保商代缴，等商船上的货物卖掉后，再从货款中扣除，代缴的费用归还给保商。这样的做法使得政府一开始就拿到了大量的税收，而不用管实际销售情况。

这样做最大的好处还是彻底拿走了外商的抵抗权。比如，如果政府直接向外商摊派苛捐杂税，他们有可能不交，但中国保商却缺乏坚强的抵抗意志，往往政府说多少钱就缴纳多少钱。事实上，他们也不在乎出了多少钱，因为事后再去找外商把钱要回来就可以了。外商即便不想缴纳，但由于他们的货物已经抵押在保商的仓库中，同时，他们还要仰仗保商购买出口货物，甚至连吃喝拉撒都要麻烦保商，所以也不敢得罪保商。

除了货物税和船钞这两项被认为是正税之外，税款还包括以下多个品种的苛捐杂税：

第一，买卖中每两银子抽三分九厘的"分头银"，以及雍正时期加征的十分之一的"缴送银"。在这里，我们可以先不去理解这些名目的意义，只需知道这是一笔不小的费用。①

第二，分送给大大小小官僚的"规礼银"。这些规礼银实际上就是上下打点的各种费用，既有比较合理的，也有不合理的。其中合理的包括付给丈

---

① 分头银自明朝就有征收，缴送银自雍正五年（1727）新加。乾隆皇帝登基后，由于外商的申诉，皇帝将分头银和缴送银取消，但事实上，这之后至少分头银依然在收取。分头银和缴送银的解释，见本书第二部和第三部。

量船只者、账房、库房、翻译等人的小费,相当于他们的工钱:这些人付出了劳动,但他们很难从政府那里得到工钱,只能由外国商人支付。不合理的费用包括给各种炮台兵丁守卫、大小官吏的礼钱。这样说还不足以体现规礼银的问题,真正令人感到恐怖的是各种各样的规礼银加起来的数目:规礼又分为进口规礼和出口规礼,各有三十多项,进口规礼每船一千一百多两,出口规礼也有每船五百多两。① 这些规礼钱都由保商负责四处打点,最后由外商统一交付给保商。

第三,为了抵消银钱熔铸和运输损耗而支付的平余和加耗。这是由于清朝使用白银交易,在铸银过程中必然产生损耗,所以需要收取损耗钱,只不过这里收的钱数往往远超过真正的损耗。

第四,由海关监督收取的担规,按货物重量征收,每一百斤收取白银三分八厘。这笔交给海关监督的钱,又是一笔灰色收入。需要说明的是,皇帝是知道这笔钱的。在清朝的官僚体系中,海关监督是一个肥缺,也是一个需要耗费大量精力的差事。但海关监督的级别并不高,仅仅靠皇帝发的俸钱是不够用的,因此皇帝允许海关监督收这笔钱来补贴家用和办公经费。此外,海关监督还会将一部分钱送往京城,或孝敬皇帝,或补贴其他官员。

第五,其他劳务人员的俸钱,如引水员、通事等人,也向外商摊派。

除了说不清道不明、不知道从哪儿冒出来的各种苛捐杂税之外,外国人还对清朝各种限制他们人身自由的规矩感到忍无可忍。比如,外商不得进广州城,只准住在珠江边的商馆里。他们还不能常年待在商馆里,只能随船而来,随船而去,除非澳门允许他们常住。外国人在商馆里不得雇佣中国的闲杂人员,只有负责买卖的买办、通事可以与他们打交道。外国人不能学习汉语,也不准中国人教他们,还不得找中国人传递消息。外国军舰不得驶入珠江,外国船不得装备枪炮。外国人不得在商馆外活动,不得乘坐肩舆,不得携带外国妇女(包括妻子),等等。这些措施不是一时形成的,事实上,在康熙时期并没有那么多规矩,但随着管制的加强,各种因时而变的陋规得不到清理,就变成了永久性的规则。

---

① 根据粤海关记载,进口规礼为1125.96两白银,出口规礼达533.08两。

不管是苛捐杂税，还是对人身自由的限制，都让外国人感觉到生意越来越难做。他们将怒火集中到一个人的身上，那就是海关监督。但他们又找不到任何途径去掉这些规矩。他们也曾经给两广总督写过信，但两广总督与海关监督并不属于一个系统，没有监察权，所以只能与海关监督商量着解决问题。与此同时，两广总督也调查不出到底哪里出了问题，毕竟各种各样的规矩都不是胡编的：外国人不准出行，对外国人来说确实很难受，但总督一查规章，的确有这样的规矩，只能表示爱莫能助——规矩毕竟是规矩。因此，外国人虽然多次举报，甚至连十三行的行商也感觉生意越来越难做，但两广总督的调查均显示一切正常，没有什么问题，最后事情总是不了了之。

海外商人越不过两广总督这一关，就无法扳倒海关监督，在满腹怨气中，他们终于决定走一步大棋：绕开广州，寻求在其他港口进行贸易。

宁波的贸易尝试

与后来人们的普遍印象不同，清朝在当时还没有实行一口通商的政策。自康熙中期以来实行的就是四口通商政策，既然广州的陋习越来越让人无法忍受，那么理论上，海外商人是可以前往其他港口进行贸易的。

早在康熙三十八年（1699），英国东印度公司就试图派人驻扎宁波，在那里开展贸易。但他们发现，宁波的贸易氛围更加不友好。英国人虽然在最初受到了总兵的善意接待，但由于当地官员不熟悉规则，在层层汇报和推脱之后，得到贸易允许已是两个月之后的事了。至于英国人提出的长期留人驻守的请求，也被官员否决了。

所谓负责外贸的宁波港[①]，其实是定海县的岛屿口岸。定海县位于舟山群岛的本岛上，要前往宁波还需要坐船。政府为了将夷人与本地人隔绝开来，就把对外贸易港设在岛上。在岛屿上的对外口岸由于缺乏物资，只是一个微不足道的小市场。而中国大商人都集中在大陆上的宁波港，那里不允许针对

---

① 宁波港即浙海关所处地，海关办事处设在宁波，但贸易港在舟山。

西方的外贸。政府管理财政的官吏也全驻于宁波，总督①则在福州，巡抚驻杭州，在舟山的只有总兵和定海知州，他们品级虽低，控制欲却很强。

在这里，我们可以做一个对比：粤海关的海关监督就在广州，而且拥有独立的权力，虽然有着太多的腐败和灰色地带，但只与一个官员打交道还是比较容易的；浙海关的海关监督却并不独立，有太多的官员可以指挥他，在这样的情况之下，英国人需要和各级官员纠缠，因此打交道更加困难。②

如果在舟山贸易，不可能找到太多的货物，却要应付大量的官吏。正因为这样，当初英国人抛弃舟山，选择了广州。

但到了半个世纪之后的乾隆十八年（1753），由于广州贸易越来越弊端重重，宁波再次成了英国人的候选。于是，英国东印度公司董事会发出详细训令，派广州商馆通事洪任辉随船前往宁波，了解那里的贸易条件在半个世纪以来是否有了较大的改善。

洪任辉带着"霍尔德内斯伯爵号"（船长喀喇生）于当年5月2日离开澳门，5月24日抵达舟山的鸦鹊山岛③。到了5月28日，舟山派出士兵来迎接他们。6月2日，他们在舟山停泊。也是在这一天，当地（舟山口岸）的文武官员来到船上，彬彬有礼地询问了基本情况。当听说英国人是来做贸易的时候，这些人甚至非常高兴。④

不过，舟山口岸的官员并不能拍板，于是他们将英国人到来的消息传给宁波，等候上级的指示。在等候期间，舟山本地人络绎不绝地前来查看英国人的船只。事实上，他们对英国人的船只都表现出了善意和渴望。显然，广州贸易的繁荣已经影响了这里的观念，人们不像半个世纪之前那样保守和充满防备心。

---

① 此处指闽浙总督。这个总督职位出现过多次变动：顺治二年（1645）为福建总督，驻地为福州，兼管浙江。顺治五年为浙闽总督，驻地为衢州。顺治十五年福建、浙江两省各设总督。康熙二十三年（1684）取消浙江总督。康熙二十六年改为闽浙总督。雍正五年（1727）分置。雍正十二年撤销浙江总督。乾隆元年（1736）再设浙江总督。乾隆三年再次合并为闽浙总督。
② 关于粤海关和其他海关具体的不同演化，见本书的第二部。
③ 位于舟山本岛西北五海里处。
④ 见《东印度公司对华贸易编年史（1635—1834年）》。

英国人借着这个机会拜访了当地官员，官员们为迎接尊贵的客人打开了中门，表现出很大的尊重。

6月7日早晨，以洪任辉为首的英国人坐着小艇被送往宁波，当天晚上到达。第二天由于下大雨，不能外出，英国人住的房子周边挤满了看热闹的人们，这也是好兆头。

之后，英国人拜访了宁波的官员，官员们客气地告知他们，需要等候当时在杭州的海关监督的指示。两天后，海关监督亲自来到宁波。他见了英国人也非常高兴，因为这意味着贸易机会。当广州变得越来越繁荣的时候，宁波人也想从贸易中分一杯羹。海关监督热情地接待了英国人，并鼓励他们尽快展开贸易。在他的慷慨允诺下，贸易的地点也不再局限于舟山，而是延伸到宁波这个更大的港口，这样便于与内陆交流。

跟随洪任辉前去的是船长喀喇生，他乘机提出要求，递上了一封事先准备好的汉文文书，其中列出英国人希望宁波提供的十九项便利条件，包括不需要拆除船上的炮位、给外国人国民待遇、平等地进行贸易等。按照这些要求，在广州的一系列陋习将得到纠正，宁波将出现更加自由的贸易规则。

英国人递上这些条款时，并不指望海关监督能够答应多少。但出乎他们的意料，海关监督一口气答应了其中的十七项，剩下的两项在他们看来是无关紧要的。事实上，他们似乎存在一种共识，即贸易是对双方有利的——英国人渴望做生意，当地官员也在意财政和本地发展。

临别时，海关监督还答应给予他们更大的权利——比本地商人更受优待。英国人也没有像在广州那样被限制自由，他们可以随时去会见海关监督和其他官员。除了海关监督，浙江巡抚也在他们的门口张贴了告示，允许外商前来做买卖。从这里也可以看出，即便在清朝，与海外开展贸易也是官员们会主动选择的选项之一。

不过，具体进行贸易时，困难还是存在的：英国人主要是来收购茶叶的，而宁波的商人由于长期处于对外贸易的体系之外，对于规则和价格都不熟悉，所以成果并不大。

即便如此，洪任辉等人依然非常看好这里的贸易前景：根据海关监督送来的税则，这里缴纳的船钞和货物税只有广州的一半，加上没有其他的苛捐杂税，在此贸易是有利可图的。第一年大家都准备不足，但如果从长远看，浙江有着大量的生丝和绿茶，是当时最富庶的地区，只要英国人年复一年地来，那么在宁波官员和商人的合作之下，很快就会产生辐辏效应，宁波也很有可能成为浙江地区的主要出口港。

然而，就在一切顺利发展时，一个星期之后，麻烦来了。这一天，清政府的官员突然传来了一道命令，要求首先将英国船上的大炮、枪械等武器全部上缴，等到离港时发还。在未来，这样的做法会成为常态，但在当时，连广州都没有这样要求。接着，原来商定的税额也被提高——之前的税额只相当于广州的一半，但这时却要与广州缴纳等额的税款。

这项命令来自驻地在福州的闽浙总督，他是浙江巡抚的上司，比宁波道台高两级。虽然巡抚和道台都对英国人有过许诺，但总督的命令让他们的承诺成了泡影。

困扰浙海关的官僚层级过多的问题再次显现。在粤海关，由于海关监督是独立的，因此他制定的法令不会被上级官员轻易推翻；但在浙海关，海关监督并不是独立的，英国人必须应付众多的官僚，而闽浙总督具有巨大的权威，可以干涉贸易。

宁波道台和浙江巡抚为了安抚英国人，表示他们会上报皇帝解决问题。但在此之前，他们必须服从总督的命令拆卸炮具，这样才能进行贸易。英国人只好暂时服从，并等待转机。

9月，人们传说皇帝已经回信了。英国人虽然不一定相信这样的传言，但发现自己的处境更加糟糕了：闽浙总督已经全权接管了贸易，并不断地斥责宁波和舟山对外国人过于软弱。

不过，当地人还是很喜欢贸易的，在宁波道台和浙江巡抚的关照下，英国人的这一次贸易最终完成了。正税虽然提高到了与广州同等的水平，但由于没有形成复杂的苛捐杂税体系，整体税负依然比广州低。

但贸易的顺利完成并没有给英国人带来喜悦，因为那团阴影已经越来越大了：闽浙总督的干预可能会持续存在，甚至压倒巡抚和道台的善意。

为什么这位总督会反对明显对当地有利的贸易呢？英国人百思不得其解。直到其他官员提醒他们说，这位闽浙总督与两广总督关系密切，如果浙江给了英国人太多优惠条件,会破坏广州的贸易,因此,闽浙总督选择干预下属。

对于这样的说辞,英国人也是将信将疑。第二年,英国船只"格里芬号"和"哈德威克号"再次到达宁波,以较低的税率完成了贸易。但在他们离开的时候,总督突然送了一封信过来,明确告诉英国人:第三年时这里的税率将会大幅度提高。

第三年,英国船只"翁斯洛号"到达浙江,此时情况果然出现了变化。当他们到达时,首先,官员们要求他们不得再像前两年那样前往宁波,而是只能在舟山这个小口岸贸易;其次,他们宣布将税率提高到广州的两倍。①

据浙江的官员说,广州的商人和官员拿出了二万两白银到京城四下活动,诱导皇帝对浙江加税。皇帝最终授权闽浙总督确定了更高的税率。

这样的说法到底有没有依据,依然不得而知。但接下来事情的发展印证了该说法的可靠性:就在船只到来的时间段里,原来的闽浙总督死了,这本来是好事,但继任的闽浙总督却是原来的两广总督杨应琚,这就意味着广东的规矩已经一统天下了。

到这时,英国人才相信了广东影响浙江的说法。在他们看来,广东官员是邪恶的代表——他们不仅控制了广州的对外贸易,还把持着整个东南沿海地区的政策,让其他地方的官员即便有心也无法加强对外贸易。

在宁波地方官员的斡旋下,第三次贸易也完成了,但在临走前,新任闽浙总督派人给英国人捎信,告诉他们明年不得再来,如果再来,那么一是税率还将大幅提高,二是总督将直接下令拒绝贸易。②

上述三次贸易让英国人意识到,在宁波,当地官员是非常欢迎海外贸易的,因为他们可以从贸易中得到实际的好处。但整个东南地区已经在广东的阴影之下,这可以从两任闽浙总督的履历和立场中看出来:第一任虽然在浙江当官,但他满脑子想的都是如何维护广州的利益,而第二任甚至就是直接从广东调任过来的。因此,英国人认为,广东官员在沿海地区已经只手遮天,

---

① 根据英国人计算,宁波的贸易税率事实上最终是广州的1.44倍。
② 见《东印度公司对华贸易编年史(1635—1834年)》第九十七章洪任辉的信。

甚至可以左右皇帝获得的信息，让他错误地下发对广州有利的命令，再由广东官员进行事实上的垄断。

浙江这三次外国商船贸易的大班都是洪任辉，他见证了宁波贸易的整个过程。到了第四年，也就是乾隆二十四年（1759），当宁波果不其然地拒绝贸易时，洪任辉想到了唯一能打破广东人对贸易垄断的方法：告御状。

他一定要让皇帝知道真相，知晓这些广东官员如何将帝国的资源玩弄于股掌之中，从而放弃了最佳的商业机会。他相信这样的贸易体系是大多数人都无法忍受的，不仅外国人受不了，就连广州的行商也受尽盘剥，不时地出现破产。① 而其他地方的官员和百姓也渴望着贸易，只是被专横的高层官员压制了。这些高层官员串通一气，欺上瞒下，造成的损失却是由帝国和大多数百姓负担。他相信皇帝知道真相之后，一定会主持公道。这才有了开头的那一幕，英国人成功地把消息传递给了皇帝，皇帝下令彻查。

但他的愿望真的能实现吗？

原来如此

接到洪任辉的告状信之后，乾隆皇帝大怒，随即下达了整顿粤海关的命令。他的圣旨包括以下几个方面：②

第一，派遣给事中朝铨和福州将军新柱作为钦差大臣，前往广州查案。

第二，不将事情原委弄清楚，就先将广州海关监督李永标免职，将海关管理权交给两广总督李侍尧，由李侍尧与钦差一起查明李永标有无问题，如果有问题则严加处理。

第三，但如果经过查明，发现李永标没有问题呢？皇帝也并非不爱护他的官员，事实上，他也担心这次事件是浙江和广东为了争夺贸易权而产生的内斗。如果是这样，那么洋人只是浙江的一个工具，为的是陷害李永标。所以，皇帝同时也下令闽浙总督彻查洋人有没有在浙江的内应，查清这份中文

---

① 广东十三行行商的艰难，见本书的第三部。
② 根据乾隆《将李永标解任查办谕》整理，见《清代档案史料选编》。

的告状信是谁写的。

钦差还没有到达广州，闽浙和两广的两位总督就接到了皇帝的圣旨，他们立刻开展行动。首先是两广总督李侍尧，他不敢违背皇帝的意愿，先接管了海关。但同时，他上奏表示告状的洪任辉并不是普通人，此人已经数次去浙江做生意，属于早已被记录在案的不安分人员。这一点也得到了浙江上奏折子的印证。①

李侍尧的奏章还提醒了皇帝，禁止英国人前往浙江贸易是皇帝本人的旨意，因此洪任辉私自前往的确是一种不听话的表现。

英国人曾经认为，皇帝不会愚蠢到禁止一个港口的贸易权，一定是下面的人瞒着皇帝，或者欺骗了皇帝。但事实上，这的确是乾隆皇帝亲自下的旨意。②

在洪任辉第一次前往宁波之后，闽浙总督就上奏了皇帝。但他并不是站在浙江人的立场上促进贸易，而是指出英国人前往宁波是为了避税，因此，为了整个帝国的税收，应该禁止英国人在浙江进行贸易。

皇帝见到汇报后，也觉得英国人太狡猾。但他并不想明令禁止在浙江的贸易——自从他的爷爷康熙皇帝规定了四口通商之后，这项基本政策就没有改变过。他的做法是：一方面，提高浙江的关税，将浙江的关税提高到广东的两倍，让外国人无利可图，他们自然也就不去宁波了；另一方面，他授予两地的总督和海关监督更加灵活的手段，让他们可以自行其是地采取措施，从事实上禁止外国人的贸易。

当朝廷想要禁止某件事情时，往往并不需要出台明文规定，而是通过官僚集团的配合，出台各种限制措施（往往是以"对国家和百姓负责"为借口），造成事实上的"此路不通"。外国人显然理解不了清廷规章的博大精深。

中国古代的政治体系，也决定了当下级官僚领会皇帝的意图之后，会立

---

① 广东和浙江对洪任辉的报告，分别见《清代档案史料选编》中的《李侍尧奏遵旨禁止夷商洪任往宁波折》《浙江巡抚庄有恭奏洪任驶船来浙已命回广东折》。
② 李侍尧奏折引皇帝谕旨原文表明，皇帝其实已经多次禁止英国人前往宁波。

刻不择手段地层层加码。在这件事情上，两广总督在没有出台明文规定的情况下，要求英国商人不得前往宁波。由于英国人不熟悉中国的国情，坚持去往浙江贸易，闽浙总督又不得不出面，还是不出台明文规定，只是在口头上赶走英国人。

虽然浙江的地方官员并不想这么做，但在层层加码之下，他们没有其他选择，只能采取经济自残的方式来获得上级的欢心。

到这时我们已经知道，英国人的第一个愿望落空了。他们希望皇帝是开明的，阻挠贸易只是下级官员的错。但禁止他们前往宁波进行贸易，的确是皇帝的意思，只是皇帝希望通过软性手段完成，而下级官员更加蛮横一些罢了。

在两广总督李侍尧上奏的同时，闽浙总督杨廷璋的奏章也到了。[①] 杨廷璋亲自找来第一个见到外国人并最终送走外国人的守备陈兆龙，询问了当时的情况。陈兆龙向杨廷璋保证，整个过程中英国人没有携带货物，也没有机会找到人帮助他写告状信，这封告状信一定是提前写好带到浙江的。按照杨廷璋的说法，陈兆龙为了哄走外国人，的确将告状信收下了，但他是当着众人的面收下的，后来又转交给上级，因此他也不可能勾结洋人，不用承担什么责任。

看到这封奏章之后，皇帝心里更加有数了。他已经看到了一个居奇挟制的刁蛮商人嘴脸：外国人确实不如中国人，不知道外面的货物哪一样中国没有，自以为中国离开洋货就无法运转。[②] 他一面下令继续调查是谁帮助洋人写的信，但一面也督促广东省，就算洋人刁蛮，也不能全归罪于洋商，还是要查一查海关监督李永标到底有没有问题，洋人告状是不是真的。[③] 虽然清朝对洋人一直严防死守，处处监视，但与此同时，为了体现中央帝国的仁慈，对于每一位具体的洋人又总是网开一面，在司法上尽量宽容以显大度。

两广总督李侍尧心领神会，随后上奏：他已经将李永标革职，但经过初

---

① 见《清代档案史料选编》中的《浙闽总督杨廷璋奏洪任来浙投呈并无奸牙勾引代谋捉笔情弊折》（"浙闽总督"应为"闽浙总督"，今按《清代档案史料选编》原样记录）。
② 乾隆皇帝在他漫长的统治生涯中曾经多次强调中国不需要海外贸易，反而是海外离不开中国贸易，因此，允许外国人进行一定的贸易只是中央帝国的恩赐而已。
③ 见《清代档案史料选编》中的《李侍尧不得稍存回护之见谕》。

步调查，关于李永标购买货物不出钱、私自克扣的指控，似乎并不属实。在总督真实的想法中，李永标是无罪的，可皇帝让彻查，而皇帝又是不会错的，所以不说点什么也不行。于是只好继续说：听说他的家人喜欢购买洋货而不按照实价支付。这样的情况对于一个海关监督来说不是大事，在平常也会受到官僚体系的容忍；可到了皇帝需要找替罪羊的时候，这样的行为就足以成为罪状了。皇帝读到这里，也仿佛松了口气般批道：看此，李永标不能免罪矣。他的心里已经有数了。①

另外，洪任辉的告状信中，还着重提到了保商问题。② 保商制度是西洋人和中国人自由贸易的一大障碍，不仅洋人不喜欢，中国人也不喜欢。保商扣押了洋船上的货，但总是倾向于将付款延后或者拉长付款周期，形成了拖欠，让洋人叫苦不迭。但保商也很无奈，因为有的货确实无法立刻卖出去，也就无法付账。而更重要的是，保商的钱总是被官僚的苛捐杂税耗尽，在入不敷出的时候，他们只能拖欠应付款，也就是洋人的货款。在官僚的压榨下，许多保商实际上已经技术性破产了，就算清算他们的家产，也不可能补上洋人的货款，只能先拖欠，寄希望于用未来的款项还上。

李侍尧也承认存在保商拖欠的问题，但是问题并不严重。他首先给皇帝解释了保商腾挪资金的原因：按照规矩，保商要负责为洋货提供仓储，但洋人不能久留广州（这里没有反思为什么不让洋人久留），有时候货还没有卖完，他们就必须离开了，只能下次来结清，这就造成了资金腾挪的问题。

要想解决这个问题，最好的方法是取消保商制度，允许外国人在当地长期逗留，自己卖货。可是，所有的官员都不会去质疑"不允许洋人逗留"和保商政策本身，他们已经将这种政策当成了天经地义的事，虽然这才是洋人最想推翻的政策。

李侍尧认为，保商的拖欠是有合理性的，而且问题也不大。只有一次出了点小问题，那就是一艘法兰西船将他们的货储藏在行商黎光华的仓库里，但随着黎光华的死亡，这家行商破产了。由于他还欠着官方的资金，于是李

---

① 见《清代档案史料选编》中的《李侍尧奏夷商控告监督李永标折》。
② 保商的问题更多是制度造成的。见上文。

永标先下手为强，将其仓库中的货物强行扣押下来。由于"黎光华"在告状信中出现了，总督大大方方地承认了这个"小问题"。但既然是小问题，就不是告状信中所说的"官方任意扣押"。

当然，他心里一定明白，官方其实就是在任意扣押，正是这项权力不时地引起商人的恐慌。行商的倒闭也不是偶然事件，而是由于制度的缺陷而经常出现的情况。但在两广总督的汇报中，这一切都被当作"特殊情况"掩饰过去了。

至此，皇帝心里有数了，他下旨查抄李永标：最大的人物已经选定了牺牲品，而这时，钦差还没有赶到广州。①

8月25日，福州将军新柱到达广州。他首先将李永标押下，并收缴了海关印信。9月10日，洪任辉与从北京派来的另一位钦差朝铨才赶到广州。但洪任辉暂时不能回英国人的住处，而是被单独隔离在广州城内，协助彻查。②

两位钦差到广州后，首先审问李永标。他坚称对家人的收礼行为一无所知，也坚决不承认其余罪行。但最终钦差依然认定他犯了家人接受赃物的罪行。

在惩罚李永标之余，更令钦差朝铨得意的反而是：在和洪任辉回广州的路上，自己已经得到了他的信任。洪任辉向朝铨透露，自己的告状信是在海外的巴达维亚（噶喇吧，现印度尼西亚首都雅加达）托来自内陆的汉人写的，而在宁波，有三位买卖人分别姓郭、李、辛，曾经帮助洋人代投这封信。不想英国人到了宁波投递时，却被官员驱逐了，因此没有形成风潮。③钦差将这一信息传给了皇帝，从而印证了乾隆皇帝的怀疑——他是如此英明，从一开始就意识到洪任辉有内应。当然，另一种更可能的情况是，只要皇帝相信有内应，大臣们就会卖力地帮他证明。

关于接下来如何查找内应先按下不表，只说两位钦差来到广州之后的作为。他们查封海关之后，将海关内所有人员和李永标家人全都抓起来，一一

---

① 见《清代档案史料选编》中的《查抄李永标家产谕》。
② 洪任辉路上的情况见他自己写的汇报信，收于《东印度公司对华贸易编年史（1635—1834年）》中。
③ 查抄李永标情况见《新柱等奏请将李永标革职并查封任所资财折》，洪任辉供出内应见《新柱等奏现在遵旨查办李永标折》，均引自《清代档案史料选编》。

审问，行商也要接受审问。就连外国人也承认，清朝官员在审案中对外国人总是彬彬有礼（唯一的例外，是总想逼迫他们说出内应是谁），但他们对本国人极为严厉。①

9月22日，钦差接见了各国行商代表，向他们传达了处理意见，并表示他们告状的内容中有一些是确实的，这方面朝廷一定会秉公处理，让大家满意。

那么，哪些告状内容是确实的呢？我们从钦差给皇帝的汇报中可以看出来。②

第一，洪任辉举报李永标及其下属在关口勒索，每艘船除了正常的税之外，七七八八加起来还要额外缴纳三千三四百两。经查明，这些关口勒索就有所谓的规礼银，每船一千七百余两。还有一种所谓的"梁期正银"，为每船一千一百七十两到一千三四百两不等。二者相加起来最多是三千一百余两，与英国人举报的三千三四百两还是有差距的。所以，英国人的告状内容中有一小部分属实，至少有约三百两属于勒索。

那么，那些规礼银和正银又怎样呢？根据清查，这些银钱都是记录在案的，虽然数量不少，但的确不是李永标加征的。我们从这里也可以看出，这三千多两其实就是清朝海关复杂的制度成本——为了规训外国人，不让他们直接贸易，建立的制度要想运转，就必须花这些钱。

第二，在这些钱中，关口上的收费大都用在维持关口的运转上（吃饭、俸钱等），但钦差也承认有一些不合理之处。钦差将总巡、黄埔、东炮台三个关口书办及其家人，以及巡役、水手（名叫潘富）都抓起来审问，发现有一些钱超过了维持制度运转的成本，也就是说被私分了。分钱最多的是一位叫作"七十三"（王管）的家丁，得到两百多块银圆，其次是总巡口书办，得到八十多块，其余有三十多块的，十几块的，甚至几块的，都林林总总地审问了出来，共列出四十二人之多。

第三，所谓"验货匹费""验货轿银"，也都有其合理性。但也有一部分

---

① 清朝官员对外国人的态度，见《东印度公司对华贸易编年史（1635—1834年）》。
② 见《清代档案史料选编》中的《新柱等奏审明李永标各款折》。

被私分，其中拿走最多的还是"七十三"这个人。

第四，这些钱中还有一部分是给买办、通事的礼钱，这些钱同样有合理成分，但也有一部分归了私人。

第五，洪任辉举报说他们"见不到海关监督，无法将被勒索的情况告诉海关监督"，这可能是误会。因为李永标每年确实会进行数次视察，也有单独传见，因此渠道是畅通的。只是语言不通，从而造成误会。

第六，关于行商黎光华的欠费是个案，属于天灾，已经在处理。

第七，外商告状说对他们船上的日用品征税太高，但这是老规矩，也是制度成本的一部分，因此李永标并无过错。

第八，由于做买卖的需要，外商会在广州与澳门之间行走，他们在往来澳门时会遭索贿，这一笔钱确实是非法的，而得益最多的依然是"七十三"。

第九，白银的火耗钱是合理的，因为将不同品质的白银熔化确实会造成火耗。① 但操作上偶有不规范之处。

第十，关于保商问题，这是帝国的规矩，只能改进，不能取消。所谓改进，指的是增加保商数量。这里就触及制度的实质性问题。事实上，在这种海关制度下，保商也是受害者，由于要垫付过多、过高的费用，他们之中出现了大面积的破产。就在钦差到来的这一年，由于负担过于沉重，原来的二十余家行商只剩下了五家，影响了贸易的正常进行。钦差等人虽然稍微提及制度成本太高的问题，但随后就轻轻绕过了，只强调要补齐保商的数量，不提保商大面积破产的问题了。

第十一，海关监督购买东西不给足够的价款，查无实据。

总之，经过钦差的查验，发现问题是有的，但没有告状信上说的那么严重，只存在个别人的违规和勒索行为。在皇帝和钦差的心中，英国人显然是小题大做了。可是，既然事情涉外了，就必须体现天朝风范，让英国人满意，因此，钦差对于倒霉者的惩罚力度还是很大的。

根据调查结果，李永标的错误算不上过于严重（从上奏的语气来看，许多人甚至认为他是清官，毕竟这么大的官，查出来的财物实在太少了），但

---

① 钦差隐瞒了火耗过大、收费过高的问题，但也可能是他们不知情。

依然被判杖一百、流三千里，只因是旗人才改为枷六十日、鞭一百，解部发落。家丁"七十三"收赃银七百余两，判发边充军，也因为是旗人，改为鞭一百，并改发边远省份，分给兵丁为奴。另一贪污人员陈其策贪污钱财折合白银一百六十余两，因是旗人，减刑后改判枷三十日，再打三十杖。其余上百人，只要被查出有贪污行为，都要受罚，哪怕不足一两，也要杖二十。

这样的处罚不可谓不严厉。但在处罚的背后，却看得出整个官僚体系的无奈：这是皇帝下达的圣谕，要求严惩，他们不得不做；但大大小小的官僚甚至皇帝本人，都没有觉得外国人的告状有什么道理。事实上，英国人的告状信中可查证的东西很少，所谓的贪污，也都是几十两、几两、几钱；而外国人想开放宁波港，在官僚集团看来是没有道理的。外国人还想废除保商制度（这是他们的最大诉求之一），同样也是不行的，因为帝国的规矩就是如此。所有牵扯制度的地方一概不能触及，但只要不牵扯制度，外国人看起来就没什么可抱怨的——皇帝已经够开恩了。

整个事件中，也有一些让皇帝难堪的地方，最典型的就是所谓的规礼银。规礼银是中国式海关制度的成本，不容取消，但其各色名目确实过于繁杂，看上去并不合理。进口规礼加起来一共有三十项，出口规礼更是高达三十八项。这些规礼最早是官员们私收，但事实上，很多钱都用于办公经费和人员俸钱，雍正时期曾经进行过一次整顿，但所谓整顿不是取消，而是明码标价写在了税册里。①

可对外国人来说，六十多种规礼银还是很吓人的，不管怎么说，看上去都像是乱收费。于是，钦差们提出了一个更好的方法，那就是将如此众多的名目合并，起一个冠冕堂皇的名字，叫作"进口归公银"和"出口归公银"。在"归公"两个金字招牌下，所有的钱照收，一文不减，但名目却从六十多种降至两种。

这种做法深得皇帝的欢心——毕竟官吏从来都是不问原则，只关心如何处理具体的问题。于是他让李侍尧去办理。

---

① 见《鸦片战争前的东南四省海关》，引《文献丛编》第 11 辑中的《雍正朝关税史料（续）》。

表1 规礼名目表[①]

进口规礼	收银（两）
丈量洋船，收火足雇船银	32
官礼银（法兰西加100两，嘛喇减100两）	600
通事礼银	100
管事家人丈量开舱礼银	48
管事家人丈量开舱小包	4
库房规礼银	120
库房贴写	10
库房小包	4
稿房规礼银	112
稿房掌按贴写	4
稿房小包（其中八钱为掌按小包）	2.8
单房规礼银	24
单房贴写	2
单房小包	1
船房丈量规礼银	24
船房小包	1
总巡馆丈量楼梯银	0.6
总巡馆规银	1
东炮台口收银	2.88
东炮台口小包	0.72
西炮台口收银	2.88
西炮台口小包	0.72
黄埔口收银	5
黄埔口小包	0.72
虎门口收银	5
虎门口小包	1.32
押船家人银	8

① 见《清代档案史料选编》。

续表

进口规礼	收银（两）
四班头役银	8.32
库房照钞银每两收银一钱	
算房照钞银每两收银二分	
纹银九折库平	
出口规礼	收银（两）
管事家人收验舱放关礼银	48
管事家人收验舱放关小包	4
库房收礼银	120
库房贴写	24
库房小包	4
稿房收礼银	112
稿房贴写	24
稿房小包	2
稿房收领牌银	1
稿房收领牌小包	0.2
承发房收礼银	40
承发房小包	1.44
单房收礼银	24
单房贴写	12
单房小包	1
船房收礼银	24
船房贴写	8
船房小包	1
票房收礼银	24
票房贴写	6
票房小包	1
算房收礼银	1
算房小包	0.5
柬房收礼银	16

续表

出口规礼	收银（两）
柬房贴写	1.5
柬房小包	0.72
签押官收礼银	4
签押官小包	0.2
押船家人收银	8
总巡馆水手收银	1
虎门口收银	5
虎门口小包	1.32
东炮台口收银	2.88
东炮台小包	0.72
西炮台口收银	2.88
西炮台小包	0.72
黄埔口收银	5
黄埔口小包	0.72
纹银九折库平	

这件事做完，对帝国官僚的惩罚和对制度的整理也就告一段落。整体上，皇帝对于自己的处理特别满意。虽然英国人的告状小题大做了，但皇帝依然满足了他们的部分诉求，让他们感恩涕零、无话可说。对于帝国官僚集团的敲打也恰到好处，虽然有人顶罪，但没有死罪，表明皇帝不滥杀，可又足够警醒，让官僚们知道必须忠于职守，知道哪怕一点小问题都有可能酿成大祸。

可是，皇帝的心里又总是有些不舒服，毕竟这点小事竟然动用了这么多人——大家伙忙碌一场，竟然只是因为一个英国人的一次小小冲动。事实上，皇帝在高姿态惩罚官僚体系之后，并不想放弃教育一下英国人的机会……

擒拿汉奸案

就在整个沿海地区被一封告状信折腾得鸡飞狗跳时，突然宁波又递上报告：又有一艘英国船来到这里。所有的人都大吃一惊。

原来，英国东印度公司的派船计划是提前安排好的（在洪任辉事件之前），这一年按照计划有两艘船前往宁波。船到澳门之后，他们才听说清朝的皇帝已经禁止西方人去宁波了，可公司的计划也不好更改，大班委员会出于谨慎考虑，决定只派一艘船前往。[①]

船的到来，仿佛是给了宁波官员一个证明自己忠诚的机会，他们三下五除二地将船赶走，并立刻上报皇帝。[②]皇帝也顺水推舟，正式下令不准西方船只前往宁波进行贸易。

英国船只的再次到来让皇帝更加确信西洋人的刁蛮。而就在这时，事情出现了转折：当皇帝的钦差兢兢业业地调查时，在广州的外国商人（一共二十一人，包括英吉利、法兰西、荷兰、瑞典、丹麦等国的大班和其他人员）仿佛串通好一样，联名要求解决贸易中的不公问题。由于人数众多，总督只好接见了他们，本以为哄一哄就行了，没想到他们竟敢再次递上告状信，内容与洪任辉的类似。

李侍尧连忙表示：皇帝待夷人是恩典最宽的。你们看洪任辉一递上告状信，皇帝生怕他委屈，立刻差遣官员查看。可见无一不体恤尔等了，尔等须安静守法，不可听人引诱滋事啊。[③]既然新递的告状信与洪任辉的类似，我们就一块儿办了，还单独递上来干什么！

洋人的告状信并没有流传下来，但总督的答复书却传了下来，因此我们可以从答复书中窥见洋人究竟写了什么。总督的答复书内容如下：第一，你们想在广州久留，但是禁止洋人在广州过冬是祖制，所以必须拒绝（制度不能改）；第二，你们不想要保商，但设立保商是为了你们着想，你们还不知感恩（维护稳定不可乱动）；第三，所谓勒索，你们也没有真凭实据，而且历任总督和监督都曾经发令严禁勒索（不知体谅官员的爱护之情）；第四，海关官员的职责就是严查进出口，没什么可抱怨的（该条问题不明）；第五，你们想

[①] 船只和下述大班的内容，均见《东印度公司对华贸易编年史（1635—1834年）》。
[②] 见《清代档案史料选编》中的《杨廷璋奏逐令洋船回粤折》。
[③] 见《清代档案史料选编》中的《新柱等奏晓谕各番商折》。

随时见海关监督,但我们是"华",你们是"洋",总有些吃饱了撑着没事干的外国人随时找事,加上语言不通,经过通事转达不是更好?

总督在答复书中还宽慰外国人:原来的时候你们的税更高,乾隆皇帝继位当年,就免去一项了(指的是缴送银,见本书第二部),这项减免每年相当于四万数千两到十三四万余两不等,二十多年就是一百八十七万三千余两,你们还不知道感激吗?而且,你们对于内陆的货物充满了渴望,可是你们的那些玩意儿对于天朝来说是可有可无的。你们如果遵纪守法,我们既不赶你们,也不招你们,该满足了。宁波是不能再去了,在广州应该知足了。

对于这些大班,总督还算容忍和客气,但对于洪任辉,李侍尧就不能忍受了。在刚接到他告御状的消息时,李侍尧恼羞成怒,立刻下令禁止洪任辉再来广州。可是接着新的消息传来:洪任辉跟随钦差大臣朝铨一同从北京回来了,由于他有了皇帝的背书,总督只好收回自己说的话。

总督显然咽不下这口气,不过这次洪任辉控告的内容也确实事出有因,总督暂时无法抓到他的把柄,只能在其他方面做文章。皇帝对洪任辉不满,只是苦于没有证据,这一点总督也是知道的。在给皇帝的奏折中,他特别提到洪任辉会说汉话,所有的事情都是他挑头的。皇帝最关心的是洪任辉有没有与内陆的奸民勾结,于是总督就建议在这方面严查,看告状信是谁代他写的,只要查到洪任辉与内陆人勾结的证据,就有理由把他驱逐出境。

皇帝在奏折中该建议的位置专门批示:是。①

到底怎么查?接下来轮到福州将军新柱出马了。洪任辉跟随朝铨回广州时,曾经说过他在宁波认识几个做买卖的,分别姓郭、李、辛,这次他终于说出了这几个人的名字,分别叫作郭四观、李受观、辛文观②。按照他的说法,最后一个人已经死了,但其弟弟尚在。新柱等人立刻意识到这些人可能是开洋行的,那么洋行的人很有可能与洪任辉有勾结,于是连忙派人去查。

闽浙总督杨廷璋那里又是一番鸡飞狗跳,最后不得不上奏称"洪任辉到

---

① 见《清代档案史料选编》中的《新柱等奏晓谕各番商折》。皇帝还在奏折中写着内外有勾结的地方写下"公论"的御批。

② 出自新柱的奏折,这里的"观"字显然就是"官"字,广州的行商也大都称"某某官"。

宁波的时间太短，的确没有机会与浙江商人勾结"①。

但新的线索又在其他方面涌现出来。根据新柱等人的汇报，洪任辉还说过，他的告状信是居住在巴达维亚的福建人林怀写的，这个信息不知道是否属实。于是他们又把洪任辉等六人传来详细审问。这次的信息更具体了：据说林怀三十二岁，长得白净，他的家族已经在印度群岛（现印度尼西亚）居住了三代，就连穿着和头饰都已经是当地人的特征了。三月份时，英国人专门请他来到澳门，书写了这个状子，他收了三百两银子，之后就搭船回印度群岛了。②

新柱等人又把在广州与洪任辉熟识的陈祖观、刘亚匾、罗彩章、叶惠等人都抓来审讯了一番，他们都供称只是在广州与英国人有交集，没有协助洪任辉告状。

但他们又供出了第三条线索：安徽商人汪圣仪及其子汪兰秀曾经借钱给洪任辉，还帮助洪任辉代买货物，交往甚密。

皇帝听说后，立刻下令安徽等地官员前往捉拿汪姓父子。③ 汪圣仪早已经接到消息逃走，官员们搜查他的家中，并没有找到其与外国人勾结的线索。不过，在清朝，皇帝一心想要抓住的人是不可能逃掉的，汪圣仪逃到江西乐平县，在这里被抓住了，他的儿子汪兰秀也一并被抓获。

对于那位居住在遥远海外的林怀，皇帝暂时没有想到好办法，而且将信将疑：已经在海外居住三代，怎么还会写汉字，而且写得这么好？总之，福建人实在太刁蛮了！他下令杨廷璋仔细查访林怀是什么时候出的国，如果其家属中还有在内陆的，就赶快抓起来，设法引诱林怀回来，将其治罪，以儆效尤。

到了阴历八月底，浙江方面又传来消息，三位郭姓、李姓、辛姓人员终于找到了。原来，最后一次（在洪任辉之后）去往宁波的英国船上带了六块玻璃。这些玻璃是一年前户部郎中范清注向洪任辉（他一年前也曾经去过宁波）订下的，当时洪任辉没有货，只好叫后来的船带过来。在订玻璃的字据上，有保商信公抡的名字，所谓"辛"姓其实是"信"姓之误。最终查实，

---

① 见《清代档案史料选编》中的《新柱奏复奏内地有无奸徒勾引夷商现在查办折》《杨廷璋奏复奏洋商委无浙省奸徒勾引折》。
② 见《清代档案史料选编》中的《新柱等奏减办洋货及讯查代写呈词折》。
③ 见《清代档案史料选编》中的新柱前面的奏折，以及《清高宗实录》卷五九七的"九月癸亥"条。

这三人分别叫郭益隆、李元祚和信公抡（弟弟信绍芳）。这三人与洪任辉只是正常的买卖关系，并无勾结。①

皇帝直到听说了这三人的名字，确信他们查到了具体的人，方才放心。虽然浙江与洋人没有勾结，但经过这样兴师动众的折腾之后，官场上所有的人都已经知道了皇帝的真实意图，再也不会允许任何洋人的船只停留了。

不过，随着三人的浮现，调查洪任辉内应的工作也走进了死胡同。到底是谁写的诉状呢？难道真的是那位他们抓不到的已经在海外定居的林怀？既然无法抓到林怀，那又如何彰显皇帝的权力无远弗届呢？

就在这时，事情突然间朝着完美的方向跳了过去：与洋人勾结的人抓住了，而且就在广州。

由于我们没有找到钦差和总督的原始奏折，不知道他们到底是怎么抓住这个内应的。我们只知道，之前已经出现过的洪任辉在广州的朋友之一、四川人刘亚匾最后被认定就是那位替洪任辉写诉状的人。也许是经过笔迹比对发现的，也许是他在讯问中的回答无法自洽，最后只能承认，也许是被别人告了状，更可能的是，他只是一只替罪羊。

但不管怎样，广东的官员如释重负地将刘亚匾上报给皇帝。这令皇帝也松了一口气：既然有了刘亚匾，就证明洪任辉勾结内陆人为实，也就可以名正言顺地驱逐他了。皇帝立刻颁谕旨，谕旨中的腾腾杀气在两百多年之后依然可以感觉得到。②

谕旨是这样要求的："刘亚匾为外夷商谋砌款，情罪确凿，即当明正典刑。"皇帝还特别注明用刑的方式。由于司法实践中官员权力的弹性很大，很多时候，地方为了省事，直接以打板子的方式将人打死了事，但对刘亚匾不能这么便宜，不仅要正刑，而且需要示众。更妙的是，处决刘亚匾和审判洪任辉必须同时进行。也就是说，在当日，李侍尧必须一面将刘亚匾提出大牢，一面秘密召见洪任辉，避免他先期逃走。当洪任辉来到后，要当面给他念谕旨，

---

① 见《清代档案史料选编》中的《庄有恭奏遵旨查办味啝夷船催饬回棹折》《庄有恭奏浙省并无奸牙勾引夷商折》。
② 见《清代档案史料选编》中的《严惩与夷商勾结之内地奸民谕》。

让他知道自己罪大恶极、罪该万死，但是皇恩浩荡，念他是个外国人，只判他在澳门监禁三年，然后驱逐。向洪任辉宣布完毕之后，立刻将刘亚匾正法示众。

这份谕旨的特殊之处在于，中国古代的历代王朝事实上都有着完善的司法体系，除非是牵扯到权力斗争的情况（特别是宗室内斗），皇帝对于一般的案件并不直接进行审判，而只进行复核。但这一次，皇帝不仅直接宣判刘亚匾死刑，而且连死刑执行的步骤都规定得一清二楚，表明了他对这个案件的关注和用心。

乾隆二十四年（1759）12月6日，总督李侍尧执行乾隆皇帝的命令，传话接见洪任辉。感到事情不妙的其他大班要求与他同去，获得了准许。到了总督衙门之后，有人建议他们逐个进去，这样就可以将他们分开，英国人不同意，最后获准一同进入，但他们的武器（剑）被拿走了。见到总督后，由于是宣旨的场合，他们被要求下跪。英国人并不知道是要宣旨，拒绝了，于是他们被强行按在地上，但并没有行礼。李侍尧让洪任辉上前，指着圣旨告诉他：将他放逐到澳门三年，期满后驱逐出境，永世不得回来。宣布之后，总督下令将刘亚匾斩首。

12月9日，法兰西、丹麦、瑞典和荷兰人在英商馆开会，一致抗议12月6日总督对洪任辉的宣判。但由于这是皇帝的本意，抗议无效。洪任辉被监禁在澳门一里格（葡制长度单位，一里格约等于六千米）内的地方，乾隆二十七年（1762）11月期满后被驱逐。① 更不幸的是刘亚匾，不管他是否代写了诉状，但从自由贸易的角度来看，他并没有做错什么，却被扣上叛国的罪名，被皇帝亲自下旨杀死。按照英国人的记载，他们给刘亚匾的遗孀和孩子送去三百两银——他是无罪的，只不过和商馆发生过交易而已。②

处决刘亚匾之后，皇帝又想到了汪圣仪父子。虽然他们摆脱了替英国人写诉状的嫌疑，但皇帝认为，在广州发出抓捕的命令时，他们选择了逃跑，

---

① 根据《清朝柔远记》，乾隆二十七年（1762）秋九月，释放洪任辉，交给大班的船只载回，两广总督给英国国王写了照会，叫他约束洪任辉，不得重新潜入中国。
② 见《东印度公司对华贸易编年史（1635—1834年）》引公司内部的信件。

本身就说明他们心中有鬼，因此要好好审理，至少要治他们闻信脱逃之罪。之后的事情未见记载，父子二人的结局已经消失在了历史洪流之中。

处理完人，接下来就是制定规矩了。此时，人们已经看到了一个与他的爷爷康熙完全不同的乾隆皇帝。康熙皇帝曾经对外国人的军事技术、民用科技和医学赞叹不已，总是想着怎样利用这些先进的技术为自己服务；[①] 而乾隆皇帝却是一个对海外的一切都无动于衷，只想着如何彰显帝国广大的人，他缺乏好奇心，却又想控制一切，这一点官员们是一清二楚的。

处于事件中心的两广总督李侍尧显然是最了解皇帝的人。借着洪任辉事件，他乘机上奏，提出了一共五条防范外夷的规条，这就是后来著名的《防夷五事》：

禁止夷商在广州过冬；

夷商到广州，应令寓居洋行，由行商管束稽查；

禁止中国人借夷商资本及受雇于夷商；

严禁夷商雇人传递信息；

夷船进泊黄浦，酌拨营员弹压稽查。

这些条款并不是全新的，大都在之前已经设立了，只是执行得不严，没有形成文字规定。但这一次，皇帝借着李侍尧的上奏将条款下发。再加上严禁外夷赴宁波通商的条款，中国古代历史上最著名的一口通商制度正式启动。

洪任辉无论如何也想不到，他指望向皇帝告状来放松贸易管制，减少制度（陋规）对贸易的限制，以为这是对两国都有利的事情，他的努力确实获得了皇帝的回应，但回应的结果，却是使事情变得更糟，中央帝国也变得更加铁板一块。

真正的分歧

在本章的最后，我们还要讨论一个谜题：为什么同样的贸易制度在英国人看来是无法忍受的，但在清朝官僚集团和皇帝看来不仅没有弊端，反而必

[①] 关于康熙皇帝的对外政策，见本书的第二部。

须执行，甚至称得上帝国的基础？洪任辉告状的内容是经过深思熟虑的，外国商人对于清朝的贸易规章已经忍无可忍，可官员们却认为有问题的是外国商人，而不是伟大的制度。

最深层的原因在于双方的统治哲学是完全不同的：西方的政治和司法是结果制的，而清朝的政治和司法是过程制的。

两种统治哲学最大的差别体现在政治成本上：西方的结果式哲学虽然削弱了政权的控制力，却不需要太多的官员，政府机构也较为简单，行政成本比较低；清朝的过程式哲学会产生强大的控制力，必须有一个复杂且庞大的官僚集团来控制社会，而社会为了养活这个官僚集团，必须付出沉重的税负作为代价。

在对外贸易方面，两种统治哲学有着更多的碰撞。西方式哲学只强调结果，也就是说，除非是战争时期或者司法另有规定，大部分情况下，商业船只可以自由往来于各个港口并进行贸易，当地政府享受税权，只有人员违法时才能介入。而清朝时期的政治哲学却要求政府管理商业的方方面面，避免出现任何事故。从船只入港开始，官员们就必须将船管理起来，与此同时，政府还必须将船上的货物和人员都纳入管理，为了管理船、人和货物，必须建立起庞大的影子体系，船只的管理归属海关监督，而货物则交给了行商处理，让行商成为政府管理的延伸。由于人员更加难以管理，于是干脆禁止他们在港口停留，只有商船负责人可以下船，在特定区域暂住，普通水手则连下船的权利都没有。由于管理系统过于庞大，为了养活管理人员，政府就必须从贸易中抽取过度的税收。这些税收又包括了两个方面：一是政府的正式官员，他们的成本被计入正税之中；二是正式官员之外，还有各种买办、书办、掮客等，他们的工资是无法列入正税的，因此政府只能默许一个庞大的影子税收体系存在，这是一个灰色的体系，它吸纳的财富甚至高过了正税。于是，清朝的过程式管理意味着大规模的苛捐杂税，这却又被政府看成是合理的；而彼时西方的结果式管理却没有这样的需求，没有这么强大的影子税收体系，也没有如此多对人身和财富的限制。这一切，都让西方商人感到陌生和不适应，但不管他们如何抱怨，东方的统治者只看到了制度的合理性。

具体到当时的广州海关，虽然洪任辉和欧洲人抱怨多如牛毛的各种费用，但对海关来说，每一项费用又都是不可或缺的。而帝国行政体系的权力又太大，不仅外商无法明白那些费用是干什么用的，甚至连保商也弄不清，只要海关监督下令，其余的人都只能服从。

甚至由于广州海关收入丰厚，皇帝还会不断地要求这里的官员向中央进贡特别税，以满足帝国官僚体系在其他特别项目的开支，比如救灾或者军事行动。

至于洪任辉抱怨的保商制度，本身就是维持帝国统治链条关键的环节之一，除了帮助政府最大化税收之外，它还肩负着其他重任。设立保商制之后，外商和政府、社会之间就形成了有效的隔离层。外国人被隔离在一座精巧的茧房里，他们只负责运来进口货物，再运走出口货物，至于买卖的价格，他们说了不算，各种税费也不由他们说了算。他们与中国社会更是隔离的，除了保商、行商之外，几乎用不着见任何人，也几乎不被允许去任何地方。外国人完成了贸易，但对中国社会一无所知，也就不至于影响社会的超稳定结构。[1]

另外，钦差之所以无法获知详情，还与商人们不敢说实话有关。其实这些行商也受尽压榨，但在钦差面前不敢说出实情，只能在私下里告诉英国人实情，并表示自己在官员面前无法表达。[2]

在这样的情况之下，外国人可以告状，但经过皇帝及其大臣审查之后，往往发现告状的理由不成立。这就造成了英国人苦不堪言，中国商人也苦不堪言，但是政治官僚安之若素，看不到任何问题的奇景。到了这一步，所谓的告御状不仅不会起作用，反而会更加强化系统本身，让它变得更加刚性和不可调整，双方的下一次对峙已经在路上。

本书所描写的内容，就是追溯从地理大发现到1840年的三百多年时间里，闭关锁国的社会是如何形成的。而这里所讲的洪任辉的故事就是最重要的节点之一：在此之前，中国表面上还存在多口竞争的贸易制度，只是随着

---

[1] 中国古代历史上的集权时代，对于维稳的需求始终被置于效率之上。
[2] 英国人特别强调了中国保商在不同场合表态的差别，他们绝不会向官员抱怨，但在私下里说话时，却总是抱怨制度的问题。

制度的僵化，贸易的空间越来越小；在此之后，清政府放弃伪装，将原本扭扭捏捏的软性禁止变成硬性的规章，闭关锁国终成国策。

我想，这里有一个现代人普遍存在的困惑：从地理大发现开始，到1840年的解禁为止，中间有着漫长的三百多年时光。在这三百多年里，中国已经和海外有了一定的交流，甚至有过令人振奋的开眼看世界和"大翻译运动"①，但为什么三百多年过去了，中华民族在睁开眼睛之后，又选择了闭上眼睛，不仅没有迎头赶上，反而开始了可怕的闭关锁国，从此彻底和世界隔绝了呢？

我希望读者认识到，这三百多年并非铁板一块。事实上，历史曾经也表现出带有希望的一面，那就是，中国的确对西方的到来和地理大发现做出过反应，甚至是善意的、进取的反应，它也曾经接纳过西方的思想、科学和商业，也有不少人认识到西方的先进性。

可是，不管有多少机会在眼前，由于制度惯性，到最后都只能走向一个结局：重新封闭，更加封闭，一次次封闭。

为此，我们必须首先分析曾经出现过的希望时刻。而这，要从第一个百年的试探开始……

---

① 关于大翻译运动，见本书的第一部。

第一部

百年试探（1516—1644）

第一章
从耀兵到锁国（1516—1567）

第一个来自西方的使节

　　1516年，一支由四艘船组成的船队从印度出发前往中国。这支船队由葡萄牙国王曼努埃尔一世派遣，指挥官是费尔南·佩雷斯·德·安德拉德。舰队经过苏门答腊岛，到达了位于现代马来西亚的马六甲城（当时已经被葡萄牙人占领）。

　　经过波折①之后，葡萄牙船队暂停前往中国，而是在现在的越南南部、中部及泰国湾沿岸地区活动，在一座叫作普罗·康多尔（中文称"昆仑岛"）的岛上停留，之后到达过北大年（泰国南部）的港口，又回到马六甲。葡萄牙人在这一带最大的发现是这里的贸易非常活跃，几乎所有港口都云集着中国人的船只。②这也破除了一个后来才产生的误会——明代的海禁政策阻止了中国人出海。事实上，虽然明朝有禁止民间前往海外贸易的禁令，但依然无法浇灭民间探索海外的热情，即便在明朝最封闭的时候，福建、广东沿海的中国人依然是现在的越南、泰国、马来西亚和印度尼西亚等地区贸易的主角。只是由于皇帝禁止大型海船出海，中国人在更远的印度和斯里兰卡沿岸就力有不逮了。

　　1517年6月，佩雷斯从马六甲再次出发，率领一支有八艘船的船队向北航行，于8月15日抵达位于珠江口的屯门岛③。在这里，他们遇到了一支中

---

① 船只发生火灾，以及启航之后的大风暴，见《十六世纪葡萄牙文学中的中国　中华帝国概述》中的《亚洲》第三卷书卷一。
② 除了中国人之外，还有爪哇人等，表明整个东亚、东南亚的融合程度。
③ 葡萄牙称为"商业岛"，应该位于香港或深圳地区，但未见于中国史籍。据葡萄牙人称，此岛距离海岸三里格（约十八千米）。

国的巡海船队，并被告知要想继续进入珠江前往广州，必须首先拜访位于南头镇的一位官员。在明朝，为了防止倭寇，在沿海设了一个叫作"备倭"的官职，负责指挥沿海地区的海岸防卫船队。广州地区的备倭设在南头镇，外国人到了这里，必须首先向备倭提出申请，备倭则负责将船队来自何地、带了什么货物、有什么要求等信息汇报给上级，并对船队提供补给，等上级的命令传回来后才予以放行。

佩雷斯也遵守规矩去拜见备倭，并告知对方，这艘船里不仅有货物，还有一位葡萄牙国王派来的正式使节，也是继蒙古帝国之后，历史上西欧世界向中国派出的第一位正式使者。

备倭按照正常程序申报，但一直没有放行的命令传回来。鉴于使节的重要性，备倭自作主张将葡萄牙船队放行，并给船队配备了领航员。

9月末，葡萄牙船队到达广州。为了表现欧洲人的威严，船队特意鸣炮并升起旗帜。明朝在广东最大的地方官是两广总督，称为"都堂"，其次是管理民事财政的承宣布政使（葡萄牙人称为"总管"），以及掌管军事的总兵。由于总督、总管和总兵都不在，负责接待葡萄牙人的是布政司的一位官员。①这位官员对葡萄牙人的行为感到特别愤怒，主要原因有三：第一，广州还没有批准葡萄牙人进入珠江，备倭就放行了；第二，他们在广州停船后竟然敢于在珠江鸣炮；第三，他们竟然在中国的内河升旗。

不过，这样的误会在明朝依然是可以通融的，葡萄牙人的举动并没有被深究。之后，三位主官分别回到广州，②并接见佩雷斯。当他们听说船上有正式的使节时，不仅同意舰队在当地做生意，还决定向皇帝汇报，等皇帝同意之后，将使节送往北京。

---

① 葡萄牙人称之为 Puchanci。
② 葡萄牙人对三位官员的回城进行了大量的描写。他们故意分成三天入城，举行了盛大的入城仪式，令葡萄牙人印象深刻："其手下吏员各有不同的色彩、服装和人数，有的步行，有的骑马，还有装饰奇特的行囊，以及类似我们那里盛大节日使用的飘带流苏。就在这一天，城墙上都挂着丝绸旗帜。城楼上竖立旗杆，悬挂着也用丝绸制作的旗帜，这些可以作为一艘船四周悬挂之用。当地土地富庶，丝绸丰足，就这样他们为这种旗帜耗费的铸金饼和丝绸，犹如我们花费不值钱的颜料和粗麻布。"见《十六世纪葡萄牙文学中的中国 中华帝国概述》中的《亚洲》第三卷书卷一。

这位正式的使节叫托梅·皮列士，虽然他奉葡萄牙国王的命令出行，但其实他是住在印度的葡萄牙人，他本人是一位药剂师。在热闹的欢迎仪式中，这位大使在葡萄牙人的护送下登上了石码头，和七名随从一起被送往华丽的住处。除了供应日用品之外，广州的官员们也纷纷拜访这位长相与众不同的使节。

　　送使节登陆后，葡萄牙的舰队继续在广州做生意，他们还四处（福建、琉球）派出船只，探寻当地的地理环境。生意结束后，船队离开广州，将使节留下，等待皇帝的诏令。这时，距离葡萄牙首次到达亚洲仅仅过了近二十年。

　　葡萄牙人首次到达亚洲是在1498年。六年前，哥伦布帮助葡萄牙人的竞争对手西班牙人发现了美洲新大陆；六年后，瓦斯科·达·伽马率领四艘船绕过好望角，经过非洲的莫桑比克、蒙巴萨和马林迪，于5月18日到达印度的卡利卡特海岸（也就是中国史籍中的"古里"[①]）。1499年7月10日，船队回到欧洲，带回了肉桂、丁香、姜、肉豆蔻、胡椒和宝石等珍贵的货物。影响亚洲的地理大发现东线正式启幕。

　　弘治十三年至弘治十四年（1500—1501），葡萄牙国王派出卡布拉尔舰队前往印度，这支舰队发现了巴西和马达加斯加，考察了红海和非洲东南岸。在印度，卡布拉尔将贸易点转到了南面的科钦，也就是郑和舰队记载的"柯枝"。[②]

　　1502—1510年，葡萄牙又先后多次派出舰队到达亚洲。[③]1510年，葡萄牙占领印度的果阿，将这里变成了殖民地，果阿也成为葡萄牙在亚洲最重要的据点。直到20世纪印度独立之后，在印度政府的强烈要求下，葡萄牙人才将果阿归还。[④]

　　在控制印度海岸的同时，葡萄牙人继续向东扩张。1508年，他们在东南亚的交通咽喉马六甲建立贸易站。在马六甲，葡萄牙人发现了三四艘来

[①] 在郑和下西洋时期，古里是印度西海岸上的重要中转站，从这里可以前往阿拉伯地区和非洲之角，也可以向东前往马尔代夫、印度东海岸和斯里兰卡。
[②] 卡布拉尔炮轰了卡利卡特，也由此开启了西方对东方的暴力模式。
[③] 如1502—1503年的指挥官是达·伽马，1505年的指挥官是弗朗西斯科·德·阿尔梅达。
[④] 果阿是印度独立后少有的与西方发生了冲突的地区。

自中国的船,这是他们第一次遇到中国船只。1511 年,葡萄牙看上了马六甲的咽喉位置,出兵攻克并建立了堡垒,从此马六甲就成了葡萄牙控制东南亚的中心。从这里,他们派遣使团前往缅甸、暹罗和苏门答腊岛。不过,这几个地方的土著王朝都处于强盛期,葡萄牙人暂时无法以武力获得,也无心占领。

1512 年,葡萄牙人去往香料群岛(印度尼西亚东部岛屿),那里隐藏着欧洲人垂涎已久的香料的最终秘密。[①]1513 年,葡萄牙人第一次到达中国海岸,四年后,葡萄牙国王决定向中国派遣使节,请求建立稳定的贸易联系。

葡萄牙使节皮列士对于中国也"并不陌生",当然这里指的是他想象中的中国。他对中国一直很感兴趣,在印度就搜集了不少关于中国的信息,在马六甲停留期间,又写了《东方志》一书,花不少篇幅对中国做了全面介绍。比如,他声称"广州城是全中国无论陆路还是海路大批商品装载之地",并准确地描述了广州在一条大河的河口附近。他还指出,只有那些持有许可证的国王的使臣才可以进入广州城,其余外国人只能在海口处做生意。

他在书中还提到了广州出海口处的屯门岛附近的贸易情况。各国的船只停留地点也是有区别的,比如,马六甲的船一般在屯门停靠,而暹罗的船停靠的地方叫壕镜[②]。由于进入广州不便,外国人会把商品带到上述这些地点进行贸易,而中国人则从内陆把中国货带到那里,这样的交易可以让中国人获得 30%—50% 的利润。中国政府征收的税款大部分并不重,只有 10%,但胡椒为 20%,苏木为 50%。他也能准确地写出如何利用季风前往中国。

明朝在经过了一段时间的闭关锁国之后,也已懈怠了管制,于是中国人又开始探索东南亚了。这也是为什么葡萄牙人能够在东南亚大陆的港口见到中国船。但中国人对岛屿的探索还不完全,十五年前,他们才到达渤泥(现在的文莱一带)。

[①] 虽然西方需求量最大的胡椒产地更加多元化,但更加珍贵的香料比如丁香和肉豆蔻的产地却非常狭窄,只有几个面积非常小的岛屿能生产,其中丁香产于马鲁古群岛(又称摩鹿加群岛),而肉豆蔻产于更加狭小的班达群岛。

[②] 即后来的澳门。

在中国，贸易的商品主要包括：胡椒、丁香、肉豆蔻、木香、阿仙药、象牙、锡、沉香木、渤泥樟脑、红珠、白檀、苏木、新加坡的黑木、坎贝的玛瑙、鲜红羽纱、彩色羊毛布等等。虽然品类很多，但胡椒依然是最大宗的商品，每年会有十艘船从东南亚前往中国进行贸易。

作为欧洲人，皮列士也有看不起中国的地方，他写道："根据这里的东方国家所说，中国的土地和人民，被描述得伟大、富庶、美丽和壮观，但若这些话是用来谈我们的葡萄牙，那比谈中国更容易令人信以为真。"他还说：中国人之所以不让人随便靠近广州，是因为他们害怕爪哇人和马来人。这些民族的一艘船能打败二十艘中国船。由此可以推断，一艘葡萄牙船（400吨）就可以消灭广州。①

但真正作为官方大使来到中国的他又经历了什么呢？

事实上，他大大低估了中国的幅员和实力。我们从一件小事上就可以看出来。

1518年，佩雷斯的弟弟西蒙·德·安德拉德率领四艘船前往中国，准备迎回皮列士。但是，此时的大使还没有从广州动身前往北方——皇帝让大使动身的诏书还没到。

事实上，广州已经三次上奏给皇帝，皇帝对于这位来自未知之地的使节也非常重视，每一次都会派人询问，时间在消息的三来三往之间就耽搁了一年。皇帝之所以反应慢，还和当时国内状况有关。葡萄牙人来的这段时间，恰好国内发生了一连串的大事，导致帝国的精力无法聚焦在葡萄牙使节身上。

此时明朝的皇帝是喜欢晏游的明武宗正德皇帝。就在葡萄牙人到来后的1517年，被称为"小王子"的鞑靼人首领从北方来犯，明武宗以一种轻松的心态御驾亲征，击退了对手。这件事让武宗兴奋不已，从此爱上了四处巡幸。这一年和下一年，武宗皇帝两次到达大同，后一次又继续渡过黄河前往陕北，再从陕北渡过黄河经过太原，最后回到北京。1519年，武宗又想南巡，被大臣劝阻。② 由此，葡萄牙人到来的消息就在不固定的行在和广东之间传

---

① 见《十六世纪葡萄牙文学中的中国 中华帝国概述》中的《东方志》。
② 明武宗对于军事的兴趣和他多元化的行程，见《明史·武宗纪》。

来传去。

就在这时,又发生了历史上著名的宁王朱宸濠反叛。这一年六月十四日,朱宸濠在南昌反叛,挥军进入赣江,再顺长江东下。这场原本可以演变成一场大灾难的反叛由于王阳明的横空出世而迅速熄灭。反叛发生不久,王阳明就以迅雷不及掩耳之势将其镇压。①

明武宗显然对反叛引起的南巡机会更感兴趣,依然决定御驾亲征——即便反叛已被镇压。他率领群臣到了南京,一直停留到第二年的十月。

明武宗在江南的停留终于给了葡萄牙人觐见的机会——他传诏让葡萄牙使节前往觐见。1520 年,皮列士终于离开广州,乘船沿珠江到达梅岭,翻越梅岭后进入赣江,最后驶入长江,前往南京。②他到达南京已经是四个月后的事。

这一路上,皮列士才知道自己是多么的孤陋寡闻。广州城在海外声名远播,但与帝国内部的其他巨型城市相比也算不了什么。

中国史书也记载了这次会面:使臣一行有三十多人,为首的叫作加必丹末(即皮列士)。③《明史》还记载,在葡萄牙人使团中有一个叫作火者亚三的人是最活跃的。显然,为了给皇帝留下好印象,皮列士曾经鼓励属下多和中国人接触。火者亚三的手下就结交了当时的权贵江彬,江彬把他介绍给了皇帝。皇帝很喜欢火者亚三,还不时地和他学习外国话,当作一种娱乐。

但与皇帝在南京的见面只能算是蒙受宠幸,并不是正式的接见。受不了皇帝在南方胡闹的群臣苦苦哀求,皇帝终于决定回京,也让皮列士等人一同随行。1521 年 1 月,使团才终于抵达帝国的首都,皮列士也才理解了,当时西方人所谓的中国还不是一个国家的概念,它更像一个大洲,与整个欧洲同等规模。

---

① 王阳明虽然以心学思想著称,但在宁王之乱之前,他却更多地表现出在军事方面的才能。宁王之乱发生时,王阳明恰好作为金都御史率军前往福建平盗,正到达南昌附近,因此迅速出兵镇压宁王之乱。
② 这条路也是几乎所有东南亚使节的必经之路。一路上,皮列士依然碰到了文化冲突,比如,作为使节,他要求将葡萄牙的徽章挂在船的旗帜上,但没有人理解他为什么要这么做,于是拒绝了。
③ 见《明史·佛郎机传》。

到此时，他的使命看上去一切顺利，可以提出贸易请求了。可突然间，一切乱了套。

首先是皇帝的态度。在南京时，皇帝对皮列士和火者亚三是宠幸的，可是到了北京却突然严厉起来。问题出在最伤皇帝自尊心的朝贡信的格式上，这让皇帝怀疑皮列士到底是不是真的使节。

皮列士带了三封信前来，第一封信是葡萄牙国王写给明朝皇帝的，第二封信是第一支舰队指挥官佩雷斯写的，第三封信是广东总督写的。广东总督在信中提到葡萄牙人已经占据了马六甲，在广州时的态度也很好，希望得到一座商馆——要求不算出格。

问题出在前两封信上。其中第二封信还像是外国小王进贡大皇帝的语气，显得极其谦卑，有称臣纳贡之风。但第一封信的语气却极为傲慢，看不出对中国皇帝的尊崇。

其实问题就出在翻译上。第二封信在广州就翻译成了汉语，相当于中国翻译按照中国的朝贡信格式重新写了一遍，将葡萄牙人的傲慢都"过滤"掉了。但葡萄牙国王的信是密封的，直到北京才拆开解读，并无"过滤"。皇帝感到丢了面子，于是对葡萄牙人冷淡了。

更糟糕的事情还在后面。就在皇帝不知如何处理葡萄牙使节时，南方又送来了两封信。[1] 其中一封还是江南道御史写的，这封信补充说，自从使节离开后，葡萄牙人在广州及其海口霸道蛮横，无恶不作。信中提到了他们在未经允许的情况下，在屯门岛建立房屋，竖起绞架，并禁止来自暹罗、柬埔寨、北大年及其他国家的船只进行交易。这些事情显然是第二支舰队指挥官西蒙·德·安德拉德干的。另外，当地还流传着葡萄牙人吃小孩的传说，这主要是因为葡萄牙人有购买儿童做随从的习惯。

第二封信更加麻烦，这是逃到文担（也作"宾坦"）[2] 的马六甲土著国王派使节端·马合木送到中国的求援信。马六甲已经被葡萄牙人占领，但它是

---

[1] 事实上是三封信，其中第一封是御史何鳌写的，第二封是马六甲王写的，最后一封是江南道御史丘道隆写的。丘道隆在南京见到了马六甲使者马合木，因此写信提醒皇帝葡萄牙人的野心。
[2] 见《十六世纪葡萄牙文学中的中国　中华帝国概述》中的《广州葡囚书简（1524？）》。

明王朝的进贡国，按照规矩，明朝廷有义务保护马六甲的领土完整和国王世系。这封信动情地控告了葡萄牙人在马六甲的所作所为——他们用大炮强行占领港口，并驱逐了国王。在信中，马六甲国王请求明朝皇帝主持公道，惩罚葡萄牙人。[1]

除了来自马六甲的告状信之外，还有其他因素影响了葡萄牙人的命运，那就是朝臣的敌视。当皮列士和火者亚三讨好皇帝的佞臣江彬时，就注定要得罪大部分朝臣，因此，他们一定要阻挠皇帝接见皮列士。

更不幸的是，回北京不久，正德皇帝便一病不起，三个月后去世了。继位的明世宗嘉靖皇帝不是正德帝之子，而是其堂弟。他没有政治包袱，上台后励精图治，杀死江彬等宠臣，此举直接决定了受江彬宠信的火者亚三和皮列士的下场。在政治更迭中，火者亚三被处以死刑，而皮列士则有其他用处，皇帝命令他给马六甲总督和葡萄牙国王写信，要求葡萄牙人离开马六甲。而在葡萄牙人离开马六甲之前，中国不允许葡萄牙势力在中国国内活动。

一场针对葡萄牙人的驱逐活动由此展开。

正德十六年至嘉靖二年（1521—1523），明政府的舰队数次与葡萄牙人展开海战。在第一年，明政府派了五十艘船，将葡萄牙人的五艘船驱逐出屯门岛。嘉靖元年（1522），六艘葡萄牙人的船再次来到屯门岛，其中一艘船上的弹药库被炮火击中而发生了猛烈的爆炸，最终沉没，另一艘船上所有的人被登上船的中国士兵击毙，剩下的船突围而去。[2] 明政府驱逐葡萄牙人的行动获得暂时成功。[3]

---

[1] 根据另一份资料《广州葡囚书简（1524？）》的记载，在广东的冲突包括：葡萄牙人不付关税，还向暹罗人收取关税，并将他们拘留，包围他们的船只，置以守卫，不让做买卖；用石头修筑一座堡垒，覆盖瓦，四围置炮，内有许多武器，并且偷狗吃；在广东立了一个绞架，带来大量的炮；进入内河四处放炮；等等。

[2] 见《十六世纪葡萄牙文学中的中国 中华帝国概述》中的《亚洲》第三卷书卷六。

[3] 除了葡萄牙人的记录之外，这件事在中国的史书中也有记载。嘉靖二年（1523），佛郎机（葡萄牙）将军别都卢率领舰队袭击了广州新会的西草湾，中国一方的指挥柯荣、百户王应恩将敌舰击退。于是佛郎机又换了一个地方，到稍州继续骚扰，接下来的战斗中双方各有损失。其中中国一方王应恩阵亡，但缴获了对方的两艘船，斩首三十五级，生擒四十二人，包括别都卢和疏世利。见《殊域周咨录》《明史·佛郎机传》。

在驱逐葡萄牙舰船的同时，对于皮列士的处理也在进行之中。嘉靖皇帝首先下令将皮列士一行送往广东，于是皮列士又踏上了茫茫四个半月的行程。到达广州后，他被要求给葡萄牙国王写信，令其归还马六甲。

但是，信可以写，怎么将信送给葡萄牙国王呢？最后的解决方法是将信交给马六甲王的使者端·阿勒曼西特和马合木，让两位使者将信带往马六甲，交给那儿的葡萄牙人，再由葡萄牙人交给他们的国王。于是，1522年10月1日[①]，皮列士被迫将一封中文信翻译成葡文，一式三份，其中两封分别交给葡萄牙国王、葡萄牙驻马六甲总督，另一封则由马六甲使者所在船的船长留存。

马六甲使者拿到信之后大惊失色。他们原本指望中央帝国能够出兵帮助他们，但最终皇帝只给了他们几张纸，去"命令"葡萄牙人撤军。他们知道这是不可能的，传递这样的信甚至可能掉脑袋。但不管怎样，1523年5月底，使者们还是快快上路。他们到达了位于现在泰国南部的北大年，找人将消息传给马六甲王，并带来了回信，于9月5日再次回到广州。

马六甲使节们带回来的信中满是悲惨的消息：马六甲王已经被葡萄牙人包围，他乘坐的船被困海上，缺乏食物。马六甲王呼吁他的大明宗主赶快想办法，要么亲自救援，要么派他的下属去救援。

两广总督得到这封信之后，并没有筹备进一步的救援，而是命令两位使者离开，如果拒绝离开，就停止供应物资。总督当然知道皇帝不可能发兵救援，也不打算再替使者传递消息来污染皇帝的耳朵——只要皇帝不知道，这件事就算过去了。

马六甲使者不得不于1524年离开广州。关于他们最后的消息是几位商人带来的：那时他们已经到达北大年又离开，船在前往渤泥诸岛的途中由于风暴破损了，他们也被葡萄牙人俘虏。之后就再没消息了。

明朝没有办法解救马六甲，却有办法惩罚葡萄牙人的使节，马六甲使者的命运也决定了皮列士等人的下场。事实上，在使团被送回广州的那一刻，

[①] 根据《十六世纪葡萄牙文学中的中国 中华帝国概述》中的《广州葡囚书简（1524？）》记载的日期。

惩罚就已经开始。

到了广州，布政使命令将使团成员押入几间粮仓改成的牢房，关了三十三天。之后，皮列士和另外六人被送入布政司的监狱，剩下四人被送往另一座监狱关押了十个月。在此期间，皮列士被多次审问，以确定在马六甲的葡萄牙人数。

嘉靖元年（1522）8月14日，广州官员给这些葡萄牙人上了枷锁，其中给皮列士上的是手枷，其余的人则被上了手枷和脚镣，他们被串起来送往按察司的监狱。由于刑具过于沉重，罪犯的手臂肿胀，脚踝也都受了伤。在这里，首次有使团成员死亡。之后更多人陆陆续续地因为刑具、刑罚而死去。嘉靖三年5月，皮列士本人病死，其随从中只剩下两人还活着。

更富戏剧性的是，皮列士使团中有一位叫作克利斯多弗·维埃拉的人，也是剩下两位中的一位，他设法从监狱中送出一封信，这封信就成为记述葡萄牙人在狱中遭遇的最好材料。同一时期，随着皮列士使团被捕和葡萄牙船只被禁止前往中国，中国还掀起了一阵对抗葡萄牙人的风潮，除了上面提到的两次海战之外，对一般的葡萄牙商船也采取了俘获和逮捕的措施。另一位叫作瓦斯科·卡尔渥的葡萄牙人在正德十六年（1521）乘船来到中国，被俘虏后也写了一封信，讲述了当时的情况。

上述两封信，写出了当时明朝监狱的残酷。[1]卡尔渥的船被俘获后，有的船员被饿死，有的被闷死，有的被头上一槌打死，还有的被绞死——据称死者大约有七百人，且都是葡萄牙人。后人虽然很难相信七百这个数字，但是至少知道那段时间里葡萄牙人在中国是不受欢迎的，甚至有可能面临死亡的厄运。[2]

据说从其余东南亚船上逮捕的葡萄牙人共有一千五百人，大都被处死。[3]我们对这个数字也存疑。另外，有三个暹罗人也被斩首——他们给葡萄牙人

---

[1] 这也是当时的普遍情况，葡萄牙人监狱的残酷性并不亚于明朝监狱。
[2] 见《十六世纪葡萄牙文学中的中国 中华帝国概述》中的《广州葡囚书简（1524？）·维埃拉的信》第十二节。下文《维埃拉的信》出处均和此处相同。
[3] 见《维埃拉的信》第十三、十四、十五节。

带路。①

嘉靖元年（1522）海战中抓获的葡萄牙人也都被投入监狱，其中二十三人被判腰斩。在广州的街道上、城墙外、居民点、大道上，都有牲口拉来尸体，让人们见识葡萄牙人死后的样子，让他们不要再害怕"佛郎机"（葡萄牙）。②

葡萄牙访问明朝的第一个使团是具有象征意义的。一方面，当时的世界与现在的世界不同，那时的人们更加残忍，也更愿意使用武力。因此，当葡萄牙人用武力夺取马六甲之后，就注定与中央帝国圈已经形成的秩序发生冲突。但是，这种冲突的爆发依然如此富有戏剧性，作为老大帝国的明朝虽然已经丧失了海洋优势，无力去帮助其属国，却又想展现皇权的无远弗届，最后只能通过扣押使者、写信威胁的做法来显示自己的实力，用这种最无力的方式去威胁从未知世界里冒出来的海洋新霸主。当这种威胁无效的时候，帝国的官僚只能用掩耳盗铃的方式将马六甲的使者赶走了事，并将葡萄牙使节折磨至死，算是为马六甲报了仇。

但另一方面，葡萄牙作为第一个海洋帝国也是软弱的，它只能在亚洲巨大的帝国夹缝里寻找一些海洋上的边角地。由于亚洲帝国都是陆地帝国，对于海洋港口并不看重，这就使得葡萄牙人能在印度的德里苏丹国眼皮下占据果阿等沿海港口，而又不惊动亚洲帝国。同样，在东南亚的马六甲对于海洋帝国无比重要，对大明帝国而言却是不起眼的小地方。葡萄牙的军事力量到了中国依然是不值一提的，他们的力量太过弱小，而明朝的海军虽然已经衰落了，但依然比后来的清朝海军强大，足以应付保卫陆上港口的责任。③

可是，明朝由于缺乏远洋力量，也就无法撼动葡萄牙人的海上地位，这造成了双方在冲突之后，又进行了长达数十年小心翼翼的再接触的尝试。

对于明朝来说，它与后来的清朝相比还有一个优势，那就是它还没有封闭到对外界的变化一无所知，还有一些愿意看一看外面世界的官僚。这一点，

---

① 见《维埃拉的信》第十六节。
② 见《维埃拉的信》第十七、十八节。
③ 葡萄牙的软弱还反映在与波斯帝国、土耳其帝国、缅甸、暹罗等大国的关系上，无力在大陆上与这些巨型帝国抗衡。

我们在与葡萄牙人的第一次接触中也可以看到。

在广州沿海的第一次海战中,明朝船队虽然没有落下风,但当时的指挥官还是认真地观察了葡萄牙人的船,并承认它们是很先进的。根据记载①,佛郎机人的船长十丈、宽三尺,船体两旁有四十余支桨。当时仍然流行帆桨船,在海上航行主要靠风力,在岸边时用桨划船,增加了灵活性。中国人形象地称这种船为"蜈蚣船"。除了桨,船上还有三十四门大炮。这些大炮中,大型的重一千余斤,中型的重五百余斤,小型的也重一百五十斤。炮弹的外壳是铁的,内芯则是更加沉重的铅,炮弹大约有八斤重,能打百余丈远。另有记载称,除了船上用的炮弹,还有陆上用的陆炮,炮弹中小的重二十斤,可以打六百步远,大的重七十斤,可以打五六里远。②

最早注意到葡萄牙人大炮的是东莞县白沙巡检何儒。早在战争之前,由于他需要到佛郎机人的船上去抽份子,结识了对方船上的两个中国人:杨三和戴明。交谈下来,他发现这两个中国人知道如何造炮。何儒向上级汪鋐汇报后,汪鋐命令他把杨三接来,跟他偷偷地学会了造炮。在实战中,中国人又缴获了二十多门大炮。

到了嘉靖九年(1530),汪鋐升任右都御史后借机上奏,表明西洋大炮的好处,并请求皇帝下令在沿海地区的炮台上装备大炮。皇帝应允了,从此中国的海防开始了火炮化。由于这种大炮学自佛郎机,于是火炮就有了"佛郎机"的名字。

正是这种还保留着好奇心的心态,为晚明时期的开放打下了一定的基础。

但不可否认的是,当处于帝国中期的明朝第一次与西洋相遇时,它确实是封闭的,这种封闭来自其老祖宗朱元璋的统治基因,也来自更早时期的世界局势。

我们不妨将视线拉长,去看看中国是如何从宋元的开放走向明朝初期的封闭的。

---

① 见《殊域周咨录》。
② 见《明史·佛郎机传》。

元朝的遗产

人们普遍认为，东西方发展的分水岭在于明朝时的地理大发现，但事实上，这可以追溯到更早的宋元时期，其中影响最大的是蒙古帝国对于东西方的不同的刺激。

开禧二年（1206），北方蒙古部落一位叫作铁木真的汗王在斡难河畔举行忽里勒台大会，他自称"成吉思汗"，人们日后就以这个时间点作为蒙古帝国出现的标志。之后，蒙古帝国迅速扩张。在东亚先后击败西夏、金国、大理和南宋，并使畏吾儿人、藏人臣服；在中亚和西亚，他们击败强大的花剌子模地区，并灭亡阿拔斯王朝，将统治区域扩张到叙利亚境内；在欧洲，他们征服了俄罗斯人的各个公国，并进攻到欧洲腹地。

在元世祖忽必烈之前，蒙古帝国作为一个整体存在，在忽必烈之后，帝国分裂为四大汗国。但是四大汗国由于亲缘关系，依然保持着足够的沟通，大部分时间里保持了内亚道路在商业上的畅通。

不过，蒙古和平对东西方世界带来的影响却是完全不同的，东西方由此产生了巨大的分野。

首先，对于欧洲，蒙古统治者打开了西方的视野，让他们跳出了西欧那口"井"，看到外面的世界有多广大。从蒙古统治者征服中亚开始，西方出于对抗亚洲穆斯林的需要，想方设法地联络蒙古人。[①]他们派出许多使节前往蒙古和中原，其中最著名的就是传教士柏朗嘉宾、鲁不鲁克[②]。而在欧洲的商人也由于蒙古和平得以来到中国，其中最著名的便是马可·波罗。最后，当蒙古统治者建立元朝之后，欧洲人开始在中原设立传教中心，甚至在北京建

---

① 欧洲人曾经传说东方有一个基督教国家，其国王约翰长老会在未来帮助西方打败穆斯林。这个国家曾被认为是埃塞俄比亚，而蒙古人崛起之后，欧洲人一度希望蒙古人就是传说中的约翰长老，出于拉拢的目的派出众多使节。之后，当在伊朗的伊儿汗国建立后，双方也有过交流，以期联合进攻埃及的马穆鲁克王朝。但最终，伊儿汗国的蒙古人皈依了伊斯兰教。
② 他们分别写了《柏朗嘉宾行纪》和《鲁不鲁克行纪》。

了两座教堂，当时最著名的传教士是约翰·孟德高维诺①。

这些人让欧洲人见到了"铺满黄金"的东方之地，虽然在传教上突破不大，但对于未来欧洲商业精神的培养至关重要，这种重商主义精神最终导致了地理大发现。

其次，蒙古人对于穆斯林的影响也是有益的。这主要表现在，蒙古四大汗国中的三个到最后都皈依了伊斯兰教。在蒙古人之前，中国的新疆地区和中亚的穆斯林统治依然不算稳固，而在南俄罗斯地区还没有穆斯林，但随着伊儿汗国（波斯汗国）、钦察汗国和察合台汗国推行伊斯兰教，这些地区最终成了穆斯林牢不可破的堡垒。

对于伊斯兰教在中国内陆的传播，蒙古人也有着重要的作用，由于蒙古是一个重商的帝国，具有商业头脑的穆斯林在元朝受到极大的优待。普遍信仰伊斯兰教的回族人开始向全国四处流动，现在中国境内大量的回族人都是随着蒙古人的迁移而扩散的。蒙古人对于海路的重视，也让波斯人、阿拉伯人在泉州等沿海地区继续活动。②

当穆斯林和欧洲人都享受着蒙古和平带来的好处时，元朝对于当时中国的影响却是好坏参半。一方面，它让西方和穆斯林的商业精神影响内陆，给一个古老的农业国度染上了商业的色彩；同时，蒙古人对海运的采用，也让中国的航海和造船技术进一步发展，并主导了从中国到东南亚，甚至远达印度和波斯湾的海路。

但另一方面，宋元时期游牧民族的不断入侵却让内陆变得越来越"排外"。这种"排外"情绪最早可以追溯到唐代的安史之乱——唐朝内部的政治失衡，导致边疆地区的大将安禄山反叛，这场历时八年的反叛是盛唐衰落的标志。事后，许多人没有从政治制度上寻找原因，反而将之归咎于北方少数民族（安禄山是杂胡，是西方粟特人与北方突厥人的混血儿）的骚扰。而随着唐朝的衰落，北方民族也的确变得更加强大，突厥人、回纥人、黠戛斯人、契丹人、女真人、蒙古人先后走上了历史舞台，并割走了原本属于中原王朝

---

① 孟德高维诺在大都建立了第一座天主教堂，成为汗八里（大都）第一任主教。有他给教皇的信件传世。

② 蒙古依靠来自海外的蒲寿庚家族征服了泉州地区，而在元朝末年，蒲氏家族在泉州反叛。

缓冲地的燕云十六州。

真正让中原王朝走向封闭的，还是两场巨型的灾难，那就是靖康二年（1127）女真灭亡北宋的靖康之变以及至元十三年（1276）元灭南宋的临安陷落。这两场灾难过后，北方游牧民族都采用他们的通常做法，将整个汉人的帝王家族迁往北方，虽然这在游牧民族中是比较人道的做法（尽量避免对战败王族的屠戮），但是对汉人来说是奇耻大辱。

元朝之后，宣称是汉民族政权延续的明朝，其统治基础是建立在反抗"异族"之上的，这就意味着明朝统治者必须反对蒙古统治者带来的那些特征，不管它是好的还是坏的。

首先要放弃的是带有蒙古色彩的商业。于是在中国古代历史上商业最活跃的王朝之后，人们又见证了中国古代历史上最依赖农业的王朝。明太祖朱元璋一方面将税收重新根植于农业之上，并完成了对农村的全面控制，另一方面则对商业进行清算。他再次实施古老的军屯制度——为的是节省农业财政，将士兵变成农民。而与海外的贸易权也归了政府。

在元朝，已经有不少中国人前往东南亚的大陆和海岛，这些华人势力最大的特点就是向往自由，特别是商业自由，这就不免与强调管制的中央政府发生矛盾，他们会和元朝政府出现冲突，也同样会和明朝政府出现冲突。只有在一个更加自由的商业框架下，才有可能整合这种力量。

加之蒙古人在北方并没有灭亡，而只是退回了他们的祖居之地，明朝和北方蒙古人（鞑靼人、瓦剌人[①]）的长期对抗，也导致明朝必须采取收缩性的政策，摒弃开放性。

正是蒙古统治者给东西方带来的不同影响，决定了未来世界的走向：一方面，欧洲被蒙古统治者打开了视野，采取了更加充满野心的商业政策，变得越来越有好奇心和进取精神；另一方面，中国却随着明朝的统治，建立了以排外和稳定为基石的政治模式，这种模式必然压制人们的好奇心，剪灭新思想，从而造成中国人内敛的性格，这种性格影响了未来数百年的中国。

[①] 瓦剌人（清朝称"卫拉特人"）为蒙古人的一支，与成吉思汗的黄金家族没有血缘关系。在明朝，瓦剌人的势力超越了黄金家族，成为明朝的大敌。

封闭的帝国

明朝政府之所以对海洋采取极为严格的防范，还有一个原因：灭亡元朝的反叛势力中，最早起事的是方国珍的海洋力量。[①] 而方国珍并非只影单行，实际上他代表着一个阶层的崛起。

在此，我们还需要纠正一个常见的误会，那就是中国人是一个不喜欢迁徙的群体。按照这种说法，到道光二十年（1840），中国人都还没有出过远门。但事实上，从南宋时期起，在东南亚海域游历的中国商人数量就已经非常多了。在宋朝，泉州和广州已经发展成世界性海港，除了出海的中国人之外，还有大量波斯人、阿拉伯人和马来人来来往往。

至元二十九年至至元三十年（1292—1293），蒙古人对爪哇进行了一次远征，这次远征虽然以失败告终，但是有数百名华人滞留爪哇和婆罗洲西部等地。[②] 自那时起，华人在东南亚开始了文化和血缘上的融合。到元末时，泉州等地又发生了一次反叛[③]，又有许多中国人转向东南亚。在东南亚的这些中国人脱离了汉地政权，大都从事商业活动，具有西亚和地中海的商人属性。

中国的商业力量除了海外中国人之外，也包括具有海外关系的沿海地带（广东、福建等地）人群，由于距离中央帝国相对遥远，这样的社会必须要求更大的自治权，并通过社会内部的合作达成公私互信。但皇帝却采纳了稳定治国的方法，这种传统方法是建立在完全不信任民间的基础之上的。皇帝不允许人民进行自我监督和自我管理，更希望通过中央直属的官僚体系对民间进行最严苛的监督。这种双方要求的不匹配，必然导致皇帝以政权的力量，动用武力将后者碾碎，或者彻底禁止内陆人群与海外的联系。

---

① 至正八年（1348）十一月，台州人方国珍起义。方国珍是元末最早的一支起义主力军的首领，他对于元朝海运的破坏，直接导致北方收不到南方的漕粮，从而引起北方的解体。

② 蒙古军队远征之后，往往有大量将士遗留当地。比如，蒙哥大汗时期曾经在云南大理地区征集了大量白人（白族人）参军，并向湖南地区远征。随着蒙哥的去世，蒙古军队就地解散，导致一部分白人遗留在湖南桑植等地区，这个白族的小分支直到现在依然存在。

③ 即1357—1366年的泉州蒲氏反叛，见《东南亚史：危险而关键的十字路口》。

第一部 百年试探（1516—1644）

明朝对于海外贸易势力的收编，开始于郑和下西洋。郑和的故事是我们熟知的：永乐三年到宣德八年（1405—1433）明朝的三保太监郑和在明成祖的派遣下，一共七次下西洋，到达过亚非地区的三十多个国家和地区，最远到达非洲东海岸的马林迪和蒙巴萨一带，也就是现在的肯尼亚境内。

郑和的船队极其庞大，最多时一共载有二万七千八百余人，这样的人员数量已经超过许多小国家的军队总数。舰队中有的船长四十四丈四尺，宽十八丈，是当时世界上最大的船。船舶数量也很多，有六十二艘之多。哥伦布在首次航行中只带有八十七人和三艘船，与郑和船队不可相提并论，而前往印度的达·伽马也仅有一百七十名水手和四艘小船。

在这些熟悉的事实之上，却又有许多我们不熟悉的情况：郑和的船队规模虽然如此庞大，却并非以促进贸易为目的，而是代表了明朝对民间航运事业的收编。

郑和船队的造船技术并不是在明朝时期积累的，而是来自宋元时期的民间技术。皇帝建立如此庞大的船队，只是利用了现成的技术。但同时皇帝又做了另一件事，那就是借助建立国家船队的机会，限制民间造船，并推出了海禁政策。

海禁政策造成的最大影响，就是中国造船业的衰落。海禁之后，由于民间被限制，他们最多只能建造前往东南亚的小船，这就造成了中国造船业在大航海时代来临之前突然衰落，再也无法与西方相提并论。

同时，郑和船队还显示出另一个弊端——这样庞大先进的船队却无法产生利润。郑和出海，更多是为了完成朝廷的任务（耀兵），以及满足他们对于部分奢侈品的需求。由于缺乏民间的配合，这样的任务是无法产生足够的经济效益的。从长期来看，这样庞大的船队如果无法实现商业上的自给自足，政府是供养不起的。

永乐二十二年（1424），支持扩张的永乐皇帝离世，新皇帝明仁宗立刻在大臣的建议下召回郑和。对于郑和的航海，朝野的意见很大，比如有大臣表示："三保下西洋费钱粮数十万，军民死且万计，纵得奇宝而回，于国家何益！"[①]

[①]《殊域周咨录》引刘大夏的话。

从这里也可以看出，一旦航海权被政府垄断，那么再大的好处也会消失殆尽，变成得不偿失。不幸的是，民间出海已经被禁止，于是随着官方出海的结束，中国的造船业出现了急剧的下滑。

郑和船队对于民间的打击，还在于对海外华人势力的镇压。早在元末明初，海外华人已经在东南亚形成了类似城邦的组织。其中最大的组织由一个叫作陈祖义的华人领袖领导。

在如今印度尼西亚苏门答腊岛的南部，有一个叫作旧港的城市。在唐朝，它是一个信奉印度教的古国室利佛逝（宋代称"三佛齐"）的首都。[1]

元朝末年，中国人开始了一次大移民，他们大都来自广州、漳州和泉州一带。[2]洪武二年（1369），陈祖义率领一支广东人移民队伍来到旧港。[3]当时这里恰好处于一个政治真空期，陈祖义等人得以将之变为华人在海外的根据地。[4]

这本来是一件对华人和传播中国文化都有利的事情，但明朝对于海外华人势力并不欣赏，反而是防范的。明成祖时期派出大量的使节前往海外，一个重要的任务就是防止海外华人与国内人员联系，以免给帝国制造麻烦。明成祖曾经派出一个由孙铉率领的使团去往南洋，[5]这个使团在回程时到达过旧港。永乐三年（1405），明成祖又专门派另一个使团前往旧港招募这些中国人。[6]陈祖义和另一位华人头目梁道明还曾经派人前往朝贡。

但这依然无法消除皇帝的担忧。到了永乐五年（1407），郑和第一次下西洋回程[7]时经过旧港。根据史书的记载[8]，郑和经过旧港时，听说陈祖义依

---

[1] 见《东南亚的印度化国家》相关章节。
[2] 见《东南亚华人史》第四章，有观点认为早在此两百年前华人就已经移民三佛齐。
[3] 《瀛涯胜览·旧港国》记载了施进卿和陈祖义。与陈祖义同时在旧港的华人头目，还有广东人施进卿以及广州海南县人梁道明（他手下有数千家之多）。《明史·三佛齐传》记载了梁道明和另一个叫作郑伯可的人。
[4] 见《明史·三佛齐传》。
[5] 孙铉出使时间不晚于永乐三年（1405），见《明史·三佛齐传》。
[6] 见《明实录·明太宗实录》卷四八。
[7] 之所以认为是回程，在于《明实录·明太宗实录》卷五六中，提到永乐四年（1406）七月陈祖义进贡，郑和是永乐三年出发，永乐五年返回，显然，陈祖义事件发生于永乐五年郑和下西洋回程时。
[8] 见《明实录·明太宗实录》卷七一。

第一部 百年试探（1516—1644）

仗强权劫掠商旅，要求他投降。陈祖义选择了抵抗，最后被抓获。[1] 在战斗中，陈祖义有五千余同伙被杀，十艘战船被烧毁，另外七艘被缴获。郑和抓获了陈祖义等三人，还缴获了两枚铜印，据说这是陈祖义称王称霸的证据。

陈祖义被郑和带回，皇帝下诏将其杀死，同时宣布设立一个名义上的机构，叫作旧港宣慰司，任命与皇帝合作的华人担任名义上的官员。

这种对海外华人领袖的屠杀，表明了郑和下西洋的一个真实意图，那就是明朝皇帝为了垄断权力而派遣郑和去剪灭海外的华人势力，这样做的结果，就是东南沿海地区民间经济的衰落和中国航海业的一蹶不振。中国古代的造船和航海技术曾经一度落后于东南亚、印度、波斯等地区，从唐朝开始追赶，经过宋元几百年的积累，最终达到了世界领先的地位，却在明朝皇帝治下，在短短的几十年时间里如同陨星般滑落，退化到微不足道的地步。

葡萄牙人到来时，皇帝依然在实行海禁政策。根据葡萄牙人的记载[2]，明朝政府禁止本国人出海，违者处死。如果当地人确实要去往附近的海岛，那么必须保证在同一年返回。在出发前，还必须向当地官员申请，保证在规定时间返回，这样才能获得批准。百姓驾驶的船只不得超过一百五十吨重，以防百姓去往更远的地方。百姓被限制后，只能前往内陆附近的岛屿，这才给欧洲人留下了足够的贸易机会。也就是说，当明朝限制百姓发展航海经济之后，其经济的衰落是造成中西换位的关键原因之一。

朝贡式贸易

在葡萄牙人的记载中，明王朝还有一条古怪的政策是他们不能理解的[3]：任何外国商人不得从陆路和海道进入明朝统治地，只有一种方式除外——以使臣的名义进入。

按照规定，一个外国使团可以携带若干名商人，到了边境，由明朝专门

---

[1] 根据《明史》与《瀛涯胜览》，陈祖义选择诈降，同时阴谋劫掠船队。这时，施进卿的告密使得郑和有所准备。
[2] 见《十六世纪葡萄牙文学中的中国　中华帝国概述》中的《亚洲》第三卷书卷一。
[3] 这方面的记载最早见于《亚洲》。

的官员清点人数，这些人获准在明朝的土地上进行贸易。于是，那些想来做买卖的外国商人不得不花钱购买名额。

这样的做法看上去古怪，却不难理解。明太祖为了维持国内的稳定，就要禁止国人的海外联系，也必须禁止外国人进入。这样，外国商人就不能自由进出了。对于皇帝来说，自己的国家并不需要海外商品。[①]

不过皇帝却认为，中国人可以离开外国人的商品，可外国人离开了中国的商品就会死掉。为了表现皇帝的强大和仁慈，不让外国人横死，必须给海外贸易留一个小口，这个小口就是使团。但皇帝并不认为外国使团是来做买卖的，他们到来唯一的原因就是仰慕帝国，是前来朝贡的。朝贡自然就要带礼物，因此，所谓"货物"，其实只是给皇帝的礼物而已。[②]

这套规矩不仅适用于东南亚，也适用于西北地区。最后，明朝的对外贸易变成这样：给每一个国家都规定了名额和年限，也就是说，这些国家可以每几年朝贡一次，每次可以来若干人。除了正使和副使是国王派来的真正使者之外，剩下的名额则由国王或者使者卖给商人，这些商人跟着使者一道进入中国，他们携带的货物在进入中国国境后统一交给官员，作为贡品押往北京[③]。而皇帝则在收到贡品后，回赏给这些使者大量的钱财，不仅足以与贡品的价钱持平，甚至是原价的数倍，远比他们通过自由市场买卖赚得更多。

在皇帝看来，外国人到来只是进贡并领取赏赐；但在外国人（特别是那些加入使团的商人）看来，这是中国特有的贸易方式。这种贸易方式虽然古怪，获利却更丰厚。在整个过程中，唯一亏本的是明朝，因为在这样的贸易方式下，外国使团每带入一份贡品，明朝就要付出数倍的赏赐。

为了避免损失过大，到了后来，皇帝又把跟随使者的商人分成两个层次：那些最大的商人被允许和使者一起到北京，将货物献给皇帝，皇帝会回给他数倍的赏赐；而小一些的商人则被允许在边贸市场上把商品卖掉，他们赚得少一些，但还是有钱赚。通过这种方式，明朝就减少了因"不对等"造成的

---

① 见《续文献通考》卷二六："（洪武）二十七年正月命严禁私下诸番互市者。"
② 见《明史·食货志》："海外诸国入贡，许附载方物与中国贸易。"
③ 见《明史·食货志》："初，入贡海舟至，有司封识，俟奏报，然后起运。宣宗命至即驰奏，不待报随送至京。"

损失。

当然，明朝政府负担的还不仅仅是商品价钱。当使团进入内陆之后，一路上的吃住行和安全都是各地的官府负责的，而照顾这些使者（商人）也需要耗费大量的地方经费。这样做对于明朝的集权政府又有其合理性，除了彰显皇帝的慷慨之外，最重要的目的还是控制外国人的行踪——把他们的衣食住行都承包了，事实上也就限制了他们的自由，让其无法在大明疆土内自由活动。

这样的政策看上去是聪明的：既满足了外国人的贸易需求，又满足了明王朝的面子。但这项政策的副作用也非常大，给外国人留下了不少钻空子的机会。

所谓"钻空子"包括以下几种方式：

第一种是将一个国家拆分成多个国家，分别进贡，以获得更多的贸易机会。在这方面，中亚帖木儿帝国的继承人沙哈鲁就得心应手。帖木儿是中亚仅次于成吉思汗的一代雄主，他的统治期与朱元璋父子重叠。帖木儿在末年时，曾准备率大军攻打明王朝，但他死在进攻明朝的路上。之后，帖木儿帝国陷入内斗，最后的胜利者就是其子沙哈鲁。沙哈鲁在位时间是永乐二年至正统十二年（1404—1447），[1] 在漫长的执政生涯中，他推翻了帖木儿的政策，改为与明朝和印度交好，用派遣使者的做法代替战争。他曾经向中国派出使者达十次之多，[2] 也从中国获得了大量的"赏赐"。

沙哈鲁不仅派遣使者的次数多，而且善于将自己的国土拆分，冒充不同的国家向明朝进贡。比如，当时的中亚地区直至伊朗都是他的疆域，沙哈鲁把各个地区分封给自己的儿子们，这些地区都被算成独立的国家，分别向明王朝派遣使者。比如，永乐十七年至永乐十九年（1419—1421），有一次沙哈鲁向明朝遣使，除了国王的使团之外，还包括他五个儿子各自的使团。这些使团集结在一起前来，浩浩荡荡，席卷了大量的赏赐。[3] 利用和

---

[1] 见《草原帝国》第十一章第十三节。
[2] 《明史》记载为九次，《明实录》为十次。
[3] 见《沙哈鲁遣使中国记》。

平手段创造出五倍的"赏赐"机会，比利用战争和掠夺要划算得多。而在明王朝的记录中，出于面子，也乐于将沙哈鲁帝国下的不同地区算成不同的国家。

第二种方式叫作依仗武力年年派团，多多益善。善于利用这种方式的是北方的蒙古支系瓦剌政权。在蒙古故地，随着蒙古黄金家族的衰落，其旁系瓦剌人兴起，成为明朝的大敌。

瓦剌人虽然不惮于动用武力，但在更多的时候，他们也愿意被明朝收买，也就是利用朝贡的漏洞赚钱。明朝给各个国家规定的朝贡是有次数限制的，一般是每三年或者五年一次。但最初时限制没有这么严，而又由于要收买瓦剌人，也不敢对他们限制太死，这导致瓦剌人发现进贡就是致富的不二法门。

事实上，如果存在正常的自由贸易，反而不能满足瓦剌人的需求。他们喜欢中原地区的奢侈品，对于绫罗绸缎、茶叶等的需求量都非常大，但他们能提供给中原的只不过是些皮毛制品和牲口。如果是自由贸易，那么瓦剌人一定会因为贸易失衡而无法满足其对奢侈品的需求。

但有了朝贡的空子可钻，瓦剌的王公贵族们便争先恐后地向明朝纳贡，用不值钱的东西换取皇帝的赏赐，并逐渐发展成类似于勒索的形式。瓦剌人的朝贡队伍也越来越庞大，最初的朝贡团只有几十人，后来则达到几百人，最后甚至达数千人之多。以前一年一次，后来则一年两次。每次来人，沿途的各个地方衙门就要出人出力，提供马匹车辆、楼堂馆所，地方政府也叫苦不迭。①

最后，瓦剌人的首领也先竟然派了一个号称三千人的大型朝贡团前来，明英宗终于忍无可忍。他严格核对人数，发现朝贡团的规模只有宣称的五分之一，便叫人按照实际情况付账。②明英宗的做法激怒了也先，第二年，他派出大规模的骑兵队伍南下。明英宗在太监王振的怂恿下决定亲征，于是发生了自己被瓦剌俘虏的"土木堡之变"。

---

① 见《明史·瓦剌传》："每入贡，主臣并使，朝廷亦两敕答之；赐赉甚厚，并及其妻子、部长。故事，瓦使不过五十人。利朝廷爵赏，岁增至二千余人。屡敕，不奉约。"

② 见《明史·瓦剌传》："时朝使至瓦剌，也先等有所请乞，无不许。瓦剌使来，更增至三千人，复虚其数以冒廪饩。礼部按实予之，所请又仅得五之一，也先大愧怒。"

第三种做法叫作走私。最熟悉此道的国家是日本。[①]

日本是一个资源贫乏型国家，能够拿得出来的商品只有工艺品、木材、刀具等少量物品。而明朝最欢迎的却是东南亚的奢侈品，对日本的商品本就不感兴趣。同时，日本还是一个擅长贸易的国家。明朝限制日本人到达的港口数量，还限制贸易次数，这根本满足不了日本商人的需求。[②]在贸易的刺激下，日本商人冒充的朝贡团络绎不绝，并且大量地夹带走私物品，一份贡品之外，会有十倍的走私物品藏在船中。而贡品的价格也被虚报，希望以此获得高额的赏赐。

明朝政府发现其中的问题之后，对日本的贡品大幅度压价，甚至只给到日本希望价格的六分之一，同时规定日本不得频繁进贡，每十年进贡一次，每次只允许两艘船、两百人。[③]

由于正常的贸易被帝国政府的粗暴规定打断，日本随即对中国的沿海地区展开了贸易和海盗攻势，中国进入倭寇频发期。[④]这进一步刺激了政府，皇帝只能隔三岔五地重申禁海令，禁止百姓下海贸易，导致了明朝对外贸易的进一步萎缩。

在重重制度之下，明朝官方的对外贸易一直是赤字，每朝贡一次，就意味着皇帝必须"援助"给朝贡团更多的钱财，这也导致皇帝完全没有动力发展海外贸易。[⑤]

[①] 见《明史·食货志》："琉球、占城诸国皆恭顺，任其时至入贡。惟日本叛服不常，故独限其期为十年，人数为二百，舟为二艘，以金叶勘合表文为验，以防诈伪侵轶。"

[②] 明朝晚期和清朝，日本由于有白银和青铜，一跃成为中国的第一大贸易伙伴，那时候，限制贸易的就变成了日本。

[③] 对于其他国家，明朝政府往往规定两到三年一贡，对日本的单独规定显然是一种严厉的惩罚。

[④] 见《续文献通考》卷二六："嘉靖二年罢市舶司。时日本使宗设、宋素卿分道入贡，互争真伪，市舶中官赖恩纳素卿贿，右素卿，宗设遂大掠宁波。给事中夏言言：倭患起于市舶，遂罢之。市舶既罢，日本海贾往来自由。海上奸豪与之交通，法禁无所施，转为寇贼。"

[⑤] 比如，永乐初期，西洋剌泥国的商人哈只马哈没奇前来"朝贡"时，带来了胡椒与当地贸易。这时有人提议对这些贸易征税。永乐皇帝却认为："商税不是为了让国家赚钱，而是为了抑制商人的发展。外国人既然仰慕中国来到这里，就应该允许他们赚点钱。"这样的方式导致明朝政府一直无法建立正常的商业贸易和税收体系。见《明史·食货志》。

第二章
隆庆开关（1567—1583）

无法禁绝的海外华人

现代人对于明朝闭关锁国的一个误区，是他们认为由于封闭政策的影响，那时在东南亚地区的中国人并不多。

但事实与之相反。在元末明初，东南亚地区已经形成了活跃的中国人社区。随着郑和下西洋等官方行动，以及皇帝对禁海的兴趣，中国民间与东南亚的交流受到极大的影响。永乐十九年（1421），明朝正式迁都北京，政治中心的北移使得皇帝不再对外国使团感兴趣，这就造成了东南亚朝贡贸易一定程度上的衰落，随之做出弥补的是广东和福建沿海民间对外来商品的走私需求加强。

人们普遍认为，中国古代历史上最为集权的两个朝代是明朝和清朝，但这两个朝代又是有区别的。清朝时随着密折制度的建立，以及皇帝对于各种事务事无巨细的干预，加上"文字狱"的兴起，使得地方官员几乎对任何事情都没有决定权，必须事事上奏皇帝。而明朝虽然在太祖时期实行了严格的政治集权制，但是这种政策带来的危害在太祖朝就已经显现，并在太祖死后得到了一定程度的扭转，之后的皇帝很少拥有完全独裁的权力，这给地方官员留下了较大的空间。[①] 而地方官员为了本地经济的发展，往往会对过于干扰民间的中央命令采取软性抵制的做法，保证民间经济一定程度上的合理运行。

---

① 关于朱元璋政策的讨论，笔者以为最好的著作是谌旭彬的《活在洪武时代：朱元璋治下小人物的命运》一书。

这种政治规律使得明朝时沿海地区与海外的交流（不管是人员交流还是物资交流）没有真正中断，只是不让皇帝知道罢了。

在明朝，海外贸易一直有一个合法的中转站，那就是琉球。[①] 当时的琉球是一个处于明朝、日本和东南亚之间的政权，这使它既通过朝贡获得了明朝的认可，也能够在日本获得一定的外交地位。福建商人在发现琉球的超然地位之后，也前往这里，建立了沟通东南亚、明朝和日本的贸易基地。从16世纪20年代开始的一个多世纪里，贸易成为琉球的国策，它每年都会向各地派遣船只。船上还带着琉球国王写给各地的信件，表达友好和贸易的愿望。

在人员的交流下，华人融入了东南亚地区，将东南亚变成了一个华人和土著混合的社会。比如，明朝初期，暹罗、柬埔寨的各个港口城市都有华人的存在，并通过商业、血缘关系深入当地的政权之中。

暹罗的主体民族是泰族，其祖先很可能是从云南境内去往东南亚的，并取代了原本在这片土地上的孟族和高棉人。[②] 暹罗政权最早在泰北的清盛、清莱、清迈等地建立政权，后来则向南到了素可泰。1351年，在大城府（阿瑜陀耶）定都，[③] 这里是从海洋经过湄南河向北方陆地可通航的最远处。但此时的暹罗已经变成华泰混血式的政体。泰族人是统治阶层，华人则担任了商业领袖的角色，加上原本的孟族人和高棉人，构成了一个复杂的混合社会。

而在柬埔寨，泰族人的压迫使得柬埔寨北部的吴哥衰落了，高棉人又在更南方的金边建立了政权，这个政权的商业社群依然是华人主导的。事实上，在元朝时，一位中国使者周达观就发现，吴哥时期的高棉也同样有大量华人社群。[④]

在印度尼西亚，就像郑和时期见到的，这里也有华人、爪哇混血社会，并构成了当地的领导阶层，他们有着华人的名字和爪哇的头衔。1406年，一

[①] 见《东南亚史：危险而关键的十字路口》。
[②] 高棉帝国的地域远大于现代的柬埔寨，深入暹罗西部和越南南部，但泰人崛起后，将高棉人赶离暹罗，高棉帝国也在暹罗和越南的双重压迫下缩小为现代的柬埔寨。
[③] 清乾隆三十二年（1767），缅甸军队攻陷大城府，暹罗在华裔国王郑信的领导下继续向南，在曼谷附近的吞武里建立新政权，郑信及其后的王朝同样离不开中国的影响。
[④] 见《真腊风土记》。

位华人和一位爪哇使节一同抵达日本，后来又在1412年再次前往，就这样开启了东南亚（直达暹罗）和日本、朝鲜的往来。① 后来被葡萄牙人占领的马六甲，除了战略中心地位之外，也同样是因为与明朝的关系而变得繁荣，这才会被葡萄牙人盯上。15世纪下半期，马六甲的苏丹曼苏尔沙统治时期（1459—1477），马六甲除了与中国往来之外，还与更加东面的文莱、巴塞、爪哇等国建立了贸易关系。

明朝虽然闭关锁国，但到了成化、弘治年间（1465—1505），沿海地区民间与海外的联系已经非常频繁了。南方出现了大量的豪门巨室，在贸易中大获其利。但是这些利润并没有被官府分享。②

明朝是一个充满了悖论的朝代：只重视农业，对于商业并不感兴趣。明太祖时，为了对付他最大的敌人张士诚③统治过的苏州、松江、嘉兴、湖州等地，针对这些地区制定了压榨性的农业税。由于农业税过重，这里的许多人都放弃了农业，改为经商，于是明朝的商品经济就在这个区域内发展起来了。这并不是政府的本意，而是极权社会的通病：当政府对某些领域过于重视时，这个领域就会死去，而最发达的经济往往存在于被政府忽视的领域内。海外贸易上也是相同的，明朝政府不重视海外贸易，促使沿海地区出现了一批依靠海外贸易起家的巨富。正是这些人的存在，使得明朝社会很快就与海外的贸易社群有了更多和更加善意的接触。

无力禁止的葡萄牙贸易

明朝中央政府对社会和经济控制的失败，不仅表现为让民间的对外经济和商业成了"漏网之鱼"，还表现为对外国人也无力禁止。虽然皇帝不喜欢西方人（尤其是葡萄牙人），并屡屡下达禁令，但他也同样无法让对方在

---

① 见《东南亚史：危险而关键的十字路口》。
② 见《东西洋考·饷税考》。
③ 在反元的南方政权中，张士诚占据了最富裕的江浙地区，物资和财力上都是朱元璋最大的敌人，也是朱元璋在南方最后的大敌。江浙地区也因为张士诚的不服而在明朝建立后遭到了加税的惩罚。

帝国的沿海消失。

就在正德十二年（1517）之后，随着葡萄牙使者被囚，皇帝第一次下令禁止葡萄牙人来华贸易。但事实上，在后来的几十年里，葡萄牙人继续到来，并未断绝。由于皇帝直接下诏到广州，这里的官员不敢抗命；但在其他地方，官员们并不在乎，他们受到民间商业的鼓励，反而乐于忽略禁令。

被迫离开广州之后，葡萄牙人选择继续北上福建和浙江。他们最喜欢的地方是宁波附近的双屿港、厦门湾南端的浯屿和漳州的月港。这些地方都有一定的商业规模和人口，但相对于庞大的陆地帝国而言，它们又是非常边缘化的。葡萄牙人也并不想与帝国对抗，于是双方默契之下形成了一定的规则：到了贸易季，葡萄牙船只到达时，人们会在港口附近搭起临时性的棚子，各地商人带着货物和货币来这里进行贸易，一旦贸易季结束，他们就把临时性的棚子拆掉，不留下任何痕迹。[①]

葡萄牙人的做法也并不是他们独创的，之前日本人也是这么做的。所谓"倭寇"，更多时候只是日本人与沿海走私商人勾结的团伙而已。

然而，对于走私行为，明朝政府也是有一定防范能力的。在明初，为了应对倭寇等海上势力的骚扰，皇帝就在边疆地区设立了一些军事机构，分别是卫（五千六百人）、千户所（一千一百二十人）和百户所（一百一十二人）。在沿海地区还设立了护岸舰队，葡萄牙人从广州被赶走时，就见识过这种舰队。

由于浙江和福建地区面临的国际形势比广州地区简单，因此对于护岸舰队的维护并不好。随着明朝中期的怠政，皇帝已经拿不出足够的经费维持良好的舰队了，缉私船十不存一，根本无力应对来自海外的挑战。

沿海地区的居民也是欢迎葡萄牙人到来的。葡萄牙人带来了胡椒、苏木、象牙、麝香、沉香、檀木和其他香料，价格便宜；同时，他们也从老百姓手里购买吃喝物品，包括粮食和肉禽，他们给的价格通常是平常价格的两倍。官员们对此大都睁一只眼闭一只眼，即便他们想管，商人、小贩甚至一些官吏也会向葡萄牙人通风报信，让管理无法落实。

嘉靖二十一年（1542），事情再次起了变化。这一年，葡萄牙人发现了

[①] 这种方法也在上川岛和浪白澳继续使用。

日本，与之直接接触，之后葡萄牙人成了中日贸易的中间商。由于他们获得了日本的贸易许可，同时又能与明朝商人进行半地下的贸易，所以他们在中日之间建立了中转贸易：将日本的银锭转卖到明朝，将明朝的丝绸和黄金卖到日本。此时，由于明朝政府对银和铜的需要，日本已经开始逐渐扭转自己在贸易中的不利地位。之前明朝看不起日本货，但由于明朝庞大的经济体需要货币润滑剂，日本的白银和铜成为大宗交易品，大明开始从日本进口金属。同时，由于中日之间剿灭倭寇的战争，双方的关系并没有实质性改善。

中日之间的不友好，反而成了葡萄牙的机会。葡萄牙人不希望明朝与日本建立正常的贸易关系。他们与日本的中转贸易，导致他们在明朝海岸频频出现，其间倭寇的势力也在增强。

对于倭寇的担心，使得明朝政府内部产生了一批更加强硬的鹰派。他们不顾禁止贸易会带来的财政收入不足等问题，坚持遵守老祖宗的法度，生怕有任何放松。不仅对日本人要防范，对做中间贸易的葡萄牙人也要防范。此时，贸易派中有人提出要缓和对葡萄牙人的禁令，却遭到了鹰派的反对。给事中王希文打出重重一拳，请求继续禁止一切非进贡的贸易，皇帝采纳了他的意见。[①]

鹰派的逆袭还在继续。嘉靖二十六年（1547），浙江来了一个严苛的巡抚朱纨。在其任上，对外贸易大幅度收缩，出现了中国对外关系史上著名的事件。这一事件又与内政混合在一起，产生了出乎意料的效果，柳暗花明般地让明朝千疮百孔的闭关政策再也无法维持下去。[②]

在明朝的官僚体系中，朱纨是一位保守却刚正不阿的官员。在他执政时期，福建、浙江沿海有许多大的走私头子（官府称之为"海盗头子"），比如李光头、许栋、汪直[③]等人，他们的活动基地在宁波的双屿。这些人得到了当地百姓的配合，与官府对抗。而当海盗强大时，官府的海军却非常孱弱，战船、哨船只有定额的百分之十到百分之二十，负责海防的漳泉巡检司定额

---

① 见《明史·佛郎机传》。
② 关于朱纨事件的中国记载，参考《明史·朱纨传》《明史·日本传》《明史·佛郎机传》。
③ 在这些海盗头子中，汪直（或王直）是最著名的一位，他参与了帝国和日本之间的中间贸易，并具有一定的政治影响力。

是二千五百人，但实际上只有一千人。

朱纨上任后，决定改变这样的局面。他认为要想清缴这些海盗，必须首先禁止一切船舶，再在民间采取保甲措施，实行连坐。在他的费心张罗下，官军的势力得以重整，在一次行动中，将著名的走私头子许栋擒获。朱纨的声望由此达到顶峰。

嘉靖二十七年（1548），一支葡萄牙船队抵达宁波双屿试图做生意，遭到严防之后，又向南来到泉州，在当地官员的默许下进行了贸易。到了第二年，货物还没有卖完，船依旧停在那里。随着朱纨对海防的加强，船已经不可能继续停留。葡萄牙人只好将没有卖完的货物集中到两艘当地人的走私船上，又留下三十个人与其一起继续销售剩下的商品，其余的船只回航。这两艘船属于走私头子李光头[①]的。

这两艘船在停泊时被明朝军队发现了，这支军队由都司卢镗[②]指挥。他装作要开火，引诱葡萄牙人先动了手后，明朝的大部队立刻进攻，将这两艘船只缴获，李光头也和葡萄牙人一并被抓了起来。[③]

抓获葡萄牙人本来就是一种巨大的荣耀，卢镗还选择了一个更巧妙的计策：他逼迫其中四个葡萄牙人宣称自己是佛郎机在马六甲的国王。[④]当葡萄牙人和李光头等人被送往朱纨处时，朱纨也同意了这种说法，并下令将九十六个明朝人（包括几个孩子）全部杀掉，只留了三四名青年和一个成年男子——要向皇帝做证。至于被俘的葡萄牙人，则被全部送往京城。

在朱纨等人的曲解下，葡萄牙人普通的贸易行为就这样变为由葡萄牙国王率领的入侵事件。如果得到皇帝的褒奖，朱纨的权力会大大提升，并且能获得更多的支持来加强海防，到那时，宁波、泉州一带的自由贸易体系将彻

[①] 根据《明史·朱纨传》确定该走私头子名为李光头。
[②] 葡萄牙人称之为大队长 Luthissi，根据《明史·朱纨传》确定他叫卢镗。
[③] 《大中国志》则记载，宁波已经事先发生了冲突。福建调动船队，首先по将官卢镗率队在嘉靖二十七年（1548）6月利用浓雾进攻双屿港，伤亡海盗五十五至一百人。船队最后在厦门湾追上了葡萄牙船，浯屿岛和其他地方发生了零星对抗。
[④] 据《十六世纪中国南部行纪》中的《中国志》第二十四章记载，是四个马六甲王，而根据《明实录·明世宗实录》中"二十八年七月"条记载，是三个佛郎机国王。

底被切断。

但朱纨的做法并不是没有反对声音，在浙江和福建，当地的商人由于做不成生意，对他的意见很大。这些意见通过乡绅与官场的联结，最终传到远在北京的朝堂之上。朱纨的政敌陈九德乘机告了他一状，奏他滥杀无辜。

明朝的法律是一个奇特的混合体：一方面草菅人命，官员在审判阶段就可以通过刑讯将人打死；另一方面皇帝又表现得非常珍惜人命，任何判决之后的死刑案件，在执行之前都必须经由中央确认，只有刑部同意了才能杀。而朱纨一次性就杀害了九十六人，且没有经过正常备案手续，显然构成滥杀罪。

当时只有一种方法可以免除他的责任，那就是必须证明他杀的人犯有反叛罪，包括僭号、流劫等。如果能够证明发生了外国对明朝的入侵和战争，那也是可以的，在战争中的杀戮当然是可以被理解的。

说到最后，事情又回到了起点：这些人到底是不是所谓的来攻打明朝的葡萄牙国王？

皇帝首先停了朱纨的职务，然后派两个钦差下来，分别是给事中杜汝祯和巡按御史陈宗夔。二人到达后开始提审。葡萄牙人记载的明朝的提审手续非常完备：首先，两位大臣并不在一起提审，而是一个审被告时，另一个人就审原告；然后，把口供放在一起对比，寻找不一致的地方，进行推敲或者再审；最后，还要去现场查勘，获得更真实的证词。[①]

通过一系列的审讯，两位钦差最终认定：这只是一起走私事件，没有所谓的葡萄牙国王。

根据钦差的意见，皇帝下诏抓了朱纨。朱纨早已知道自己的结局，他慷慨流涕，说道："我又穷又病，为人又太骄傲，不甘心与人对簿公堂。就算皇帝不想让我死，闽浙地方的人也必然杀我。我死也要自己死，不需要别人动手！"[②] 于是他作了一首绝命词，服毒自尽。

---

① 见《十六世纪中国南部行纪》中的《中国志》第二十五章。
② 见《明史·朱纨传》："吾贫且病，又负气，不任对簿。纵天子不欲死我，闽、浙人必杀我。吾死，自决之，不须人也。"

朱纨知道浙江和福建百姓恨他，但坚称是天下人的错，自己严格执法，为皇帝守卫边疆是无比正确的，不需要道歉。就连《明史》也替他惋惜：朱纨一死，人心涣散，海寇大作，祸害东南十几年。但如果不是当时的官场和社会之间还有制约作用，在他的严格执法之下，明朝的外贸将荡然无存。

朱纨死后，那些被俘的葡萄牙人也有了新的裁定，除了个别人因涉及杀害明朝士兵而被继续关在监狱里直到死亡之外，其余的五十一人都被流放到了广西。①

这些人中，有一位叫作盖略特·伯来拉的，趁流放广西的机会细致地观察了这个"老大帝国"，留下来一本《中国报道》。② 这本书后来又成了西班牙人门多萨的材料，他撰写了另一本更加著名的书：《中华大帝国史》，③ 成为当年欧洲人争相阅读的中国指南。根据他的记载，中国人对这些俘虏很友好，一路上将他们放在轿子里抬着，通过水路和陆路联运，可能走的是江西赣江经过梅岭，转入北江，再通过西江进入广西的路线④。

到达桂林后，他们被分散在各个城镇，每月可以获得一斛大米，可以自由活动。多年后，一些人想办法和澳门取得了联系，最后偷渡去了那里。⑤

朱纨之死最大的影响就是让鹰派官员们彻底泄了气，他们再也不肯在海禁上下功夫了。浙江和福建的四十一个卫所和四百三十九艘战船都慢慢地报废，朱纨在河口和海岛设立的堡垒也都废弃了。这次事件的另一个结果，是葡萄牙人的贸易方向再次发生了改变。由于朱纨摧毁了双屿、浯屿和月港的葡萄牙驻地，他们从福建和浙江又转回广州。出于对皇帝之前禁令的不满，广州当地的官吏请求皇帝放松管制、开放港口。一两年后，葡萄牙人已经在广东海岸的上川岛和浪白滘找到了新的驻地，这显然是得到了官方的默许。

这时，葡萄牙人在贸易中的重要性已经逐渐显露。朝廷一方面要防范倭

---

① 见《十六世纪中国南部行纪》中的《中国志》第二十六章。
② 见《十六世纪中国南部行纪》中的《中国报道》。
③ 准确地说，《中华大帝国史》的来源主要有两个：一是西班牙人拉达的出使记录（下文还会谈到），一是克路士的《中国志》，而克路士的《中国志》又参考了伯来拉的《中国报道》。
④ 也有可能是从江西进入湖南，经过灵渠转漓江。
⑤ 见《十六世纪中国南部行纪》中的《中国志》和《中国报道》。

寇，另一方面又需要日本的白银，这导致他们需要一个与海外有联系但又不是倭寇的中间商，而葡萄牙人恰好能胜任这个角色。①

中间商地位的提高，使得葡萄牙人在与广东地方的谈判中具有了一定的优势地位。贸易形势也不允许他们永远在临时性的棚子里做买卖，他们需要永久性的建筑。广东巡抚林富上奏，请求划出一片地方进行互市。皇帝同意了林富的请求，允许海外贸易商人在一个叫作香山澳的地方进行贸易。

嘉靖三十三年（1554），葡萄牙船长莱昂尼·德·苏萨经过漫长的谈判，与明朝船队的海道副使汪柏达成口头协议，葡萄牙人获许按照与暹罗同等的条件在广东进行贸易。他们最初在上川岛，后来到了更风平浪静的浪白澳，最后在嘉靖三十六年前后转移到了澳门。②三年后，葡萄牙人开始在澳门建造教堂，教堂高六七丈，异常壮观。之后澳门开始堡垒化，被明朝口中的佛郎机人据有。

隆庆四年（1570），教士格列哥略·贡撒维斯在信中提到葡萄牙人已经在澳门盖了一座很大的房子、三座教堂、一所医院等等，居民有五千多人。③到了万历十年（1582），澳门依然没有武器和法庭。他们有一位葡萄牙长官和主教，有五百间房屋，每年缴纳一万杜卡特（约一千两白银）给明朝的官员。

在澳门之前，广东的外贸地点也变了好几次。最早允许暹罗、占城、爪哇、琉球、浡泥等国贸易时，地点设在广州，到正德时期改在屯门岛，之后又改为上川岛，后又移到香山澳，最后才选择了澳门。

人们常常把嘉靖三十六年（1557）当作葡萄牙对澳门实行殖民式统治的开始，但我认为，此时的澳门更像是现代意义上的经济特区。

首先，澳门依然是属于中国的领土，归广州府香山县管辖（一直到1840年，葡萄牙人都没有取得澳门的管理权）。其次，如果有外国人犯罪伤害了中

---

① 到了隆庆五年（1571），葡萄牙人获得日本长崎的停留权，他们中间商的角色达到了顶峰。
② 另有说法称，嘉靖三十四年（1555），几位耶稣会士表示，中国人把澳门交给葡萄牙，是为了报答他们协助镇压海盗。而据《明史》记载："嘉靖十四年，指挥黄庆纳贿，请于上官，移之壕镜，岁输课二万金，佛郎机遂得混入。"
③ 贡撒维斯同样也记载了最初的波折：在苏萨和中国人立约的同一年，他正留在岸上，用稻草搭起一座教堂。葡萄牙船走后，中国人逮捕了他，把他和其他葡萄牙人分别送到不同地方，拘禁到第二年。后来他们聚在一起，建了一座教堂和几间房。

国人，必须交给中国政府审判，澳门的葡萄牙人必须负责将涉案的外国人移交给中国。我们必须明白，在当时的世界上还没有治外法权的概念，对于中国政府来说，外国人之间（不涉及中国人）的罪案交给外国人处理只是一种便宜行事，并非出让主权，这也是历史上的通常做法。①

可以说，在大多数情况下，葡萄牙人拥有的是居住权和贸易权，以及一部分"出于善意"而获得的司法权（外国人之间的案件），中国政府保留了行政权、大部分的司法权和军事权。因此，这样的澳门依然处于中国政府的管理之下，并非殖民地。

到了万历二年（1574），明朝政府在澳门半岛的腰部筑了一道土围，围子上留了一扇门，由明朝政府派兵把守，由此也控制了澳门的防卫系统。另外，葡萄牙人还每年缴纳一千两租金给香山县政府。②

澳门模式的创新是明朝地方政府、海外商人和国内的外贸势力共同寻找出的"最大公约数"，在这个并没有丧失主权的偏僻小村开辟出一片外国人居住地，以便于贸易。这种做法，促进了明朝后期的外贸发展。也正因为有了澳门的成功尝试，明朝末年才有信心打开一点点国门，迎来了一次思想、技术和商业的革命。

隆庆开关

随着西方人在澳门获得居住权，经济的发展也让明朝的官场意识到外贸的重要性。然而，此时的贸易又是不对等的——海外的商人可以到中国来，但在祖制的约束下，中国的商人依然无法合法地前往外国。中国人要想出行，只有通过贿赂、走私等途径，严格地说，这些都是违法的，这样的状况显然对中国商人是不利的。

朱纨虽死，对于福建的影响却是巨大的。福建沿海一带缺乏种植粮食的

---

① 如在唐宋时期的沿海，就有任命外国人为官管理外国人的做法，但唐宋政府从未将这视为主权出让。
② 清康熙三十年到乾隆十九年（1691—1754）改为六百两，道光二十九年（1849）停止付租金。

条件，人们只能靠海为生，一旦严格执行海禁，就等于断了人们的生路。于是一些年轻人聚集在一起，成了走私犯和海盗，帮助外国人躲避严密的法网，其中最突出的地区是漳州。

沿海的官员们看到了问题所在，因此，希望通过自上而下的改革来解决民间的海外贸易权问题。加上广东和福建之间的贸易竞争，明朝出现了一次对外开放的契机。

嘉靖四十四年（1565），政策已经有了转向的苗头，皇帝在福建设立海澄县，这是当时唯一开放海关的县。①

隆庆元年（1567），随着明世宗嘉靖皇帝的去世，继位的明穆宗隆庆皇帝在福建巡抚涂泽民的建议下，决定有限度地放开海禁。②他采取的方法是在福建漳州的月港设立一个贸易区，民间可以从这里出海，但政府保留征税权。月港本来就是海盗的大本营，经过改造后成了活跃的"经济特区"。③

需要说明的是，这依然不是自由贸易，只是由官方主导的一次试验性活动。"隆庆开关"这件事本身也并不是政策的大调整，在开关之前，明朝的海外贸易即便受到了政府的干扰，也依然是活跃的。只是由于贸易是在地下进行的，这个以农业税为主的王朝无法享受到商业税收。官方在无法禁止民间海外贸易的情况下，有限度地开一道缝，把一部分地下贸易转到地上，从而可以从中抽税。

政府从商业中抽税的举动也是逐渐完善的。隆庆六年（1572），漳州知府罗青霄请求将税收正规化，恢复商税这个名目，负责商税的主政官员称海防大夫。

开关后，民间船只如果参与对外贸易，需要向政府纳税，主要有引税、水饷、陆饷、加增饷这几种。

所谓"引税"，就是船只出海，必须获得政府颁发的许可证，称为"船引"，购买许可证的费用就是引税。这种税最早由中丞刘尧诲在万历三年（1575）

---

① 见《东西洋考·税饷考》。
② 涂泽民除了提到开海禁之外，也强调要继续防御倭寇。从这一点可以看出，在中国古代历史上，很难完成一百八十度的政策转向，必须为之前的政策留下余地。
③ 如朱纨时期，月港就是海盗和倭寇的双重营地，见《明史·佛郎机传》。

请求设立，当时叫作"船税"，为的是筹措军饷，每年定额六千两。后来，同知沈植条陈海禁便宜十七事，著为令，设立引税。每船发放一引，东洋和西洋每引税银三两，鸡笼和淡水一两，后来由于财政的需要，各自翻倍。到了明万历十七年，中丞周寀又提议限定每年出海的船只数量，设为八十八引，后来改为一百一十引。

水饷和陆饷对应着出口税和进口税。水饷（出口税）按照船只大小来征收，由商船缴纳。例如，开往西洋的船只面宽一丈六尺以上，每尺缴税五两，每多一尺增加五钱；开往东洋的船小些，就减百分之三十征收。而陆饷（进口税）则按照货物的类别和实际价值征收，由铺商承担，比如胡椒、苏木的税额定为百分之二十。

还有一些船出海时携带了货物，可回来时没有携带海外商品，只是带着赚到的白银（货币）。这样的船无法缴纳进口税，于是政府改征一种叫作"加增饷"的附加税，每船为一百五十两，万历十八年（1590）减为一百二十两。[①]到了明末，随着美洲白银的发现，西方从明朝购买商品往往直接使用白银，而明朝的出口远大于进口，导致大量白银的流入。[②]

表2　明朝水饷示例[③]

船阔（丈）	每尺税额（两）	总额（两）
1.6	5	80
1.7	5.5	93.5
1.8	6	108
1.9	6.5	123.5
2	7	140

---

① 关于隆庆开关税收的更详细讨论，见《晚明大变局》第一章第五节第四部分。
② 后来征收加增饷的物品还有很多，包括哆罗呢、番镜、番铜鼓、红铜、烂铜、土丝布、粗丝布、西洋布、东京乌布、八丁荠、青花笔筒、青琉璃币筒、白琉璃盏、琉璃瓶、莺哥、草席、漆、红花米、犀牛皮、马皮、蛇皮、猿皮、鲨鱼翅、翠鸟皮、樟脑、虾米、火炬、棕竹枯、绿豆、黍仔、胖大子、石花等。
③ 万历三年（1575）制定的规则，见《东西洋考》。

续表

船阔（丈）	每尺税额（两）	总额（两）
2.1	7.5	157.5
2.2	8	176
2.3	8.5	195.5
2.4	9	216
2.5	9.5	237.5
2.6	10	260
东洋船		减为 7/10

表 3　明朝陆饷示例[①]

物品及数量	税额	物品及数量	税额	物品及数量	税额
胡椒百斤	二钱五分	大象牙百斤	一两	碎象牙百斤	五钱
东洋苏木百斤	二分	西洋苏木百斤	五分	大檀香百斤	五钱
伞檀香百斤	二钱四分	奇楠香	二钱八分	好犀角十斤	三钱四分
散犀角十斤	一钱	沉香十斤	一钱六分	没药百斤	三钱二分
玳瑁百斤	六钱	肉豆蔻百斤	五分	上冰片十斤	三两二钱
中冰片十斤	一两六钱	下冰片十斤	八钱	上燕窝百斤	一两
中燕窝百斤	七钱	下燕窝百斤	二钱	上鹤顶十斤	五钱
次鹤顶十斤	四钱	荜茇百斤	六分	黄蜡百斤	一钱八分
鹿皮百张	八分	子绵百斤	四分	番被每床	一分二厘
孔雀尾千支	三分	竹布每匹	八厘	嘉文席每床	五分
番藤席每床	一分	大风子百斤	二分	阿片十斤	二钱
交趾绢每匹	一分	槟榔百斤	二分四厘	水藤百斤	一分
白藤百斤	一分六厘	牛角百斤	二分	牛皮十张	四分
藤黄百斤	一钱六分	黑铅百斤	五分	番锡百斤	一钱六分
番藤百斤	二分六厘	乌木百斤	一分八厘	紫檀百斤	六分
紫荆百斤	一钱	珠母壳百斤	五分	番米每石	一分四厘

---

① 万历十七年（1589）制，后万历四十三年有一次减税，同时增加了征税物品的品类。

续表

物品及数量	税额	物品及数量	税额	物品及数量	税额
降真百斤	四分	白豆蔻百斤	一钱四分	血碣百斤	四钱
孩儿茶百斤	一钱八分	束香百斤	二钱一分	乳香百斤	二钱
木香百斤	一钱八分	番金每两	五分	丁香百斤	一钱八分
鹦鹉螺百个	一分四厘	毕布每匹	四分	红锁服每匹	一钱六分
杂锁服每匹	一钱	阿魏百斤	二钱	芦荟百斤	二钱
马钱百斤	一分六厘	椰子百个	二分	海菜百斤	三分
没石子百斤	二钱	虎豹皮十张	四分	龟筒百斤	二钱
苏合油十斤	一钱	安息香百斤	一钱二分	鹿角百斤	一分四厘
番纸十张	六厘	暹罗红纱百斤	五钱	棕竹百枝	六分
鲨鱼皮百斤	六分八厘	螺蚆每石	二分	獐皮百张	六分
獭皮十张	六分	尖尾螺百个	一分六厘	番泥瓶百个	四分
丁香枝百斤	二分	明角百斤	四分	马尾百斤	一钱
鹿脯百斤	四分	磺土百斤	一分	花草百斤	二钱
油麻每石	一分二厘	黄丝百斤	四钱	锦鲂鱼皮百张	四分
甘蔗鸟每个	一分	排草百斤	二钱	钱铜百斤	五分

虽然隆庆开关主要是朝廷为了收税而采取的有限度让步，但我们也不能小看隆庆开关的影响。这一政策为明朝的海外贸易带来了极大的变化。之前，沿海的地方政府必须偷偷摸摸地默许民间贸易，此时则可以光明正大地允许百姓出海，海外的船只前来也更加方便了。

对于西方来说，隆庆开关的好处也是巨大的，不但增加了双方交流的便利性，也改变了华人（特别是内陆）对西方的敌视。之前，外国人一旦进入中国，就会受到严密的监视，几乎无法拥有正常的生活；而开关以后，随着官府管制的放松，外国人也慢慢地寻找到了空间，在沿海的港口城市有了更大的自由度。利玛窦和天主教传教士也只有在这种背景下才能够来到中国。

此时，不管是商人还是传教士的到来，都是由葡萄牙主导的。但地理大发现是欧洲各大政权竞争的产物，当葡萄牙在东亚占据先机之后，其他国家也在寻找机会进入中国，其中最重要的是西班牙人与荷兰人。

竞逐东南亚

欧洲最早参与地理大发现的两个国家是葡萄牙和西班牙。与葡萄牙人向南和向东探索的路线不同，西班牙人采取了向西航行到达亚洲的策略，这个策略没有让他们完成目标（到达亚洲），却让他们发现了美洲。反而是葡萄牙人绕行好望角的策略有了收获，使得葡萄牙在亚洲（印度、东南亚、中国等）的影响力更大。

1494年，在教皇的主持下，葡萄牙和西班牙签署了《托德西拉斯协议》，对世界进行了首次瓜分。双方的分界在佛得角群岛（位于大西洋）以西三百七十里格（约二千二百二十千米）的子午线上。由于地球是圆的，那么在地球的另一半，这个界线又在哪里呢？事后人们测量得知，分界线位于今天日本东京和澳大利亚阿德莱德附近的子午线上。按照这个划分，大部分的亚洲归属于葡萄牙，其中包括双方垂涎已久的生产香料的摩鹿加群岛，以及后来被西班牙占领的菲律宾。但在16世纪，分界很大程度上是由实力决定的。

自葡萄牙占领马六甲之后，他们在摩鹿加群岛所在的香料群岛已经立足，经过了多年的争缠之后，1529年，西班牙国王查理五世承认了葡萄牙的优势地位，放弃了对香料群岛的觊觎。[1]

但对于菲律宾，西班牙不准备放弃。自从1519年到1522年的麦哲伦航行之后，西班牙便一直对菲律宾很感兴趣。1545—1548年，西班牙在墨西哥和秘鲁发现了银矿，他们花了二十年时间经营这些矿产，在此期间将兴趣转离了亚洲。

但银矿的开发又让西班牙更需要在亚洲获得一个据点，以便在欧洲之外拥有另一个倾泻白银的地方。1564年，西班牙人再次从美洲出发，开始探索亚洲。1565年4月，他们到达菲律宾宿务，在那里建立了据点。之后，西班

---

[1] 麦哲伦航行的最后阶段（麦哲伦死后），船队曾经前往摩鹿加群岛，遭到葡萄牙人的强烈对抗。这表明西班牙在放弃之前，也曾经对摩鹿加群岛做过尝试。见《十六世纪中国南部行纪》中博克舍的导言。

牙人盯上了马尼拉所在的吕宋岛。吕宋岛是菲律宾群岛中最繁华的岛屿，这里除了土著居民，还有许多参与海外贸易的中国人居住，他们大多来自福建。这里产黄金，加上日本商船也会定期带着白银过来，使得吕宋岛成了一个繁荣的贸易点。

1570年，西班牙人将大本营从宿务迁到班乃岛，并派人前往吕宋岛打探。1571年4月15日，西班牙人离开班乃岛前往吕宋岛，并于5月轻松占领了马尼拉。

西班牙人与中国人在菲律宾的相遇，显示了明朝与西方世界的不同眼界。虽然作为个体的中国人在菲律宾已经长期存在，但是这些个体都得不到国家的保护，甚至反而会受到国家的迫害，因为明朝政府最早是禁止出海的，即便开关，也只是近期才有的事情。但远在地球另一边的西班牙人得到了国王对贸易的鼓励，当他们到达地球另一极的菲律宾时，不用像中国人一样偷偷摸摸地做生意，而是大摇大摆地宣布了对它的占领，将菲律宾变成殖民地。

由于初来乍到，最初西班牙人采取了善待中国商人的策略。1571年，西班牙人从民都洛当地人手中救出了五十名因船只失事而落难的中国人，并将他们送回国。他们本来想派两个传教士跟随，但中国人太了解自己的国家了，这些没有特许证的传教士是无法前往的，因此拒绝了。但作为报答，中国人临走前给他们画了航海图，告诉他们到达福建只需要八到十天的时间。就这样，在短短的几年时间里，西班牙不仅得到了菲律宾，还拥有了沿海路前往中国的详细知识。

但知道怎么走和得到当地人的接纳是两码事。就在此时，机会自动来到了。刚刚到达马尼拉的西班牙人没有想到吕宋岛是中国走私者（他们称之为"海盗"）出没的场所。就在他们占领该岛三年后的1574年11月末，一支庞大的配有大炮的中国船队出现了，目标是马尼拉。西班牙人不敢懈怠，击退了这支船队，抓了不少俘虏（大都是妇女），才知道为首的是一个叫作林凤的海盗头子。

林凤在争夺马尼拉失败后，来到了吕宋岛西部的彭加斯兰湾，在一座山头扎下营寨。西班牙人派了一支包括二百五十名西班牙人和一千五百名土著的部队围困了林凤，这时已经是1575年3月。

几周后，有一支明朝政府的船队也来到了这里，他们是来剿匪的，指挥官叫王望高。西班牙人乘机和王望高联系，取得了他的信任。

经过协商，双方达成协议：西班牙人向林凤进攻，并负责把林凤（不管死活）交给明朝的船队。同时，王望高同意将几名西班牙使者带往福建，去见明朝的闽浙总督。使者的使命除了要求传教外，最重要的是希望明朝为西班牙人提供一个贸易基地。就像葡萄牙人在澳门那样，西班牙人也希望能在福建、浙江沿海划一小片区域作为贸易场所。

王望高首先带西班牙使者回到福建，一面汇报战况，一面将西班牙人介绍给闽浙总督。西班牙人则继续围攻林凤。

西班牙使者中，有一位叫作拉达的修士，他乘机观察并记录了此行的经历。① 拉达等人首先到达厦门岛（当时称为"中左所"），之后经过同安、泉州到达福州，一路上都受到了很好的招待。在福州，他们见到了闽浙总督，在不断的宴请中，西班牙人一共在福州待了四十七天，之后总督将西班牙使者到来的消息上奏皇帝，同时请西班牙使者返回马尼拉等待消息。②

西班牙使者从厦门返航时，陪同他们的明朝官员甚至指着某处小岛告诉他们，这就是留给他们未来做贸易的地方。③ 这表明明朝政府是有意授予西班牙人与葡萄牙人同样待遇的。

然而，眼看西班牙人就要得到贸易港时，意外发生了：使者们出使中国时，林凤偷偷造了三十三艘小船逃走了。由于西班牙人没有完成剿匪任务，王望高不敢再继续带西班牙使者回福建，于是这段接触告终，没有任何结果。

失去了这次机会，西班牙人再想进入中国就变得困难重重。④ 万历六年

---

① 见《十六世纪中国南部行纪》中的《出使福建记》《记大明的中国事情》，以及《中华大帝国史》第二部第一卷《福建行纪》。
② 见《十六世纪中国南部行纪》中的《出使福建记》。
③ 《十六世纪中国南部行纪》导言引自洛阿卡的《实录》。
④ 但西班牙与中国的贸易应当是存在的，根据《中西交通史》：万历四年（1576）二月，中国使臣至马尼拉，宣告帝旨，允许西班牙人至厦门通商。这个记载可能有误，但显然西班牙与中国是有贸易联系的，特别是白银的输入。见后文。

(1578),西班牙方济各会①传教士奥法罗试图混入广州城。他成功地坐小船进入广州,被当地政府发现后,表明了自己的身份。②广州的官员对外国人表现得非常大度,供给他生活必需品,允许他在广州居住。后来,他的行踪引起了中国人的怀疑,于是将他送往福州进行查问,最后又送回广州,递解出境。③

总之,西班牙人在中国始终没有机会更进一步。《明史》中甚至没有记载这个国家,而是将其登记在佛郎机名下。

虽然当时西班牙人在国内不为人所知,但他们在美洲开发的一种商品——白银却人尽皆知。西班牙在南美洲的波托西发现了规模巨大的银矿,这些白银除了流回欧洲之外,大部分都跨越大西洋送往中国。由于西班牙在中国国内没有贸易点,他们在菲律宾的殖民地就成了中国商人最常光顾的地方。隆庆开关后,中国商人可以名正言顺地带着生丝等商品前来贩卖,并将一船船的白银运回国。根据估算,明末从美洲运往中国的白银达到美洲白银产量的一半,促进了明末商品经济的发展。

《明史》中不记载西班牙,可能还与另一个事实有关:1579 年,葡萄牙国王塞巴斯蒂安一世战死于非洲,他的叔爷爷红衣主教恩里克(没有结婚)继任王位。两年后恩里克去世,葡萄牙王室绝嗣,西班牙的菲利普二世乘机获得葡萄牙贵族的支持,登上葡萄牙王位,西班牙、葡萄牙两国于1582 年合并。④

这件事本来会对两国在海外的殖民地产生巨大的影响,特别是印度、马六甲、摩鹿加群岛、菲律宾等地,在合并之后可以形成更加复杂的互动,构建更加强大的帝国,甚至有人建议西班牙入侵中国海岸⑤。但几年后的

---

① 天主教不同修会之间存在竞争关系。与葡萄牙倚重耶稣会不同,西班牙更依靠方济各会传教。但最终,是耶稣会和葡萄牙人在中国打开了传教的局面。见下文。
② 他的翻译不敢说他是传教士,而是告诉中国政府他的船只失事了,乘坐小船无意间到达了这里。
③ 见《中华大帝国史》第二部第二卷《奥法罗中国行纪》。
④ 1640 年,葡萄牙贵族不堪忍受西班牙国王的压榨,起义另立布拉干萨家族的若昂为国王,再次从西班牙独立。
⑤ 给西班牙国王写信建言的是菲律宾总督。

1588年，西班牙无敌舰队在入侵英国时全军覆没，使得西班牙无力维持其东方政策。随后崛起的英国与荷兰更是侵蚀了葡萄牙在亚洲的利益。因此，在谈论下一个主题之前，我们再看一眼荷兰人到达亚洲时的情况。

当西班牙到达菲律宾，占领了宿务的时候，世界上还没有荷兰这个国家。

作为低地地区的荷兰是许多领地的联合体。这些领地虽然被视为一个整体，却又有着不同的领主，甚至南北方的语言都有差异（南方是法语，北方是德语）。他们在15世纪从属于勃艮第家族，但随后哈布斯堡家族通过联姻得到这里。哈布斯堡家族又因为得到西班牙，并当选神圣罗马帝国的皇帝，从而控制了半个欧洲。

但在荷兰，人们对哈布斯堡家族的统治并不满意，特别是北方地区。这源于荷兰本身的南北差异，北方靠近海洋，注重发展贸易，而南方地区则注重发展工业。到了宗教改革时期，北方贸易地区自然选择了对商业更加友好的新教，而南方则和哈布斯堡家族一样保留了天主教信仰。

双方的冲突导致从1568年起，北方在奥兰治亲王的领导下开始反叛西班牙。这场反叛导致了南北双方的分离：南方天主教地区于1579年单独与西班牙媾和，变成后来的比利时；而北方新教地区（七个省份）于1588年宣布独立，宣布七省联合，这就是"尼德兰联省共和国"（即荷兰共和国）这个名称的来历，并成为比美国早了两百年的共和实验。荷兰共和国与西班牙的战争断断续续，直到1648年才结束，双方签订了《明斯特和约》，承认联省的独立性。①

由于荷兰与西班牙长期处于战争状态，他们对于西班牙（以及后来合并的葡萄牙）的海外领地既觊觎，也毫不客气。他们于1602年成立了荷属东印度公司，开展对东方的贸易。荷兰还成了《明史》中除葡萄牙之外唯一单独作传的国家。

荷兰在明代被称为"红毛番"。与佛郎机相比，红毛番更是船坚炮利，他们的船可达三十丈长、六丈宽、两尺余厚，竖五根桅杆，后部是三层楼。荷

---

① 此时也是三十年战争的结束。荷兰独立见《海洋帝国的崛起：尼德兰八十年战争，1568—1648》。

兰的炮也更强大，被称为"红夷大炮"①，在明清时代的战争中发挥了重大作用。

由于荷兰的争夺，第一代霸主葡萄牙衰落了。它曾经占据了世界上不少的海港，建立了一个庞大的海洋帝国，但最后，除了少量港口之外，大部分都被荷兰人抢占了。

在东南亚地区，荷兰人最早占据了大泥（现泰国南部的北大年一带）等地，后来为了和中国进行贸易，1601年派船来到吕宋岛。当时的荷兰与西班牙处于战争状态，吕宋岛上的西班牙人如临大敌，将之拒绝。随后，他们决定到澳门碰运气，在澳门的葡萄牙人也拒绝了荷兰人。②荷兰人向当时明朝的税使李道游说了一个月，李道掂量再三，将他们打发走了。

万历三十二年（1604）七月，在几位中国商人③的帮助下，荷兰人一面占据澎湖，一面派遣中国商人来商讨通商事宜。当时在福建负责海关的是皇帝的宠臣、税使高寀。由于万历年间政府对于财政的需求非常饥渴，高寀有意与荷兰人进行贸易，以获得贿金和税收。另外，荷兰人的到来也让当地的商人们感到兴奋，双方的贸易是有可能达成的。当时真正的问题在于，澎湖属于离岸的岛屿，明朝的控制力弱，如何让荷兰人在澎湖经商的同时，不让他们占据澎湖进而获得统治权呢？

但是，在实际执行中，高寀所代表的财政官员的怀柔态度无法传递给军事官员。总兵施德政派遣一位强硬派的都司沈有容与荷兰人接洽，此人在会见荷兰人时，拒绝了他们的贸易请求。荷兰人最后不得不离开澎湖。他们离开后，中国方面将帮助荷兰人的几位中国商人斩杀。

这只是荷兰人第一次占据澎湖。之后他们攻破了葡萄牙人占据的摩鹿加群岛，将这个香料产地据为己有。他们借助摩鹿加的基地，再次前往中国寻求贸易机会。这次他们占据了台湾，并以台湾为基地，再次来到澎湖并修筑了堡垒。澎湖的官员害怕承担责任，表示他们必须离开澎湖，拆掉堡垒，才

---

① 后来讹传为"红衣大炮"。但在清初，红衣大炮成为西洋炮的统称，并非只来自荷兰，制造者多是葡萄牙人和耶稣会士。
② 《东西洋考》引《广东通志》，这一年为万历二十九年（1601）。
③ 海澄人李锦及潘秀、郭震。

准予贸易。天启三年（1623），荷兰人听从指示，拆毁了堡垒。

荷兰人的配合并没有换来贸易机会，澎湖的官员失信了。于是荷兰人又回来第三次占领澎湖，并与明朝军队发生了冲突。他们被围困，最后被迫突围离开。①

最后，无法获得澎湖贸易权的荷兰人占据了更加遥远的台湾。

从贸易上来说，荷兰人是比葡萄牙人更好的贸易伙伴，即便在《明史》中，也专门提到这是一个富裕强大的国家，买卖公平，普通中国商人更乐于与他们做生意。但荷兰人之所以没有葡萄牙人那么幸运，获得贸易基地，在于他们过于强硬和直爽的态度，缺乏葡萄牙人的低姿态。虽然葡萄牙人也曾经依靠暴力，但在最初的冲突之后，就学会了与明王朝打交道时更多地采取软性策略。荷兰人虽然过于强硬，但西方暂时还无力对抗中国，在这样的背景下，荷兰人被赶走并不意外。

另外，明朝内部也有财政和军事官僚的对抗。财政官员往往倾向于对海外贸易势力进行一定的安抚，也就是允许通商，所谓的隆庆开关也是在这样的背景下展开的；但军事官员往往是不妥协的，他们需要军功来获得晋升，而在明朝的老祖宗洪武皇帝的规矩里，拒绝海外商人，本身就是一种军功。这样的矛盾，导致中国在更高层面上缺乏一种一以贯之的政策。

在贸易中，中国本地商人大都是愿意帮助外国人的。不管是葡萄牙人还是荷兰人，都可以得到中国民间的谅解与协助。官府动不动就给他们戴上"奸商"或者"奸民"的帽子，但其实他们只是普通的百姓，更愿意接受自由贸易的规则，不愿意被朝廷管制。

从明末的情况来看，政府还有足够的威望和实力与西方的葡萄牙、荷兰相抗衡。正是这种均势状态，使得葡萄牙与荷兰也不敢像在印度、东南亚沿海那样进行血腥的扩张。在这种情况下，双方是有可能产生一种较为中立的贸易规则的。这需要明朝政府有强硬的一面保卫领土，又有宽容的一面对待贸易，也需要民间学会与外国人打交道，尽量掌握对方的科学技术。

---

① 见《明史·和兰传》。

晚明对西方的认知

在西方人到来的时候,中国人对于西方的认知也是逐渐加强的。成于万历二年(1574)的《殊域周咨录》①是明朝人写的最全面的世界地理书籍。写这本书时,葡萄牙人已经在澳门定居,而西班牙人虽然出现在了吕宋岛,却还没有来得及探索中国,荷兰人也还没有出现。

在这种情况下,《殊域周咨录》就已经提到佛郎机人,并记载了葡萄牙占据马六甲,最初与中国打交道的情况,以及占据澳门的历史。但这本书的记载仍然充满偏见,比如,提到葡萄牙人喜欢吃小孩的说法。这种说法在广东一带流传甚广,与葡萄牙人购买孩子当佣人的做法有关。②书中还提到葡萄牙的船只和大炮,表明二者给中国人留下了深刻的印象。

表4 《殊域周咨录》记载的世界地理

区域	名称	现代区域及说明
东夷	朝鲜	现为朝鲜和韩国
	日本	日本
	琉球	1879年3月30日(光绪五年三月初八日),琉球国被日本吞并,同年被设为冲绳县。
南蛮	安南	越南北部
	占城	越南中南部
	真腊	柬埔寨和越南南部的一部分
	暹罗	泰国
	满剌加	马六甲,现属于马来西亚,当时已经被葡萄牙人占领
	爪哇	现属于印度尼西亚
	三佛齐	即室利佛逝,中心在印度尼西亚苏门答腊岛的巨港

---

① 在这本书开头,有作者写于万历二年(1574)正月元日的序。
② 比如第二次前来准备迎回葡萄牙使节皮列士的船队,就由于购买中国孩子,而被当地人误传为吃人。见本书第一章。

续表

区域	名称	现代区域及说明
南蛮	浡泥	文莱,加里曼丹岛北部
	琐里	可能是印度东南海岸的朱罗
	古里	印度西南海岸的卡利卡特
	苏门答剌	印度尼西亚的苏门答腊
	锡兰	斯里兰卡
	苏禄	菲律宾苏禄群岛
	麻剌	位于菲律宾
	忽鲁谟斯	伊朗波斯湾的霍尔木兹岛
	佛郎机	葡萄牙,当时已经占领了马六甲,并在澳门居住
	云南百夷	中国云南的少数民族及其毗邻的东南亚山区
西戎	吐蕃	中国西藏
	拂菻	东罗马,后也指叙利亚地区
	榜葛剌	孟加拉国和印度西孟加拉邦一带
	默德那	麦地那,属于沙特阿拉伯
	天方国	麦加,属于沙特阿拉伯
	哈密	中国新疆的哈密盆地,关西七卫之一
	吐鲁番	中国新疆的吐鲁番盆地
	赤斤蒙古	中国甘肃北部,酒泉和敦煌地区,关西七卫之一
	安定阿端	安定卫和阿端卫,位于中国甘肃北部,关西七卫之一
	曲先	位于中国甘肃北部,关西七卫之一
	罕东	位于中国甘肃北部,关西七卫之一
	火州	位于中国新疆吐鲁番盆地内
	撒马尔罕	位于乌兹别克斯坦
	亦力把力	东察合台汗国,今伊犁河流域及天山以北、额尔齐斯河以南地
	于阗	以于阗为中心的中国新疆南部
	哈烈	赫拉特,中心在阿富汗西部,控制伊朗、土库曼、阿富汗交界的呼罗珊地区

续表

区域	名称	现代区域及说明
北狄	鞑靼	今蒙古国和中国内蒙古自治区
	兀良哈	即乌梁海，包括唐努乌梁海、阿尔泰乌梁海、阿尔泰诺尔乌梁海，现位于中国新疆北部和俄罗斯
	女直	女真，位于中国东北地区

明朝人写的最后一本有影响力的介绍海外的地理书是张燮的《东西洋考》，完成于万历四十五年（1617），比《殊域周咨录》晚了四十几年。这时候，不仅葡萄牙人获得了澳门的居住权，作为传教士的利玛窦也已经进入北京。[1] 西班牙人在吕宋岛与中国打交道，而荷兰人也探索过澎湖。虽然这本书是以传统的方式记载环球地理，但也提到了一些新的东西。

比如，书中提到隆庆年间废除海禁政策后海外贸易的繁荣，以及前后对比。在开关之前的成化、弘治年间，已经有不少走私商人发了大财，但是政府无法分享利润。[2] 开关之后，大量外国人来到中国，政府获得了大量收入，东南沿海的海关甚至可以称为皇帝的南库，"分市东西路，其捆载珍奇，故异物不足述。而所贸易金钱，岁无虑数十万。公私兼顾，其殆天子之南库也"[3]。

书中也记载了西洋人在东南亚的进一步发展。

表5 《东西洋考》中的世界

区域	名称	现代区域及说明
西洋	交趾	越南北部
	占城	越南中南部
	暹罗	泰国
	下港	印度尼西亚爪哇岛西部万丹一带，已经有荷兰人的活动
	柬埔寨	柬埔寨

---

[1] 关于利玛窦进入中国的情况，见第三章。
[2] 见《东西洋考·饷税考》。
[3] 见《东西洋考》周起元的序。

续表

区域	名称	现代区域及说明
西洋	大泥	泰国北大年一带
	旧港	印度尼西亚苏门答腊岛巨港
	麻六甲	马来西亚马六甲，已被葡萄牙人侵占
	哑齐	印度尼西亚苏门答腊岛北部
	彭亨	马来西亚彭亨
	柔佛	马来西亚柔佛
	丁机宜	印度尼西亚苏门答腊岛关丹河流域
	思吉港	苏吉丹，印度尼西亚爪哇岛泗水附近的锦石
	文郎马神	印度尼西亚加里曼丹岛南部马辰一带
	迟闷	帝汶岛
东洋	吕宋	菲律宾吕宋岛，此时吕宋已为西班牙所得，发生过对华人的大规模屠杀，作者误以为是佛郎机势力
	苏禄	菲律宾苏禄群岛，已受佛郎机人的觊觎但未克
	猫里务	菲律宾布里亚斯岛
	沙瑶、呐哔啴	菲律宾棉兰老岛（可能），逃避佛郎机人的地区
	美洛居	印度尼西亚马鲁古群岛，初被葡萄牙人占据，后被荷兰人侵占
	文莱	加里曼丹岛
东番	鸡笼、淡水	中国台湾地区
外纪	日本	日本
	红毛番	荷兰，与葡萄牙、西班牙竞争

关于西班牙占领吕宋一事，书中记载了当时流行的一个传说。根据传说，为了获得马尼拉，西班牙采取了与腓尼基人在迦太基同样的方法——他们向吕宋土王请求一张牛皮大小的土地，等土王答应了，再将牛皮剪成窄线，围出一大片土地。最初他们还向土王纳税，但之后西班牙人建了城堡，铸造武器，围攻吕宋，杀死土王，驱逐百姓。这样的传说很可能来自西洋人，再在东方人中流传开来。①

---

① 见《东西洋考·吕宋》。

对于荷兰人第一次占据澎湖又被驱逐一事，这本书也指出了后果：荷兰人离开后，福建漳州地区的对外贸易几乎断绝。在明朝鹰派大臣的主导下，商人们出海时，一文钱也不得携带，违者法办。这种方式导致合法民间贸易的中断，又变相地导致政府财政的羸弱，以及走私的兴起和外国商人的激进。

但这样的激进只是局部的，整体上，随着海外贸易的发展，明朝的海关在税收上收获颇丰。万历四年（1576），福建海关的饷银达到上万两之多，到万历十一年，已经达到二万两有余。万历二十一年，由于倭寇的侵袭，明朝政府禁止了海上贸易，于是许多人逃到海外。中丞许孚远担心又出现嘉靖时期的状况，建议不能再次堵死贸易之路，应准许商人回国并不予追究，只要缴税即可。到了万历二十二年，饷银再次达到二万九千多两。

饷银收益归地方政府所有，还引起了地方间的争税现象。在福建，外贸最活跃的是漳州、泉州两地，当地政府都很看重关税，一方面想方设法扩大开放，另一方面指责对方抢夺了自己的贸易，于是有人提议进行规划，比如，去往东洋的船都走漳州，由漳州收税，而去往西洋的船走泉州，由泉州收税。但是人们也知道，这个建议是很难实施的，因为一方面，两个地方不会配合，另一方面，容易让一些非漳非泉的船只偷税漏税。最后这个提议不得不作罢。[①]

外贸对于地方的影响，还可以从关税占比中看出来。在万历十三年（1585），福建饷税（海外商税）达二万余两，而其他税收，囊括了铁炉、牛行、渡船、渔税等，全部加起来一共是三万七千七百九十余两。总税收加起来是六万两上下，海外商税占了三分之一，这还是在没有太发力的情况下做到的，并且海外商税的征税成本也比其他的要低得多。在支出上，水陆官兵的月粮、修船、宣器、犒赏费用已经不下六万两，一旦失去了海外商税，就意味着财政的崩盘，这也是明朝不再继续闭关锁国的原因。

但是，不管什么税，一旦成为皇帝离不开的选择，接下来就会面临竭泽而渔的局面，海外商税也不例外……

---

① 见《东西洋考·饷税考》。

矿税之祸

万历九年（1581），明朝实行了最后一次大规模税制改革，内阁首辅张居正在全国推行"一条鞭法"。所谓"一条鞭"，应为"一条编"，即在编目册上，每一家的税应该交多少，只写一条。①

明太祖时期确定的税制，经过修修补补已经过于烦琐。为了确定一家人的税率，必须首先清查其土地，做成鱼鳞册，再清查其户籍，做成黄册，然后土地税、人头税、食盐摊派，再加上各种各样的苛捐杂税，五花八门。纳税物品也是多种多样，有的缴粮食，有的缴纸币，有的缴铜钱，有的缴银子，还要经过各级官府的折算与克扣，这令民间痛苦不已，而且缴纳的税收还要民间自己负责运输。

"一条鞭法"把所有的税收经过计算和摊派，每户只写一条。这种做法提高了缴税效率，经过这样的改革之后，明朝的府库最后一次丰盈起来。②

然而，国库的充实并没有持续太久，就被万历皇帝的"丰功伟绩"耗空了。万历二十年（1592）的宁夏致仕副总兵哱拜反叛，皇帝除了从辽东、山西等地调兵之外，还从浙江、苗地派军前往。军事行动共花费一百八十余万两白银。

就在宁夏之役爆发的同一年，日本人丰臣秀吉率军入侵朝鲜。明政府发兵援助朝鲜，花费七百八十余万两。

万历二十四年（1596），播州土司杨应龙反叛，政府再次出兵镇压，于万历二十八年平定，花费白银二百余万两。③

---

① 见《明史·食货志》："一条鞭法者，总括一州县之赋役，量地计丁，丁粮毕输于官。一岁之役，官为佥募。力差，则计其工食之费，量为增减；银差，则计其交纳之费，加以增耗。凡额办、派办、京库岁需与存留、供亿诸费，以及土贡方物，悉并为一条，皆计亩征银，折办于官，故谓之一条鞭。"
② 关于"一条鞭法"和明朝税制改革的讨论，见《中央帝国的财政密码》。
③ 见《明史·王德完传》："近岁宁夏用兵，费百八十余万；朝鲜之役，七百八十余万；播州之役，二百余万。今皇长子及诸王子册封、冠婚至九百三十四万，而袍服之费复二百七十余万，冗费如此，国何以支！"

这三场战争号称"万历三大征",巨额的军费,加上巨大的皇室开支,户部右侍郎褚铁计算财政赤字已经达到近一百万两,而且年年赤字。长此以往,怕是维持不下去了。①

在这种情况下,皇帝想到了矿税,这就有了晚明罕见的"矿税之祸"。事情是这样的:由于财政困难,大学士张位想到的办法是通过放开采矿权来充实国库,用于军事。之后,矿税收入总计达到上亿(巨万万)两,之后更波及海外商税。

所谓"矿税",指的是万历二十四年(1596)开始,皇帝派遣心腹太监前往全国各地,对全国的矿藏资源收税。这是严重依赖农业税的明王朝的又一次扩税冲动。按照现代税务理论,征税的税基应该反映整个国民经济的运行,因此收矿税也是无可厚非的。但事实上,派往全国的太监往往并不知道哪里有矿,他们只是借矿税的名目,随意地划区域进行摊派,来获得大量压榨收入。

前往福建的是著名的太监高寀。高寀由于后来的名声,引起了许多传闻,最著名的就是他喜欢吃孩子的脑髓。我们已经无法辨别事情的真假,②但从这些传言中也可以看出人们对他的反感。

在历史上,任何严酷的政策如果想执行下去,必须排挤正常的官员,招收不考虑道德问题,只在乎执行力的社会或者官场边缘人。高寀到福建后招收了一批边缘人。他找矿的方式很特别,专门瞄准那些分布着富人家族坟墓的山头,命令将其开掘并把墓毁掉。富人们如果想保住墓葬,就必须交钱,这样虽然没有开出矿来,但依然创造了很多收入。

山头上的资源压榨得差不多之后,高寀又发现,福建最大的优势不是矿

---

① 见《明神宗实录》卷二六二:"臣见一年所入止四百五十一万二千有奇,所出至五百四十六万五千有奇,是所出反多所入九十五万三千有奇,而钱不与焉……我国家财赋岁有常供,迩来耗费日甚。去岁宁夏之平、朝鲜之援,输饷四出,动逾百万,有识之士,大为寒心。"

② 由于对外国人的仇恨,东南沿海也有外国人吃人脑的传言,很可能这个传言也被用在了遭人恨的高寀头上。虽然这样的说法被各种书籍记录,但好在本书并不需要牵扯这方面的考证,只需关注高寀的政策和作为即可。

而是海洋。于是，矿税就波及了海关。

于是高寀来到海关，将皇帝的圣旨放在岸上，分派人手把持各个岗位，所有船只、车辆上的货物（包括活物），任何可以征税之物都逃脱不过，稍微不如意，就将船只罚没。如果翻出来好东西，就以进贡皇帝的名义没收掉。漳州、海澄的所有来往商船叫苦不迭。征收来的税大都入了皇帝的私库，还有一部分被高寀鲸吞。

万历三十年（1602），高寀更是采取了新的做法：一旦海外或者国内的商船到来，就先封住，不许一人下船，只有将全部货物清点完毕缴过税之后，才准人下船回家。

在明朝，海商已经有了一定的势力，由于高寀的盘剥过于严重，有人扬言要将其杀掉扔进海里，高寀这才不敢再前往现场督察了。

万历四十二年（1614），由于广东的税吏李凤死了，皇帝想把高寀调往广东。广东的税基更大，更容易收，高寀原本很高兴，福建人也松了口气，以为终于可以摆脱他了。不想广东人听说高寀要来，立刻订立了生死契，表示只要他来到，就揭竿而起，先杀了他再说。高寀为去广东造了两艘大船，但民间传说他要通倭寇。福建都督施德政就借此事扣了他的船，巡抚袁一骥准备搜查船只，抓住他的把柄。

与此同时，同年四月十一日，上百名商人由于高寀欠了他们的钱，到高寀府上要求还钱，数人被杀死。其余人逃出来之后，一面放火，一面集结，第二天就集结了数千人。为了活命，高寀率领二百名士兵来到巡抚院署，劫持了袁一骥。劫持朝廷命官是谋反之罪，我们从中也能看出当时斗争之激烈——地方官和中央特派官几乎兵戎相见。由于担心民众杀死高寀而无法向皇帝交代，最后地方官员劝说民众离开。

十六年来，高寀仅仅从商税中榨取的金额已不下十万两，[1]也就是五年的商税收入，加上孝敬、供奉和巧取豪夺，更是高达数十万两。[2]

---

[1] 袁一骥上书提道："每年侵匿，多则六千五百，少亦不下三千五百，合十六年，所积何止十万，而在外腴削一切无名之征不与焉。"

[2] 袁一骥在他弹劾高寀的第五份奏章中提道："在闽一十六年，总得数十万余金。"

这件事最后的结果,是双方都向皇帝告对方的状,皇帝召回了高寀,地方势力也暂时得到了保护。

在弹劾高寀的人中,最著名的是巡抚袁一骥和湖广道御史周起元。其中袁一骥连写五份弹劾奏章。上述事件,也可以看作是明朝地方官僚功能还没有失调的明证。①

之后财政愈加失控,又遇到更加麻烦的北方女真人问题,使得需要钱财的皇帝不敢轻易地禁止任何可能获得收入的渠道。明朝晚期的社会发展就在皇帝的顾忌中悄然前行,不仅江南地区的商品经济越来越发达,与海外的商业联系也更加密切,形成了晚明时期特有的对外开放局面。

但是,如果对外开放仅仅停留在经济上,那么并不会对中国社会带来更大的影响。明朝的对外开放是否也有着更深入的措施呢?一位传教士的到来,让中国人意识到,原来西方世界领先的不仅仅是船、炮和商业,还有他们的科学精神……

---

① 关于高寀之祸,我们还可以从几个数字看出来:万历四十四年(1616),推官萧基上书言十三事,提到海澄税最初只有三千两,后来达到了一万两,高寀时期达到了二万七千两,他倒台后减了三千两。另外的数字是,高寀被撤的万历四十一年,减关税三分之一,漳州应该减一万一千七百两,但由于普遍认为洋商利厚,最后只给他们减了三千六百八十八两。

第三章
利玛窦和徐光启（1583—1622）

两位文人的经历

中国历史上，有一个不甚有名却非常特别的人物，他叫瞿汝夔，人们提起他来，更喜欢以其字"太素"来称呼。瞿太素的前半生是在离经叛道中度过的，他是礼部尚书瞿景淳的二儿子。在明朝，瞿景淳以重录《永乐大典》而闻名。①

但这位瞿太素并不以明朝宣扬的仁义礼智著称，反而戴上了另一顶不那么光彩的帽子。原来，他的哥哥瞿汝稷曾经娶南京工部尚书徐栻的女儿为妻，当父亲瞿景淳死后，瞿汝稷以守孝为名与妻子分居三年。不想，就在这三年中，妻子寂寞难耐，与丈夫的二弟瞿太素勾搭上了。这件事导致瞿汝稷休了妻子，并与徐家关系闹僵，徐家甚至威胁杀死瞿汝稷。

作为肇事者的瞿太素虽然因此被赶出家门，却并没有表现出懊悔，反而开始了漫游生涯。他一方面四处结交，一方面迷恋炼金术。家产归零后，他带着妻子在国内周游，拜访故旧，以获得一些帮助。

瞿太素的生活方式在后来人看来有些怪诞，但是放到明朝的大背景下又不难理解。

在中国古代秦之后的历史上，政治哲学的发展出现过两大周期。第一个周期始于汉武帝的独尊儒术，他创造了一种可以称为儒学的正统思想，对人的思想进行束缚。儒学宣称发现了一种宇宙真理，叫作"天"，人类的一切活动都是为了符合"天"的意志，任何违抗"天"的意志的人都是大逆不道的，

---

① 见《明史·瞿景淳传》。

而皇帝就是"天"的儿子,因此是人间的代表,所有人都必须服从皇帝。通过这一套理论,汉武帝完成了对人们思想和行为的管控。[1]但到了魏晋时期,人们为了反叛这种管控,寻找到另一个武器,那就是"无"这个概念:世界上本没有"天"这种宇宙真理,一切都只不过是"无",因此,人们不需要遵从外在的约束,只要追随自己的"思考"(思辨)就可以。"无"和"思辨"就是玄学的核心。[2] 外来传入的佛教中"空"的思想之所以如此容易地被人们所接受,就是有"无"做了铺垫。

明朝处于中国大一统哲学的第二个周期,这个周期始于宋朝,人们又构建了一个宇宙真理,叫作"天道",并宣称人类的价值就在于符合"天道"。当然,最后天道在人间的代表依然是"君君臣臣父父子子",它控制了人们的思想和行为。宋朝创造的道学(理学)只是理论,但到了元明时期,这种理论成为科举考试的官方思想,于是就将整个社会格式化了。

与第一周期一样,有格式化就必然有反叛,明朝中期(恰是葡萄牙第一次派使节的时期)的王阳明创立的心学就是这样的反叛。王阳明本人对明朝的贡献主要是军事上镇压了宁王反叛,但他对后世的贡献则是发展出一个哲学流派——"心学"。他首先否认了"天道"的存在,反而求诸人的内心,认为即便有真理,也只存在于每个人的心中,因此,人们不需要外在的天道,只需要遵循自己的内心就行。这就把制度强行束缚人的合法性去掉了,政权不代表对错和真理,人类心中的那团火才是对的,才是真理。

王阳明的心学把选择权还给了每个具体的人,对当时的社会思潮有很大的影响。首先,明朝南方由于商品经济的发展,出现了一种摆脱政治压迫的世俗化风潮,以泰州学派的王艮和李贽等人为代表,发展出一种完全符合市民阶层的世俗化思想;其次,人们不再随政权的起伏而悲伤欢喜,更加愿意随心所欲地过日子,否定那些外界强加的约束。

瞿太素所表现出的作风,恰是受到心学影响之后的结果。

---

[1] 儒教天学的精华在董仲舒的《春秋繁露》中体现,《春秋繁露》被尊为经典。东汉时期班固的《白虎通义》则将天学更加系统化。
[2] 玄学思想的奠基人是王弼与何晏,玄学在嵇康、向秀、郭象等人的发展中达到顶峰。见《中央帝国的哲学密码》。

但王阳明的心学发展到最后也庸俗化了。它表现在：人们对于外界的事物漠不关心，处处求诸内心；对于政治、社会都不感兴趣，只关注自己的享乐，享乐主义风潮也起于此。[1]

作为对阳明心学的部分纠偏（甚至是反叛），明末兴起了以东林党人[2]为代表的实学派。事实上，实学派和阳明心学有一定的师承关系，他们也和王阳明一样反对腐朽僵化的道学。但他们也反对阳明心学只求诸内心而忽略外界的倾向，认为应该学习更加实际的事物（实学），去与那些不好的现象作斗争。这些人强调保留对外部世界的好奇心，强调学习的重要性。

瞿太素既受心学的影响，显得离经叛道，又受实学的影响，对于新鲜事物充满了好奇心。在明末，这样的人并不少，甚至有一大批，也正因为他们的存在，明末就有点类似于魏晋时期，构成外来思想进入中国的一个契机。

在游荡中，瞿太素对于中国已有的儒、释、道都有研究，但这三种学问的共同点是可以冥想却无助于解决自然界的真正问题，他希望能够找到一种超越儒、释、道的学问。

万历十一年（1583），他到达肇庆。这座城市是当时的两广总督府所在地，也是两广总督下辖的岭西道的行政所在。现代的官员大都深居简出，普通百姓想见到基本上是不可能的。但在明朝，百姓想见到官员要容易得多，更何况作为尚书之后的瞿太素。然而在肇庆，瞿太素吃了闭门羹，不管是两广总督刘继文还是岭西道黄时雨，可能都听说了他的离经叛道之事，拒绝见他。

正当百无聊赖时，他来到肇庆城外一个叫作仙花寺的地方，在这里见到了一个深目高鼻的"怪人"，这人穿着和尚袍子。在交谈中，瞿太素知道他叫利玛窦，是佛郎机人。

历史上中西方科学家的第一次会面就在不经意间发生了。之后，人们记住瞿太素不再是因为他与嫂子通奸的离经叛道，反而是他对于中国科学的贡献。

---

[1] 心学的发展与物质主义的结合，除了产生瞿太素这样的"怪人"之外，还产生了包括《金瓶梅》这样惊世骇俗的著作。

[2] 东林党人正式出现，实际上是在瞿太素之后，但这种思潮的出现要早得多。

利玛窦后来去了韶州（治今广东韶关），二人在韶州又有了更加系统的交往。思虑敏捷的瞿太素认定，利玛窦的学问就是他要找的超越了儒、释、道的学问，于是中国有了第一个西方科学的门徒。那么，到底是什么学问让他如此痴迷？难道是利玛窦宣扬的天主教？事实上，瞿太素看中的是利玛窦讲述的自然科学，特别是几何学，而不是神学。

在人类知识的传播过程中，几何学是最容易得到承认的科学，哪怕是一个自大的民族，当面对可以验证的几何学时，也只能承认其伟大。传教士带来了望远镜、棱镜等科学仪器，而瞿太素在传教士的帮助下，系统地学习了欧几里得几何学并写了教科书。[1]

当然，这种帮助也不是单向的，正是在瞿太素的要求下，利玛窦抛弃和尚服，换上儒服，从而更加融入中国社会，也成为明朝历史上第一个进入北京的传教士。

另一位比瞿太素更有名的中国科学家是徐光启。他出生于松江（现上海）一个普通人家，家境贫穷，父亲做过买卖，后来从事农学，因此，徐光启对农学兴趣盎然，并扩展到自然科学领域。

在三十二岁之前，徐光启在松江屡考不中。于是他一面教书，一面研究农学，直到他的学生邀请他到广东韶州教书时，徐光启依然只是一个对农学感兴趣的普通儒家子弟。

两年后，他在韶州无意中走动时，来到了城西的一所天主教堂内。这时候的天主教士们已经按照瞿太素的建议换上了儒服。由于利玛窦已经北上，此时在天主教堂内主持工作的是一位叫作郭居静的西洋教士。徐光启在这里正式接触了西洋科学。[2]

万历二十五年（1597），徐光启中了乡试。直到三十九岁时，才在南京与利玛窦相见。此后，他从一个专注于农学的儒家子弟，变成信奉西洋科学的天主教徒，也是中国历史上担任过宰相级高官的天主教徒之一。

徐光启入仕很晚，直到万历三十二年（1604）四十三岁时才进士及第。

---

[1] 《明史·瞿景淳传》并未记载瞿太素，其原因可能在于他已经被逐出家门了。
[2] 见《增补徐光启年谱》。

在明朝的官员中，与他一起推广西洋科学的人还有很多，包括与他齐名的杨廷筠、李之藻等人，形成了中国古代历史上一次有名的知识开放，也是中国少有的一次机遇。

我们普遍认为明朝是一个封闭的王朝，但又很难解释，为什么在短短的几十年时间里，有这么多官员能够迅速地接受新思想和新科学，为它摇旗呐喊，甚至幻想着利用新科学来挽救摇摇欲坠的明王朝。[①]

更前置的问题是：这个封闭的朝代一开始是怎样接纳那些外来知识传播者的呢？这还要从最初的那个人谈起……

利玛窦的进京之路

在葡萄牙人与中国做贸易的同时，还有一个组织也在跃跃欲试地前来——西班牙王室和葡萄牙王室都信奉天主教，而当时的天主教会也希望将中国纳入教区，于是向东方派遣了传教士。

在这里需要说明的是，在16世纪，牛顿还没有出生，伽利略正遭受禁令，布鲁诺被处以火刑烧死了，也就是说，所谓"现代科学"还没有从宗教和哲学中分离，那时候的自然科学还被称为"自然哲学"。因此，我们不能以现在的标准来要求当时的人们。

然而，在16世纪，科学又的确有所发展。当时掌握了最先进科学的人往往是传教士，比如第一位在中国传教的利玛窦本人就是一名科学家、数学家，并对地理知识有着很深的了解。而另一位传教士，曾经来过中国的邓玉函则是伽利略的学伴，他们都是罗马灵采学院的院士，伽利略是第六名院士，而邓玉函是第七名。邓玉函本人擅长数学、医学、哲学、神学、动物学、植物学、矿物学，对希伯来语、迦勒底语、希腊语、拉丁语、德语、葡语、法语、英语都很熟稔，他在万历四十六年（1618）来华后更是与徐光启熟识。[②]因此，

---

① 关于明朝的开放，本书作者也有一个认识过程。在写另一本书时，本书作者依然认为明朝是封闭的，但在为写作本书而搜集资料的过程中，本书作者意识到，明朝的开放相对于清朝更加彻底，明朝官员对于新事物的接纳能力是远超清朝的。

② 见《增补徐光启年谱》。

伽利略的最新研究能够以最快的速度传到中国并对中国产生影响。如此之高的效率，却并没有得到现代人应有的关注。①

在向东方传教的过程中，葡萄牙主要依托耶稣会，而西班牙主要依托方济各会。由于葡萄牙拥有在澳门的贸易点，具有优势条件，因此，最早进入中国国内的是耶稣会。更幸运的是，耶稣会是一个更懂得权宜行事的组织，他们进入中国的策略是不急于传教，而是首先展示其知识上的优势，试图让中国人先理解知识的强大，再心甘情愿地归附。②

在明朝，第一个想要进入中国的传教士叫方济各·沙勿略。在印度果阿的一个教堂内，至今存放着装有沙勿略未腐烂尸体的棺材。③沙勿略逝于中国的上川岛，之后被装在一口棺材中，经海上送回印度。当人们打开棺材，发现他的尸体没有腐烂时，认为这就是神迹，于是给了他"圣徒"的称号。

沙勿略最早听说中国，是他在日本传教时。当时，耶稣会在亚洲传教的中心设在印度的果阿，这里也是葡萄牙在印度的大本营，负责印度和印度以东所有地区的外交、贸易和军事行动。沙勿略从果阿被派往日本传教。从日本回来后，他向果阿的葡萄牙总督和主教申请前往中国并获得了允许，在商人的资助下组织了一个传教团。

但最终他只到了上川岛④。在当时，澳门还没有成为葡萄牙人的贸易点，明朝与葡萄牙（以及其他东南亚国家）的贸易都是在上川岛进行的。明朝政府对上川岛进行了严格的防范，不允许海岛上有永久性建筑，只准搭建临时性的棚子。明朝的水军也对海岛进行严密的监视。在大陆河口附近的港口，也有守军严格封锁，防止外国人登陆。⑤

在这样的防守之下，沙勿略要想进入中国内地可谓困难重重。当时有一个暹罗使团要前往中国（使团除了正副使之外，其他的名额是可以卖给商人

---

① 见《利玛窦书信集》《利玛窦中国札记》。
② 这个策略最先来自罗明坚，并被利玛窦发扬光大，但在清朝，利玛窦的策略多次受到挑战，并成为天主教内部东方政策争论的核心。见下文。
③ 作者曾经去果阿参观过，对沙勿略的事迹记忆犹新，见作者的《印度，漂浮的次大陆》一书。
④ 上川岛位于现在广东省江门市台山市西南部的南海中，在历史上，曾经是重要的中外贸易地点。
⑤ 见《利玛窦中国札记》第二卷第一章。

的），沙勿略联系了这个使团，希望能给他留一个位置，从而随团进入中国内地。① 但他在嘉靖三十一年（1552）动身之前突然死了。

随后的隆庆开关使明朝的贸易政策发生了转变。而贸易政策的转变又带动了人们思想观念上的转变，外国人已经不再被视为一种异类，这时候，传教士们的机会来了。②

在澳门，耶稣会也设立了独立的教区，万历七年（1579），那不勒斯人罗明坚成为澳门教区的负责人。

与此同时，广东对于葡萄牙人的禁令也进一步放松。葡萄牙人获得许可，一年里有两次机会离开澳门到广州参加集市贸易。两次集市的时间分别是一月和六月，每次集市的时长大约是两个月。根据季风和航运规律，一月主要销售印度产品，六月销售日本产品。到了集市时间，葡萄牙人被允许乘船到广州，白天在集市上卖东西，晚上回到船上休息。

在集市时间里，罗明坚伪装成商人，不仅混进了广州城，还由于和海道副使黄应甲③建立了联系，获准不用回到船上居住。广东的官员最早接触海外贸易，从一开始就表现出不同于中央政府保守主义的倾向。他们注重镇压反叛和保护当地安宁，而对贸易往往采取宽容的态度。

结交海道副使之后，罗明坚接下来攻克的是两广总督陈瑞④。当时两广总督府并不在广州，而是在两广交界处的肇庆，这里更加安静，也便于协调广东和广西两地的问题。

借助良好的学识和礼物，罗明坚得到陈瑞的应允——在广州划一片土地给传教士，让他们得以长期居住。

眼看就要获得定居权时，陈瑞却突然被朝廷免职了。新任总督郭应聘是一个长期征战在南方剿匪第一线的军事官员，为人正直廉洁，但这样的人往

---

① 据《明史·暹罗传》记载，利玛窦死后的第二年，暹罗国进贡白象，由于大象死在了路上，使者只好把象牙用黄金包裹，和尾巴一起进贡。沙勿略要加入的应当是这个使团。
② 见《利玛窦中国札记》第二卷第二章。
③ 根据《明史·黄应甲传》推算。
④ 陈瑞事见《明史·黄应甲传》。

往比较排外。① 罗明坚等人拿着前任总督的命令进入广州，想方设法去见郭应聘，不想郭应聘铁面无私，按照规矩办事，将其赶走。②

传教士正在失望时，突然从肇庆传来好消息。原来，肇庆知府王泮为他们提供了一块居住地，来信请他们前往肇庆。由此，我们也可以看到当时明朝的官场和后来的官场有所不同，各级官员都有决策权，不管是陈瑞、郭应聘还是王泮，都可以独立决定辖区内关于外国人的政策。其中又有着地方政府竞争的原因：每个地方政府都有责任通过政策来发展当地的经济，到底谁发展得好，就看谁的政策好。广东能够在与福建、浙江的竞争中胜出，很大程度上得益于其更加开明的官员。即便如郭应聘这样的人，最终也因为广东地区的开化，容忍了外国人的到来。

在后来传教士的经历中，我们还会无数次地看到，正是明朝官员的自由裁量权，让明朝后期形成半开放的社会，容许西方贸易和科技的到来，从而出现了像徐光启这样的坚持学习西方学问的高级官员和科学家。

万历十一年（1583），明朝最著名的内阁首辅张居正刚刚去世一年。③9月10日，传教士罗明坚及其副手利玛窦到达肇庆。知府王泮在西江边上为他们划了一片土地，建了明朝第一座天主教堂，这个教堂有一个中国式的名字：仙花寺。④

教堂建好后，罗明坚回到澳门，将管理教堂的责任交给了利玛窦。与他的上级比起来，利玛窦熟悉汉语，又有着非常好的科学教育背景。

正是在肇庆，利玛窦发现中国人对科学更具好奇心，这也决定了未来几十年在中国的传教政策，那就是：首先用科学的思想来征服中国人，让他们感觉到西方学问是一个有用的东西，然后再向他们传播信仰。利玛窦除了写一些关于基督教的小册子之外，最著名的产品是一份地图，叫作《坤舆万国全图》。虽然明朝官方体系仍然把中国当作世界中心，但在利玛窦等传教士的影响下，有不少人开始理解外面的世界有多大，许多稀奇古怪的

---

① 见《明史·郭应聘传》。
② 见《利玛窦中国札记》第二卷第三章。
③ 见《明史·张居正传》。张居正改革述评见《中央帝国的财政密码》。
④ 至今仍然可以在肇庆找到当年建立仙花寺的地点。

国名已经传到人们耳中。官员们甚至以得到一份《坤舆万国全图》为荣耀。

利玛窦的另一个利器是一种三棱镜，这种物理学上的简单仪器能够将白光同时折射出不同的颜色。中国人由于缺乏玻璃，把这种透明的三棱镜当作稀有宝石，甚至认为是女娲补天的宝镜，争相参观。

利玛窦在肇庆的日子里，中国的流官政治也在继续运转，正所谓"铁打的衙门流水的官"，邀请他前来的肇庆知府王泮升任岭西道[1]，两广总督也从郭应聘变成吴文华，之后又由广西巡抚吴善升任，然后换成刘继文。[2]

刘继文在明史上与海瑞齐名，也和海瑞一般有政治洁癖且刚愎自用。他上任后，认为允许外国人进入中国是违反法律的，下令传教士撤离肇庆。

但明朝官场风气的好处是一切都可以斡旋，利玛窦等人在肇庆经过数年耕耘，已经获得更多基层官员的宽容。由于基层官员的巧妙斡旋，总督最终让步。虽然这些外国人被赶离了作为两广总督驻所的肇庆，却被允许前往韶州，于是，韶州光孝寺就成了利玛窦传教的第二个据点。[3]

与肇庆相比，韶州虽然在广东省内的政治地位低一些，却是中原通往广州的必经之路。于是，利玛窦在这里反而有了更多的机会结交往来于此的权贵。由于远离政治中心，韶州当地官员也显得更加随意，甚至周边的县官也邀请传教士前往做客。[4]

随着结交的人越来越多，一个新的机会出现了。万历二十年（1592），日本权臣丰臣秀吉入侵朝鲜，引发了中日战争。[5]在战争中，明朝官员发现他们拥有的地理知识无法应付战争的需要。在韶州见过利玛窦的兵部侍郎石星负责此次战事，决定联系传教士，希望借助他们的地理知识来制定战略，于是将利玛窦从韶州带往明朝的南方都城南京。

明朝实行双都城制，除了北京顺天府之外，在南方还有一个都城——南

---

[1] 肇庆府属于岭西道，岭西道属于广东布政司。
[2] 《明史》中吴文华有专传，吴善和刘继文只知其职务。
[3] 见《利玛窦中国札记》第三卷第一章。刘继文驱逐传教士时试图给他们一笔钱作为补偿，利玛窦没有接受这笔钱，这样的做法让廉洁的刘继文很吃惊，于是刘继文将驱逐改为离开肇庆到辖区内任何一个其他城市居住，利玛窦选择了韶州。
[4] 见《利玛窦中国札记》第三卷第二到第八章。
[5] 见《明史·日本传》。

京应天府。在中国古代历史上采取多都城的朝代并不少,比如,北宋就有四个都城,分别是东京开封府(今河南开封)、西京河南府(今河南洛阳)、北京大名府(今河北大名东北)和南京应天府(今河南商丘)。北宋虽然有多个都城,却只有一套官员班子;而明朝有两套官员班子,分别居住在两个都城。其中居住在北京的是实官,真正掌握着帝国的权力;居住在南京的一套班子虽然领着俸禄,却不负责实务,是拿钱不做事的虚官。这种设置,使得南京成了虚官遍地、风花雪月、歌舞升平的地方,也是当时的时尚中心。

但事情也并没有这么简单,利玛窦到达南京后,受到了曾经在广东任职的工部侍郎徐大任[①]的排挤,不得不离开南京。他在回广东的途中,又在江西南昌意外地获得了接纳。在明朝,全国各地都分布着不少朱元璋的后裔组成的藩王集团,他们人数众多,虽没有实权,却拥有不少资源。利玛窦结交了在南昌的建安王朱多燽和乐安王朱多㷭。[②] 这两个王爷的自由度比起普通官员来大了很多,在王爷们的影响下,利玛窦赢得江西巡抚陆万垓的同情,有机会开展传教事业。

在南昌传教的过程中,利玛窦又遇到了之前认识的礼部尚书王忠铭。王忠铭对利玛窦掌握的天文地理知识印象深刻。由于数学不发达,中国的天文知识一直落后于阿拉伯人和西方世界。又由于天文学的落后,中国的历法总是不够准确。礼部恰好是负责历法的部门,王忠铭希望利玛窦随他去南京,帮助朝廷修订历法。于是利玛窦就有了第二次前往南京的机会,此时已经是万历二十六年(1598)。

他们到达南京,发现这里的气氛更加糟糕。万历二十五年(1597),日本权臣丰臣秀吉再次进攻朝鲜,导致中日战争全面升级。在战争中,朝廷倾向于把所有外国人都当作敌人,四处捉拿奸细。王忠铭虽然能够保护利玛窦,却无法让他被南京接受,于是,只好以给皇帝送礼品的名义将他带往北京(他们带了两座大型钟表作为礼物)。

[①] 徐大任曾在广东任广东兵备道。
[②] 乐安国景泰二年(1451)封,建安国成化十七年(1481)封。利玛窦时期的两王分别是第四代和第五代。见《明史·诸王世表第三》。

不过，我们也要看到，虽然无法被南京接纳，但利玛窦在南京的名声已经逐渐打开。人们大都知道他是一个科学家，地理知识丰富，又有着三棱镜这样的"宝石"。

北上途中，驻扎在句容的南京总督赵可怀在礼部尚书王忠铭的介绍下，认识了利玛窦，并对他礼遇有加。到这时，认识利玛窦的官员已经足够多，排外的高墙已经有了小小的松动。①

利玛窦第一次去往北京以失败告终。由于中日战争持续不断，他无法在北京立足，又回到南方。在南方，他前往苏州投奔瞿太素，于是江南地区的人们逐渐认识了利玛窦。最后，当他决定再访南京时，这里终于接纳了他。人们将他看成一位传奇人物，浑身贴满了神奇的标签。以前反对他的官员也都默不作声，不再干扰那些热情的人们。

除了礼部尚书王忠铭之外，刑部尚书赵参鲁、刑部侍郎王樵、户部尚书张孟男、礼部侍郎叶向高等人纷纷前来拜访，利玛窦突然成了南京城的名人。到此时，整个帝国的官僚系统已经向他敞开，利玛窦再次去往北京也是迟早的事。

他所带来的科学知识也生根发芽，除了瞿太素对数学爱好之外，徐光启见到他后也对数学及其他学科产生了浓厚的兴趣。②与瞿太素的平民身份（他虽然是官僚子弟，但本人没有官职）不同，徐光启最终官至礼部尚书、文渊阁大学士、内阁次辅，他和利玛窦共同翻译过欧几里得的《几何原本》，并写成《农政全书》，研究过天文学。

当南京的基础已经牢靠，利玛窦在即将告老还乡的王尚书的推荐下，带上礼物，再次向北京进发。③万历二十八年十二月二十一日（1601年1月24

---

① 见《利玛窦中国札记》第四卷第二章。赵可怀也拥有一份利玛窦制作的地图，由此对他本人感兴趣。
② 见《明史·徐光启传》。
③ 利玛窦在路上受到太监马堂的刁难，但没能阻止他进京。《熙朝崇正集》记载了利玛窦献给皇帝礼物的清单。包括时画天主圣像一幅，古画天主圣母像一幅，时画天主圣母像一幅，天主经一部，圣人遗物，各色玻璃，珍珠镶嵌十字圣架一座，万国图志一册，自鸣钟大小两架，映五彩玻璃石两方，大西洋琴一张，玻璃镜及玻璃瓶大小共八器，犀角一个，沙刻漏两具，乾罗经一个，大西洋各色锁袱共四匹，大西洋布并葛共五匹，大西洋行使大银钱四个。

日），利玛窦终于到达北京。这一次，机会没有再溜走，他很快见到了皇帝。尽管有人不喜欢他，但皇帝一锤定音，给了他留在首都并进行传教的权利。[①]

天主教在元朝之后，再一次回到久违的北京城。

科学传教策略

利玛窦之所以能够进入北京，与他采取的一个非常务实的策略有关。那就是他在肇庆时期制定的，首先利用科学思想来唤起中国人对思辨的兴趣，然后再说服他们"归附"的策略。

在人类历史上，直到近代以前，所谓的"最高学问"都被认为是包罗一切的。比如，中国汉代的天学构成了儒学的主体，其最高理论是：所有的自然界和人类社会的规律都是统一的，统一的最高原理就是天的意志。也就是说，任何自然和社会规律都是天意使然，天意创造了从数学到人伦道德的一切。汉朝时的儒教认为他们已经参透天机，因此，他们说的都是天意的体现，人们必须遵守，不得违抗。

而佛教也不认为自己的学问只是空想，而是认为佛教学问就是自然界和人类社会的普遍规律，既包含天道生灭，也包括六道轮回。

直到明朝，中国都不存在所谓"科学"和"神学"的划分，"神学"其实就是"科学"，包含宇宙间的所有学问。

只有到了近代，随着学问的专门化，"科学"才从"神学"中独立出来。从此以后，所谓"科学"，指的是可以观察和验证的学问；所谓"神学"，指的是科学之外的那些不可以通过观察进行验证的学问，更多地需要人们无条件地相信。

在利玛窦进京时，哥白尼和伽利略的理论正在形成，但笛卡尔出生没几年，牛顿还没有出生。因此，利玛窦时期的学问依然属于经院哲学体系下的自然哲学，或者说，更多的是从古希腊罗马和阿拉伯学来的，也就是说当时的科学、哲学、宗教是不分家的。由于西方的经院哲学体系的发展，最好的

[①] 见《利玛窦中国札记》第四卷第十四章。

学问已经集中在传教士之中，因此，当传教士向中国传道时，他们也就带来了欧洲最先进的科学（虽然当时还不叫这个名字）。

利玛窦的智识传教策略，让他以京城为起点，建立了一个遍布全国的高层友好网络，再利用高层资源在大众中传播天主教。他强调摒弃"欧洲中心主义"，尽量少利用澳门的葡萄牙人资源；文化上要适应性渗透，也就是借助中国已有的概念来传教；同时还要尊重中国已有的一些习俗。比如，天主教要求只准拜上帝，不准跪拜上帝之外的人（包括父母）或物，但中国人有拜父母和祖先的习俗，利玛窦认为，既然中国人有这样的习俗，就必须尊重他们，将对父母和祖先的尊敬与宗教行为区隔开，将它们定义为世俗性活动，承认和接纳这些习俗。通过这种方式，大明帝国的皇帝、官员和百姓们都感受到，天主教不是来控制他们的，而是来帮助他们的。在吸纳信徒方面，也不强调数量，而只看质量。发展信徒时，通过思辨性的真理来赢得他们的尊重，让其心甘情愿地加入。另外，传教工作需要花钱，以前的传教士发展新教区，都是从罗马方面要钱，而利玛窦更提倡独立，最好能在教区实现自给自足。

在这种思想的指导下，利玛窦在北京的高层官员交往中游刃有余，不断地结交新朋友。比如，刑部主事蔡献臣最初不喜欢利玛窦，当利玛窦还不确定能否留在北京时，他们第一次见面，蔡献臣让利玛窦跪了一个小时才接见。但当利玛窦留京后，他也表示了对传教士的欢迎，邀请利玛窦到家中做客。[①]

而另一位高官，大学士沈一贯则是利玛窦的保护人。[②] 刑部侍郎王汝训对数学感兴趣，他又介绍萧大亨（担任过宁夏总督、监察御史、兵部侍郎、兵部尚书和刑部尚书）和冯琦（礼部尚书）与利玛窦结识。除此之外，还有吏部尚书李戴。利玛窦在南京认识的王弘海、张孟男、郭正域、杨道宾等人也都是其常客。这些人大都是被利玛窦掌握的科学知识所吸引。

---

① 见《利玛窦中国札记》《一代巨人：明末耶稣会士在中国的故事》。
② 沈一贯被称为"浙党领袖"，在万历三十三年（1605）致仕，他为官以任人结党著名。见《明史·沈一贯传》。

第一部　百年试探（1516—1644）

　　利玛窦除了宣传科学，在传教方面也是有收获的。万历三十三年（1605），在利玛窦的努力下，北京的天主教徒已经超过一百人。到万历三十六年，中国已经有两千名天主教徒，其中不少是学者型官员。[①]

　　除了中央层级，地方上也有不少热心天主教的人士，其中最著名的是西安的王徵和山西绛州的韩霖。传教士金尼阁能够在西安和绛州顺利传道，将两地打造成除北京之外中国北方的两大据点，就在于得到了他们的帮助。二人虽然都信奉天主教，但最让他们感兴趣的还是先进的自然科学。比如，王徵热衷于制造机械，号称"明代的机械学家"，写过《新制诸器图说》，而要制造机械，西方的力学显然是他最感兴趣的方面。也正是在西安，人们发现了证明唐朝时中国已有基督教传播的《大秦景教流行中国碑》。[②]

　　在南方，天主教的传播更加广泛。比如，万历三十六年（1608），传教士郭居静就受徐光启邀请到上海传教。另外，万历三十九年，在李之藻的影响下，郭居静、金尼阁、钟鸣仁等人又在杭州传教，同时，杨廷筠等人也印刷了大量介绍天主教的书籍。

　　在这里，我们也可以看出明朝时期的人们并不是保守的：万历十一年（1583），传教士利玛窦才获准进入肇庆，而在短短的二十几年后，已经有大批高官见识过西洋科学的迷人之处，他们把一位西洋人当作最珍贵的客人送到北京，同时在地方上，传教士们也展开了活动。只有看到了西洋知识如此快速地传播，才能理解晚明时期经历了一次多么重要的开放性活动。[③]

　　事实上，在短短的几十年时间里，明朝的有识之士你追我赶，仿佛要用

---

① 利玛窦在明朝的支持者包括：王弘海，礼部尚书；祝世禄，都御史；张孟男，户部尚书；冯琦，礼部尚书；李戴，吏部尚书；曹于汴，都御史；徐光启，翰林院庶吉士；李之藻，工部员外郎；龚道立，广东布政使；郑以伟，詹事府詹事；周炳谟，编修、礼部侍郎；王家植，编修；熊明遇，都御史；杨廷筠，南直督学；彭端吾，御史；冯应京，湖广按察司金事；崔淐，吏部郎中；陈亮采，按察司副使；刘胤昌，某地副府尹；吴道南，礼部右侍郎；黄吉士，顺天府尹；等等。见《一代巨人：明末耶稣会士在中国的故事》。
② 这块碑的发现和解读，见《利玛窦中国札记》。
③ 这样的开放性活动也并不是中国独有的，在伊斯兰教建立之初，也有过对于先进知识如饥似渴的学习。可见，任何一个伟大的民族都不可能通过封闭来保持伟大。见下文。

最短的时间学习最多的知识，于是，就有了中国古代历史上的第二次大翻译运动……

中国第二次大翻译运动

人类文明的一个特点是，除了最早的过于久远的文明之外，每一个文明都会从更早或更先进的文明中继承和借鉴许多东西。比如西欧文明，当它从中世纪走出来回归希腊、罗马时，他们最早得到的希腊和罗马的典籍都不是直接在西方找到的，而是在十字军东征之后从阿拉伯语翻译过来的，之后才在落满了灰尘和蜘蛛网的犄角旮旯里发现了所谓的"原典"。而西方翻译时期，原创于阿拉伯的知识也以希腊、罗马的名义被介绍进入欧洲，所以，没有阿拉伯人的知识，也就没有后来的西方知识体系形成。

不过，阿拉伯人最初的知识也是外来的，来自从希腊、罗马文字向阿拉伯文翻译的运动。当哈里发的大军横扫亚欧非时，阿拉伯还是一个落后文明，之后发现了希腊文明、罗马文明的典籍，并在哈里发的鼓励之下开展"百年翻译运动"，不仅翻译西方作品，还翻译印度作品。有了足够的知识引入之后，阿拉伯才开始独立的探索，并在天文学、几何学、医学上做出了重大贡献。

再往前，罗马文明是受希腊文明的影响，而希腊文明受益于克里特文明和腓尼基文明，腓尼基文明又受益于中东地区的楔形文字文明。世界上没有百分之百原创的文明，都借鉴了更早文明的成果，并成就了自己的辉煌。

这在东方也是一样。印度雅利安文明受益于之前的印度河文明，佛教文明受益于雅利安的婆罗门文明以及希腊文明，中华文明又受益于佛教文明。

任何一个文明出现大发展的前奏，往往是大规模引进其他文明的成果，而引进的标志，一个是物质上的动植物和技术引进，另一个则是一场大翻译运动。

人类历史上的大翻译运动，最典型的是阿拉伯的"百年翻译运动"。他们疯狂地寻找所有的希腊、罗马典籍，如饥似渴地学习罗马人的科学、技术、艺术和修辞，首先将这些知识变成其基础学问，然后继续发展数学、修辞等学科，最终成就了灿烂辉煌的阿拉伯文明。

在中国古代历史上，也有两次典型的大翻译运动。

第一次是佛教典籍的翻译。汉朝时期人们思想僵化，需要新知识的指引，佛教和国内新兴的玄学互相激荡，我们已经很难分清到底是佛教"空"的思想更有原创性，还是玄学"无"的思想更有原创性，只能说，它们几乎同时出现，并互相激励着对方，成为人们破除僵化思想的武器。①

佛教典籍对于中国人最重要的价值，在于它将思辨性注入人们的头脑之中，让他们学会了怀疑和推理，不再相信那些被人强加的教条。②这种思辨性也有助于塑造唐宋时期的繁荣。

但到了明朝，随着道学的僵化，人们再次需要一个新的契机来打破教条。仅仅靠内在的思想发展（王阳明的心学），不足以打破这个教条，恰好此时到来的西方科学提供了强大的武器，于是中国进入第二次大翻译运动。

这次大翻译运动虽然不如第一次有名，但成果非常显著。人们常说，在清道光二十年（1840）之前，中国几乎接触不到真正的西方科学，这种说法是完全错误的。事实上，在晚明时代开始的大翻译运动，几乎将所有当时最先进的西方科学都引入了国内。这次引入是如此彻底，不仅翻译图书，而且每一门学科都有人去研究并转化为真正的知识。也就是说，他们是带着学习和阐述的目的去翻译的。

这次大翻译运动从利玛窦开始。利玛窦到了北京之后，除了传教之外，还专心写书，他的书大都是与中国人合作的，因此，这时候的西学书籍虽然名义上是外国人写的，但大部分其实是中外合作的结果。这些书要么是对国外理论的阐述，要么直接翻译海外的作品。

---

① 佛教的"空"来自后来的大乘佛教，而在小乘佛教时期，则更强调苦、集、灭、道"四谛"。在这个意义上，佛教的"空"和玄学的"无"可能是分别产生的，并因缘际会相遇、互相促进。见《中央帝国的哲学密码》。

② 汉代的"天人合一"学说最大的特征是强调遵从和相信，避免任何怀疑精神，并利用教条去附会社会中和自然界发生的现象。玄学从诞生之刻起，就是为了加强思辨，迫使人们学会思考。但玄学本身难以完成这个使命，而佛教之所以能够快速传播，就在于它有着更强的思辨性和逻辑性，可以对冲中国的僵化思想和迷信色彩。

利玛窦本人虽然对地理、几何学等科学也非常有研究，但其功劳主要在于打开通往中国之路并维护这条路。他也留下了一些书籍，除了他制作的地图，比较著名的还有阐述天主教教义的《天主实义》《畸人十篇》，以及介绍几何学的《几何原本》等。

在与利玛窦合作的人中，湖广按察使冯应京是比较特殊的一个，他爱好数学，与利玛窦倾心相交。他由于刚正不阿，被皇帝下令革职并押往北京。处于在押状态的冯应京出钱刊印了利玛窦的《交友论》《二十五言》，并对其著作《天主实义》提出建议，力促尽快刊印。①

在利玛窦开辟道路之后，西学成为潮流，大量介绍神学、地理学、几何学、机械学的书籍得以进入中国。②

在这个西学东传的过程中，影响最大的是所谓的"西学三杰"，他们是后来担任内阁次辅的徐光启、曾任监察御史的杨廷筠，以及曾任南京工部员外郎、太仆寺少卿的李之藻。而在编纂书籍方面，又以李之藻涉猎最广，他或参与编译或校刻了多种学科的书籍，比如地理学的《坤舆万国全图》（1602）、天文学的《浑盖通宪图说》（1605）、几何学的《圜容较义》（1608）、算术的《同文算指》（1613）、宇宙论的《寰有诠》（1628）、逻辑学的《名理探》（1623—1630）。之后，他又编纂了汇集当时各个学科的丛书《天学初函》，这套书包含理、器两编，分别（大致）对应着神学和科学，丛书中包括《天主实义》《几何原本》等二十种作品，可以看作大翻译运动的阶段性成果。

传教士曾德昭（原名谢务禄）曾经评价李之藻说："神父们译成中文的神学或科学方面的书籍，有的包括很多卷，几乎没有一本不经过他的手。他要

---

① 冯应京被释放不久后去世，没有赶上《天主实义》这本书的刊印。见《一代巨人：明末耶稣会士在中国的故事》。

② 根据《昭代钦崇天教至华叙略》和《钦命传教约述》记载，当时比较著名的书籍包括《童幼教育》《修身西学》《齐家西学》《治平西学》《超性学要》《性学粗述》《灵言蠡勺》《职方外纪》《圣经直解》《主制群征》《主教缘起》《七克》《景教碑诠》《十诫直诠》《提正篇》《十慰》《形神实义》《寰有诠》《名理探》《则圣十篇》《勾股义》《同文算指》《奇器图说》《泰西水法》《测量全义》《测量法义》《圜容较义》《空际格致》《哀矜行诠》《涤罪正规》《弥撒祭义》《人身说概》等数百种。

第一部　百年试探（1516—1644）

么亲自校正，要么帮助我们做，要么给予新的修饰，或者加一篇他自己的序言和其他文字使它更具权威。"[1]

徐光启对科学的兴趣体现在他对《几何原本》的编纂上。这部著名的数学书籍是古希腊人欧几里得的作品，之后被翻译成各种语言。中世纪时，它被翻译成阿拉伯文，启发了大量的阿拉伯数学家。阿拉伯数学也在唐宋元时期对中国的天文历算产生了巨大的影响。文艺复兴时期，又有大量阿拉伯数学作品被译回拉丁文。一直到了明朝，这部激发了多次数学革命的书籍才第一次有了汉语译本。

利玛窦进入北京之后的几年，是大翻译运动顺利实施的开端。到万历三十八年（1610）去世时，他的朋友已经遍布天下。他去世后，皇帝赐给他墓地。[2] 利玛窦在韶州时，在瞿太素的引荐下认识了南雄府尹王应麟，双方成为挚友。利玛窦去世时，王应麟已经升任顺天府尹，他发布文告并刻在石头上，立在利玛窦的墓旁，上面用简洁的语言庄重地写下利玛窦的生平，以及利玛窦给中国社会带来的非同一般的深远影响。

利玛窦去世后，东西方学者间的和睦又持续了一段时间。他去世的同年12月，北京发生了一次日食，但传统的历法并没有准确地预测到这次日食的时间，这件事证明中国原有的历法已经过时。徐光启立刻意识到这是一个好机会，在此之前，传教士们的科学理论虽然显得光鲜亮丽，可如果科学没有办法带来实用性，就不可能让太多的人产生兴趣。而要让西方科学在东方落地，历法显然是一个很好的突破口，能够让人们意识到那些玄而又玄的数学知识和天文学知识的确是有用的。

徐光启通过礼部上奏皇帝，让传教士修改历法，并翻译各种天文学和数学书籍。但由于反对声音过大，皇帝没有采纳。即便这样，大翻译运动依然在推进。万历四十年（1612），另一部对东方有很大用处的水力学著作《泰西水法》面世，在日后，水力学将在中国取得重大成果。

大翻译运动的贡献，还可以从地理学上看出来。上一章提到，明朝国人

---

[1] 见《李之藻集·整理说明》。
[2] 在首辅叶向高等人的斡旋下，皇帝赐给他墓地，开创了北京传教士墓地之先。

的地理书籍以万历四十五年（1617）的《东西洋考》为代表，其中提到东南亚在西方人到来之后的变化，还提到被称作"红毛番"的荷兰人。但西方传教士的地理知识比中国人的丰富得多，其中的代表作除了利玛窦的《坤舆万国全图》，还包括传教士艾儒略的《职方外纪》。这本书写于《东西洋考》成书的六年后（1623年），但记载的地理已经与传统的中国式地理截然不同，真的变成了世界式地理，也让相当一部分中国人开始了解世界的面貌。这本书除了记载亚洲，还记载了欧洲、非洲和南北美洲，甚至对当时人们猜测的所谓"南方大陆"也有记载，可谓当时最先进的地理知识著作。这些知识在明末已经为人所知，并被后来清朝的康熙皇帝所接受，但随后又被遗忘，人们再次回归到所谓的"中华式地理"，将艾儒略的记载当成天方夜谭。

表6 《职方外纪》所记载的世界[①]

区域	名称	现代区域及说明
亚细亚（亚洲）	鞑而鞑	中国以北的大草原，直达欧洲边界
	回回	中国西部直至中亚
	印弟亚	印度
	莫卧尔	除南印度之外的印度区域
	百尔西亚	波斯，现伊朗
	度尔格	突厥，奥斯曼帝国，现土耳其、叙利亚等中东地区
	如德亚	犹太地，现以色列和巴勒斯坦
	则意兰	锡兰，现斯里兰卡
	苏门答剌	现印度尼西亚苏门答腊岛
	爪哇	现印度尼西亚爪哇岛
	渤泥	现加里曼丹岛北部文莱一带
	吕宋	现菲律宾吕宋岛
	马路古	现印度尼西亚摩鹿加群岛
	地中海诸岛	希俄斯、罗德、塞浦路斯等岛

[①] 根据《职方外纪》整理。由于地理局限，当时的人们相信所谓"南方大陆"的存在，但他们不知道澳大利亚。

续表

区域	名称	现代区域及说明
欧罗巴（欧洲）	以西把尼亚	西班牙
	拂郎察	法兰西
	意大理亚	意大利
	亚勒玛尼亚	日耳曼尼亚，神圣罗马帝国，书中提到弗朗什孔泰、波西米亚、洛林等地
	法兰得斯	佛兰德斯，低地国家，现法国东北部、比利时西部、荷兰南部
	波罗尼亚	波兰
	翁加里	乌克兰
	大泥亚诸国	丹麦、挪威、瑞典、爱沙尼亚
	厄勒祭亚	希腊
	莫斯哥未亚	莫斯科大公国
	地中海诸岛	克里特岛等
	西北海诸岛	英国、爱尔兰、格陵兰岛等
利未亚（非洲）	陀入多	埃及
	马逻可、弗沙、亚非利加、奴米弟亚	摩洛哥、菲斯、北非（突尼斯和利比亚）、努米底亚（阿尔及利亚）
	亚毘心域、马拿莫大巴	阿比西尼亚（埃塞俄比亚）、东非
	西尔得、工鄂	西非（可能）、刚果
	井巴	桑给巴尔等黑人国家（并非特指现在的岛屿，而是黑人国家的统称）
	福岛	加那利群岛的七岛
	圣多默岛、意勒纳岛、圣老楞佐岛	圣多美岛、圣赫勒拿岛、马达加斯加岛

续表

区域	名称	现代区域及说明
南亚墨利加（南美）	孛露	秘鲁
	伯西尔	巴西
	智加	智利南部
	金加西腊	卡斯蒂利亚（南美洲北部的西班牙控制区）
北亚墨利加（北美）	墨是可	墨西哥
	花地、新拂郎察、拔革老、农地	密西西比河中部、魁北克及其所在的圣劳伦斯河流域（新法兰西）、圣劳伦斯湾以北、印第安人地区
	寄未蜡、新亚比俺、加里伏尔泥亚	北美的西部地区（可能）、西北部地区（可能）、加利福尼亚
	西北诸蛮方	北美西北的印第安人渔猎生活区
	亚墨利加诸岛	伊斯帕尼奥拉（海地）、古巴、牙买加、百慕大等岛
墨瓦蜡尼加		麦哲伦大陆，人们猜测存在的南方大陆，包括火地岛和南太平洋地区的大陆

大翻译运动一直持续到清初，随着西方各种科学门类都被介绍进来才告一段落。按照中国第一次大翻译运动和阿拉伯的经验，当翻译告一段落之后，接下来就应该是人们学习和运用这些翻译成果，发展新的科学的时候了。但也就是在这个时间，明朝大翻译运动和之前的翻译运动形成了明显的区别：它没有产生后续的成果。

关于为什么没有产生成果，本书接下来的章节中会讨论，这里先回到利玛窦去世后的时期。那时，虽然大翻译运动已经开启，但西方的知识还必须先应对那些质疑的人群。利玛窦去世五年后，第一次东西方思想的冲突到来了……

表7 明清之际汉学文本举例[①]

类别	年代（年）	作者或译者[②]	书名	内容
神学	1584	罗明坚	《天主实录》	《圣教要理》的翻译和改造文本
	1584	罗明坚	《天主圣教实录》	刊刻于1637—1641年
		利玛窦	《斋旨》	阐述天主教吃斋遵循的三个宗旨（自责、克欲、修德），附《化人九要》一篇
			《圣经约录》	圣经的介绍文本
	1601	利玛窦	《天主实义》	语录对话体，介绍基本教义
		庞迪我	《天主实义续篇》	用中国式语言介绍天主教，为利玛窦《天主实义》的续篇
	1610	庞迪我	《庞子遗诠》	关于天主教信经的论道书，特别阐述了"三位一体"
	1614	庞迪我	《七克》	天主教人欲观与中国理学的结合
			《天主教要》	与《圣经约录》类似的介绍文本
	1620	王丰肃[③]	《童幼教育》	带有天主教色彩的儿童教育书籍
	1624	毕方济	《灵言蠡勺》	介绍西方的灵魂论
	1627	艾儒略	《三山论学记》	艾儒略和叶向高在福建的讨论内容
	1629	罗雅谷、龙华民、高一志（即王丰肃）	《主制群征》	《论神的智慧》和《论灵魂不灭》的译本
	1629	高一志	《天主教圣人行实》	天主教使徒等七十四人的传记
	1630—1640	艾儒略	《口铎日抄》	1630—1640年，传教士在福建的对话集
		龙华民	《灵魂道体说》	介绍西方的灵魂论

---

① 根据《明清之际西学文本》和《明清之际西方传教士汉籍丛刊》第一辑、第二辑整理。
② 作者大都以原作者为主，这里部分省略了传教士的中国合作者。
③ 王丰肃在第一次教难（见后文）后改名为高一志。

续表

类别	年代（年）	作者或译者	书名	内容
神学		汤若望、王徵	《崇一堂日记随笔》	汤若望与王徵的对话集
	1635	艾儒略	《天主降生言行纪略》	根据"四福音书"编撰的耶稣生平
	1642	孟儒望	《天学略义》	介绍基督教基本教义
	1642	汤若望	《主教缘起》	介绍天主教创世过程，以及天主教教义
		汤若望	《真福训诠总论》	介绍基督教真福的意义
	1643	孟儒望	《炤迷镜》	带有宗教思想的救世格言
	1654—1677	利类思、安文思	《超性学要》	托马斯·阿奎那《神学大全》的翻译本
	1655	何大化	《天主圣教蒙引要览》	为答谢福建巡抚佟国器而写的浅显易懂的宗教读物
	1664	利安当	《天儒印》	从天主教教义阐发"四书"章句
		利安当	《正学镠石》	从天主教教义阐发儒家思想
	1665	利类思	《不得已辩》	针对杨光先《不得已》一文的辩难文章而作，强调西教的正议性
	1670	南怀仁	《教要序论》	解释天主教的基本概念和宗旨
	1673	赖蒙笃	《形神实义》	从托马斯·阿奎那主义的立场阐述人的身体和灵魂的关系
	1675	柏应理	《四末真论》	描述人死亡之后遭遇审判、天堂地狱的书
	1720	马若瑟	《六书实义》	以虚构问答的形式，说明构造汉字六书的古人是熟知"三位一体"等天主教思想的
		马若瑟	《儒教实义》	以虚构的问答形式，设立了108个问题，阐述了儒教与天主教的合一
	1733	冯秉正	《盛世刍荛》	护教书，传播基督教思想
	1820	罗明尧	《格致奥略》	已经过时的囊括一切的西学书籍，清朝封闭之后西学庸俗化的代表
自然神学	1628	艾儒略	《万物真原》	带有神学观点的自然观

续表

类别	年代（年）	作者或译者	书名	内容
逻辑学	1623—1630	傅汎际、李之藻	《名理探》	《亚里士多德辩证法大全》的译本，原书出版于1611年
科学总论	1623	艾儒略	《西学凡》	将西学分为文科、理科、医科、法科、教科、道科进行介绍
	1629	毕方济	《睡答画答》	通过对睡梦和绘画的问答，阐明修身做人的道理
	1683	南怀仁	《穷理学》	穷尽一切科学的书籍
心理学	1623	艾儒略	《性学粗述》	介绍人之为人和人的认知能力，包含心理学、生理学知识
文学	1625	金尼阁、张赓	《况义》	《伊索寓言》的译本
	1647	卫匡国	《逑友论》	论述朋友的格言集
伦理学	1630	高一志	《修身西学》	《亚里士多德伦理学讲义》的中译本
	1638	罗雅谷	《哀矜行诠》	天主教的慈善观
家政学	1630	高一志	《齐家西学》	家庭管理方面的学问
政治学	1630	高一志	《治平西学》	治国平天下的学问
	1703	白晋	《古今敬天鉴》	从中国古代典籍中发掘敬天的例子，从而促使人们敬天主
修辞学	1633	高一志	《譬学》	展现西方譬喻之法的书籍
社会学	1608	利玛窦	《畸人十篇》	记述天主教信仰在日常生活中的应用
	1636	高一志	《达道纪言》	对谈语录体，记载了群臣、夫妇、父子、朋友、昆弟等类型的格言
	1645	艾儒略	《五十言余》	语录体书籍
地理学	1637	艾儒略	《西方答问》	欧洲风土人情
	1668	利类思、安文思、南怀仁	《西方要纪》	《西方答问》的删节本
	1674	南怀仁	《坤舆图说》	对澳洲、美洲的描写超越前人
		南怀仁	《坤舆外纪》	世界上的奇怪事物
	1676	南怀仁	《坤舆格致略说》	第一部分为地理学概况，第二部分为地理现象的解释
	1767	蒋友仁	《地球图说》	除了地理，还介绍了开普勒三大定律等天文学知识

续表

类别	年代（年）	作者或译者	书名	内容
水力学	1612	熊三拔、徐光启、李之藻	《泰西水法》	西学水力学的代表作
天文学	1605	利玛窦、李之藻	《浑盖通宪图说》	德国天文学家克拉维乌斯《星盘》一书的节译本
	1614	熊三拔	《表度说》	介绍天文仪器的制造
	1615	阳玛诺	《天问略》	介绍天文现象
	1625	汤若望	《测食》	介绍日（月）食的现象与测量
	1628	傅汎际	《寰有诠》	介绍亚里士多德天体运行理论
	1669	南怀仁	《历法不得已辨》	逐条驳斥杨光先历法推算上的错误
	1674	南怀仁	《新制灵台仪象志》	天文仪器书
	1708	闵明我	《方形图解》	介绍1876个星体
生理学	1621	邓玉函	《人身说概》	介绍人体生理和解剖学
		邓玉函、龙华民、罗雅谷	《人身图说》	图形精美，生理学内容大为增加
地质学	1626	龙华民	《地震解》	解释地震的图书
矿物学	1643	汤若望	《坤舆格致》	矿物学之父阿格里科拉代表作《论矿冶》（1556）的译本
光学	1626	汤若望	《远镜说》	编译书籍
力学	1627	邓玉函、王徵	《奇器图说》	机械工程及其所需的几何、力学、物理等各方知识，介绍了天平、杠杆、滑车，以及各种器械和概念
	1809	徐朝俊	《自鸣钟表图说》	中国人写的介绍自鸣钟表原理、修理的小册子
化学	1624	高一志	《空际格致》	以四元素说为基础的化学、地理、天文、气象综述
数学	1607	利玛窦、徐光启	《几何原本》	欧几里得《几何学》的中文译本
	1613	利玛窦、李之藻	《同文算指》	根据德国数学家克拉维斯著作《实用算术概论》编译

续表

类别	年代（年）	作者或译者	书名	内容
数学	1631	邓玉函	《大测》	三角术和三角函数的发端之作
	1631	艾儒略	《几何要法》	几何学的代表性图书
自然学	1636	高一志	《斐录答汇》	对于自然问题的问答作品
军器学	1643	汤若望	《火攻挈要》	火器制造方法
历法学		汤若望	《新历晓或》	介绍历法的问答册子
	1645	汤若望	《西洋新法历书》	由崇祯历书简化而成
	1653	穆尼阁	《天步真原》	天文算学之书，较早介绍了哥白尼学说，还介绍了对数和对数三角函数
	1664	薛凤祚	《历学会通》	中国人写的历法书
动物学		利类思	《狮子说》	因1674年澳门进贡狮子而写的介绍狮子的册子
	1679	利类思	《进呈鹰论》	介绍鹰的册子
乐理学	1707	徐日昇	《律吕纂要》	介绍音乐的小册子
	1712	徐日昇、德礼格、允祉	《律吕正义》及《律吕正义续编》	介绍乐理、乐谱等
绘画	1729	年希尧	《视学》	中国人写的绘画学和透视法著作
传记			《道学家传》	记载西方来华传教士名录、传略

保守派的第一次反扑

作为中央帝国，中国社会内部往往有着强烈的保守倾向。历史上的历次开放时期，也往往会响起质疑的声音，那就是：外来的知识和信仰会不会冲垮中国社会？比如，明朝时传教士进来之后，保守派就会质疑：传教士只是把传播知识当作一种工具，他们最终的目标是要让整个中国归附天主教，是要摧毁中国原生的社会凝聚力。他们既然有这样的想法，早晚也会显露出本性来。

如何回答保守派的质疑？他们的担心是不是合理的呢？这里就需要和魏

晋南北朝时期佛教的传播进行纵向的对比。

在历史上，佛教到达中国后也有一个快速的传播期，在这个时期，大量文人墨客热衷于谈"玄"论"空"，海量的佛教经典被引入中国。佛教的传播比天主教的传播更加广泛，也更加深入。在南北朝时期，不管是南朝的梁武帝，还是北朝的北魏，都有过彻底信奉佛教而抛弃儒教的时候。①

但就算这样，佛教最后在中国的结果是怎样的？首先，佛教从来没有完全取代儒教成为社会的基础信仰，到了唐朝，虽然佛教由于更高级的思辨性得到唐朝皇室的青睐，②皇帝们把大量钱财投入佛寺之中，但真正统治中国的依然是儒教的官僚体系。其次，佛教虽然无法取代儒教成为统治思想，却又是色彩斑斓的中华文化的重要组成部分，高度本土化后，它已经成为人们信仰的一个侧面，并增加了中华文化的厚度。③最后，佛教的存在甚至纠正了中国政治体系中一些无法解决的痼疾。中国进入大一统社会之后，最大的问题是集权过度。在其他国家，皇帝或者国王的意志只是社会的一部分，他们的大部分言行不会影响每一个具体社会成员的生活。比如在英国，由于社会的多元化，商人有商人的目标，科学家有科学家的目标，国王有国王的目标，贵族有贵族的目标，国王的决定不会干扰科学家的研究，也不能妨碍商人和贵族赚钱，这种多元化目标的存在，使得社会足够稳定，也能避免一个不合格的国王带来颠覆性的影响。但在中国的集权社会中，皇帝的意志具有决定性，其命令可以通过层层传达和压迫，让社会上的每一个人都放下手中的事情去完成皇帝的目标，而一旦皇帝的目标错了，那么整个社会就没有产出了。佛教的存在，让一部分人除了信仰"君君臣臣父父子子"之外，还意识到其他目标的存在，并拥有了一定的独立

---

① 梁武帝曾经三次舍身进入佛寺，而北魏的石窟更是至今有名。关于当时中国社会对佛教的宠信，见《出三藏记集》《洛阳伽蓝记》等书的记载，今人作品，可参考《中央帝国的哲学密码》。
② 唐朝帝王还由于与道教鼻祖老子同姓而尊崇道教。
③ 汉传佛教在大乘佛教引入后开始走上自己的道路，并进一步深化了"空"的思想。汉传佛教的禅宗具有强烈的独创性，它减少了理论性，对繁复的印度佛教进行了大力度的削减，仅仅用少量的概念辅以思辨，产生出千变万化的结果。可以认为禅宗已经是中国自己的宗教了。

人格和自立性，从而避免皇权的过度侵蚀。

通过佛教的例子我们可以知道，一种外来思想入侵中国之后，是不会完全取代原来的统治基础的，反而会增加社会的多元化，产生更加积极的影响。因此，即便传教士们完全以自己的目标为导向展开行动，也必然只会有较少一部分人信奉天主教。中国的统治基础只会在原来的轨道上进行一定的修正，这些修正是有利于社会的多元化和柔性稳定的。另外，传教士带来的科学知识又可以促进中国的知识进步，甚至有可能开启一次知识的跃迁。

当然，即便能够达成多元化和稳定，冲突也是避免不了的，因此，双方的辩论和制约也属于传播的一部分。① 就在耶稣会在利玛窦的领导下在中国顺风顺水地发展时，一股暗流也涌现出来。

问题首先来自耶稣会本身。利玛窦离开韶州前往北方时，顶替他在韶州职位的是一位叫作龙华民的教士，利玛窦死后接替他出任在华耶稣会会长的也是龙华民。

与利玛窦采取的间接传教策略不同，龙华民更强调直接传教。他信仰坚定，不肯妥协，强调那些与天主教教义冲突的中华民俗（其中最典型的就是祈祷自然神灵和祭奠祖先的行为，另外则是民间的拜菩萨等举动）都是错误的，需要禁止。龙华民的做法使得韶州的佛教徒、儒生以及普通百姓都和天主教徒有了隔阂。

万历三十四年（1606），另一件事情更激化了韶州的问题。在天主教内部有多个团体，最初进入中国的是其中之一的耶稣会。但在耶稣会抢先之后，其他团体诸如奥古斯丁会、方济各会、多明我会等，在进入中国时都遇到了巨大的障碍。虽然耶稣会与葡萄牙人关系密切，但葡萄牙人有时也会支持其他的组织。万历二十五年时，果阿的总主教就任命了一位奥古斯丁会的传教士桑蒂斯（曾经被逐出耶稣会）担任澳门地区的宗教负责人。万历三十四年，桑蒂斯和耶稣会的矛盾激化，桑蒂斯和他的奥古斯丁会联合方济各会，与耶稣会直接对立。

---

① 作为对比，佛教传入中国后，曾经与道教进行了数次大辩论，最终更注重思辨性的佛教胜出。但佛道大辩论本身的意义是超越胜负的，它反映了社会思潮的碰撞。见《中央帝国的哲学密码》。

在桑蒂斯等人的运作下（按照耶稣会的说法），一个谣言迅速在社会上传播：耶稣会联合倭寇、荷兰人和葡萄牙人进攻明朝，而领导者就是耶稣会士郭居静。在此之前，西班牙人刚刚在马尼拉制造了华人大屠杀，[①]整个广州人心惶惶，于是在澳门的华人纷纷逃离，广州的官员也进入备战状态。

恰好这时，一位叫作黄明沙的耶稣会世俗修士按计划从北方返回澳门，但到了韶州之后，他选择留下。遭举报后，他被当作间谍抓起来并被送到广州折磨致死。另外一些教会内部人员则控告龙华民有通奸行为。

经过利玛窦等人的斡旋后，这些事情得以澄清，广东的官员也换成了同情耶稣会的人员，但利玛窦在韶州的据点（也是继肇庆之后在中国建立的最早的据点）由于当地社会氛围的改变，无法存续下去。[②]

黄明沙事件虽然告终，但事件的主角付出了生命的代价，这本来是一个警钟，告诉在中国传教的外国人要尊重中国的民间习俗。但双方的冲突一开，情况就很难在短时间内改变。随着传教士铺开到全国，各地都出现了规模不等的抗教事件。比如在利玛窦的下一个据点南昌，也发生过儒生联名请求驱逐传教士的情况。[③]

万历四十三年（1615），沈㴶上任南京礼部侍郎，于是轮到传教士最发达的据点——杭州和南京出事了。

杭州据点之所以发达，在于杭州有两个著名的人物李之藻和杨廷筠，他们帮助传教士在杭州站稳脚跟，并发展了数百名信徒。而在南京主持工作的传教士王丰肃是一位兢兢业业且精力充沛的人，他不仅发展了从贩夫走卒到高层官员的大批信徒，还修建了明朝最宏伟的大教堂，招致大量妒忌。

作为帝国的南部都城，不可能所有官员都喜欢传教士的做派。沈㴶担任南京礼部侍郎之后，于万历四十四年（1616）5月上奏，以"陪京都会不宜令异教处此"的理由请求清理天主教。[④]皇帝并没有答复沈㴶的第一封信，

[①] 见本书第四章。
[②] 黄明沙事件以及当时发生的其他冲突，见《利玛窦中国札记》。
[③] 南昌的驱逐行动到万历四十五年（1617）才达到顶峰，这一年，三百名秀才联名驱逐传教士。
[④] 见《明史·沈㴶传》。沈的做法也得到了南京秀才们的支持，他们联名上书请求清理天主教。

于是过了三个月，他又二次上书，^① 这一次，他还拉上南京礼部尚书，后者也给皇帝写了奏疏。

在礼部尚书的奏疏出现在邸报上之后，徐光启立刻写了一封反驳的奏疏，其中提道：请皇帝研究传教士的书，看有没有谋反的成分；请佛道之徒与传教士辩论，看谁能获胜；让传教士说出他们的教义，看是否大逆不道。

关于这场斗争，我们如果要看得更加清楚，还必须从明朝官场的变动来看。万历四十一年（1613）九月，经过漫长的由叶向高独自担任宰相的时期之后，由于叶向高不断地向皇帝请辞，皇帝只好任命了两位新宰相，其中之一就是一年前还是布衣的方从哲。随后，方从哲更是担任独相。^②

叶向高是一位获得各方支持的宰相，能够调和官僚集团内部的矛盾，他对传教士和新知识也充满了敬意，这是利玛窦能够在北京立足的重要原因之一。叶向高离职后，继任的方从哲却是一位政治素人，他无党无派，得不到实际的权力，于是只能通过贬斥那些老的大臣，培植新人来壮大自己的势力，希图获得足够的权力。于是明朝官场进入一个变动频繁、充满内斗的时期，斗争的结果，就是随着万历皇帝和泰昌皇帝的去世，魏忠贤上台。

在方从哲担任独相的期间，一方面，明朝大量的官位空缺，找不到足够的人才；另一方面，又有许多官员被贬斥。这是因为方从哲的亲信过于小众，无法填补足够的职位。但又有一小撮亲信正在努力地控制并留下他们自己的印记，沈㴶就是方从哲的亲信之一。而徐光启代表的则是叶向高所赞赏的那个集团，他们希望维持明朝政治的连续性，不要将好的传统推翻。

当传教士陷入明朝官场的内斗，他们的教义就已经不再是一个纯粹的学术问题。徐光启的反驳刚刚发出五天，皇帝还没有答复，方从哲就已经派人去南京抓捕传教士。龙华民得到消息后，立刻决定和同伴艾儒略启程前往北京说明情况，同时将另外两位传教士王丰肃和谢务禄留在南京，留在南京的二人随后被捕。万历四十四年（1616）9月1日，沈㴶对南京的传教士进行

---

① 除了普通的对传教士传教行为的控告之外，沈㴶还特别提到传教士有意冲掉明太祖陵的龙脉，并提醒皇帝，天主教徒有可能不会对皇帝忠诚。

② 另一位宰相是吴道南，在叶向高离职后不久，他也离职了。

抄家。谢务禄由于生病，被留在一间贴了封条的屋内，王丰肃则被抓入监狱。

龙华民到京后，找到了在京主持工作的庞迪我和熊三拔，竭力营救。但这依然无法挽救传教士的命运，万历四十四年底（1617年1月），在独相方从哲的影响下，皇帝终于下诏禁止传教士的传教行为，将北京的庞迪我、熊三拔和南京的王丰肃、谢务禄送往广州，押解出境。

南京的传教士们被关在牢笼中离开南京，押送了整整三十天才到达广州，交给当地的都堂送往澳门。与此同时，南京的教堂也被拆毁。

这件事成了中国的第一次教案，也是保守派的第一次反扑。

但明朝的特点是，任何事情都不是铁板一块。皇帝的旨意能够驱逐全部传教士，那也是不现实的。事实上，只有南京认真执行，北京只是象征性地执行，其余各地即便有迫害也并不彻底，大部分传教士藏在信徒的家中躲过了灾难。其中，杭州的杨廷筠庇护了很多人，包括耶稣会的负责人郭居静，以及著名的艾儒略、金尼阁等人；北京的徐光启则在天子脚下将龙华民、毕方济藏在自己的家中。

天主教在全国各地还在发展之中，许多有影响力的中国信徒不断出现。万历四十七年（1619），咸阳的王徵将传教士带往陕西。天启元年（1621），嘉定建立传教中心，其中的倡导者就是后来明朝的军事家孙元化[①]。同一年，扬州有许多人归附。在本地人马呈秀的帮助下，天主教向陕西和山西传播。而明朝的文人韩云则请传教士艾儒略去往山西绛州。

万历四十八年（1620），万历帝漫长的执政终于结束了。这一年换了三个皇帝，万历帝逝世后，泰昌、天启皇帝相继继位。天启皇帝继位后，方从哲由于牵扯到泰昌皇帝之死的"红丸案"，终于辞职了，之后明朝逐渐进入宦官魏忠贤的时代。

方从哲的倒台也导致了其亲信沈㴶的致仕。天启元年（1621）方从哲的离职，更缓和了对传教士的迫害。但沈㴶还有一次回光返照的机会。在万历晚期，方从哲曾经想提拔他去往北京，这件事本来已经定下了，但随着两位皇帝的离世，沈㴶新的任命书在他离职之后才到达。接到任命书的他还是去

[①] 孙元化是徐光启的学生，对火炮和数学感兴趣。他的遭遇见后文。

了北京，并借助天启二年山东白莲教起事，将天主教诬陷为白莲教同伙，再次对其加害。

只是这一次时间并不长久。天启二年（1622）9月15日，沈㴶再次被罢。他离开后，迫害天主教的主要力量暂时削弱。皇帝禁止传教的命令并没有取消，但也没人执行，甚至被贬往澳门的谢务禄和王丰肃也都偷偷返回内地。[①]天主教徒经历的第一次教难就这样基本结束了。

这次教难从开始到基本落幕持续了七年，虽然称为"教难"，但事实上并不酷烈，时间也是短暂的。与后来清朝官员唯皇帝马首是瞻不同，明朝同情传教士的官员不在少数，他们只是暂时无法言说，选择了默默地做事，尽量减轻破坏性。更重要的是，晚明时期一日千变的军事状况让皇帝发现，西洋科学技术的用处要比他想的大得多……

---

① 从此之后，谢务禄改名为曾德昭，王丰肃改名为高一志。熊三拔和庞迪我没有返回，不久都死于澳门。

第四章
战争与枪炮（1622—1644）

后金战争的转变

就在教难发生的同时，明朝的边境形势也已经发生巨大的变化。万历四十六年（1618），在东北地区，女真首领努尔哈赤发出了进攻明朝的宣言。这份宣言列举了他的"七大恨"①。所谓"七大恨"，带着很强的拼凑痕迹，与其说双方已经陷入不可和解的仇恨之中，不如说只是一种战争的借口而已。之后，兵强马壮的努尔哈赤在战争中屡屡获胜，明军陷入彻底的被动。

明朝在辽东的疆域主要在现在的辽宁省境内，明军围绕这一地区设立一道边墙，隔开了墙外的朝贡区和墙内的直接统治区。②努尔哈赤先是征服了墙外之地，也就是如今黑龙江、吉林和辽宁北部的广大地区，然后开始进攻

---

① 见《清太祖高皇帝实录》："我之祖、父，未尝损明边一草寸土也，明无端起衅边陲，害我祖、父，恨一也；明虽起衅，我尚欲修好，设碑勒誓，凡满汉人等，毋越疆围，敢有越者，见即诛之，见而故纵，殃及纵者，讵明复渝誓言，逞兵越界，卫助叶赫，恨二也；明人于清河以南，江岸以北，每岁窃逾疆场，肆其攘夺，我遵誓行诛，明负前盟，责我擅杀，拘我广宁使臣纲古里、方吉纳，挟取十人，杀之边境，恨三也；明越境以兵助叶赫，俾我已聘之女，改适蒙古，恨四也；柴河、三岔、抚安三路，我累世分守，疆土之众，耕田艺谷，明不容刈获，遣兵驱逐，恨五也；边外叶赫，获罪于天，明乃偏信其言，特遣使臣遗书诟詈，肆行凌辱，恨六也；昔哈达助叶赫二次来侵，我自报之，天既授我哈达之人矣，明又党之，挟我还其国，已而哈达之人数被叶赫侵掠，夫列国之相征伐也，顺天心者胜而存，逆天意者败而亡，何能使死于兵者更生，得其人者更还乎？天建大国之君，即为天下共主，何独构怨于我国也？初扈偷诸国合兵侵我，故天厌扈偷启衅，惟我是眷，今明助天谴之叶赫，抗天意，倒置是非，妄为剖断，恨七也。"但是实际上，宣言中所指的事件，只有第一条（明军杀死了努尔哈赤的祖父和父亲）的确是巨大的伤害，其余的只能称为边境上的小型冲突。
② 明朝边墙不是传统意义上的长城，而是在长城之外（燕山和山海关以北）为了防范女真人而设立的防御性设施。

墙内的抚顺和铁岭一带。他在抚顺以东的边墙外（现辽宁省抚顺市新宾满族自治县）建立都城兴京，随后，以兴京为基地，于万历四十七年（1619）在萨尔浒挫败了明朝的围剿。

努尔哈赤经过几次胜仗，接近了山海关所在的辽西走廊，却在这儿陷入与锦州、宁远、山海关守军的对峙，无法前进。在努尔哈赤的进攻下，明朝的财政彻底崩溃，却又要应付更加密集的军事行动，此时，突然有人想起了可以利用西洋人的军事技术来弥补军事和财政上的不足。

这也是明朝和后来清朝的不同。到了道光二十年（1840），已经没有人意识到西方的技术优势，清朝从皇帝到官僚都沉浸在帝国的伟大迷梦之中，对西方技术不屑一顾。但在明朝，始终有一批清醒的人意识到了西方技术的先进之处。

早在一百年前葡萄牙人刚刚与中国接触时，虽然这第一次接触以皇帝下令驱逐葡萄牙人而告终，但在驱逐葡萄牙船队时，有人已经意识到了西洋船只和武器的厉害。东莞县白沙巡检何儒及其上司汪鋐就曾经偷偷学习葡萄牙造炮，并上奏要在沿海地区装备这样的大炮。即便如此，明朝的模仿效果并不大，武器依然是落后的。

根据传教士曾德昭的观察，[1]中国很早就使用火药，善于制造烟火，但武器很落后。按照曾德昭的说法，中国军队也会制造炮身很短的臼炮（没有膛线的炮），但制作技术低劣，比不上欧洲的产品；战船上的炮也很小，兵士还不知道怎么瞄准敌人。曾德昭还分析了中国武器和军队偏弱的原因：国家安逸惯了，重文轻武，用考试而不是实战选择武官；士兵缺乏接受军事教育的条件；总指挥不直接参战而是随时做好逃走的准备；朝廷的兵部里没有一个军人、将官或任何见过战争的人。

曾德昭的观察在当时并没有被当作对中华民族的污蔑，明朝并不缺乏承认自己弱点的中国人。徐光启等人认识到，中国的火器在两个方面都是落后的，一是大炮，二是小型火器，也就是枪械。关于枪械，广东的官员已经找葡萄牙人，在澳门制造了很多滑膛枪，将这种来自欧洲的火器引入了中国。

---

[1] 见《大中国志》。

天启皇帝刚登基时，徐光启、李之藻上奏，力主使用红夷大炮对付女真人，并请求派人赴澳门寻找大炮和招揽兵马。

明朝招揽外兵的做法也不是独有的。在东南亚地区，缅甸和暹罗的王室也学会了找葡萄牙的雇佣兵，让他们带着火枪作为自己的军队参战，西方雇佣兵的实力早已在实战中得到检验。①

徐光启不同于一般的文人，他对军队事务是有所了解的。由于女真人的进攻，他曾于万历四十七年（1619）被派往通州训练新兵。在那儿，他一方面呼吁组织更多的军队，另一方面提议利用朝鲜抵抗女真人，但都被皇帝否决了。②

在此过程中，徐光启敏锐地意识到洋人大炮的重要性，在训练新兵时就派遣两位中国的基督徒张弥尔顿（张焘）和孙保禄（孙学诗）前往澳门。澳门送给他们四门大炮和一队炮手，但是，在这队炮手带着大炮进入江西境内时，徐光启已经离职回了上海，江西的地方官员将大炮扣留，并将葡萄牙炮手送了回去。

徐光启离职不久，杭州赋闲的李之藻又被皇帝召回北京，担任光禄寺少卿，兼管工部都水清吏司事。在这个职位上，他最重要的职责是监督军需。于是，天启元年（1621），他又上奏请求派官方使团到澳门求助。张焘和孙学诗再次前往澳门，而被江西扣留的四门大炮也被送往北京。

张、孙二人在澳门再次受到了欢迎，最终，澳门准备派遣一队炮手加上一百名滑膛枪手，由司令官洛伦佐·李斯韦利奥率领前往北京。这些炮手将负责操纵之前的四门大炮，以及中国在一艘失事的英国船上发现的三十门大炮。

但这一次的合作还是不顺利，因为这时恰逢沈㴶第二次上台。沈㴶到北京之后，四处散布对外国人的恐慌情绪，最终皇帝拒绝了葡萄牙人的帮助。澳门派遣的这些人还没有出发就解散了。在沈㴶等人的排挤之下，李

---

① 比如，缅甸的东吁王朝在1539年的锡当河之战中，击败了受雇于勃固王国的50名葡萄牙人。随后，东吁王朝也开始雇佣葡萄牙火枪手。1547年，东吁王朝远征暹罗的阿瑜陀耶王朝，军队中就有数百名葡萄牙雇佣兵，而暹罗军队中也有一支雇佣兵队伍。

② 见《明史·徐光启传》《增补徐光启年谱》。

之藻也再次辞职。[1]

送往北方的四门炮中,有两门放在北京,由于这些炮由毫无经验的炮手操纵,其中一门发生了爆炸——这更成为排外的借口。在沈㴶的操纵下,对基督徒的迫害继续,自然也就无法使用西洋的武器了。

直到沈㴶再次离职,加上后金与明朝战争形势的持续恶化,对海外技术的引进才又成为可能。

天启元年(1621),由魏忠贤推举的王化贞上任辽东巡抚,他与山海关总兵熊廷弼意见不一,刚愎自用的他在第二年大败。为了逃避责任,魏忠贤将责任都推给了熊廷弼,导致其被杀。熊廷弼死后,皇帝选择了著名将领袁崇焕保卫山海关。与此同时,属于变革派的著名官员孙承宗出任内阁大学士兼兵部尚书。袁崇焕和孙承宗合作,暂时遏制了后金的进攻。

与此同时,另一位对科学和军事学有着极大兴趣的官员孙元化也在引进西方武器中起到了重要作用。孙元化是徐光启的学生,当时正担任兵部司务。如果明朝有一个中国人堪称火器专家,那么他必然是孙元化。他爱好数学和火器学,在北京受洗,也写了不少西学的书籍[2],还有研究西洋火器的《西法神机》,以及包含西洋战术的《经武全书》。天启二年(1622),他向朝廷提出"备京"和"边防"两策,受到了重视。兵部尚书孙承宗就采纳了其中建立炮台的主张。

孙元化的提议受到重视,还和几个月前的一场海战有关。战斗的起因是一支由十三艘船组成的荷兰船队,加上两艘英国船,准备进攻澳门。[3]葡萄牙人在澳门的防守很弱,联合舰队于6月23日开始进攻。一阵炮轰之后,英荷联军将海滩上的六十名葡萄牙人、九十名澳门人都赶走了。之后,八百名荷兰人开始强行登陆,并进入澳门。

---

[1] 见《一代巨人:明末耶稣会士在中国的故事》。
[2] 即《几何用法》《几何体论》《泰西算学》《西学杂著》。
[3] 这场澳门之战是荷兰与西班牙之间战争的延续。万历三十七年(1609),荷兰与西班牙曾经签订《安特卫普条约》,约定了十二年的停战。条约到期后,荷兰依托东印度群岛,试图以与西班牙作战的名义进攻澳门,获得与中国贸易的控制权。当时葡萄牙依然处于与西班牙的合并状态。

这场不对等的战争眼看就要以荷兰胜利结束，但就在这时，许多炮弹突然从天而降。原来，位于澳门的耶稣会神学院代理负责人布鲁诺在荷兰人进攻之前，将四门大炮卸下，拉到神学院所在的山上重新架好。神学院的修士（包括去过中国的罗雅谷和汤若望）指挥炮手向山下的荷兰人开炮。其中一发炮弹正好打中位于入侵部队中间的一个火药库，荷军大乱。葡萄牙人反攻，将荷兰人赶回了大海，许多人在逃跑时死去。

这场战争本身规模不大，影响却相当深远。首先，广东地方政府之前的策略一直是不让澳门堡垒化，但在这次进攻之后，广东政府选择站在葡萄牙人一边，为了保卫澳门的安全，只得让它堡垒化。澳门防御能力的增强，又让它具备了更加独立的地位。

其次，明朝官员见识了葡萄牙大炮的威力，虽然事情发生在广东，但经过口口相传和层层汇报，即便是保守派也无力阻拦军队尝试使用红夷大炮来对付女真人了。

孙承宗这时也采用了孙元化的方案，用红夷大炮构建炮台，建起宁远城。虽然孙承宗由于魏忠贤而去职，但宁远守将袁崇焕依然信任孙元化，采取其战术。宁远城高三丈二尺，雉高六尺，址广三丈，上广二丈四尺，除了高大厚重之外，袁崇焕还采取"以台护铳，以铳护城，以城护民"的原则①，建起雄伟的炮台。西洋大炮一共有十一门，负责人彭簪和炮手都经过葡萄牙人的训练。

孙承宗去职后，朝廷命令放弃山海关以外的地区。但袁崇焕拒绝接受这个错误的命令②，继续守卫亲自打造的宁远城。天启六年（1626）2月19日，努尔哈赤率军渡过辽河，向宁远发起进攻。双方大战四天，最后袁崇焕的红夷大炮发挥了威力，连续的轰击打退了努尔哈赤的进攻，也挽救了已经

---

① 这个原则的核心是，放弃城外的小寨，把火炮集中起来放在城内的炮台上，将百姓也撤回城内，利用火炮优势集中打击敌人。这与之前明朝分散兵力的做法形成了鲜明的对比。
② 命令之所以是错误的，是因为辽东地区对于燕山防线和北京城有着无比重要的战略意义，只有守住辽东南部，完全掌握临海走廊，才有可能避免仅靠岌岌可危的一条山脉作为防线而失去战略纵深。后来明朝退缩至山海关之后，吴三桂一声令下就可以让清兵入关，恰好说明失去了纵深之后的明朝军事形势的脆弱性。

摇摇欲坠的城池。

　　宁远之战的意义还在于，这场战役结束几个月后努尔哈赤就去世了，传说他是被大炮打伤的。不管这个传言是否可靠，但红夷大炮的威力得到了证实，炮台的神话也得以确立，直到道光二十年（1840）才再次被西洋人打破。

　　之后，袁崇焕又率领明军取得宁锦大捷，击退了由皇太极领导的军队。

　　按照正常的逻辑，既然一个战术是管用的，那么就应该以最快的速度进行复制。后人总结称一项海外技术的传入要分成几个阶段：首先，直接引进海外产品；其次，开始仿造，掌握技术；最后，根据原理开展创新，实现超越。按照这个"阶段论"，此时明军才处于第一阶段，也就是直接引进海外产品（红夷大炮），甚至必须雇佣海外人员（自己的人才储备不足），在这个阶段是离不开葡萄牙人的帮助的。但我们又看到了有一批熟悉海外产品的操作手诞生。另外，像孙元化这样的善于学习西方技术的人已经出现，接下来本应发生外来技术的本地化，并最终取而代之。

　　但明朝的政治又是复杂的，任何的技术迭代都不能完全按照其自有逻辑发展，而是不断地被政治进程打断。就在袁崇焕胜利后，他反而被迫辞职了。失去了最重视技术和掌握技术的人，明朝的军事技术还能否改进呢？

无可奈何花落去

　　引进大炮的最大受益者是耶稣会的传教士。在此之前，帝国在名义上还维持着传教禁令。沈㴶辞职后，迫害传教士的群体失去了首领，于是传教士们可以私下里出来活动。但即便他们私下里能够出来活动，只能说大家明面上看不到迫害，公开的传教依然是不允许的。

　　但引进大炮改变了一切。天启二年（1622）开始，孙承宗主持从葡萄牙人手中购买武器的工作，这需要传教士的参与。而要让传教士深入参与，就必须为他们解禁，给他们身份。为了规避皇帝的禁令，西学派人士想到了一个办法：只强调传教士是科学家，具有军事价值，希望聘用他们当军事顾问。

　　传教士最初对此提议表示反对。李之藻出面向他们讲清楚：军事顾问只是一个让他们能合法现身的身份而已,这个身份就像是裁缝的针,需要的时候拿过来用,不需要的时候就放下。

支持这个计划的人很多,除了李之藻等老朋友之外,还包括大学士叶向高、张问达[①]。张问达除了是大学士,还是吏部尚书,加上孙承宗掌管的兵部,两大最重要部门(吏部和兵部)的支持促使皇帝最终同意签署另一个诏令:请传教士回来。

这个诏令的下达依然带着中国式的荒诞。皇帝下诏说请传教士回来,潜台词是北京此时没有传教士,因为他已经下达过驱逐传教士的命令。但实际上,传教士一直没有离开过北京,而是被皇帝的官员保护起来了(当时在京的是阳玛诺、龙华民和汤若望)。而皇帝其实也知道传教士并没有离开北京,可是他必须装作不知道,才能维护自己的权威,还必须以传教士不在北京这个前提来下达诏令。

皇帝下达诏令后,龙华民和阳玛诺被带到兵部,官员们开始了正式的询问:他们是不是军事专家?他们是否能从澳门得到大炮?他们回答:他们是宗教专家,但可以搞到大炮,也可以找到葡萄牙的炮手当军事专家。

于是官员们正式执行皇帝的诏令,将传教士"请"回北京,意思是他们可以公开活动了。这件事对所有人来说都是一场戏,他们也都知道这是在表演,但都必须演下去。就这样,帝国的最高官员(叶向高、张问达、孙承宗、李之藻)变成了一群演滑稽戏的小丑,一切都只为给皇帝圆个谎。天启五年(1625),离职之后的孙承宗帮助传教士恢复了在北京的住处,第一次教难正式落幕。

于是,在明朝已经国难当头的时候,一方面,由于袁崇焕的离职,最需要的军事技术的引进陷入停滞;另一方面,传教工作进入了快速发展期。很快,耶稣会在山西、陕西、福建(得益于辞官回籍的叶向高)等地发展起来,在当时十五个省中的七个建立了九个永久性的分会。在国内,一共有十八名传教士,中国籍的辅助传教士也出现了,共有六人获得了这个资格。[②]

---

① 张问达的儿子张保禄也是一位教徒,后来和王徵在陕西传教。
② 见《一代巨人:明末耶稣会士在中国的故事》。

但我们不应该只看到传教士方面获得的好处。事实上，当他们回归之后，加上一群开明官员的极力推动，利用西方技术加强武备的观念并没有泯灭。随着天启七年（1627）天启皇帝的去世以及崇祯皇帝的上台，明朝又有了一次励精图治的机会。崇祯皇帝不仅解决了擅权的魏忠贤，还再次起用了袁崇焕。在大臣们的推动下，加上西洋大炮的优势已经为皇帝所知，他同意继续购买西洋大炮。

崇祯元年（1628）七月，皇帝派李逢节和王尊德前往澳门购买武器。他们购买了七门火炮、三十支火枪，并带来了由三十几名炮手和工匠组成的队伍，领队的将领叫作公沙的西劳。与之同来的还有一位担任翻译的传教士陆若汉，他是被日本驱离的，在这之前担任过多年的丰臣秀吉和德川家康的翻译。

西洋炮队赶到山东境内时，就听说女真人在皇太极的率领下，越过了燕山围攻北京。这一次，他们放弃了山海关所在的沿海走廊，而是从燕山南下，此举打破了明军的预期。女真人围攻北京不下，转而进攻涿州。

西洋炮队也恰好到达涿州，于是进入城中，与守军利用大炮赶走了女真人。

这一次，女真人的进攻并没有获得多少军事战绩，却有着另外的收获：崇祯皇帝虽然勤俭自律、励精图治，却是个疑心非常重的人。女真人的进攻让他对袁崇焕起了疑心，崇祯三年（1630），袁崇焕被皇帝以通敌的罪名凌迟处死，一代名将就这样稀里糊涂地死于他最想保卫的人之手。

袁崇焕之死对西洋炮队并没有产生直接的影响。由于西洋炮队在涿州之战中的作用，皇帝将公沙的西劳的军队留下，将西洋大炮安置在京城，并让他们训练国内的炮手。由于打了胜仗，公沙的西劳也信心万丈，请求皇上允许他再从澳门调三百名士兵，并承诺有这些士兵就足以将女真人赶走。于是陆若汉又回到澳门，去寻找增援的部队。

在澳门，葡萄牙人又为皇帝准备了两百名士兵，他们大都是经过训练的中国人，每名士兵还都配有一名仆人。这一小队人马在佩德罗·科尔迪耶和安东尼奥·罗德里格斯·卡波的率领下向北进发。可当他们到达南昌时，南昌的官员却只留下了跟随部队进入中国的五名传教士，把剩下的人都送了回去。这样,在中国国内的葡军就只有公沙的西劳的一小支炮队。①

这支炮队在北京很受重视,但真正知道如何使用他们的还是徐光启的弟子孙元化。崇祯三年(1630)时,孙元化正在山东半岛上的登州和莱州担任右佥都御史。这里是针对满洲的重要战场,和北方的辽东只隔着一条渤海海峡。孙元化邀请公沙的西劳到登州去,一方面协助他造炮,一方面帮助他训练中国炮手。公沙的西劳就这样加入了孙元化的队伍,这支小小的队伍共有四十余人。

崇祯四年(1631),女真人进攻渤海湾的皮岛,被西洋大炮击退,死伤数千人。这次战役的胜利,也成了明廷使用西洋大炮的又一次大胜利,但这也是最后一次大的胜利。

第二年,皇太极进攻辽东的大凌河,孙元化派遣部下孔有德、耿仲明② 渡海救援。他们渡海失败后,又沿着渤海湾沿岸前往北方,一路上忍饥挨饿。当孔有德走到吴桥(现河北吴桥)时,对大明的失望和走投无路的处境让他发起反叛。③ 叛军也有大量的火炮,炮手就是葡萄牙人训练的,他们一路杀回了登州,公沙的西劳在保卫登州时阵亡,葡萄牙士兵只有三人生还,陆若汉从城墙上跳入积雪中才勉强保住性命。孔有德渡海投奔女真人,并将大量红夷大炮和炮手带走。这些大炮和炮手成为女真人拥有火炮的开始,并很快超越了明朝。

崇祯五年(1632),孙元化在北京被皇帝斩首,同样热衷西学的王徵被流放。

吴桥兵变最大的受害者是徐光启所领导的西学事业,事变不仅造成西学主将孙元化的死亡,还毁灭了好不容易建立起来的西洋炮队。大量火炮和炮手进入满洲之后,由于明廷缺乏西学领袖,也无法支持庞大的造炮资金,再次引进大炮已经不可能了。

一年之后,徐光启逝世,这给明朝军事科技西洋化的运动画上了句号。

---

① 见《一代巨人:明末耶稣会士在中国的故事》。
② 二人原是另一位明朝将领毛文龙的部将,袁崇焕杀了毛文龙后,二人投靠了孙元化。
③ 张明扬的《入关》一书中详细描写了吴桥兵变的历史,并将之归为在辽东的汉人(他称为"辽人")在明朝军队体系中受到压迫的反抗。他认为,辽人是夹在汉人政权和满洲之间的又一支势力,甚至将入关认为是满、蒙、辽三方的合作。

西洋科学在中国

在明末，徐光启等开明官员的志向并不仅仅在于引入西洋的军事科技，他们试图引入的是所有的西洋科学技术，想做的是一次全盘的开放。

对于一个后进国家来说，新技术引进后，首先会应用于军事方面，之后则必定向民用方向发展。在发展民用的同时，越来越多掌握了新技术的本地人将逐渐取代外来人，并成为技术人员的主流。这时候技术才算是彻底落地。

西学传入明朝也符合这样的特点：传教士们首先在军事上帮助了这个摇摇欲坠的帝国。虽然明朝对于西洋军事技术的应用没有获得最佳效果，却让越来越多的中国人开始对各方面的西方技术感兴趣。因此，明朝对西方其他科学的引入虽然比军事科技稍晚，但其又和军事技术平行发展，甚至在军事技术的引进中断后依然存在。

在上层官员方面，虽然叶向高离职，但大学士、户部尚书张问达也是一位对西方技术极端感兴趣的人物。这时候西方传教士中最善于同朝廷打交道也最擅长科学的人已经是汤若望。天启三年（1623），汤若望在和张问达谈话时，谈到这一年的10月8日会有一次月食。张问达立刻产生了兴趣，当这次月食被证实的时候，这位帝国最高级别的官员惊叹于西方的天文学知识，请求向汤若望学习。

张问达等人之所以如此关注这项成果，在于中国古代对天文学的重视。天文学和历法有关，而历法在中国古代是非常严肃的事情，往往和国运联系起来。在"二十四史"的正史中，大部分都会有天文志和历志，天文志记载那些不寻常的天文现象，并常常与国运相联系，而历志则记载有规律可循的由天文引起的历法。一个令人感到尴尬的事实是：由于古代中国从来没有搭建起一个可靠的天文学模型，中国人在漫长的数千年里从来没有能力准确地预测天文事件的发生。而中国由于采取了以月球运转为主要参考的阴历，为了与由太阳决定的春夏秋冬相协调，又必须置闰月，免得正月跑到夏天。二十四节气所代表的农时也必须根据每年的实际情况去确定，由于中国缺乏天文模型，这些测定工作往往缺乏准确性。元朝之前，隔上几十年就必须修订一次历法，就是为了纠正计算误差，如果不纠正，日历就越错越离谱了。到最后，为了给历法无法准确预测日（月）食找个借口，当预测有"食"而没有发生时，人们会告诉皇帝，是他的美德和善政让老天收回了这次谴责性的"食"。①

虽然缺乏可靠的内生性天文学知识，但中国又是幸运的，因为每个时代都有天文学知识从外面的世界"渗透"进来，补充当时并不准确的历法。唐朝时从印度和中亚地区渗透进来佛教的历法，到了元朝，更是受到伊斯兰教伊斯兰历的影响。②在中古时期，伊斯兰教的历法领先世界，③到了明朝中后期，伊斯兰历已经被西方历法超越了，而恰好在这时，利玛窦、汤若望、南怀仁把西方历法引入了中国。

张问达时期，明朝使用的仍然是元朝制定的受伊斯兰历影响的授时历，④授时历比起前代的历法已经精确了很多，但随着时间的推移依然发生了偏差，无法推算准确的日（月）食了。张问达希望在传教士的帮助下学习这方面的知识，以尽快制定新的历法。

与此同时，耶稣会中国分部也有人员储备。一位叫作邓玉函的耶稣会士从杭州来到北京，他本人是罗马灵采学院院士，与伽利略是学伴，说到编写天文学著作，再也没有比他更合适的科学家了。当时中国也有西方原版的天文学书籍，是金尼阁于万历四十七年（1619）从欧洲带来的。汤若望本人也写了关于测量日（月）食的《测食》一书，另一位传教士傅汎际介绍亚里士多德天体运行论的《寰有诠》也在几年后写成。

但张问达提议之时还处于魏忠贤执政时期，因此历法的事情拖延了

---

① 例如明嘉靖十九年（1540）三月朔，官员推算这天有日食，但没有发生，皇帝因此大喜。见《明史·历志》。
② 蒙古人时期，不仅仅是大元朝受益，伊儿汗国更是建立了世界闻名的马拉盖天文台，伊朗至今有其遗迹。
③ 明初伊斯兰历依然是最先进的，在中亚的撒马尔罕，帖木儿帝国的统治者兀鲁伯建立了著名的撒马尔罕天文台。兀鲁伯与其说是统治者，不如说是科学家。但在兀鲁伯被杀后，帖木儿帝国陷入分裂。
④ 明朝使用的叫大统历，就是元朝授时历的明朝版本。

几年。①

天启七年（1627），崇祯皇帝上台。两年后，徐光启被任命为礼部左侍郎。②历法本来就是礼部的事情，这时候，推动历法的工作才进入快车道。

徐光启先找到邓玉函。由于中国国内对西方人掌控历法还有着很大的阻力，因此，他认为需要进行一次小小的测试，以说服更多的人。根据计算，崇祯二年（1629）6月21日会有一次日食。徐光启安排了三位专家进行测算，他们分别代表中国大统历法、伊斯兰历法、西方历法。三个人的计算结果各不相同，最后证明邓玉函按照西方历法的预测是准确的。礼部乘机将三人预测的情况公布出来，以推动历法修订。

但这还不能说明中国大统历和伊斯兰历是错误的——也许方法是对的，只是使用方法的人不行，出现了人为的计算错误。于是皇帝又找来钦天监的人，与礼部一起检查了他们的计算法则，重新推演，结果还是不对，这就证明不是人为的计算错误而是方法错误。到这时，徐光启再次上书，表明正在使用的老历法已经跟不上时代了，因此需要一部新的更准确的历法。他请求皇帝成立一个新的历局，计算和制定历法，皇帝表示同意。

徐光启接着再上书，请求用传教士来制定新历，皇帝再次同意，并于崇祯二年（1629）9月27日下旨，让耶稣会士参与历局的工作。皇帝给进入历局的龙华民和邓玉函发俸禄，并拨给制造天文仪器的作坊和经费。

徐光启并没有将历局完全交给西洋人，而是安排李之藻、王徵也进入历局，与龙华民和邓玉函一起工作。这样的中西搭配一方面有利于利用西方的先进知识，另一方面也有利于中国人学习这些知识，从而做到既使技术尽快落地，也加速中国人学会这些技术。

---

① 从传教士重新返回到修订历法间隔了几年，这几年里，汤若望并没有闲着，他去了西安，从中亚商队口中了解了通往中亚的道路，除了传统的中亚路线（从布哈拉到肃州）之外，还包括另外两条，一条经过印度的西北部，另一条从西藏的东部进入孟加拉。三十年后，耶稣会士白乃心和吴尔铎成功地穿越了西藏，越过喜马拉雅，去往印度莫卧儿帝国的都城阿格拉。道路的发现本来是双向的，对线路两头的人来说都是有益的，但是汤若望的发现并没有引起中国人的兴趣，反而引起了对面的印度人和英国人的兴趣，以及北面俄国人的兴趣。
② 杨廷筠、叶向高已在天启七年（1627）去世。

这时候的历局也并非只有一个，西洋人参与的被称为"西局"，而原来的大统历和伊斯兰历人员以及一支民间力量组成的被称为"东局"，二者是有竞争关系的。[1]

这项工作持续了几年。崇祯三年（1630），邓玉函和李之藻去世。崇祯六年，在中国推行西方科学最得力的徐光启去世。至此，参与西局工作的西洋人包括汤若望、罗雅谷等，徐光启死后的西局负责人是山东参政李天经。

崇祯七年（1634），汤若望向皇帝进贡历书二十九卷、星屏一具，后又进贡历书三十二卷。此时的历局也已经制成了日晷、星晷、窥筒（望远镜）等仪器，皇帝甚至亲自考察了仪器的效果。第二年四月，汤若望又进呈了七政行度历。

崇祯十年（1637），历法之争又出现了。由于又出现了日食，皇帝想使用西历，而钦天监官员以不符合儒道规则的理由，奏请禁止西历。皇帝申斥了钦天监，却也没有使用西历，此时他的态度已经出现了极大的转变。

除了历法之外，代表明朝对西方科技的最高认识是崇祯晚期传教士和大臣们的几次提议。崇祯十二年（1639）十二月，传教士毕方济向皇帝送上礼物[2]，并提出几大建议。建议包括：

第一，将西洋历作为大明的新历。

第二，根据西洋的找矿法大力发展矿业，这一次不是万历式收矿税的胡闹，而是真的去开矿，发展工业，增加军需。

第三，与海外特别是西洋商人加强贸易，来获得足够的财政收入，并增加社会财富。

第四，购买西方武器来解决战斗力问题。

另外，毕方济还贡献了西洋的格物穷理之书，天文、地理、农政、水法、火攻等无不备载，到这时，几乎所有的西洋科学书籍都已经有了汉文版本。

上述四大建议和书籍足以媲美晚清的洋务运动，甚至比洋务运动还要开明，因为洋务运动并不相信民间，而是希望官方主导，但毕方济的第三条是

---

[1] 见《清朝柔远记》。
[2] 根据《正教奉褒》，这些礼物包括：制星屏一架、舆屏一架、西琴一张、风簧一座、自鸣钟一架、千里镜一筒、火镜一圆、西香六炷、沙漏一具、白鹦鹉一只。

第一部　百年试探（1516—1644）

要民间充分参与才能发挥效力的。总结起来，建议的实质是：实行改革，将发展经济的权利还给民间，放松民间管制；传播知识，发展工业（矿业）；军事现代化。这些措施如果真的能够实行，那么中国与西方的接轨将会提前三百年。

毕方济的建议恰好也是徐光启、李之藻等人的努力方向，他们也在不断地学习西方的先进科学，并思考着如何将这些科学与东方的需求相结合。即便徐光启等人已经死去，但以明朝士大夫并不算封闭的心态来看，还有源源不绝的人希望学习西方。

但不幸的是，中国打开视野，恰逢明朝的财政和秩序已经无法维持的时期，这时候的皇帝就像个缝缝补补的裁缝，即便有远大的理想，也无法实现，更何况崇祯皇帝还是一个刚愎自用、对下属充满疑心的人。

关于传教士制定的西历，在明朝的结局的是：崇祯十六年（1643）三月又出现了一次日食，这次依然只有西局一家的预测准确，皇帝这才下令采用西局的历法。但是还没有来得及实行，明朝就在第二年灭亡了。王朝更替的节奏超过了科技传播的速度。

被遗弃的海外华人

晚明时代的海外贸易也发生了巨大的变化。随着西方人士的到来和海禁的开放，越来越多的中国人选择到海外做买卖，于是，华人移居海外也进入高峰期。

隆庆元年（1567），明朝政府规定每年可以有五十艘船进行海外贸易（通过发船引控制数量），万历二十五年（1597）增加到一百一十八艘。17世纪的最初十年，大约已有数百艘中国帆船活跃于东南亚地区。

华人的去向包括几个：第一，在由西方人控制的土地上，华人主要流向西班牙人控制的吕宋（现菲律宾），以及荷兰人控制的印度尼西亚群岛；第二，在未被西方人控制的地区，华人主要去往越南、暹罗等地的港口城市。上述这些地区中，马尼拉因为有白银，吸引了将近一半的中国船只，许多中国人因此留在当地。

大约从 1600 年起,越南南部落入一位叫作阮潢的军阀之手。越南北部曾长期属于中国,直到宋朝才独立成为国家,并在之后的几百年时间里逐渐将政权扩张到越南中部和南部。明初永乐皇帝时代曾经出兵灭了越南的胡朝,但由于无法长期占领,一位叫黎利的军阀脱颖而出并得到明朝的承认,成为新的越南国王,建立后黎朝。①

后黎朝后期,虽然黎氏依然是国王,但已经丧失了实权,真正的权力掌握在两大军阀手中,他们是北方的郑氏和南方的阮氏。②

越南的地理条件也决定了南北两地的不同特点,占据了红河三角洲的北方地区(郑氏势力)是一个类似明朝的政权,而南方地区更加东南亚化和贸易化。因此,阮氏控制的会安港成了白银贸易的一个重要目的地,也是华人聚集的城市。

再往南是柬埔寨以及暹罗当时的都城大城府,它们是中国人移居的最重要的大陆港口。

南方海洋上的苏门答腊岛南部和爪哇西部,成了运往中国的胡椒的主要产地。1619 年,荷属巴达维亚建立,成了当地最重要的贸易港口。③

其余主要港口包括:马来半岛地区的大泥、彭亨、马六甲和柔佛;苏门答腊岛上的占碑和巨港;婆罗洲(加里曼丹岛)地区的文莱、苏禄和文郎马神。④

因为大量的移居,华人与当地政权的矛盾也在激化。特别是在西方人占领的地区,这些地方的华人只是商人,没有任何政治势力,往往最受欺压。

按照现代社会的规则,海外华人如果要想保护自己,必须依靠背后的祖国。但在明朝,皇帝不仅不保护华人,还将他们视为脱离祖国的不肖子孙。与此同时,西方的殖民主义也处于野蛮发展阶段,大部分总督和船长都属于

---

① 越南历史上还有一个黎朝,是越南独立初期的一个小朝代,由黎桓所建,存在于 980—1009 年(北宋太平兴国五年到大中祥符二年),为了区分,我们将这个黎朝称为"前黎朝",黎利所建的黎朝称为"后黎朝"。
② 后黎朝皇帝被郑氏控制,阮氏则控制了南方地区。
③ 荷兰在印度尼西亚群岛的经营和占领中国台湾,见下文。
④ 见《东南亚史:危险而关键的十字路口》。

他们国家里最野蛮的人群，对于华人的迫害也比现代更加残酷。

在明朝，对华人的迫害又以西班牙统治下的吕宋为最。

中国人在吕宋最早并不会长期停留。商人们在此度过冬天，第二年就会乘着季风回国。但随着越来越多人久住不归，在那儿娶妻生子，形成了庞大的华人群体，人数最多时达数万之众，而全吕宋的西班牙人仅有一千二百人。

华人与西班牙人的矛盾很早就结下了：1593年8月，吕宋总督郎雷氏敝里系胜①出征摩鹿加（明朝称美洛居），在马尼拉的华人中征集了二百五十人充当士兵。②但在途中，双方起了冲突。按照西班牙人的说法，是华人贪财，而西班牙人无辜得像耶稣。③中国人则声称遭到西班牙人的虐待，所以才起而反抗。④不管怎样，最终的结果是中国人潘和五等人杀死了总督，逃往广南（越南南部），再也不回来了。

继任总督郎雷猫吝是前任总督的儿子，原本驻扎在朔雾（现菲律宾宿务）。前任总督被杀加剧了西班牙人和华人之间的仇恨。由于西班牙人是统治者，他们运用加税等各种手段对付华人。不仅如此，西班牙人还遣使到中国，要求交出凶手，福建巡抚许孚远安抚了他们，却无法抓到凶手。

1596年，西班牙驱逐了一万两千名中国人。⑤

华人的处境随着一个奇幻的事件而恶化。万历三十年（1602），一名叫作张嶷的华人上奏皇帝，声称吕宋的机易山（现菲律宾甲米地）出产黄金，这里的黄金是如同豆子一样自生的。⑥这引发了皇帝的贪欲，他诏令福建总督派人前往探查。虽然反对声音很大，但福建总督不得不派遣海澄县丞王时和前往吕宋考察。

---

① 《1493：物种大交换开创的世界史》一书中记为戈麦斯·佩雷斯·达斯马里纳斯。
② 《东西洋考》引《政和堂集》记载，这二百五十人中，把总叫高肖，哨官为魏惟秀、杨安顿、潘和五、洪亨五，通事为郑振岳，士兵中有一位叫郭惟太。
③ 见西班牙继任总督给中国皇帝的诉纸，载于《东西洋考》。
④ 这方面的记载很多，参见《东西洋考》《清朝柔远记》等的相关记载。《1493：物种大交换开创的世界史》记为剪掉华人的头发引起的暴动。
⑤ 见《1493：物种大交换开创的世界史》。
⑥ 皇帝此时正在大肆搜刮矿税，因此任何与矿物和海外贸易有关的奇闻怪谈都可能引起皇帝及其身边太监的兴趣。

第二年，皇帝的使者到达吕宋，引起了一阵慌乱和误解。虽然没有看见黄金豆子，使者最后也撤离了，但西班牙人和当地华人的关系进一步紧张，甚至到了崩盘的地步。

这时，西班牙人决定先下手为强，以需要铁器制造武器为借口收缴华人的兵器，甚至连切肉的小刀都不放过。事后，双方的文字记载却出现矛盾。按照西班牙人的说法，是华人在城外聚集，总督不得不派士兵前去，有士兵被华人杀死。后来华人还杀死一名前往谈判的使者，西班牙人不得不反击。① 而根据华人的记载②，西班牙人率先发起攻击。他们以清点人数为借口，以三百人为一组，将华人送入院落中集体屠杀。在屠杀了第一批华人之后，事情败露，剩下的华人逃走了。

由于缺乏兵器，这些华人非常脆弱。到了八月底，西班牙人利用坚兵利炮开始进攻，杀人无数。第二天，剩余活着的华人来到大仓山继续抵抗。

西班牙人决定谈和，但由于双方已经失去相互间的信任，华人最后杀死前来谈判的使者，这导致西班牙人采取了围困的方法。

风雨大作，闪电竞天，在电闪雷鸣之中，如同惊弓之鸟的华人屡次以为敌人来攻，他们在黑夜中将自己人也当成了敌人，互相砍杀。

到了九月初三，由于事起仓促，人们都没有准备足够的口粮，已经饥肠辘辘，只好出来冒死进攻旁边的城池，希望能够找到食物。西班牙人设伏，用铜炮杀死了上万名华人。剩下的人从大仓山逃出，之后饿死在山谷之间。

整个事件导致二万五千名华人丧生，活下来的只有三百人。

这是海外华人第一次遭受大屠杀，之后海外华人还遭受过多次屠杀。③ 海外华人往往在西方和朝廷的夹缝中疲于奔命。

但西方人又离不开华人。东南亚地区由于地域狭小，社会简单，对除了造船之外的手工业、农业和更加复杂的金融业都缺乏积累，西方人要想开发

---

① 见《1493：物种大交换开创的世界史》。
② 见《东西洋考》。
③ 华人在菲律宾还于1639年和1662年遭受了两次大屠杀（详情见后文），根据《1493：物种大交换开创的世界史》记载，1686年、1709年、1755年、1763年、1820年也有屠杀。1740年，荷属巴达维亚的红溪惨案则是荷兰殖民者对华人的屠杀。

东南亚，就必须依靠华人移民的帮助。在历次屠杀之后，往往又不得不再次引进华人，直到再次发生冲突。

在吕宋，1605年，华人又开始在马尼拉聚集，再次形成聚落。他们依然缺乏来自祖国的保护，但生活逼迫他们不得不忍受异国他乡的歧视、妒忌和敌意，寻找新的生机。在华人之外，那些依靠武力占据东南亚的西方人也在此起彼落中完成了换代……

荷兰占领中国台湾

在东南亚地区，随着葡萄牙和西班牙势力的衰落，荷兰人成了新的霸主。1596年，他们把葡萄牙人从万丹赶走。1603年，他们夺得了葡萄牙人控制的蒂多雷岛和安汶岛，并在班达建立了堡垒。荷兰人还在印度的卡利卡特、坎那努尔、万丹和安汶岛建立了常驻的商馆。

1619年，荷兰人在万丹东部的雅加达建立了一个要塞，这个要塞成了荷兰在整个东方的战略中心，他们把它称为巴达维亚。①

荷兰人控制巴达维亚的成本很低，虽然采用殖民模式，但劳动力主要是当地人。到1628年，这里也只有二百三十名荷兰市民，却有着七百名华人、二百六十名荷兰东印度公司的奴隶、二百名奴隶出身的基督教自由民、四十名荷兰东印度公司的士兵以及一些日本人。②

这种模式让荷兰人非常倚重印度尼西亚、南印度、若开（现缅甸）地区的奴隶。根据1632年的相关统计，巴达维亚共有二千七百二十四名奴隶，占了总人数的三分之一，另有四百九十五名拥有私人奴隶的基督教自由民。大多数奴隶属于荷兰东印度公司，还有七百三十五名奴隶属于荷兰市民。

除了奴隶之外，荷兰人依靠的另一大群体就是华人。到1619年末，已经有四百多名华人迁到巴达维亚。1632年，巴达维亚共有二千三百九十名

---

① 见《东南亚史：危险而关键的十字路口》。
② 见《东印度公司对华贸易编年史（1635—1834年）》。

华人，他们主要从事建筑行业，建造了百分之四十五的当地建筑。荷兰对华人的管理既给予自由，也有防范。1619 年，他们任命苏鸣岗担任华人首领，这个华人首领职位后来就成了甲必丹。甲必丹最初掌控对华进出口贸易，从 1620 年起开始管理城市的称量房。另一位叫杨昆的华人则垄断赌博业并发了大财。① 但荷兰人又有对华人防范的一面，万丹曾经使用武力阻止中国帆船前来贸易，并不惜抢劫华人的船只，杀害华商。巴达维亚也曾经发生过集体抢劫和屠杀华人的事件，到了清朝，荷兰人对于华人的防范酿成了大规模的屠杀事件。

1638 年，荷兰人又获得了单独对日本贸易的权利；1641 年，他们把葡萄牙人赶走，占领了马六甲这个葡萄牙在东南亚最早的基地；1658 年，荷兰人经过 20 年的战争之后，控制了整个锡兰（现斯里兰卡）；1660 年，他们控制了香料群岛的贸易。到最后，除了马尼拉属西班牙之外，大部分东南亚岛屿地区都归了荷兰。②

荷兰人也曾经觊觎中国的领土。万历二十九年（1601），他们试图进犯澳门未遂，后来又占据了澎湖，被赶走。荷兰人对澎湖的觊觎持续到天启四年（1624），曾经三占澎湖，最后才不得不离开。③

但在最后一次离开澎湖之后，荷兰人就占据了台湾，并长居下来。台湾比澎湖距离大陆更加遥远，当时的中国政府暂时没有办法干预。在台湾，荷兰人修筑了安平、赤嵌二城。安平城即热兰遮城，这座城市筑在沙谷之中，下面是沙岸围绕的港口，位于现在的台南。这里也是从东南亚到达台湾最近的港口，荷兰人可以借助西南季风从巴达维亚前往。它是荷兰统治台湾的中枢，房屋和炮台都是石头筑成的，厚达六到八英尺。④ 在日后的两百年里，这里也一直是台湾的中心，被称为"台湾府"，直到光绪十三年（1887）才改名为"台南府"。

但是，当时占据台湾的并非只有荷兰人。事实上，西班牙人自从占领

---

① 见《东南亚史：危险而关键的十字路口》。
② 见《清朝柔远记》。
③ 荷兰在澎湖的情形，见本书第二章。
④ 见《大中国志》。

吕宋之后,就一直在觊觎台湾,把这里当作去往中原的跳板。天启六年（1626）,西班牙从马尼拉派出一支远征军前往台湾的东北海岸,在这里,他们几乎没有遇到任何抵抗就进入基隆港,占领了台湾本岛最北端的社寮岛,建立了圣萨尔瓦多城。崇祯元年（1628）,又占领了沪尾（现淡水）,建立了圣多明哥城。①沪尾由于位于河口,不受西南季风的影响,是良好的避风港。这两个港口都是对邦加岛贸易的好地方。

这样,在台湾事实上西班牙和荷兰割据的局面形成:西班牙占据北部沿海,荷兰占据南部沿海。只是到了后来,随着西班牙势力在亚洲的衰落,台湾并没有成为他们的贸易中枢,最终西班牙从台湾撤走了大部队去往吕宋。崇祯十五年（1642）,荷兰人最终前往北方接管了西班牙人建造的城市,从而控制了整个台湾。

就这样,宝岛台湾在明朝政府毫无作为的情况下被荷兰人占领了。

新势力英国

在来到中国的西方国家中,英国算是来得晚的。到清朝修《明史》的时候,还没有人听说过英国。但它又是后来对中国影响很大的西方国家。

事实上,英国的船只在明朝确实到过中国,并与明朝海关打过交道。最早时,英国只是参与大西洋贸易,由于葡萄牙将东方产品都送往里斯本,英国人只要经过大西洋去里斯本就可以购买各种东方商品了。1580 年,西班牙兼并了葡萄牙,控制了里斯本市场,作为西班牙敌人的英国商人和荷兰商人不能再自由出入里斯本,于是为了获得香料和丝绸,他们被迫前往亚洲。关于荷兰人的行动,前面已经谈到过。相对于荷兰,英国在亚洲的行动最初是模仿性的和笨拙的。

1596 年,英国以达德利爵士为首的一家公司派遣三艘商船前往中国,英国女王伊丽莎白专门给中国的皇帝写了信,交给船队奉上。船队出发

---

① 见《一代巨人:明末耶稣会士在中国的故事》,《大中国志》一书中也提到了西班牙在台湾建立的第一座城市,据说离荷兰人海路有九十英里,陆路有四十五英里。

后，却消失在了历史之中——可能沉没了。中国方面，也没有英国朝贡的记载。

1600年的最后一天，伊丽莎白女王给英国的东印度公司发了特许状，将从好望角到麦哲伦海峡之间（印度洋和太平洋沿岸）的贸易独占权颁发给它。最初，独占权是十五年，但詹姆斯一世后来给了永久特许权。之后虽然起起落落，但大多数国王都承认或者续发了许可证，直到1833年废除其独占权。英国东印度公司就这样成了亚洲贸易甚至政治的主角。[①]

英国东印度公司的整体运转情况超出了本书所要述说的范围，但这里需要说明英国贸易的几个特点。

首先，在17世纪，"自由贸易"这个概念并非主流，当时最主流的做法是特许权制，也就是一个国家对在某一个地区的贸易只发一张牌照，只有拿到了牌照的这家公司进行的才是合法贸易，其他都是非法的。这样的做法是典型的垄断，而不是自由贸易。另外，英国东印度公司、法兰西东印度公司、荷兰东印度公司等垄断公司之间还存在竞争，政府的牌照只能限制本国公司，而不同国家之间的公司就是赤裸裸的竞争，甚至不惜上升到使用武力。最后必然是凭实力与合纵连横说话：英国将法兰西排挤出印度，同时又和荷兰互相承认对方的垄断区域，荷兰占据印度尼西亚，英国占据印度。这些做法都是带有强迫性并排斥自由贸易的。

其次，虽然带有强迫性，但贸易本身又的确对各个国家的人民都是有利的。我们除了看到它的强迫性和垄断性之外，也要看到它的不可避免性。事实上，所谓"自由贸易"是人们意识到垄断的问题之后才逐渐出现的概念。如果没有英国东印度公司等组织的尝试，也就不会有自由贸易的诞生。我们在下文还可以看到，与中国贸易的英国船中，在一开始是公司船占大多数，但也有部分私商的船偷偷前来，也就是说，英国人不管怎么努力都无法彻底消除自由贸易。到后来，私商的船越来越多，超过了公司船，甚至达到公司船的两倍之多，最后英国人发现垄断贸易是不行的，才被迫废除了英国东印

[①] 《东印度公司对华贸易编年史（1635—1834年）》从东印度公司的角度叙述了对华贸易的经过，这本编年史是本书叙述英国对华贸易的主要参考材料。

第一部　百年试探（1516—1644）

度公司的垄断。

最后，英国东印度公司在实行垄断的时期，是带有武力和行政色彩的。这家公司为了保持自己的垄断地位，慢慢地在印度建立了一个类似于政府的社会管理组织。这个组织不断变大，最后形成了一家公司控制一个国家的奇景，并取代了原来的莫卧儿王朝。这样的结构是特殊时代的产物，已经不可能再重现了。这种公司给英国人带来了巨大的好处，但也给当地人带来了巨大的灾难。于是，1857年印度民族大起义之后，英国政府将印度的管理权从英国东印度公司收走了。[①]

1601年，英国东印度公司装备了五艘船，开始第一次亚洲航运，前往东南亚的亚齐和万丹。之后的1604年、1607年，它再次前往东南亚，之后逐渐形成了每年一次的规模。到1615年，英国在印度、暹罗、苏门答腊、爪哇、婆罗洲、香料群岛和日本的平户都建立了商馆。[②] 这时候的商馆大都是和荷兰一起建的，并且没有使用武力，直到1643年英国才第一次在印度的马德拉斯建立了圣乔治要塞[③]。英国在亚洲最早的总办事处在万丹，后来迁到巴达维亚，再后来一分为二，分为远东总办事处和印度总办事处，分别设在巴达维亚和印度的苏拉特。

在对中国问题上，英国人也是谨慎的，最初只是围绕着中国周边打转，在马来群岛或者印度收购中国商品。詹姆斯一世也曾经尝试给中国皇帝写信，但没有找到送达这封信的途径。

之后，英国人跟随荷兰人在日本的平户设立了贸易站（当时荷兰还没有垄断日本的对外贸易），想在那里进口中国产品，但收效甚微。英国人还和名

[①] 1857年之后，印度不再归属英国东印度公司，而是直接归属英国女王，由女王派出副王（高于总督，仅次于国王）作为自己的代表管理印度。在此之前，英国东印度公司有总督一职，负责印度的行政管理。

[②] 根据《东印度公司对华贸易编年史（1635—1834年）》，这些商馆是：印度的苏拉特、阿格拉、阿默达巴德、阿杰米尔、伯伦布尔、卡利卡特、马苏利帕特南；暹罗的大城、北大年；苏门答腊的亚齐、占碑、蒂库；爪哇的万丹、雅加达；婆罗洲的苏加丹那、马辰；香料群岛的望加锡、班达；日本的平户。

[③] 圣乔治要塞至今依然存在，成了当地的博物馆。本书作者曾经前往考察，见《印度，漂浮的次大陆》。

叫李旦的中国商人合作，李旦曾经想帮助英国人争取在福州的贸易，但没有效果。由于无利可图，英国人只好撤销了平户贸易站。①

英国与荷兰的关系也是分分合合，既有英国联合荷兰试图进攻澳门的举措，也有荷兰人在安汶岛屠杀英国代理人的事件。

到了1635年，英国人转而与葡萄牙人修好，签订了休战和自由贸易协定。这一年，英国才第一次正式向中国澳门派遣商船。这艘叫作"伦敦号"的船从位于印度的苏拉特前往葡萄牙控制的果阿，再从果阿前往澳门。但这次航行并不成功，由于葡萄牙人的重重阻挠，英国人最终虽然获得了一些利润，但从澳门回到果阿时被葡萄牙总督扣留了。

这件事坚定了英国人开发自己航线的决心。同年底，查理一世向船长温德尔颁发委任状，由他带领三艘船和一艘轻帆船前往中国。船队于1637年1月17日出发，6月27日到达澳门附近的横琴岛。

葡萄牙人对英国人的到来充满了警惕，只允许他们在澳门修船，不许进行贸易。与此同时，明朝政府的官员也没有做好准备迎接这个从来没有出现过的国家的船队。

为了获得贸易权，温德尔决心探寻去往广州的水路。他们准备了一艘驳船和一艘帆船，共五十多人，负责人是一位叫作卡特的船长。然而卡特在进入珠江之后，在广州口外遇到了广州官员派来阻挡他们的明朝舰队。在这里，双方发生了不少误会和冲突。英国人想当然地认为只要接上了头，就可以获得贸易执照。他们不知道明朝官员希望完全禁止他们的贸易，并且不准其进入珠江。

在珠江上，广州官员调集了四十六门铁炮（每门炮重六七百磅）向英国船队开火。英国船只予以还击。之后，英国船只直达广州，向广州官员按照中国的礼节（磕头）递上了贸易申请书。

广东的官员也意识到不能靠武力将英国人驱逐，于是允许英国人在缴纳足够税收的情况下进行贸易。虽然双方的交流充满了防备和曲折，但作为首

---

① 1620年，李旦给英国首领科克斯写信表示老皇帝（万历皇帝）去世后，新皇帝允许英国人每年有两艘船前往福州附近。但估计万历皇帝之后的乱局妨碍了这个计划。

次交往，依然是成功的。①

　　这件事标志着英国势力的到来，不管是广东政府还是英国人，都不反对未来的交往。但事实上，这件事又成了孤例，这是因为双方国内的政治都出现了巨大的变化。中国一方几年之后就发生了明清迭代，之前的老规矩不管用了，而新规矩还没有建立起来，随后就进入了海上群雄并起和清朝海禁的时代。

　　英国也陷入了十几年的大混乱。1638 年，苏格兰决定反叛英国，经历了查理一世用兵、对抗革命、被斩首的过程，直到 1649 年，英国才废除君主制，开始了为期十年左右的共和政体。在共和国治下，克伦威尔不断打仗，先是和查理二世，后来和荷兰。克伦威尔为了巩固内政，也无暇理会遥远的东方的事情。因此，英国人虽然在明朝时已经到达中国并展开贸易，但它们真正打开中国市场，要到清朝之后了。

---

① 《英使谒见乾隆纪实》第一章详细叙述了冲突的整个过程。

第二部

在希望与失望中跌宕的百年(1644—1735)

第五章
换代时期的传教士与割据者（1644—1683）

南明皇室的西教化

崇祯五年（1632）发生的一件小事对后来的历史产生了些微的影响。这一年，耶稣会在北京主持工作的传教士龙华民给两位太监施行了洗礼。这两位太监本来是兄弟，哥哥叫庞天寿。龙华民给庞天寿兄弟分别取名为亚基娄和耶律斯。这件事标志着天主教第一次进入明朝宫廷。

关于太监为什么信奉天主教有很多争论。一个原因可能是太监没有子嗣，无法按照中国传统上多子多福的观念去经营自己的信仰，他们更在意死后的世界，更乐于相信人的灵魂可以通过上帝而达到永恒。

这两个太监的入教在短期内并没有改变什么，也没有像传教士期盼的那样在宫廷内造成影响。在当年，除了两兄弟没有其他人入教。直到崇祯八年（1635），另一位姓王的大太监才归附天主教，这位太监比庞氏兄弟级别高，也更有影响力。在他的帮助下，天主教开始在宫廷的妇女中传播。这也证明中国与海外并没有区别——在世界各地，都能看到贵妇人更加信任外来宗教的情况。

王太监发展的第一个天主教徒叫凯瑟琳。到了崇祯十年（1637），已经有十八名宫人变成天主教徒，其中有三人位于最高等级的十二名宫人（妃）之中。[①]崇祯十一年，宫内的女性天主教徒上升到二十一人，崇祯十二年为

---

① 最高等级中三人的教名分别是唐娜·阿加莎、唐娜·叶列娜和唐娜·伊萨贝拉。《一代巨人：明末耶稣会士在中国的故事》一书中其实列出了十八人的名字，其中第二等级中有一人，叫卢斯亚，第三等级中有四人，分别是西西丽亚、西兰尼、西利亚和扎克拉，第四等级中有八人，还有两人属于先帝的妃嫔。

四十人，崇祯十五年达到了五十人。这些人由于身份特殊，无法与传教士见面，她们的信仰解惑是通过书信进行的：她们写信交给太监，太监传递给传教士，传教士解答后再反向传回宫中。

对于这件事情，崇祯皇帝本人也是知情的，他和皇后对归附者的热情有深刻印象，但没有干预。①

崇祯十五年（1642）6月，随着关外军事形势的恶化以及李自成、张献忠在帝国内部的起义，明朝进入风雨飘摇之中。皇帝和他的大臣再次想起了传教士所掌握的西方军事技术。此时已经没有了徐光启主持工作，传教士方面的负责人是汤若望，皇帝召见他的时候，希望他能够制造大炮供军队使用。

由于缺乏造炮的经验，汤若望对皇帝的诏令先是拒绝，随后迫于压力，不得不答应尝试一下。皇帝在宫中给他划出一片空地，派去不少人，并给了充足的铜和铁。汤若望制造了二十门大炮，将它们拖拽到距离北京城四十里的野地里进行试放。由于效果不错，皇帝下令再继续铸造五百门小重量的抬炮，让士兵扛在肩上发射。

然而，传教士的大炮已经没有办法保卫明朝了。随着李自成攻入北京，崇祯皇帝自杀，随后吴三桂引清军入关，清取代明成为正统王朝。

改朝换代之际却可能成为西方势力在华扩大影响的时机。作为明朝残部的南明经历过弘光、隆武和永历等多个政权，②弘光、隆武和永历三位皇帝都寄希望于天主教的帮助。

首先，弘光皇帝在南京称帝后，曾派遣传教士毕方济前往澳门求援。但不幸的是，就在毕方济上路后，南京陷落，弘光皇帝死去。顺治二年（1645），朱聿键在郑芝龙、黄道周等人的簇拥下于福州称帝，史称隆武皇帝，而郑芝

---

① 《一代巨人：明末耶稣会士在中国的故事》甚至认为皇帝劝说妃嫔成为天主教徒。
② 关于南明的著作，推荐顾诚所著《南明史》一书，但顾诚将弘光时期的责任过多归因于史可法的软弱和不明智并不确切。明朝有南北两套官僚班子，理论上当北方的官僚体系被破坏后，未受破坏的南方班子可以作为备用官僚系统立刻切换过去掌握权力，基于此，顾诚认为史可法作为南方官僚系统的首领，没有做好切换工作，导致权力被奸相和军人集团篡夺。但事实上，这种理论上的切换本身就是不可行的，南方官僚虽然表面上是备用班子，但由于缺乏实务经验，根本得不到军队的尊重，所以，不管换成谁，都无法平滑地切换过去，这是一个制度性问题，不能归咎于史可法本人。

龙本人就是一个基督徒。[①] 隆武皇帝在常熟期间也曾经与传教士毕方济相熟，称帝之后立刻写信要求他前来辅佐。[②] 毕方济前往福建见到了隆武皇帝，但他并没有在朝廷任职，而是与太监庞天寿一起前往澳门，为南明寻求军事上的帮助。

顺治三年（1646），隆武皇帝政权的实际主宰郑芝龙投降，隆武皇帝被俘，死于福州。12月，朱由榔在肇庆称帝，是为永历皇帝。由于庞天寿的作用，永历皇帝继续尊毕方济为"国师"。

此时南明朝廷中的天主教徒已经不再只是外国人和太监了。除了庞天寿，还有两位著名的天主教徒成了皇帝的左臂右膀，他们是文渊阁大学士、户部尚书瞿式耜和新兴伯焦琏，其中又以瞿式耜最为显贵。瞿式耜是最早与利玛窦交往的瞿太素的侄子，其父瞿汝说就是瞿太素的兄弟。

瞿太素将天主教带回老家苏州府常熟县之后，常熟便成了一个教徒的据点，瞿式耜在传教士艾儒略的影响下加入了天主教，取名多默。

永历皇帝早期是在流亡中度过的。顺治四年（1647）1月广州陷落后，他跑到桂林。清军进攻桂林，他又逃到全州。这一年的4月，清军开始对桂林发动了持续一整年的进攻，瞿式耜和焦琏在澳门运来的大炮的协助下，守住了桂林城。之后，南明军队一鼓作气光复了南方大部分省份。

但到了顺治七年（1650），随着清军加强进攻，广州再次陷落，瞿式耜和焦琏也都战死。永历皇帝又陷入逃亡之中，经过南宁，最后在贵州的安隆度过了四年。[③]

瞿式耜死后，太监庞天寿成了永历皇帝朝廷内天主教的代表。作为太监，他无力在军事上帮助皇帝，但在对外关系上，他成了永历皇帝与天主教世界的接口。此时，毕方济已经去世，庞天寿将耶稣会士瞿安德介绍给皇帝。在瞿安德的帮助下，永历皇帝后宫中的许多人接受了洗礼，其母（马太后）教名为玛利亚，皇后教名为亚纳，其父的正妻（王太后）教名为烈纳。

---

① 郑芝龙对南方海洋的影响见下文。
② 隆武皇帝在信中称毕方济为二十年的老朋友。
③ 南明弘光、隆武、永历三朝特别是永历皇帝朝的情况，见《安龙逸史》。

顺治五年（1648），皇后亚纳生了一个孩子，由于婴儿得了重病，永历皇帝同意给孩子施洗，教名当定，但孩子并没有活下来。

顺治七年（1650），南明江山风雨飘摇，王太后突然想到要寻求基督的帮助，请求上帝之子保佑。她写了两封信，一封给位于罗马的教皇英诺森十世，另一封给耶稣会的总会长，请求他们代为祈祷，保佑江山稳固。

但中国与欧洲相隔万里，到底谁去送信呢？太监庞天寿想去，但由于他年纪大了，王太后不放心，于是请了欧洲教士卜弥格（瞿安德的助手）前往。① 为此，庞天寿也写了一封信给教皇。

卜弥格在中国天主教徒程安德的陪同下②，拿着三封信前往欧洲，可是在澳门耽误了一年才出发，在印度又遇到阻碍，只好走陆路经过波斯、叙利亚，进入地中海，两年后才到达威尼斯。

在威尼斯，卜弥格迅速陷入耶稣会总会长格斯文·尼克尔的猜忌之中。③ 到达罗马之后，他被认为假冒了身份，皇太后的信也被认为是伪造的。卜弥格在罗马等了三年，直到英诺森十世去世，新任教皇亚历山大七世才接见了他，并给王太后写了回信，由卜弥格带回，此时已是顺治十二年（1655）12月。④

卜弥格和程安德从里斯本起航，于顺治十五年（1658）8月才到达越南东京，距离离开时已经六年多了。他不知道的是，王太后在他离开的第二年就去世了，瞿安德也在顺治九年被清廷处死。第二年，永历皇帝逃入云南境内。庞天寿死于顺治十四年。不管教皇是否祈祷，当年传教士们服务的帝国已经不会再回来了。

直到离开越南东京，卜弥格依然不知道南明的情况，他相信王太后还活着。他率领一支大象队伍进攻清军，潜入广西走了六天，才得到南明已亡的

---

① 卜弥格还是介绍中医西传的重要人物，见《卜弥格文集》。感谢作家杜君立提供的意见。
② 程安德是第二位前往罗马的中国人，第一位是1650年到达罗马的程维新。
③ 卜弥格先觐见了威尼斯总督，并将庞天寿的信交给了总督，导致总会长的愤怒，质疑他的真实身份。
④ 卜弥格久等不决，还有一个重要原因，那就是罗马教廷和耶稣会在明清之间的选择行为，他们已经决定选择清朝，对于残明势力自然不愿理睬。见下文。

消息，只好逃回东京。由于需要再次进入东京的许可证，他被阻隔在边境上，并得了严重的疟疾，死在当地。①

明清换代时期的传教士

在明清换代的过程中，传教士们在不同的阵营中获得的待遇也是不同的。在南明，他们往往受到优待，但在李自成的军队中，他们就没有这么好运了。崇祯十五年（1642），为了抵抗李自成，明朝军队扒开黄河导致开封成为废墟，传教士费乐德死于水灾。②崇祯十七年的春天，李自成定都西安后，经过山西向北京进军。山西天主教的柱石韩霖在绛州陷落时丧生，蒲州的教堂被焚毁，耶稣会的神父万密克被当成皇家后裔，死于乱兵。③

顺治四年（1647），清军攻占南昌时，传教士谢贵禄和梅高被杀害。但是，整体上来说，清军对传教士并没有太多恶意。④

清军进攻南明时，传教士卫匡国在南明隆武皇帝的允许下，居住在温州的温溪县。这里被清军占领时，卫匡国立刻在门上贴了一张红纸，上面写着：此屋系欧罗巴人居住，他是传教士。他还把最精美的书、光学仪器、数学仪器都摆在最显眼的位置上，把救世主像放在祭坛上，以表明自己的身份。

这招很管用，不管是百姓还是士兵都没有骚扰这个传教士。后来，进攻该城的清军将领终于把他找去了，问他愿不愿意剃头。

对于外国人来说，留着明朝的发型也属于奇装异服的一种，他并不在意换成另一种，于是欣然同意。这位将领当场给他剃了头。卫匡国表示，既然剃了头，就不适合再穿明朝的服装了，于是将领脱下帽子和靴子给了卫匡国，

---

① 王太后致信教皇之事，见《中西交通史料汇编》第一编第六章第二十七节，此节又引自《东方杂志》第八卷五号。
② 见《东方之旅：1579—1724 耶稣会传教团在中国》。南昌传教士遭遇也出于此。
③ 见《一代巨人：明末耶稣会士在中国的故事》《东方之旅：1579—1724 耶稣会传教团在中国》。崇祯十五年（1642），传教士傅汎际在穿越火线时被盗。另两位传教士郭纳爵和梅高在崇祯十六李自成攻陷西安时被乱兵偷走了东西，但没有被伤害性命。
④ 以下三个事例均来自《鞑靼战纪》。

并设宴招待了他，再把他送往更加安全的大城市杭州。

在广州的曾德昭也有冒险的经历。他当时负责广州的教堂，城破时，士兵们将他捆起来，逼迫他交出财产。许多天之后，一位王爷突然过来释放了他。这位王爷不仅不要他的财产，还送给他《圣经》和祈祷书，又施舍了大量的金钱，并给他房产，让他安心居住。

这位王爷为什么这样做呢？原来，他曾经是明朝将领，在著名的天主教徒将领孙元化手下当过兵。[①]他便是尚可喜，后来被封为平南王，是与平西王吴三桂平起平坐的大人物，也是清朝稳定广东的大功臣。[②]

在清朝方面，最受重视的是留在北京的汤若望。汤若望在北京并非一帆风顺，李自成进逼山西时，辅臣李建泰决定亲自督师，他出发前也征召了汤若望，让他一路上照顾大炮。不料没走多远，李自成就杀到北京，李建泰在保定被捕，汤若望又回到北京。[③]

清军入城的时候，由于没有地方安置八旗兵和蒙古兵，清廷下令城内居民三天内搬到城外去。汤若望连忙跑去见清军，声称自己是从大西洋八万里外来到北京的，并请求说，他负责编纂历书，这部书对于皇朝来说非常重要而又卷帙浩繁，因此不可能在三天之内搬到城外。一位亲王接见了他，第二天，给了他一道上谕，允许他留在北京城内。

汤若望并不以居住在北京为满足，同月，他把献给明朝的崇祯历改了个名字，献给了清王朝。[④]之后，又献上一架浑天星球、一具地平日晷、一具窥远镜和一幅舆地平图。

明朝曾经为到底要不要使用西洋历吵了几十年，最后虽然决定使用，但由于战乱并没有正式实施。之所以如此，是因为有的明朝官员将原则放在事实之上。清朝人却并没有这样的顾忌。就这样，为明朝准备的历法到清军入关之后反而得到颁行，汤若望也由此成为清朝的钦天监监正。

---

① 见《鞑靼战纪》，参考《清史·尚可喜传》。
② 见《清史稿·尚可喜传》。
③ 见《清朝柔远记》卷一。
④ 从《崇祯历书》改为《西洋新法历书》（即时宪历），时宪历也是现代使用的农历。

就在此时，依靠清朝来推广天主教的想法在汤若望脑中成型了。[1]

在明清时期，还有一个特殊的战场：张献忠控制的四川。这里也有传教士的介入，他们的遭遇又如何呢？

在四川的两位传教士是安文思和利类思。安文思是麦哲伦的同族人，崇祯七年（1634）从欧洲去往果阿，崇祯十三年到达杭州。在成都，有另一位传教士利类思[2]，由于他生了病，安文思于崇祯十五年前往成都帮助他。崇祯十六年，成都发生了佛教僧侣反天主教运动，该省僧人从各地前往省城控告传教士谋反。当地官员最初也支持僧人，命令责打传教士并驱逐他们。但在当地信徒和官员朋友的保护下，传教士们继续留了下来，这些官员中最重要的是成都县令吴继善。[3]

崇祯十七年（1644），张献忠进入四川，上述两位传教士和其他难民一起逃入山里躲了起来，他们曾经准备去江南，但没有成行。

张献忠一开始曾表现出开明的一面，使得许多有抱负的人认为可以借助他实现自己的理想，其中就包括与传教士打过交道的吴继善。吴继善担任张献忠的礼部尚书，在打听到两位传教士的下落之后，吴继善建议张献忠召他们进宫，认为可以利用西方的科学和信仰来解决中国问题。张献忠召见二人后，询问了欧洲的情况，并决定重用他们。他送给二人一座教堂和许多钱财，还给他们赐号"天学国师"，让他们担任外国专家。

五天后的冬至庆典上，传教士在御宴中被安排于很体面的位置上。赏赐之后，张献忠让他们建造一具地球仪、一具浑天仪和一具铜日晷。在宴会上，张献忠还感慨西方文化和数学的先进性。但当时的人们没有料到的是，张献忠对西方的信仰感兴趣，很大程度上源自他的惩罚心态。他认为人类是不配活着的，而他就是来惩罚人类的。这一点恰好与西方信仰中的人类原罪说有着相通之处。

---

[1] 见《正教奉褒·清朝》。
[2] 利类思到华时间为1637年，1640年被派往四川，得到退休高官刘阁老（刘宇亮，汤若望的友人）的帮助，刘宇亮原是礼部尚书，将利类思介绍给他的社交圈。利类思的信众中包括官员和皇室后裔。
[3] 见《在黄虎穴中》。还有一位武官阎督（音译）。

由于他们的有利地位，传教士们在这个阶段还乘机拉拢了不少人入教，[①]其中包括张献忠的岳父。

但是很快，张献忠嗜杀的本性就显露出来。他开始任意杀害高官，其中就包括传教士的保护人吴继善。九月初一日，祭祀南郊，吴继善将祭文写在了两截黄纸上，被张献忠看成是不好的征兆，直接在坛内凌迟处死吴继善，妻妾发娼。一名曾经被龙华民归化的山东基督徒军官也被杀害。接着，张献忠的岳父也被杀。

传教士们之所以没有被杀，还受到了无数次召见，只是因为张献忠表现出对数学的爱好。但这并不妨碍传教士们继续目睹他人的死亡。被杀害的人中，包括许多佛教徒，还有一支进攻汉中的军队（共十四万人），只因为没有将汉中打下来就被屠戮。老百姓们也被驱赶到城门口杀害。[②]

利类思和安文思试图拯救那些信徒，但即便他们这次被救，很快也会在下一次乱局中被杀。

虽然制造了极多的杀戮，但张献忠依然无法守住四川。在清军的进逼下，他逃走了。在逃走之前，他焚毁了成都。两位传教士决定逃走，他们以去澳门取书的名义请求张献忠放他们走。张献忠起初同意了，但想明白之后，认为这是传教士的仆人出的主意，要将其剥皮。二人苦苦哀求，想救下仆人，却惹得张献忠大怒，要将他们也凌迟处死。虽然传教士被张献忠的将军和义子救了下来，但所有仆人除了一人之外都被生生剥皮。

张献忠之所以留下传教士，是想让他们做天球仪。不想天球仪做好之后，由于不符合中国的传统，张献忠又将他们关押起来，准备第二天处死。就在当天晚上，也就是顺治三年末（1647年初），张献忠被清军的巡逻队杀死。两位传教士在逃离时，安文思被射穿手臂，而利类思则被射中大腿，成了清军的俘虏。

当晚，一位满洲亲王拜访了两位传教士，他叫豪格，是皇太极的长子。

---

① 大约有一百五十人。
② 关于张献忠的杀戮情况，《鞑靼战纪》用了大量的篇幅进行描写，其中材料就得自两位传教士的记载。

豪格对二人礼貌有加,原来,他在北京时和汤若望成了朋友,因此决定保护传教士。二人这才摆脱了四川的噩梦。①

虽然豪格命令清军对传教士以礼相待,但在北京的汤若望知道消息后,还是立刻写了奏折,希望将他们直接释放。不想,此时担任北方会长的傅汎际却命令汤若望不要上奏,两位传教士由于得到了善待,也不希望汤若望插手——他们比较愿意被豪格带往北京,再在那里得到释放。

然而他们不知道的是,他们竟然卷入了清朝的内争。豪格是皇太极的长子,本来可以登上皇位,但由于他受到摄政王多尔衮的忌恨,在多尔衮的坚持下,皇位归了福临。顺治五年(1648),豪格带两位传教士回到北京,住进亲王府邸。但豪格很快就被送进监狱,他掐死两个妻妾后自杀身亡。由于被当成豪格的人,两位传教士也被关进监狱,经过斡旋,才没有被当作张献忠的伪官杀死。被关押两年多之后,他们作为奴隶被转交给一个八旗官员,再由官员给他们自由。②七年后,顺治皇帝才在汤若望的请求下接见了他们,皇帝赐给他们房屋、教堂和金钱,他们这才算正式在北京安家。③

---

① 在四川期间,二人记录了张献忠政权的许多小细节。比如,安文思记录,张献忠逃走时将他的金银财宝都沉入了江中。三百多年后,人们在传说中的江口沉银遗址打捞出大量的金银,证明了他的记录是正确的。传教士还记录了一部分张献忠时期的文献,比如,张献忠的圣谕"天有万物与人,人无一物与天,鬼神明明,自思自量"就被他们用葡文注音记录了下来。
② 见《一代巨人:明末耶稣会士在中国的故事》。
③ 安文思写了一本《中国新史》,提到了中国的十二个优点:疆域广阔,历史悠久,文字优美,典籍丰富,百姓有教养,公共工程完善,工艺精美,物产丰富,文化尊孔,政治发达,君主伟大,首都宏伟。他还难得地记载了清宫的宫廷收入情况,皇宫收入共10823962克朗,如下表:

项目	数量	项目	数量
米面	43328834 袋	生丝	272903 磅
盐(50磅/块)	10355937 块	棉布	396480 匹
极细的朱砂	258 磅	棉	464217 磅
漆	94737 磅	麻布	56280 匹
干果	38550 袋	豆料	21470 袋
各色丝料	215432 磅	草	2598583 袋
薄丝料	476270 磅		

作者还表示,后两种物资(豆料和草)是明朝时的数量,到了清朝,由于养马多,已经增加了三到四倍。

这两位传教士的经历是最为曲折的，也见证了许多历史。除了与清廷、反叛者打交道之外，他们还在北京和一位特殊的人物成了朋友并得到他的帮助，此人就是郑芝龙。

在他们获释之后，作为天主教徒的郑芝龙在北京帮助他们寻找过住处和教堂。这时恰是郑芝龙投降后被软禁的时期，也是他的儿子郑成功在南方反清的时刻。为了解郑芝龙的遭遇，就必须谈到南方的郑氏集团。事实上，在明清换代之际，对于在南方的外国人来说，郑氏集团的影响力甚至比鞑靼人都大。

郑一官的事业

郑氏集团的创始人就是郑芝龙，小名一官，这个名字在明末的南方沿海地区极其响亮，即便是海外的商人也是谈一官色变。[①]

一官出生于福建泉州，后皈依天主教，起名贾斯帕，亦名尼古拉。一官第一次发迹是在日本，他前往日本经商（可能是受他的舅舅派遣）并在那里定居。李旦是当时在日本最大的中国商人之一，[②]一官投靠李旦，得到了他的信任，获得了一支几艘船组成的船队，以日本为基地开展远洋贸易，打通了越南和东南亚航线。

一官在日本成了家，娶了个日本妻子，他的长子郑成功，就是这位日本妻子生的。

天启五年（1625），李旦在肆虐日本的大瘟疫中去世，由于没有妻子儿女，而亲近的人也都死于瘟疫，他的部分财产被身在东南亚的一官乘机霸占。[③]当时的一官正指挥着两艘货船，他将货物卖出后，又买了几艘船，组成了一支小小的船队。

既幸运（对他来说）又不幸（对福建百姓而言）的是，就在这时，闽南

---

① 当时，大量的海外著作中都记载了尼古拉一官，如《鞑靼战纪》《鞑靼征服中国史》等。
② 英国人和荷兰人都与李旦打过交道，希望通过日本平户港开通中国贸易，但都未成功。见上文。
③ 《鞑靼征服中国史》宣称一官成了李旦的继承人，但文件是伪造的。从后来的情况看，一官并非继承了李旦的所有财产，可能只继承了他在东南亚的部分资产。

地区发生的一次大饥荒,导致许多福建南部的百姓向海外逃跑,寻找活路。一官由于有船,将大量百姓送往海外和台湾地区,由此带来的财富和人员让他的队伍得以迅速壮大,两年后已经拥有数百艘船。

一官的行为遭到福建官员的打击。但官员们单凭自己的力量已经无法剿灭他,于是开始寻找海外力量对付他。由于一官往台湾移民影响了荷兰人的利益,因此,与荷兰联合打击一官就成了选项之一。在这里我们可以看到,为了打击他,明朝的官员不惜试图与占领了台湾沿海地区的荷兰人做交易。但这次联合没有得到荷兰人的回应。

一官之所以能够做大,与他的名声也有很大关系。他除了英勇之外,还足智多谋,分赃时非常慷慨大方,善于收买人心。在击败了明朝朝廷的舰队、兼并了其他海盗之后,他已经成为中国东南沿海地区的霸主,甚至侵入内陆,最多时能够指挥一千艘船。

明朝官员的选择也并非不可理解:这时候一官的势力与明朝的对峙已经很像宋初越南独立时的局面。在唐朝之前,越南北部属于中国,但是随后几个军阀乘五代内乱之际宣布割据。北宋统一后,朝廷无力将越南北部的军阀剿灭,从此之后,越南北部就真的独立出去了。一官拥有了巨大的影响力,明朝无力剿灭,如果长期这样下去,他必将在政治上具有更强的独立性。而一旦他在海外找到了陆地上的根据地,就将更加难以制衡。

但如果超越单一政权的角度来考虑,一官的存在对于整个华人世界的海外贸易又有着巨大的促进作用。这样一个巨型集团,是比明朝更加灵活的海洋力量,足以与西洋势力竞争,甚至有可能胜出。这也是中国第一个具有海洋特征的政治势力。

幸运的是,在明朝,沿海地区的官员一直有敏锐的嗅觉,当他们意识到无法打败这个巨大的海洋集团时,立刻采取了招安的做法:只要一官承认明朝的领导地位,那么可以给他一定的发展空间。

崇祯元年(1628),右佥都御史熊文灿到福建担任巡抚。熊文灿是一名灵活和机敏的官员,虽然在后来遭受了巨大的非议,但在治理福建期间可以看到其开放性。他到福建后立刻意识到一官的巨大价值,劝说一官投诚,封他为五虎游击将军。一官一方面继续向台湾移民,一方面帮助熊文灿剿灭其他海盗集团。崇祯八年，一官曾经的拜把兄弟刘香被剿灭，标志着海盗集团正式整合完毕。

作为回报，熊文灿上奏请求解禁曾经因为海盗肆虐而封闭的海疆，鼓励海外贸易。这个时期，是一官与明朝关系最好的时候，这位原本可能建立独立政治势力的人，就这样被熊文灿纳入明朝的政治体系之内。

一官得到的好处也是巨大的，特别是在崇祯六年（1633）的一次海战中击败荷兰舰队之后，他成了中国东南沿海的霸主。由于是海商出身，他比谁都知道商业的价值，提倡自由贸易，通商范围远达南洋各地，将西班牙占据的吕宋、荷兰占据的巴达维亚、葡萄牙占据的中国澳门、马来半岛、暹罗、柬埔寨、越南、日本都串联起来，如同一个巨大的输血系统，让商品如血液一样在广袤的海洋机体上流动。作为霸主的他是最大的受益者，可以对这些船只收税，同时，所有从他这里得到通行证的船只都可以获得他的保护。为了维持这种保护地位，他筹集了一支庞大的军队。这是一支典型的多国部队，除了中国人之外，还有日本人、朝鲜人、东南亚人等，号称二十万人、三千艘船。这些船上装备着西洋火炮，表明了他对于技术从不保守和排斥。

一官的队伍中最特殊的是一支黑人部队。关于这支黑人部队的来源，史上有着不同的记录。

根据荷兰人的记载[①]，一官的军队中有两队黑人士兵，这些黑人士兵原本是荷兰人的奴隶，会使用来复枪和短枪。他们逃离荷兰人之后，被一官招募，组成了郑氏军队的黑人营。后来一官被清军俘虏后，这支特殊的部队又归属其子郑成功。

但根据西班牙人的记载[②]，一官的黑人士兵是由在澳门的奴隶组成的。战争初期，这些黑人有三百多人，跟随一官对抗清朝。由于作战英勇，一官对他们的信任比对中国人都高。黑人部队忠心耿耿地跟着他打仗，直到一官被清军包围时，好几个黑人还在他身边战斗，最后用剑自杀，剩下的则跟随一官投降了清军。当时他们还有两百多人，被编入广州部队。这些黑人都是基

[①] 见荷兰在台总督揆一的《被遗误的台湾》，转引自《鞑靼征服中国史》第十六章注。
[②] 见《鞑靼征服中国史》第十六章。

督徒，即便归顺之后，还保留着基督徒的礼节，比如在四日斋期间不食用肉类，即便是总督赏赐给他们吃，他们也会拒绝。

在明朝官场上，也有人对一官的权力质疑，但他的慷慨大方堵住了朝廷大臣和太监的嘴巴。①

对于崛起的一官，荷兰、葡萄牙等海外势力也是畏惧三分，甚至比对明朝皇帝和官僚还尊敬。一官将大量百姓迁往台湾，想将占据了台湾南北沿海地区的荷兰人赶走，但没有做到。于是他改变策略，利用海上船舶数量上的优势，断绝荷兰在台湾的海外贸易。只要与印度群岛（印尼）的贸易中断，那么台湾对于荷兰来说就没有了价值。荷兰人最初没有意识到一官的强大，在随后的封锁战中败下阵来，几次海战的结果是荷兰人损失了八艘最好的船。②

一官的强大迫使荷兰人最终选择和解，每年向他缴纳大约六七千英镑的钱财，换取一官保证他们的贸易自由。之后，一官向台湾输送了更大量的福建移民，虽然这时的台湾港口依然控制在荷兰人手中，但他们只占了台湾沿海的一小部分地区，而福建移民的势力十倍于荷兰人，使得台湾与大陆的联系大大加强，也为之后一官的儿子郑成功将荷兰人赶出台湾奠定了基础。

此外，荷兰人与一官的和解也有助于海上贸易。一官保证荷兰人海上安全的同时，荷兰人也必须服从此前他们排斥的自由贸易精神。在这之前，荷兰借助台湾的中心地位，对其他国家和私人的海上贸易进行打击，特别是与吕宋和中国澳门有关的贸易。吕宋和中国澳门虽然与西班牙人和葡萄牙人有关，但从这些港口出发的大部分船其实都是中国船。这些中国船之前屡屡遭受荷兰人的攻击，但此时他们只要加入一官的行列，持有一官的路票，荷兰人就不敢攻击他们了，只能放行。从这里可以看出，不管日后的人们怎么评价一官，到底视其为海盗还是皇帝的官员，只要中国人整合起来，形成一个集体，那么是足以抵御任何海外势力的。一官就是第一次整合力量的代表。

到最后，一官的权威已经到了这种程度：荷兰人向一官派遣正式的使

---

① 郑芝龙本人也有他倨傲的一面，这对他不利。根据《鞑靼征服中国史》的记载，一次，广东欠了他一笔钱（约五六千镑），于是他立即带领五六千人登陆，进城后未采取暴力，而是在城中央立了一个坛，把皇室官员都请去，要求偿付欠款，并当面立下收据，然后离开。
② 这次战争发生在崇祯六年（1633）。

节，反而忽略了北京朝廷。其中的原因让人深思，因为北京并不知道世界的规则，也对海外贸易反应迟钝，但一官是受海外贸易浸染的人士，他不仅尊重规则，还利用规则，也知道常驻使节的重要性，有利于双方的沟通和解决争端。就连中国的商人也更加遵从一官，而对皇帝有所轻视。我们可以预料，如果一官能够进一步成长为巨头，中国将出现第一个与西方接轨的地方政权。①

不过，一官并没有选择背叛明朝，而是满足于担任皇帝的官员，同时享受明朝的津贴，并保有自由行动权。

由于一官曾经在澳门待过，他的一个私生女也在澳门，这些联系让他与澳门的葡萄牙人也达成了平衡。澳门的葡萄牙人是一个衰败的群体，甚至连自己的船只都很少，因此，他们需要借助一官将货物送往日本。一官也乘势禁止了葡萄牙船去往日本，所有货物必须用自己的船中转。这样的做法使得一官获得了大量的利润。

虽然一官并没有背叛明朝，但另外的机会来到了。李自成攻灭了统一的明王朝，只剩下南明这个偏居南方的小政权。而清朝的出兵更让中国进入改朝换代的阶段。当南京的弘光政权被清朝剿灭后，逃到沿海地区的唐王政权（隆武皇帝）就有了这样的一个机会：隆武皇帝本人对天主教和海外人士并不陌生，也并不讨厌，甚至有所指望，他的眼界是之前位于北京的大政权所不可比拟的。同时，由于缺乏武力，他只能投靠在沿海的郑一官势力，而郑一官对于海外贸易和海外规则的熟悉程度又是隆武皇帝无法比拟的。

如果隆武政权能够站稳脚跟，那么，它很有可能会成为第一个对西方世界友好、善于运用世界规则的汉人政权。此外，如果南方政权能够顺利地扩展到北方的话，整个中国可能会提早两百年进入变革的时代。

但不幸的是，就在这时，一官退缩了。就像荷兰面对强大的法兰西或者

---

① 《鞑靼战纪》宣称：郑芝龙掌握了与印度的贸易，用各种贵重商品与在中国澳门的葡萄牙人、吕宋的西班牙人、中国台湾及新荷兰的荷兰人和日本人，乃至东方的所有侯王做交易。除了他自己及手下人外，他不允许别人贩运中国货物。他把欧洲和印度的珍品、金银器皿运往中国大陆。

德意志时无能为力一样，作为海洋霸权的郑一官对陆地军队充满了恐惧，他犹豫再三，试图保存自己的军事力量，不想全部投入抗清。

顺治三年（1646），清军从浙江方向经仙霞关①进攻福建，这里地势险要，易守难攻，却被一官轻易放弃。仙霞关所在的闽北山区的丧失，使得福州地区门户大开。与此同时，投降了清朝的明朝大臣洪承畴由于与一官有旧，写信劝说一官投降。一官思量再三，决定以投降换取清政府对他的承诺。他指望清朝会像明朝一样对待他，给他充分的自由。

一官投降后，清军攻克福建，隆武皇帝作为南明时期最英明的君主逃往江西，被俘后死亡。最初，一官被许以闽粤总督的职位，但征南大将军博洛平定福建后，在启程回北京时，乘一官不备，将他软禁，带往北京。这位一世枭雄的海上霸权梦猝然中断。②

顺治十八年（1661），由于一官的儿子郑成功的反叛，他本人被杀于北京。

幸运的是，一官开创的事业并没有随着他的被俘和死亡而告终，在他效忠于隆武皇帝的时候，他的长子郑森被隆武皇帝赐予朱姓，改名成功，这位郑成功后来在南方被称为"国姓爷"，在西方的记载中，又被称为"国姓"。郑成功除了对清朝刻骨铭心的仇恨之外，他对海外的熟悉，对贸易的尊重，加上对武力的运用，依然给中国留下了一线希望，也就是建立一个更加带有近代色彩的政权。但前提是，他必须能够找到基地，并且能够打回来。

海禁政策和澳门的选择

一官投降清朝时，他的长子郑成功坚决反对父亲的投降政策，没有随父亲前往清营，而是逃往金门。金门也成了郑成功组织抵抗力量的中心。顺治四年（1647），他在小金门誓师反清。

---

① 仙霞关位于现在浙江与福建交界处，曾经是张献忠借道进入福建和广州地区的通道。本书作者曾经考察过仙霞关。
② 关于一官被带往北京的叙述，最生动的来自《鞑靼战纪》，这也是当时在南方流传的最主要版本。

在随后的几年，郑成功南征北战，不仅要与清廷周旋，还必须与各种残明势力合纵连横。这些残明势力与联合策略包括：顺治五年（1648），江西总兵金声桓、王得仁以及广东提督李成栋的反清势力；顺治七年，与郑成功同族的郑彩等人在厦门的势力；顺治八年，南明定西侯张名振与郑成功的联合；顺治十一年，郑成功与南明西宁王李定国联合进攻广东；等等。但除了厦门、泉州和金门等福建地区的战役之外，其余均收获不大。

顺治十五年（1658）和顺治十六年，郑成功还组织了两次北伐，其中第二次北伐攻克了镇江、瓜洲，包围了南京，却由于中了清军的缓兵之计大败而还。①

为了对付郑成功，清廷采取了禁海和迁界的策略。人们在追问明清的闭关锁国策略时，往往希望能够找到源头。虽然我们可以说中国自古就有闭关锁国的倾向，比如明初就有海禁政策，但随着明末开关，中国一直是朝着越来越开放的方向走去。那么，这一轮的开放又是在什么时候被逆转的呢？

逆转就发生在清朝与郑成功的战争之中。郑氏集团作为中国古代历史上较为开放的政权，也有着巨大的弱点：它是一个基于海洋和贸易的政权，但在大型战争中，粮食是关键因素，郑成功所占据的厦门、泉州和金门都是贸易基地，不以产粮著称，海外的粮食也很难供应庞大的军队。因此在战争中，为了供养军队，必须采取掳掠制来维持运转。这一点就连外国人也看得清楚，他们提到了郑成功对各地的大肆劫掠。②

而清朝继承了大陆帝国的正统，它对付开放性海洋政权的方法就像德意志和法兰西对待荷兰一样，就是封锁陆地，这样的政策构成了明清时期开放政策的第一个反转。

顺治十三年（1656）6月，清廷推出禁海令③，严禁商民船只私自出海，不得通敌，不得将粮食等物资卖给郑氏集团，违者可判死刑。顺治十八年，由于郑成功的持续抵抗，清朝除了处决在北京的郑芝龙之外，更推出了迁界

---

① 关于郑成功此时的反清活动，以及中国南方不断的反抗，当代重要的研究著作（可能会成为经典）是顾诚的《南明史》。
② 见《鞑靼中国史》。
③ 《大清律》也提到了禁海令，但更多是抄自《大明律》，并未执行。

第二部　在希望与失望中跌宕的百年（1644—1735）

令。① 迁界令是由海澄公黄梧提出的，他原来是郑成功镇守海澄的部将，后来投降了清朝。他献给皇帝的"平贼五策"中提出了以下策略：迁界，从山东到广州沿海二十里居民内迁；销毁海船，寸板不许下水；杀郑芝龙；挖郑氏祖坟；将投降官兵迁往内陆的别处开荒。清廷采纳了这些策略，对沿海地区统一实行迁界，将居民内迁三十到五十里——不是一家一户，而是整个城镇、村庄都搬迁。

这项政策的残酷性是可想而知的，它除了给沿海人民造成巨大的人身和财产损失之外，还摧毁了中华民族刚刚恢复的海洋外向性。甚至连海外势力都对此感到震惊，据耶稣会士鲁日满的估计②，因为这道圣旨而死的人数超过一百万。

在中国，受迁界令影响的有六个省，其中受影响最大的是福建，福建有的地方死亡数量超过千户。之所以死亡率这么高，是因为这些沿海地区的百姓往往世世代代以打鱼为生，一旦被迁往别处，不能下海，一是丧失了维持生活的来源，二是政府也不可能给他们在别的地方划出耕地。福建本身就缺乏土地，许多地方只在海边有一点平地，将他们迁离之后，就等于是让他们在山区饿死。许多人因为饥馑、无所依靠而死亡，有的人看不到希望，选择了投井、投湖、上吊。在海边的城市，甚至包括一些富庶的商业中心，只要在界限之内，整个市镇都被铲平。那些活下来的人，哪怕曾经是富裕阶层，也降级至赤贫。③

除了福建，广东也严格执行了皇帝的命令，一些以商业贸易闻名的港口，由于清朝怀疑这里的人与郑氏相通，也遭遇了毁灭、迁走的命运。

在执行迁界令的过程当中，最特殊的城市是澳门。这座城市居住着葡萄牙人和西方其他国家的人，他们以贸易为生，一旦断绝了与海外的交往，这座城市又将何去何从呢？

事实上，在明清交替的时代，第一次对澳门的惊扰还不是迁界时期，而

---

① 这一年顺治皇帝去世，康熙皇帝年幼，因此推出迁界令的是康熙朝早期的执政大臣鳌拜等人。
② 见《鞑靼中国史》。
③ 受到影响的还有耶稣会的传教事业，鲁日满引用耶稣会士何大化和聂伯多的说法：他们的教堂被推倒，信众的住宅也被拆毁，人被分散到不同的地方。

是清军占领广州时期。顺治六年（1649），平南王尚可喜等人率领的清军在围困了十个月后占领了广州，他们烧杀掳掠，对广州展开了屠城。这次屠城不仅在中国史料中有记载，[1]就连外国人也心惊胆战，他们听说死难者有一万五千人，许多人是为了捍卫他们的妻子、女儿和姐妹而死的。[2]

即便这样，清军对广州的占领还是不彻底的。因为广州靠海，这里充斥着海盗势力，他们占据了外海的各个小岛，以此为基地进行抵抗。而澳门也在南明时代帮助过隆武皇帝和永历皇帝，甚至宣称支持明朝对抗清朝，因此更加为自己的处境感到担忧。

澳门位于珠江口南侧的一座岛上，距离广州一百四十千米，这里自古以来就是贫瘠之地，离开中国内地是无法生存的，必须从内地获得物资。内地哪怕不开战，只要断绝对它的物资供应，澳门就会崩溃。因此，不管谁占据了内地，它都必须依附对方才能坚持下去。

虽然早期支持过南明势力，但在广州城被围时，澳门谨慎地选择了保持中立，希望通过这样的姿态让清朝明白自己不是敌人。

但清朝对澳门的顾忌依然存在，主要原因就是海盗问题。他们组织了一支船队搜剿海盗，并担心澳门被海盗利用。只要发现澳门有支持海盗的痕迹，就发动进攻。

另外，事实上澳门的抵抗力在这时候也是持续减弱的。它曾经非常富裕，但由于日本开始了闭关锁国的政策，澳门在日本的商路断绝了。崇祯十三年（1640），葡萄牙人不满西班牙人的统治，另立国王宣布独立。两个国家的分裂，使得西班牙人占据的吕宋暂时封锁了葡萄牙的船只。而澳门一旦失去了中转港的地位，也就失去了它的财富。

一旦它失去了财富，清朝也就没有理由维持其存在了。随着清朝在广东的统治日益巩固，澳门唯一能够做的，就是加强心理攻势，展现他们的决心，但这并没有多少用处，因为清朝甚至不用发动战争，只要封锁就能让澳门屈服。

---

[1]《罪惟录》《行在阳秋》等均有记载，各类资料记载的死亡人数从数万到七十万不等。
[2] 见《鞑靼征服中国史》。

但有一件事情对澳门是有利的,那就是不管尚可喜还是耿精忠,都曾经是明朝的降将,他们与孙元化的关系,让他们对葡萄牙人并不陌生,甚至有过友谊。正是这一点,让尚可喜帮助了在广州的传教士曾德昭,[①] 也正是这一点,让清朝虽然有许多理由拿回澳门,但最终选择了允许葡萄牙人存在。

但事实上,澳门的葡萄牙人也做出了巨大的让步,包括不再支持残明势力,承认清朝对澳门的主权。而清朝则以让他们继续居住,自由贸易,甚至允许去广州做生意作为回报,对葡萄牙人内部行使的司法权装作看不见。[②] 澳门的第一次危机告终。

到了十几年后的海禁迁界时期,澳门再次遭受打击。特别是随着顺治十八年(1661)顺治皇帝离世,年幼的康熙皇帝继位,实际执政的是鳌拜等四大臣,后又逐渐变成了鳌拜个人专权。在顺治皇帝时期,外国人和外国势力,包括外国思想和外国科学都受到尊重,但鳌拜等四大臣代表着更加保守的势力,他们的思想更排外,政策也更专横,也正是在这个基础上出现了迁界令。

这时可以说,清葡之间出现了一次小型外交危机。

最初,葡萄牙人还能靠一点关系和贿赂勉强支撑,基层官员还可以睁一只眼闭一只眼,允许一些秘密生意存在。由于澳门在法理上同样属于清朝,因此也必须执行皇帝的法令。但皇帝的法令也是有区别的,中国一直有善待远方来客的传统,因此,皇帝默许葡萄牙人可以不执行一些法令。

但随着时间的推移,迁界令开始强加于在澳门的中国人身上,而一旦这些人离开,澳门就丧失了大部分的技术人才,包括工匠和水手。另外,虽然澳门允许葡萄牙人继续居住,可是皇帝的迁界令让贸易彻底断绝,也就是说,不会再有人和葡萄牙人进行贸易,包括输入生活必需品,这就等于要了澳门的命。可以看到,最后的结局必然是清廷将澳门的对外贸易完全封锁,直至逼走外国人,将澳门城拆毁。

在与葡萄牙人的谈判中,广东的官员也屡次暗示:这已不再是广东政府

---

① 尚可喜善待传教士的事迹,见上文。
② 葡萄牙人甚至一度认为清朝比明朝更好打交道,并庆幸他们选对了,见《鞑靼征服中国史》。但事实上,清朝后来发展出的管制手段比明朝更加严格,见下文。

层面的事情，只有中央直接干预才能解决。与此同时，他们又不敢替澳门求情，建议也就无法上达中央，中央也就无法朝着有利于贸易的方向做出决策。

最后解开这个死结的还是耶稣会。这时候，北京还有耶稣会存在，汤若望还在北京担任钦天监监正，还能通过这个渠道将建议上达皇帝。康熙元年（1662），一位法兰西传教士刘迪我从澳门北上北京，见到了汤若望。

此时汤若望的境遇也不好。从顺治皇帝末期开始，一位叫作杨光先的人就以违背祖宗礼法的名义批判西学，开启了中国古代历史上第二次教难时代。虽然真正的打击要到康熙三年（1664）才到来，但随着鳌拜等四大臣的执政，排外的情绪已经很明显了，这导致汤若望的回旋余地也越来越小。

所幸刘迪我到达时教难还没有开始，由于顺治皇帝留下的传统，还有许多王公大臣对传教士保持着友善态度，所以，传教士还有一定的力量可以去说服皇帝的执政大臣。

这个案子也是一波三折。最初，大臣听取了葡萄牙人的意见，也参考了广东的上奏意见。广东的意见主要是葡萄牙人已经在澳门居住近百年，且对贸易是有帮助的，这是个历史问题，因此，虽然中国政府可以清除他们，但道义上不能强迫他们离开，唯一的做法只能是断绝供给，逼迫他们自己离开。葡萄牙人的辩护主要在几个方面：第一，澳门本身微不足道且非常荒芜，因此不会对大清帝国构成威胁；第二，葡萄牙人在此居住的近百年间一直遵纪守法，按时缴税，是有贡献的；第三，葡萄牙人不仅不会与海盗勾结，反而会帮助皇帝消灭海盗——这正是皇帝最关心的问题。

案子又转到了兵部，因为它是负责对郑成功作战的部门。兵部决定，既然要实行海禁和迁界，就不允许有例外，因此，疏散澳门的中国人、逼迫葡萄牙人离开是正确的做法。

传教士们再次努力，争取暂停执行命令。此时，广东官员也上奏称葡萄牙人在澳门是有帮助的。于是政府再次裁决，保留这个城市及其人民，保留海外贸易，但要进行一定的限制——这已经是最好的结果了。

就在大家以为尘埃落定时，不想风波再起。鳌拜等人再次干预，他们决定只能维持澳门的基本生存供给，但禁止贸易。随后，又决定要彰显大清的主权，将澳门人口全部疏散——包括中国人和葡萄牙人，并将葡萄牙人建立的堡垒全部拆毁①。

又是在一通争取之下,最后,皇帝下令安抚澳门,保留澳门及其人口,但是暂时限制贸易,并承诺一旦解决了郑氏的问题就重启贸易。②澳门危机暂时得到解决。

从上述整个过程中我们可以看到,此时的澳门依然是中国的领土,而皇帝有着最终的决定权。在清初,保留澳门的葡萄牙人是有好处的,只有这样,才能在后来重启海外贸易,并顺利地过渡到康熙时期的黄金时代。但不管怎样,顺治、康熙时期缝隙中的这一次锁国,已经给未来留下了一定的阴影,预示着康熙后期和雍乾时代的第二次闭关锁国。

台湾:海洋帝国的根基

随着清政府利用海禁和迁界对郑氏集团进行的绞杀,郑成功占据的几个海岛已经很难为其大军提供生活必需品,如何寻找一个足够大的基地成了他面临的最主要任务。这时,台湾岛进入了他的视野,这个岛足够大,也可以进行农业开发。

此时的台湾岛虽然被荷兰占据了南北两侧的港口,并被用来与日本进行贸易,但荷兰人又不足以独占这座庞大的岛屿。荷兰人在岛上的主要堡垒中架起许多火炮,包括一百门铜炮和两百门铁炮,并驻扎有一千四百名士兵,但依然无法覆盖整个岛的防御。

更麻烦的是,即便不算原住民,岛上中国人的数量也远超荷兰人。郑成功的父亲一官曾趁福建地区闹饥荒,将数万中国人送上岛。可以说,如果没有中国人的辛勤劳动,仅仅靠荷兰人,岛上的人甚至连吃饭和生活问题都无法解决。顺治十八年(1661),就在迁界令下达的同一年,郑成功指挥的庞大船队(上百艘)出现在台湾岛的赤嵌城海域。船队配备了两万多名携带武器的士兵,这是自郑和下西洋以来,中国人配备的最大的船队。在洪武和永

---

① 葡萄牙人的堡垒是在对抗荷兰人时期,在明朝政府的允许下加固的,见上文。
② 见《鞑靼中国史》。

乐时代之后，中国人的造船技能由于海禁已经大大地退化了，到了郑氏时期，又借助开关和学习西方技术，重新形成了庞大的海上势力。

荷兰人在台湾南部占据的两座城市是安平城和赤嵌城，这两座城市位于同一个海湾（台江港）之中，安平城位于台江港湾的门户上，而赤嵌城位于台江港湾最内部。台江港湾的湾口处有一座小岛，在岛的两侧形成了两条通往港湾内部的水道。

这两条水道是不同的：南水道宽阔易行，也是荷兰人的主要防守区域，可以被安平城的火炮覆盖；北水道很窄很浅，大船几乎无法通行，荷兰人利用沉船进一步堵塞了水道，并没有再派兵把守。

但郑成功就是利用涨潮从北水道进入内港，并成功地在两座城之间登陆的。荷兰人抢救不及，损兵折将。几天后，赤嵌城失陷。但是，郑成功花了九个月才最终攻克剩下的安平城。荷兰人甚至曾经试图联合清军，并从巴达维亚派来了新的船只援救，直到尝试完所有方法，最后由于缺乏食物和干净水源才投降。①

在围困过程当中，除了陆战的决定性影响之外，即便是欧洲人也承认中国的船只有其优点：和欧洲的船比起来，郑氏的船更大，并且除了帆，还配备有桨手，在风平浪静时可以利用船桨快速转弯、航行。在平常时刻，欧洲船更坚固、更快、更易于操作，但关键时刻，中国船也并不差。②

攻克台湾给郑成功的回报是巨大的。

首先，除了属于荷兰士兵私人的、可带走的物件之外，其余的一切都归属郑氏集团，包括大量的金银、琥珀、胡椒和药材，以及其他不动产资本。③

其次，与厦门和金门等地相比，台湾的面积是巨大的，它不仅可以作为

---

① 关于这次战争，西方也有自己的记载。《鞑靼中国史》记载了荷兰人英勇的一面，称当船队到达时，恰好有五艘荷兰货船下锚，它们向城堡发出警报。城堡接到警报之后，立刻派遣一百人赶赴沙滩，阻止对方登陆，但由于人数太少，几乎全部被杀。在战斗时，荷兰的船也曾给郑成功造成了威胁，并利用一艘船为诱饵，上面放置了大量的火药，等郑氏军队登船后引爆。虽然遭受了一些损失，但郑成功还是将安平城团团围住，并最终逼迫荷兰人投降。
② 见《鞑靼中国史》。
③ 荷兰公司损失七百万两银子。见《鞑靼中国史》。

南明王朝（实则为郑氏集团）反攻的根据地，还可以作为永久性发展的基地。因此，郑成功将他在厦门的军队、财富、家人都迁往台湾，并在此修建宫殿，在厦门只留下了他的儿子郑经。

最后，郑成功的野心也并不仅仅在台湾。他之所以看上台湾，与荷兰人当初看上台湾有着同样的目的：这里位于几大航道的交叉口，既可以通往大陆，也可以通往日本、吕宋和印度群岛。而一旦占领了台湾，那么距离台湾最近的吕宋就进入射程之内。17世纪的西班牙也处于衰落中，西班牙在吕宋的势力并不比荷兰人在东南亚的强，如果夺取了吕宋，那么就算无法反攻清朝政府，也可以建立起一个以海洋为基础的郑氏帝国。这样的海洋政权在中国古代历史上还没有出现过，此时机会已经摆在郑成功的面前。

为此，郑成功从厦门找了一位传教士维多利奥·利奇奥，让他代表自己出使，表示希望吕宋纳贡称臣，并在此基础上与之缔结条约，否则就采取军事行动。

作为使节，利奇奥穿着汉服前往马尼拉，并受到总督的正式接见。这件事在吕宋造成了极大影响。首先，经过两次对华人的大屠杀之后，华人与当地的西班牙人之间已经有了巨大的裂痕。虽然西班牙人离不开华人，但是他们担心华人在谋划摆脱自己的统治。荷兰的教训摆在他们面前——正是郑氏集团向台湾的移民改变了人口的对比，为郑氏接管台湾做了人口上的准备。而此时，马尼拉也依靠大量华人而繁荣，一旦这些华人与郑氏集团里应外合，那么仅仅依靠少量西班牙人是无法守住阵地的，唯一的办法就是先下手为强。

与此同时，华人也知道了西班牙人的阴谋，担心自己被杀，这种情绪发展到极致，必然带来巨大的混乱。很快双方发生了冲突，造成大量的华人死亡和少数的西班牙人丧生。双方的冲突愈演愈烈，最后演变为吕宋对华人的第三次大屠杀，死亡人数可能达两万人以上。

对华人屠杀的消息传回台湾和厦门，郑成功决定对西班牙进行报复。但就在准备武力征服时，他突然去世了。郑成功的离世使得巨型的郑氏帝国没有实现扩张——它本来可以成为横跨吕宋、中国台湾和厦门的庞大海洋帝国，最终却只控制了海峡两岸。在他去世后，郑氏集团发生了内讧，等到他的儿子郑经控制局面时，世界的形势已经发生了重大变化。郑经改变政策，决定与西班牙联合。虽然他后来也筹划过进攻吕宋，但更多的联盟需求使得他无力出兵。

换代时期的国家押宝

郑氏集团的崛起，使得中国南部海域形成了复杂的联盟关系。除了郑氏和清廷，其余国家也都开始押宝行动。

葡萄牙人控制的澳门押宝清朝，从而保住了他们的居住权。但也正因为他们的顺从，清朝对澳门的海上贸易有了决定权，这座城市必须在清朝制定的框架内进行贸易。

除了葡萄牙之外，被郑氏从台湾赶走的荷兰人也在积极活动。由于郑氏是他们的敌人，荷兰人就寻求与清廷的合作。在台湾被收复的第二年，荷兰人就与清廷联合，[①]派遣由十三艘船组成的船队前往福建，[②]与清军联合攻打郑氏所在的厦门。在福建，他们受到靖南王的隆重接待。之后的海战中，荷兰损失了几艘船，但郑氏集团也感受到了压力。郑经试图破坏二者的联盟，答应优待荷兰，[③]但荷兰与清朝的联盟维持了下来。恰好这时，郑氏内乱再起，郑经为了巩固权力，杀掉了伯父郑泰，这导致郑泰的支持者在泉州投降清朝。荷兰人的大炮、清朝的进攻、内部的分化最终摧毁了郑氏集团在大陆的势力，康熙二年（1663），金门和厦门相继陷落。

据《东印度公司对华贸易编年史（1635—1834年）》记载，荷兰人的押宝获得了回报：福建官员默许荷兰人在福建特别是厦门一带进行秘密贸易，前提是每次贸易要给当地的官员贿赂，换取他们的允许。

据《清史稿》记载，到了康熙二十二年（1683），随着郑氏集团的覆灭，荷兰不失时机地以协助清政府打击郑经的功劳请求开市，获得了清政府的允许，由此开启了中国古代开放的下一阶段，也是闭关锁国前的最后一个阶段。

[①] 这次事件在《清史稿》中被记载为一次入贡，康熙二年（1663）六月，荷兰人从广东入贡了八把可伸缩刀剑和四匹马，但荷兰人显然是为了结盟而来。
[②] 《东印度公司对华贸易编年史（1635—1834年）》记载为十二艘。
[③] 《鞑靼战纪》宣称郑经答应让出台湾，但这个可能性不大。

但是，根据英国人的记载，荷兰获得的许可是非常有限的，在广东地区，荷兰只能通过澳门中转，也就是从巴达维亚派遣商船前往澳门，而不能直接去往广州。货物在澳门卖掉之后，再由葡萄牙人或者中国人从澳门运往内地。这样的情况一直持续到雍正七年（1729）。[①]

在清廷与郑氏集团的斗争中，还有一个西方国家参与了政治押宝——英国。

由于最晚到达亚洲，而东南亚已经被葡萄牙、西班牙和荷兰瓜分完毕，因此，英国人只能采取逐渐蚕食的做法，慢慢地获得了印度和马来半岛的据点。[②]但在东亚，它的尝试一直不成功。除了崇祯十年（1637）温德尔船长在广州的尝试之外，英国人试图通过日本与中国进行贸易，也不成功。英国人的另一次尝试是在越南的东京建立商馆，从越南辐射对华贸易。越南国王乘机敲诈勒索，不断地限制英国人的自由贸易，使得英国人获利不多。[③]

郑氏集团出现后，英国人决定采取与荷兰人相反的动作，与郑成功打交道。自从获得台湾之后，郑氏集团不仅将台湾用作贸易港，同时还看上了台湾巨大的农业潜力。他们一方面在台湾建立行政机构，另一方面鼓励移民对台湾进行农业开发，发展制糖业和皮革业。这些产业再由郑氏集团垄断出口，通过低价收购和高价出口的方式获得军费收入。

英国人看上了这些商业机会，与郑氏集团协定，用市价购入郑氏集团控制产品的三分之一。同时，英国人帮助郑经加强军事训练和装备。作为回报，郑氏集团批准英国人在厦门设立商馆。康熙十三年（1674），随着吴三桂发

[①] 根据《东印度公司对华贸易编年史（1635—1834年）》。越南国王对英国的贸易船随意地勒索钱财，还不允许他们自由贸易，只能在国王的特许之下与国王进行贸易。

[②] 英国人的初期尝试见前文。

[③] 1671年，英国船"赞特号"到达东京河（红河），遭到了越南国王及其官员的勒索。但英国人还是在越南东京开设商馆并坚持了二十五年。其间，英国人遭遇了送礼、犒赏和勒索，卖货得不到现金，甚至买货也不能用现金，只能从国王及王子处收到以"礼品"形式交来的出口物品，数量多少则随君主的情绪而定。荷兰人在越南东京也有一个商馆，遭遇的问题与英国人类似。除了西方船只，中国船、暹罗船也遇到了同样的问题。1682年，一艘法兰西船在东京也遭受冷遇。西方船只执着于到越南东京开展贸易，除了它是与中国毗邻的市场之外，还与它能够提供丝织品有关。

动"三藩之乱"，郑经也夺回了厦门。只要郑氏集团能够控制厦门，英国人就找到了一个在大陆上的立足点。

康熙十五年（1676），英国东印度公司驻万丹总办事处派遣一艘船到达厦门，在那里建立了商馆。但之后他们发现，这里主要是战场，商业机会其实并不多。到了康熙二十年，随着郑氏集团被逐出厦门，英国人在厦门的事业告终。同一年，英国人在台湾的商馆也关闭了，只留下了一名办事员负责善后。

清廷接管台湾之后，英国人还做出了最后一次努力。当时，原本从属于郑氏的将军施琅，率领清朝船队夺取台湾，并开始在当地经营。施琅虽然归顺清朝，但是在做法上还带着一定的郑氏色彩，那就是重视贸易和海外交流。在施琅时代，英国人再次试图维持在台湾的运作，失败后，他们最终选择离开台湾。

离开台湾后，英国人试图说服清朝在广州进行贸易。但由于在改朝换代的押宝中，葡萄牙和荷兰已经占据了先机，押宝错误的英国人再也不可能得到清朝的重视，他们在广州经商的请求也没有得到回应。

明朝的灭亡不仅让西方国家感到震惊，就连其他东亚和东南亚的国家也感到了天翻地覆的变化。清军刚入关的时候，并没有被当作中华的一部分，而被认为是征服了中华大帝国的"异族"。这个被称为鞑靼的人种一直到了康熙时期，才慢慢地被接受为中华的继承人和统治者。那些明朝末年就居住在海外的华人也费时很久才意识到原来的中华再也回不来了，他们要么选择留在海外，要么接受新的规则。①

还有一部分华人是在明清易代之后才前往海外的，由于明清服装和发式上的巨大差异，两朝的中国人之间也发生了争执，归附清朝的华人被当作叛徒和懦夫，遭到辱骂。

展现华人在海外待遇最典型的区域是越南南部的阮氏控制区域。明朝末年，越南的后黎朝也发生了分裂，最早时就像是日本的天皇和将军，北方的

---

① 《鞑靼征服中国史》提到了一个离开中国二十年的华人基督徒不断地臆想明朝对清朝的胜利，最后才不得不接受现实的故事，表明了海外华人世界的分裂。

莫氏家族篡夺了后黎朝国王的权力，但保留了后黎朝国王的王位，形成实际上的摄政。后来，南方的阮氏家族崛起，而北方的郑氏也取代了莫氏，变成了郑阮争霸的局面，但是后黎朝的王室依然存在。

郑阮之争在西方也留下了痕迹，他们把北方的郑氏称为"东京"，南方的阮氏称为"交趾支那"。阮氏家族由于属于海洋经济，显得更加开放，也更欢迎华人。明朝灭亡后，阮氏对于偌大的中国被征服感到义愤填膺，为此，他们把气撒在了海外华人的头上。由于阮氏控制了湄公河的入海口，①而华人在一些海口的岛屿上居住，阮氏决定禁止华人再去往这些岛屿②，因为他不想让这里成为不忠不孝的人的庇护所。据《鞑靼征服中国史》记载，直到华人愿意出钱，他们才得到了继续住在这里的许可。从这里也可以看出人民失去祖国时所遭受的苦难。

整体上，阮氏控制的南方依然是受华人经济好处最多的区域。甚至有人认为，阮氏之所以能够在湄公河三角洲地区取得最终的成功，关键就在于中国难民和移民的协助。北方的郑氏由于与中国直接接壤，不得不与中国维持朝贡和臣服关系；但南方的阮氏没有这样的顾忌，可以任意接收中国反叛者和难民。当台湾郑氏集团崛起后，随着清朝推行海禁和迁界，原本做海外贸易的商人要么加入台湾郑氏集团，要么向海外寻求机遇。台湾郑氏集团崩溃后，流亡者更是大量向东南亚移居。阮氏地区、湄公河三角洲和暹罗湾的交界地区，更是成为流亡者的天然目的地。到1700年，交趾支那估计有三万名坚持效忠明朝的亲明者，他们被称为"明乡人"，这个词一直沿用到现在。

1679年，一支装备精良的难民船队来到了越南中南部的会安。③阮氏将他们安置在湄公河三角洲北部边界的西贡地区，这导致湄公河出海口的海上统治权被这群华人攫取。而华人对河口的控制又延伸到内河地区，从而影响了柬埔寨。他们的权力一直持续到1732年。之后，虽然失去了统治权，但华人在西贡地区的商业主导权依然保留下来。据《东南亚史：危险而关键的

---

① 阮氏最早的起源地在越南中部的顺化、会安一带，之后向南发展，占据了曾经属于柬埔寨的湄公河三角洲。
② 其中最著名的岛屿被称为占不劳，可能源于对古老的占婆的称呼。
③ 大约有五十艘船和三千人。

十字路口》记载，直到后来越南西山朝崛起，这个民族主义的政权眼红华人的富裕，选择了以华人为目标进行攻击。

除了西贡地区，另一个华人的主要流亡区域也在附近。在如今越南与柬埔寨接壤的边境上，有一个叫作河仙的城市，这座城市是一位来自雷州的华人领袖郑玖①建立的。1680年，郑玖为了摆脱清朝统治，来到了属于现代柬埔寨的真腊，在当地经商。他瞄上了一块三不管地带，也就是暹罗湾上的河仙。河仙虽然位于现代越南和柬埔寨的边界上，但在当时也受到暹罗的影响，郑玖本人也曾经成了暹罗的人质，后来逃回。

18世纪初，随着交趾支那的崛起，郑玖也归顺了阮氏，作为交换，阮氏承认郑氏为河仙的实际统治者。郑氏在河仙的统治直到19世纪才结束，其间不管是柬埔寨的内乱还是越南的内战，都强化了这里的繁华。1833年，已经统一了越南的阮朝最后兼并了河仙，后来这里又成了法属印度支那的一部分。

西贡、河仙等地区的存在，使得越南南部地区到了18世纪60年代，已经取代了会安和大城府，成了中国商人在东南亚的中心，并超越了巴达维亚和马尼拉。直到西山朝的崛起才改变了这个情况。

越南北部的郑氏也受益于中国的混乱。清灭明后，由于中日贸易中断，越南东京地区接过了一部分中国贸易，开始通过新港口甫宪向日本出口丝绸，取代了中国的供应。越南北部进入繁荣期，进口了大量的日本白银，维持着对南方的战争。据《东南亚史：危险而关键的十字路口》记载，直到台湾郑氏集团灭亡，清廷再开海禁之后，这样的局面才被逆转。

在明灭亡后，所有外国统治者中对待华人最苛刻的是日本，此时日本已经进入闭关锁国阶段。日本人的心中，还有一种遥远的恐惧一直浮现，那就是元朝时期忽必烈的两次东征日本。②虽然日本一直以粉碎了元朝的远征为傲，但他们内心深处对北方游牧民族的入侵依然怀着深深的警惕。随着朝鲜臣服于清朝，清朝已经具备了借道朝鲜进攻日本的通路。

---

① 郑玖原姓莫，为了与越南北部的权臣莫氏相区别，改姓郑。
② 目前描写忽必烈东征日本的最佳书籍，笔者认为是周思成的《大汗之怒：元朝征伐日本小史》。

在此之前，日本国内已经有许多华人存在，比如郑成功的父亲郑芝龙就曾经长期在日本居住，并娶了日本女人。还有一些华商虽然根在国内，但他们不肯屈服于清朝，一旦发现国内政治环境恶化，就选择去日本长期居住。

可当清朝政权稳固之后，日本一方面为了避免在日华人成为清朝的内应，另一方面出于对亡国之人的不屑，采取了严格限制中国人居住的策略——华人必须离开日本，而且尽快离开，不得申诉。[①] 许多华人在孤立无援的情况下被迫出海，他们不能回大陆，也无处落脚。日本限制他们把财产带走，许多人只能前往台湾或者东南亚，期待形势好转后回来处理财产。但他们可能再也没有机会回去了。

另一部分与日本做贸易的商人居住在中国，他们选择投靠清朝，这些人不得不剃头和易服。当他们再次出现在日本时，往往因为这种奇特的服饰受到嘲弄，许多人不得下船，也无法经商。总之，清朝征服中原，加强了日本的保守性和锁国特征，而首当其冲的不是西方人，而是华人。

郑氏集团的覆灭

郑氏集团对台湾的经营有着深远的意义。虽然国人早就知道台湾岛，但是台湾岛的开发和行政化一直近乎空白。只有在郑氏集团到来之后，台湾才进入由国人组织化开发的阶段。

郑成功攻克台湾不久后就死去了，台湾的开发更多是在其子郑经手中完成的。他对于台湾发展的贡献包括以下几个方面：

第一，开发农业，将大陆移民送往台湾各地进行垦殖并兴修水利。在此之前，人们看上的是台湾的贸易潜力，也就是位于几个经济体之间的海上位置，但郑经将它定位为一个能够生产足够粮食的后勤基地。他任用大臣陈永华发展了粮食、甘蔗以及制盐产业，从此，台湾成了一座富裕的海岛。

第二，行政化和教育。郑经作为一个拥护明王朝的统治者，不仅在这里善待明朝宗室，还依托明朝的体系建立了政治制度，并且发展文化，设立学

---

① 《鞑靼征服中国史》对此有详细的描述。

校和孔庙，建成了以汉文化为主的文化和行政体系，使得台湾成为最后一块完整保留明朝治下汉文化的中国土地。

第三，继续大力发展贸易，维持郑氏集团的开放性。

郑氏治下的台湾之所以值得人们怀念，就在于它的世界性，这是中华民族历史上具有世界眼光的地方性政权。郑经并不排斥与任何势力进行贸易，虽然与荷兰人作战，但郑经依然希望能够与荷兰人和平相处，只是这项提议没有成功。除此之外，郑经与其他各方的贸易都是成功的：他和西班牙占领的吕宋恢复了关系，在要求保护华人的基础之上，加强了与吕宋的贸易关系；他也和葡萄牙人进行贸易。

更令人惊讶的是，郑经治下的台湾与日本的关系十分密切。当时的日本已经进入闭关锁国时期，只有郑氏能够与日本继续合作，每年派出数十艘船从日本获得大量的白银、铜和武器，郑氏甚至允许日本人到台湾北部定居。

对于新来的英国人，台湾不仅与之有着贸易关系，还希望借助英国人的军事技术来武装自己。

甚至面对清朝政府，郑氏也保持了积极的态度，即便双方处于战争之中，清朝通过迁界断绝了与郑氏的贸易，郑氏也不断地进行贿赂，希望能够打开一道口子，维持与沿海地区的贸易。

如果仅仅从政治的角度看，郑氏治下的台湾的确是清廷统一的一大隐患；但是从开放的角度看，郑氏台湾是汉人政权中极具世界性的政权，与清廷比起来，它更有可能走出封闭，融入世界规则中。正因为这样，我们才更加为郑氏所支持的南明政权如此迅速地垮掉而扼腕叹息。

郑经晚年在与清廷的谈判中，希望以藩属的地位归顺，可以称臣纳贡，但不剃发易服。如果他能够维持军事实力，双方很可能能够按照这个要求达成协议。但不幸的是，由于台湾的开发还是无法支撑庞大的军事开支，随着财政的失衡和清朝海禁的加强，台湾已无力抵御清军。

康熙二十年（1681），郑经去世。两年后，降将施琅率领的清军攻克澎湖，郑经的儿子郑克塽向清军投降，他们剃头留辫，被押往北京。

郑氏集团覆灭后，台湾的地位在清廷引起了讨论。一种观点认为，既然已经将郑氏集团消灭，那么台湾作为边远之地是无用的，统治成本高昂，应当抛弃，将中外的边界设在澎湖列岛。① 如果这样做，对于双方来说都是最糟糕的结果，清廷丢失了南方的战略要地，而台湾也必将被荷兰人或者其他西洋人重新占领。另一种观点认为，应该将台湾留下，因为这里作为战略要地必然有其价值。②

康熙皇帝采纳了后一种提议，在台湾设立台湾府，隶属于福建，并设立台厦兵备道管辖台湾。

在清廷的治理下，台湾继续汉化，走上了农业经济、儒家治国和汉式官僚体系的发展道路，这些做法都为台湾的进一步发展打下了基础。但台湾也因为清廷的治理而变得内陆化了：之前在郑氏的领导下，它是一个外向型的经济体，发展农业但强调以贸易立国，在外交上也是多方平衡；而在清廷治理之下，它已经丧失了对外贸易，最终变成了庞大中央帝国的外围地区，郑氏时期具有国际视野的政权彻底消失不见。

即便台湾不再是外向型经济，但台湾的征服对于整个中国南方和沿海地区来说仍然有着巨大的正面影响。康熙皇帝是一位雄才大略的君主，即便早期实施了海禁和迁界，但这些政策更多是最早的辅政四大臣设立的，康熙亲政之后虽然沿袭了这些政策，但他并没有将之当成永久性的政策，而更多是当作对付台湾的暂时性措施。因此，台湾被征服的同一年，清廷立刻放弃了闭关和迁界政策，重新打开了对外贸易的大门。

对外贸易大门的重新开启，除了康熙皇帝的宽宏之外，还要归功于沿海地区官员和百姓的共同努力。当时，沿海居民已经复业，但是朝廷依然禁止商船出海。施琅等人屡屡上书请求皇帝开海禁；荷兰帮助清军剿灭郑氏，此时也请求贸易，得到了皇帝的准许。荷兰获得贸易权之后，其余国家也纷纷前来。最终皇帝设立了粤海关、闽海关、浙海关、江海关四个海关，于广州之澳门、福建之漳州、浙江之宁波、江南之云台山设立了关府。③ 到这时，清朝就进入著名的四口通商时代，这也是中国进入近代之前最后一个开放时代，是隆庆开关之后的另一个黄金时代，同时也是最善于利用西方技术的时代……

---

① 持这种观点的包括福建巡抚金铉以及李光地等人。
② 福建总督姚启圣和水师提督施琅持这种观点。
③ 见《清朝柔远记》卷二。

第六章
黄金时代（1644—1716）

汤若望的沉浮

顺治十三年（1656），顺治皇帝迎来了一个由荷兰人组成的西方使团。此时的台湾还没有被郑成功收复，而荷兰人的目的则是完成在明朝没有得到的许可——贸易。早在三年前，荷兰人就向皇帝发出请求，这时候访问才得以成行，他们得到的答复是可以在朝贡体系下以朝贡的名义进行贸易。大臣们希望五年一贡，但皇帝改为八年一贡，表明他对荷兰并不亲近。①

荷兰使团的干事简·纽豪夫提到顺治皇帝是一个皮肤白皙、个子中等的年轻人，穿着一件似乎是金丝编织的背心。朝见几乎是在沉默中进行的，皇帝坐在宝座上，使节们在大约三十步远的地方叩拜。十五分钟后，皇帝站起身来，荷兰人在其注视下离开。

更令荷兰人感到不可思议的是，在内阁接见他们时，竟然有一位外国人参加。当时，首席大学士盘腿坐在椅子上，两位内阁成员站在他两侧，而在其左侧，还坐着一位留着长胡子、剃了发、穿着清朝官服的耶稣会士，这位耶稣会士用德语与荷兰人交谈。②

这位出席内阁会议的外国人就是顺治皇帝的宠臣汤若望。

清朝占领全国后，传教士的事业迎来了另一个高峰，标志之一就是汤若望的受宠。自从汤若望将崇祯历法上交清朝，被清朝当作标准历法使用之后，他就被授予钦天监监正之职。汤若望本人对清朝也充满了信任，称赞他们的

---

① 见《清朝柔远记》。
② 见《一代巨人：明末耶稣会士在中国的故事》。

组织和战斗力，并和许多人建立了关系，其中最著名的是努尔哈赤的次子、拥立皇太极的亲王代善，以及日后的顺治皇帝。

之后，顺治皇帝又封汤若望为太仆、太常寺少卿。①顺治八年（1651），皇帝亲政后，封汤若望为通议大夫。顺治九年，在宣武门内的天主教堂竣工之际，皇帝赐给传教士一块御题的匾额"钦崇天道"。第二年，又赐给汤若望"通玄教师"②的名号。顺治十四年，皇帝又写下"通玄佳境"匾额，被挂在宣武门内的天主教堂。除了优待汤若望之外，耶稣会也被给予很高的自由度，除了东北之外，其余地区都可以自由传教。

汤若望的威望在顺治八年（1651）顺治皇帝亲政之后达到顶峰，皇帝与耶稣会之间的关系也发展到极致。顺治皇帝称汤若望为"玛法"，也就是满语中"祖父"的意思。每当汤若望生病，皇帝都会派人前往探视，并送去良药。

皇帝经常在晚上召汤若望到宫里，如果逗留时间太晚，就派几位皇子陪汤若望返回住处。皇帝还经常去汤若望的住处，进入教堂和庭院后直奔其寝室，与他长时间交谈，仅仅在顺治十三年至顺治十四年（1656—1657）就去了24次。顺治十四年3月15日，当汤若望出席原本在皇宫里举办的顺治皇帝的庆生聚会时，皇帝突然提出，要将庆典转移到汤若望的住处。

还有一次探视时，传教士和皇帝一同进入教堂，皇帝的随行人员跟了一里长的距离，除两三个王公和一名随身太监之外，都等在了教堂之外。他们走过院子，进入图书室坐下。皇帝请两位传教士讲欧洲话，之后到达圣器室，问这间房是干什么用的，汤若望回答说这是保管圣服的。皇帝请传教士穿上圣服，欣赏了半天。之后，他又参观了齿轮钟、望远镜及其他数学器械，传教士们为皇帝进行了演示。③

皇帝与传教士的关系还反映在通信上。通常大臣给皇帝的奏折只能间接地按流程转交，但汤若望可以直接呈递奏折，而且不分时间和地点。钦天监监正作为一个官职是要上早朝的，可早朝时间与弥撒时间冲突，于是皇帝免

---

① 按道理，传教士作为上帝的仆人不得接受任何世俗政权的职位。对能否接受清朝的职位，汤若望也很谨慎，屡次推辞不掉之后，他咨询了耶稣会的负责人傅汎际，最后才接受下来。
② 后来由于避康熙皇帝的名讳，改为"通微教师"。
③ 见《鞑靼中国史》。西方传教士一般记载得更为详细，较为真实。

除了汤若望的早朝。此外，他还免除了汤若望在觐见时的磕头礼节，上朝时，皇帝坐在宝座上，汤若望则坐在他前面的一个软垫子上。①

在这段时间里，汤若望显然是最有影响力的西方人士。②但他和皇帝的关系又和明朝时期是不同的。明朝的君臣对于传教士的重视主要源自其所带来的西方科学的先进性和实用性。可顺治皇帝除了知道传教士在天文学（其实只是历法）方面的造诣之外，对于其他方面并不感兴趣。就连西方人也承认，皇帝拜访传教士，让他们展示各种仪器，但最后并不十分感兴趣。③

顺治皇帝与汤若望更多的联系不是因为好奇心，而是年轻皇帝对老年人的依赖，以及他寻找信仰的需要。汤若望也恰好想促进天主教在中国的发展，希望能够度化顺治皇帝。两人长谈的内容大都围绕着诸如灵魂不死、十大戒律、天主的本性、神的恩宠、婚姻、禁欲和耶稣基督的生活经历等主题。顺治皇帝也会在给文武官员的训令中引用一些天主教的思想。

但汤若望想要度化顺治皇帝的愿望是不可能实现的。皇帝有着很多妃嫔，他作为年轻人更是处于沉湎女色的时期，这让他不可能信仰天主教。

虽然汤若望并非靠科学及其实用性吸引顺治皇帝，但西方科学精神在某种程度上对他人还是有一定吸引力的。在顺治末康熙初，北京发现了五口大钟，每口钟重十万二千磅，几乎比欧洲钟大三倍多。朝廷决定将其中的几口安装到钟楼上。据负责工程的官员预测，需要几千人才能将其抬起来。汤若望却认为两百人就足够了。辅佐汤若望的是新到中国的传教士南怀仁。④他们采用力学原理制造机械，完成了前两口钟的安装，两年后又安装了第三口。数万人观看了安装过程，传教士们利用机械，仅用一百二十二人就完成了安装，令观者感到不可思议。

由于皇帝的宠爱，传教士们的信仰传播也在地方层面得到了便利。顺治十六年（1659），十名传教士到达澳门，被允许前往中原地区。当南怀仁从陕西进京时，一路上更是受到各级官员的隆重款待。传教士的教堂被官方贴

---

① 见《一代巨人：明末耶稣会士在中国的故事》。
② 除了荷兰使团，证实这一点的还包括传教士鲁日满、南怀仁、潘国光和阳玛诺等。
③ 见《鞑靼中国史》中皇帝对汤若望拜访的记载，接下来就谈到两者关系冷淡了下来。
④ 见《南怀仁的〈欧洲天文学〉》。

上告示进行保护,甚至有官员劝说当地百姓善待天主教。①

不过,顺治十五年(1658)以后,汤若望对皇帝的影响力就下降了。最后,皇帝和蒙古人一样,选择了来自西藏的喇嘛教。三年后,顺治皇帝由于感染天花而去世,在他去世之前,最后一次接见了汤若望,传教士做了最后的争取,但顺治皇帝拒绝谈论信仰之事。

根据传闻,汤若望可能在决定顺治皇帝的继承人方面起了一定的作用——皇帝的第三个儿子玄烨出过天花,意味着已经获得了终身的免疫,不会再像父亲一样因天花而死,他最终被指定继承皇位。②

顺治皇帝去世后,传教士们在清朝的第一个黄金时代进入尾声,接踵而来的是另一个教难时代。

汤若望虽然受到顺治皇帝的尊重,但是也树敌颇多,这些敌人主要来自两个方面:传教士内部和清朝官场。

在传教士内部,汤若望的反对派极其强大。人们对他的不满在于:首先,他接受了清朝的官职。其次,他还有一个义孙。他七十岁时,由于一直独身,顺治皇帝从中国人"无后为大"的观念出发,逼他收养了一个幼童作为义孙,取名"汤士弘"。为了继承汤若望的身份,皇帝还特许其义孙入国子监。③这样的做法在清廷看来是无可厚非的,但在传教士们看来就是不适当的。

汤若望继承了利玛窦的入乡随俗传教策略,其中包含了许多对中华观念的妥协,以传播科学为主,然后才传播信仰。但这个策略本身就一直受到教廷内部的攻击。利玛窦死后的负责人龙华民就不赞成这个策略,龙华民的激进做派也是明朝第一次教难发生的原因之一。沉痛的教训最后让龙华民幡然悔悟。但龙华民之后还有其他人反对这个策略,比如在四川传教的安文思和利类思,虽然被汤若望救出囹圄,但他们仍不断地指责汤若望的传教策略和

---

① 见《鞑靼中国史》。
② 到了康熙二十七年(1688),耶稣会士白晋来华后出入宫廷,时常接近康熙皇帝,他对皇帝相貌的描述是:"貌像尊严,身体分外匀称,微高于一般人士,面容整齐,眼睛生动,较普通者略大。鼻圆而尖,微向前伸,脸上虽有几颗天花遗痕,却不减轻引人的力量。"这时依然可以看到天花对他的影响。见《中西交通史》引白晋《中国皇帝历史像略》。
③ 关于汤若望的义孙,见《正教奉褒》。

个人生活，写了数不清的报告信控告汤若望，差点导致汤若望被教会开除。①除了耶稣会之外，其余的天主教团如方济各会等也在不断地试图进入中国，它们的策略就是攻击耶稣会，标榜自己比耶稣会更纯正。②

这些内部的敌人还是可控的，更麻烦的是来自清朝官场的攻击，这就必须说到顺治末和康熙初的政治形势。

康熙皇帝继位后，真正控制朝野的是以鳌拜为首的四大臣③。在清朝早期，顺治皇帝代表的是一个王朝早期的扩张，在其治下，清朝从一个东北的蛮族变成了统治整个中国的强大政权。虽然其武功更多归功于家族的其他人，但这位皇帝对于外部世界一直保持着充分的好奇心，由此开启了虽短暂却开放的时代。作为辅政大臣的鳌拜是军功出身，性格刚愎保守，他的出发点是维持清朝江山而非扩张，为了维持稳定，必须对一切不熟悉的事物进行打压，对于以传教士为代表的新鲜事物自然也是排斥的。

当辅政大臣有这样特点的时候，几乎不需要他们亲自动手，其他的保守势力自己就会跳出来成为汤若望的敌人。

事实上，早在顺治朝后期，汤若望就已经受到攻击。顺治十四年（1657）四月，钦天监官员吴明烜状告汤若望推行的历法不准。他认为：根据汤若望的推断，当年的二月和八月都见不到水星；可是根据他的推断，当年的二月二十九日依然可以在东方清晨时见到水星，而八月二十四日还可以在西方见到水星。

举报时已经是四月，无法查验二月二十九日时水星是否出现过，但皇帝还是令大臣们在四月二十日登上天文台，他们没有见到水星。这个观测结果并不能说明吴明烜的举报不对，因为水星可能在二月底还能见到，只是到了四月份才落下。要想验证吴明烜的说法，必须等到八月底，看水星是否在西方出现。吴明烜也请求到八月二十日至九月初五日再验。等到了时间，皇帝派人登台，依然没有看到水星，这就证明汤若望的推断是对的，而吴明烜的

---

① 见《中国新史》。安文思和利类思等人也在第二次教难后幡然悔悟。见下文。
② 见下文。
③ 其余几位大臣中，索尼年老多病，疏于政事；苏克萨哈出自多尔衮一脉，受到索尼和鳌拜的排挤；遏必隆缺乏主见，依附于鳌拜。因此，虽然名义上是四大臣辅政，但最后政出于鳌拜。

是错的。这件事导致吴明烜被判绞刑，但随后被赦免。[①]

三年后，安徽歙县的杨光先再次举报汤若望。杨光先在明朝时期曾因与大学士温体仁对抗而被流放辽西，不久被赦免。到了顺治朝末年，他开始以反对西学的斗士面貌出现。他无力在计算上质疑传教士，就在道德上质疑汤若望，认为印行的时宪历不应该写上"依西洋新法"五个字，并说他们传播的教义有问题。这次举报依然没有得到重视。[②]

顺治皇帝去世后，局面出现了变化。从这一年开始，杨光先年年对传教士发出控告，最初没有得到回应。但到了康熙三年（1664），随着鳌拜等人地位的稳固，以及杨光先的调门越来越高，其控诉终于引起了反应。

杨光先对传教士的指控非常聪明。表面上，他是控告传教士的历法不准，但他指出的问题大都是西方天文学和东方天文学传统上的不一致之处，[③]比如汤若望在制作天体仪时没有标出北极星这个帝星，因此是大逆不道。[④]但事实上，他洞察到了鳌拜等人心中的恐惧，那就是天主教会发展太快了——此时基督教已经发展到济南、淮安、扬州、镇江、江宁、苏州、常熟、上海、杭州、金华、兰溪、福州、建宁、延平、汀州、南昌、赣州、广州、桂林、重庆、保宁、武昌、西安、太原、绛州、开封以及京师等地，共三十堂，每堂一年五十余会，每会收徒二三十人。照这样的速度，天主教徒还会迅速增加，因此引起了统治者的担心。另外，他还精准地掌握了统治者担心西方间谍的心态，表示天主教士分布在全国各处，会测绘地图，图谋不轨。

这些对教会的指控是辅政大臣们最担心的问题。但杨光先依然觉得不够，又利用当时的传闻炮制了"洪范五行案"。顺治十五年（1658），顺治皇帝最喜欢的董鄂妃曾经产子，但婴儿最终夭折，作为钦天监监正的汤若望需要确定孩子葬礼的日期。杨光先认为，汤若望故意选择错误的日期，导致董鄂妃早死，进而又造成了顺治皇帝的离世。

这些带有唯心色彩的控告汇集在一起，作用远大于仅仅靠事实说话。这

[①] 关于日期和观测，见《正教奉褒》，八月二十四日时间的补充见《清朝柔远记》。
[②] 见《正教奉褒》。
[③] 杨光先在上书中一共列出了十处。
[④] 见《中国新史》。

一次，杨光先终于将传教士告倒了。汤若望本来要亲自应诉，不想在出庭前却突然瘫痪，得了麻痹症，他虽然活了下来，却不能说话，也就无法为自己辩护。

康熙三年（1664）十二月，鳌拜将在北京的四名传教士汤若望、南怀仁、利类思和安文思投入监狱，汤若望被戴上木枷长达六个月。在各地的传教士栗安当等人也被抓，支持传教士的给事中许之渐等人被罢黜。

在被抓捕的人中有一位汉人——钦天监历科主事李祖白，他是汤若望的坚定支持者。李祖白曾经与汤若望合写《远镜说》，也和利类思合写《天学传概》。在传播信仰方面，李祖白也有着特殊之处，他试图将中国的神话传说与基督教的神话传说相融合，形成一个共同体，便于人们接受。他认为，中国神话中开天辟地的人，其实就是西洋的天主上帝，也是他造出男女各一人（即《圣经》中的亚当和夏娃），居住在一个叫作"如德亚"的国家。当时全世界的人们（二人的子孙）侍奉一个主子，信奉一个教义，后来人越来越多，散居到世界各地。中国人也都是如德亚的苗裔，他们散居时，对应的是伏羲氏时期。到唐虞三代，人们习惯上还称天呼地，比如在《书经》中，就有"昭受上帝，天其申命用休"，《诗经》中有"文王在上，于昭于天"，《鲁论》中有"获罪于天"，《中庸》中有"郊社之礼，所以事上帝"，《孟子》有"乐天、畏天、事天"，等等。①

汤若望系狱后，由于这是一个政治案件，官员们也不知道该怎么审理，拖了很久，也转了很多衙门。杨光先的控告中，除去其中不可验证的道德因素，可验证的证据依然只是天文学上的，这就需要等待一次日食来验证。当时各方都预测不久的将来会有一次日食出现，但对于具体出现的时间小有差异。为了验证谁是正确的，南怀仁、伊斯兰历和汉历的天文学家都做了各自的预测。这一次依然以西学更准确预测而告终，但即便如此，还是没有改变传教士的命运。

最后，根据政治案件原则，汤若望被判凌迟处死，其余三人被判杖刑后流放。汉人官员中有七人判死刑，最重要的人物就是李祖白。

然而，就在宣判之后，"上帝"出面了。传教士的宣判是在康熙四年

---

① 见《天学传概》。

第二部　在希望与失望中跌宕的百年（1644—1735）　　　　　　　　　　　　　　　187

（1665）三月初一日。到了次日，北京突然发生了一场大地震，连日一共震了五次。地震的破坏力巨大，大火也烧毁了紫禁城里的部分宫殿。这件事让朝廷大臣感到恐惧，与此同时，顺治皇帝的母亲孝庄太后也感到事情做过了头，于是出面干涉。干涉的结果是四位外国传教士被释放并允许留京，李祖白等五人仍然被处死。

与此同时，其他各地的传教士都被带到北京，其中包括二十五名耶稣会士、四名多明我会士和一名方济各会士。①9 月，他们被押往广东拘禁直至康熙十年（1671）。所有的教堂都被关闭。

康熙五年（1666）七月十五日，汤若望病故。

在排挤汤若望时杨光先起了最大的作用，既然传教士被贬斥，就需要有人接手钦天监，康熙四年（1665），清廷任命杨光先为钦天监监正，曾经协助他排挤传教士的吴明烜担任监副。②杨光先这才意识到大事不好，由于缺乏数学知识，他是断然不会推算天文的，他想辞职不就，但没有得到允许。

也是从这一年开始，杨光先和吴明烜二人在制定历法上屡屡犯错。但由于他们是鳌拜的"工具"，没有人敢指出他们的错误。

康熙六年（1667）七月，年轻的康熙皇帝亲政，但鳌拜并不愿意交出执政的权力，二人的斗争逐渐升温直至白热化。③此时，鳌拜的亲信也没有

---

① 三名多明我会士隐藏在福建民间没有被抓。据《鞑靼中国史》所述，教案期间在北京城受审的三十名教士名单如下：
耶稣会士二十五人：汤若望，德意志人；何大化，葡萄牙人；聂伯多，热那亚人；金弥格，弗拉门戈人；郭纳爵，法耳亚岛的葡萄牙人；潘国光，西西里人；利类思，西西里人；安文思，葡萄牙人；李方西，皮埃蒙特人；陆安德，那波利人；刘迪我，法兰西人；瞿笃德，罗马人；汪儒望，法兰西人；成际我，葡萄牙人；穆格我，法兰西人；穆迪我，法兰西人；毕嘉，皮埃蒙特人；洪度贞，法兰西人；张玛诺，葡萄牙人；南怀仁，弗拉门戈人；柏应理，弗拉门戈人；鲁日满，弗拉门戈人；恩理格，德意志人；聂仲迁，法兰西人；殷铎泽，西西里人（放逐到广州的诸神父派他赴罗马申诉）。
多明我会士四人：科罗拉多，西班牙人；闵明我，西班牙人；萨尔帕特里，西西里人；莱奥纳多，西班牙人。
方济各会士一人：利安当，西班牙人。
② 《正教奉褒》记载杨光先首先补了监副，之后才升任监正。
③ 鳌拜将他的执政同僚苏克萨哈杀死，名义上已经亲政的皇帝无力救助，也使得鳌拜拥有了更多的权力。

那么吃香了。但既然鳌拜没有下台，那么要想清理这些人也并不容易，只能找机会。康熙此时想到，传教士掌握的天文学知识可能会帮助他扳倒鳌拜的亲信。①

根据南怀仁的回忆②，康熙七年十一月（1668年12月）某日的夜晚，康熙皇帝派了被称作阁老的四名官员来到南怀仁在天主教南堂的住处，向他询问吴明烜和杨光先制定的历书（也是正在使用的历书）是否有错。南怀仁立刻抓住机会回答：这部历书的确有很多错误，最大的错误就是在康熙八年的历书里设置了闰月，其实这个闰月应当出现在康熙九年。大臣们立刻向康熙皇帝做了汇报，并附上了一些其他错误，如一年之内设置了两个春分、秋分等。③没过多久，大臣们再次前来，带来了皇帝的圣旨，让他第二天一早前往皇宫。

康熙皇帝接见南怀仁时，和颜悦色地询问了一些问题。他问：是否能通过实验来证明历法的准确性？南怀仁回答：这很容易，可以在观象台上验证。因为太阳是人们可以观察到的最清楚的天体，所以通过计算就可以做出与实际相符合的预测。只要将任意一根标杆（或者桌子、椅子）立在院子中央，阳光照射在标杆上，就会产生阴影。标杆阴影的长度是由太阳的高度来决定的，每一天阴影的长度是不同的，这个长度是可以准确推算出来的。只要皇帝确定一个日子、一个具体时间，他就可以准确地预测投影的长度，并根据特定时间上太阳的高度，清楚地了解太阳在黄道带中的位置。由此可以判断历法的计算是否与天体的运行相一致。皇帝听后，立刻决定安排一次观测。

杨光先等人对于这样的观测是很排斥的，认为没有必要去验证，他们坚持自己依靠的是尧舜之法，请求皇帝不要用八万里之外的西洋法取代尧舜之

---

① 关于测日影与撤职吴明烜和杨光先之事，中外史料有不同记载。根据《清朝柔远记》记载，康熙七年（1668）七月，首先因为不称职被撤职的是钦天监的监副吴明烜。但根据《正教奉褒》，二人是一同遭到质疑被撤职的。由于传教士南怀仁的记载更准确可靠，因此，我们可以判断促使吴明烜倒台的事情与杨光先是相同的，二人应当是因为同一件事情先后被撤职的，事情也不是发生在这年年中，而是年底。
② 见《南怀仁的〈欧洲天文学〉》。
③ 见《正教奉褒》。

第二部　在希望与失望中跌宕的百年（1644—1735）

法，这与国运不符。但皇帝更加在意方法的准确性，而对名分并不看重。

就这样，在第二天中午，传教士和他的对手来到北京观象台，竖立了一根高达 8.49 英尺（约 2.59 米）的柱子，南怀仁计算后画上了记号，到了日中，日影准确地与记号重合。他的对手根本做不到这一点。

但这依然无法打消人们的质疑，于是又有了第二次观测。这次观测设在紫禁城内的一座大院子里，标杆高度只有 2.2 英尺（约 0.67 米）。南怀仁计算出位置，人们还专门在该位置处造了个平台。当太阳接近正午的位置时，标杆的影子还没有落在平台之上，看上去似乎比南怀仁画的记号更长。负责监督的汉人阁老和杨光先等人以为南怀仁计算错误，开始窃窃私语并发出讥笑的声音。但时间越来越接近正午时，日影就爬上了平台，并突然缩小偏离，最后准确落在那记号上，一切严丝合缝。就在这一刹那，一位曾带头反对西洋法的清朝官员出人意料地大喊起来：这才是真正的大师！

第二次观测之后，人们又回到观象台，进行了第三次测量，标杆 8.055 英尺（约 2.46 米），南怀仁计算的结果依然准确无误。由此，皇帝才相信原来天文历法真的可以计算出来。

南怀仁获得了审核历书的权力，他总结了历书中的错误，大臣们也同意针对历书中的错误进行重新观测和检验。于是南怀仁又多次对太阳和行星的运行进行了观测。[①]

此举一直延续到第二年，皇帝才将杨光先、吴明烜解职，南怀仁被任命为钦天监监正。

就在解决钦天监的问题不久，皇帝也解决了鳌拜的问题，这位独断专行的摄政大臣被皇帝偷袭，囚死在狱中。鳌拜死后，康熙皇帝下令复审汤若望案，将其平反昭雪。杨光先由于诬陷之罪被流放，后皇帝念他年老，把他削职为民，最终他死在了回乡路上。

除了为汤若望恢复生前的官阶和财产，康熙皇帝还赐银五百二十四两为汤若望修建坟墓，举行葬礼，并立墓碑石兽。死去的五名钦天监官员也得到平反。年底，皇帝下诏，除了允许在京传教士的活动之外，其余各地的活动

[①] 观测的结果是南怀仁删去了之前错误设置的闰月。

依然禁止。但到了康熙十年（1671）初，皇帝就下令将杨光先迫害案中囚禁的栗安当、潘国光、刘迪我、鲁日满等二十余名传教士，懂历法的送北京，其余人回各地。清初最严重的一次教难结束了。

康熙皇帝与南怀仁

在中国的史籍中，皇帝总是以一副威严的姿态出现，以符合他作为天子的形象。但是，偶尔也会有例外。对中国皇帝最生动的描写并非来自中国人，而是来自海外传教士。他们在康熙皇帝南巡过程中捕捉到了略显烦琐但是又充满趣味的皇帝言谈。①

在清朝，康熙皇帝的六次南巡被大书特书，但都隐藏在重重的官话之中，只有在传教士的记载中他才显得特别立体。也由于康熙时代是中国古代少有的对海外人士宽容的时代，我们才看到了不一样的情景。

早在康熙二十三年（1684）皇帝第一次南巡，他就一路上接见各地的传教士。但真正有准备、大规模地与传教士打交道，还是康熙二十八年的第二次南巡。

这一年的正月初六日，康熙皇帝在出发前两天，专门找来了在北京的传教士徐日昇和张诚，详细打听他一路上在哪里可以碰上天主教士，他们叫什么，天主教堂的位置在哪儿，等等，并表示将接见他们，同时还不忘让内大臣准备礼物。

正月十五日，皇帝到达山东济南府，这是他一路上路过的第一个有传教士的城市。五年前他曾到过济南，但临时寻找传教士时，却发现他们不在济南，所以没有遇上。② 这一次由于提前通知，显然不会再错过。皇帝到达当

---

① 由于传教的需要，各地的传教士和信徒会将教会受到的优待整理成文字四处传播，这些文字大都是白话文，显得非常活泼，特别是对于皇帝的记载。《正教奉褒》中就收集了不少这样的文字。

② 康熙二十三年（1684）九月二十八日，皇帝到达济南府，派遣侍卫到天主教堂询问。当时济南的负责人汪汝望去了江南，错过了。所幸皇帝十一月初一日到金陵后，除了见到当地的负责人毕嘉，还见到了汪汝望。

天的清晨,负责济南府传教工作的西班牙人柯若瑟已经骑马出城十里,跪在路边迎驾了。

皇帝在马上远远地望到有个高鼻子老外,大喜过望,连忙派人把他带到眼前,驻马问其姓什么。柯若瑟报以名姓后,皇帝继续问他在中国几年了,可曾到过北京。柯若瑟一一回答。皇帝问他为什么不进京,传教士回答说是因为自己不懂天文学,而皇帝更愿意让懂科学的人进京,所以他到现在还没有去过北京,只是在济南学习汉语。

皇帝随后让他回去。柯若瑟回去后,到了晌午时分,两个侍卫带着二十两白银前来叩拜天主,并赐给传教士银两,谈话后离去。

济南的相遇只是预演。二月初九日,皇帝到达杭州。在杭州的天主教负责人是意大利人殷铎泽,他也收到了北京的徐日昇的书信,知道皇帝要来。他乘船到黄金桥迎驾,碰到了御船。皇帝连忙派人问是谁,得到答复后让他上前。除了询问他来中国多少年、之前在何处、来浙江多少年、多大年纪、是否进京之外,皇帝对他是否认识中国字很感兴趣。

根据名单,杭州本来应该还有另一位传教士洪若,不想洪若已经去了江宁(今江苏南京),与另一位传教士毕嘉在一起。

谈话过后,皇帝赐给殷铎泽三盘果饼乳酥,并询问了天主教堂在哪里(城市的北关门内不远)。殷铎泽回到教堂不久,皇帝就经过了天主教堂。第三天,皇帝派人叩拜天主像,并赐予银两。殷铎泽连忙带上八件礼物,和侍卫一起前往献给皇帝。皇帝看了礼物,说道:如果不收他的礼物,老人家心里不安,那就收他一件玻璃彩球,剩下的带回去吧。殷铎泽九叩而还。

二月十七日,皇帝离开时,殷铎泽又到天主教堂门口跪送皇帝,这次和他一起的还有一位意大利人潘国良,这引起了皇帝的好奇心,连忙停下询问此人是谁。得到回答是:潘国良是松江的天主教负责人,前来拜见皇帝。于是二人又被允许觐见,他们被领到御船经过的路边,皇帝和他们在船上聊起了天。潘国良当时四十三岁,已经来中国十八年了,曾经在广东、松江、绛州等地停留。

皇帝问他们想送行到哪里,二人都愿意一直送驾到苏州。最终,皇帝让殷铎泽这位老人家留步,毕竟送君千里终须别,而潘国良顺路一直跟随皇帝到了苏州。十九日，潘国良单独带上六种礼品献给皇帝，后者收了小千里镜、照面镜和两个玻璃瓶。到二十二日，潘国良又见到了皇帝，获得了赏赐的两盘嘉果乳酥。二人又谈了一会儿对于汉语和松江方言的认知，潘国良这才返回。

二月二十五日，皇帝到达江宁，进入通济门。在江宁的传教士就是皇帝已经知道的毕嘉和洪若。天下着大雨，二人在上方桥遇到圣驾，连忙跪在地上。皇帝在马上看到毕嘉，连忙询问：毕嘉你好吗？毕嘉边回答边介绍了身边的洪若，皇帝在提示下想起来他也曾经见过此人。由于下雨，皇帝让他们赶快回去。

二月二十六日，两位传教士前往请安。第二天，皇帝的侍卫前往叩拜天主并赏赐，还与传教士吃了饭。当天传教士筹备了十二件礼物前往谢恩。皇帝也只说收下两件，剩下的由其带回。但由于毕嘉和洪若的坚持，最后皇帝又收了四件。另外，有两架验气管本来皇帝是想收的，但由于体积庞大，决定委托传教士送往北京。

两人回到教堂后，很快皇帝又派人来了。原来，他是想了解在江宁是否可以看见南极老人星①，如果能看到，那么这颗星在广东处于什么高度，在江宁又处于什么高度。传教士一一回答。

侍卫走后，传教士担心自己的回答不够准确，当晚又重新测定了南极老人星的方位，上奏皇帝。

三月初一日，皇帝临行前送给传教士三盘蒙古王进贡的珍馐。传教士又出城到仪凤门，登船到燕子矶，发现皇帝的御船已经到了长江中间，于是他们又从仪征赶到扬州湾等候。到了初五日，皇帝的船来到，又见到了传教士，皇帝大喜过望。此时毕嘉已经是六十七岁的老人，依然对皇帝如此恋恋不舍，让皇帝感慨万分。

三月十一日，皇帝北返到了山东济宁，这里的传教士利安宁已经在石佛闸等待了。在这里，皇帝询问了他关于天文学、物理学的知识，并询问了医

---

① 即船底座阿尔法星，只有中国南方地区（北纬35度以南）才有可能在冬天的南方低空看到这颗星。

学器具的知识。利安宁一一回答。最后利安宁收下了皇帝的赏赐，并回赠四件礼物，皇帝只收下了水晶瓶。

康熙皇帝南巡结束了，但南巡的影响并没有结束。到了第二年四月十五日，毕嘉来到北京。前一年，皇帝随口让他把两架验气管送来，一年后，这位已经六十八岁的老人真的送来了。四月十七日，皇帝听说毕嘉来了，抛弃了一切繁文缛节立刻召见。在询问了一路上的辛苦和南方诸位传教士之后，皇帝最关心的是当年百姓的收成。由于旱灾，各地收成不好，毕嘉在坐船前来时的路上能够看到真实的情况。传教士也诚实作答：沿路观看，田亩多半荒芜，大约秋收有限。

皇帝让毕嘉在北京待了一年，传教士最终请求回南方。由于当时是旱季，只能走陆路，过于辛苦，皇帝考虑到毕嘉的身体情况，希望他到了秋后再从水路回去。毕嘉拒绝了，于是皇帝赐给他路费，特别嘱咐说：你已经是老年人了，来去听你自便，可是回去的时候，一定要小心，保重身体要紧！考虑到他跪下站起已经很艰难，皇帝免了他的跪礼，赐宴而出。

皇帝对天主教的每一次恩惠和宠信都被孜孜不倦的天主教士记录下来并加以宣扬，使得各地的官员和百姓认识到天主教是受到皇帝保护的。事实上，皇帝也确实保护了天主教，并不介意天主教徒将他的宠信宣传出去。

康熙皇帝最宠信的传教士叫南怀仁，也就是利用天文观测帮助皇帝除掉鳌拜的亲信杨光先的人。自那之后，南怀仁就再也没有失去过皇帝的宠信。康熙二十一年（1682），皇帝巡幸时带上了南怀仁和他的仪器，当年，南怀仁加授工部右侍郎。康熙二十二年，皇帝前往北方，依然带着南怀仁。康熙二十三年，皇帝第一次南巡回到北京，迎驾的还有南怀仁。

南怀仁利用他的地位，将传教士们源源不断地输入中国。掌握技术的（特别是天文技术），就到北京供皇帝使用；不掌握技术的，就派往全国各地去传教。

康熙二十六年（1687），南怀仁临终前，皇帝亲自派去太医。次年二月出殡时，皇帝又给予了极高的待遇，派遣内大臣一等公固山佟国舅（佟国维）、赵侍卫以及四位一等侍卫送葬。佟国舅宣读了皇帝的圣旨，送葬之后，说：

因他这样的好，所以皇上差我们来送他、祭他、哭他。①

在康熙皇帝的引领下，中国进入了一个很特殊的"欧洲热"时代。唐朝之后的各王朝往往看不起外国的手工艺品，认为只有国货更好。到了清朝中晚期，这样的情绪更加明显。但在康熙朝，情况正好相反，人们懂得欣赏欧洲来的好货。南怀仁曾经说，当时的北京人要想赞美一件物品，就会说这是从欧洲进口的或者是欧洲制造，最差也要说这很像欧洲货品。这个习惯甚至影响了中下层民众，包括手工艺人和商人。而经营奢侈品的商人为了赚钱，会给中国和日本或者东南亚的货物打上欧洲标签。他举例说，当时的中国玻璃已经不错，也可以镶嵌在金银和象牙上，除非是专家，已经很难分辨出中外货品的差异，但中国商人会在包装上弄上稀奇古怪的欧洲字母来充当欧洲货。②

从上述可以看出，在康熙皇帝的引领下，当时的社会并不保守，甚至还有些"崇洋媚外"。在那个时代，甚至连外国商人也会说一些关于清朝的好话。我们已经谈到明末开关造成了一次开放，表明明朝末年对待外国人是越来越开放的。但外国人在谈到清朝初年时，会认为清政府比明朝还要开明得多。有人就说：明朝时，人们十分妒忌外国人，外国人想要做买卖和登岸都很困难。但是，清朝时没有那样疑心重重，为了表明自己的英勇无畏，他们愿意向世上所有的民族敞开入境的大门。清朝时期的人们不介意外国人的到来，也完全不害怕外国人的出现，相反，还为自己在世界传播了声名而自豪。他们更加慷慨和勇敢，他们做生意更加坦率和自由，也更容易接近。在这点上，他们颇有欧洲人的气势。③

这样的说法虽然有夸大和一厢情愿的成分，但也表明，在顺治朝和康熙朝，依然没有完全闭关锁国，而是维持着与世界一定的正常交往，也给人们带来了希望。顺治皇帝登基时尚未成熟，加上摄政王多尔衮的跋扈，同时江山还没有完成最后的统一，留下了无数的权力空洞，让政府无力控制所有资

---

① 除了南怀仁，在安文思、利类思等传教士死时，皇帝一般也会赐银二百两、大缎十匹，派三名侍卫祭奠，表明他的恩宠。对南怀仁，派遣佟国舅则意味着更高的待遇。
② 见《南怀仁的〈欧洲天文学〉》。
③ 见《鞑靼中国史》。

源。但到了康熙朝，随着台湾问题的解决，已经不存在制衡势力了。

在这里，人们不禁要问，康熙皇帝为什么会保持开放的心态呢？关于这一点，就要从康熙皇帝的大局观讲起：他绝不是一味地任由传教士在自己的帝国内自由行动，而是善于发现西方科学的价值，也善于利用传教士来为帝国服务。

科学的黄金时代

我们不能只看到康熙皇帝对传教士的恩惠，事实上，他从传教士这里得到了更多。他是最善于利用和学习西方科学的君王，几乎对西方的各类科学都有涉猎。

他最早涉猎的是西方的天文学和数学知识。任命南怀仁担任钦天监监正之后，康熙皇帝还诏令在杨光先案中遭到迫害的栗安当、潘国光、刘迪我、鲁日满等二十余人中寻找懂得历法知识的人，并把他们送往北京。南怀仁作为掌握欧洲古典仪器制造技术最后的代表人物，模仿第谷的设计，将欧洲的机械加工工艺与中国的铸造工艺、造型艺术结合起来，在中国工匠的帮助下制作了成套的天文仪器。

康熙十三年（1674），南怀仁用中文写成了《新制灵台仪象志》一书，书中详细介绍了仪器的构造原理，以及制造、安装和使用方法。在推算历法方面，南怀仁也兢兢业业，将历书（时宪历）推算到了两千年后，共写了整整三十二大卷。他得意地将历法起名为《康熙永年历法》。从难度上讲，历法就是一个数学问题，只要掌握了数学知识和天文学模型，推算天文现象的难度并不大，但是南怀仁将之称为永年历，显然带着万寿无疆的恭维。[1]

令南怀仁印象最深的，还是康熙皇帝对天文学和数学的态度。南怀仁记载，自从平反了汤若望教案之后，皇帝对欧洲天文学的热情持续了大约有四年。在这四年里，他几乎让南怀仁待在身边，在公务的闲暇里，就和他一道研究数学，特别是天文学方面的问题。

---

[1] 见《正教奉褒》。

他们见面的第一天，皇帝就把之前明朝传教士用中文撰写的天文学和数学书籍找来了，一共大约有一百二十本，要求传教士一本一本地给他解释。

几乎每天天刚亮，南怀仁就要进宫。他经常被直接带入皇帝的私室，直到下午，甚至下午三四点钟之后，才得以返回住处。他和皇帝坐在桌子前，南怀仁一面读书，一面解释。皇帝也对天文仪器充满了热情，只要有时间就来研究这些仪器。

当皇帝听说欧几里得的著作是整个数学的基础时，立刻就拿出了利玛窦中译本的前六卷，请南怀仁解释给他听。他以打破砂锅问到底的精神询问了从第一个命题到最后一个命题的意义。之后，虽然皇帝本人精通汉语，但还是让人将这本书翻译成满文。

皇帝掌握了欧几里得几何学的原理之后，就开始更深入地学习三角函数和数学分析。之后，又学习了更多的实用几何学、测量学、地图绘图术以及其他学科。总之，他学习了从天上到地下各方面的理论知识和应用知识，比如日食和月食，并要求传教士演示给他看。

除了听课，皇帝还亲自动手解题和操作仪器。他练习使用比例尺，学习过求平方根和立方根，探索了算术级数和几何级数。他热衷于用仪器测量物体的高度、长度和绘制地图。他有时候对自己的计算缺乏信心，可是一旦通过测量得到证实，就会很高兴。

接着，皇帝又开始研究天体测量，比如行星大小和到地球的距离的测量。借助天文仪器弄清楚了行星的轨道、旋转规律等。对于恒星系统，皇帝也利用夜间时间进行观察，并记住了大量的名称和位置，只要望向天空，指着一颗星星，他就能说出它的名字。

从这些描述里，我们可以看到，年轻的康熙皇帝已经与他的父亲顺治皇帝有了巨大的区别。顺治皇帝也喜欢传教士，但更多是从信仰的角度去理解这些高鼻深目的西方人；康熙皇帝却是带着好奇心，对传教士带来的整个知识体系感兴趣。传教士们打开了康熙皇帝的眼界，让他知道了世界上还有这么多的知识，这些知识如此有趣和实用，能够给他的统治带来有益的补充——这才是皇帝的出发点，允许传教士传教只是皇帝的一个交换条件而已。

仅仅有天文学还不足以显示西方科学对这个古老又新兴的帝国的帮助。

接下来，传教士要在第二个方面帮助帝国了，那就是造炮。

康熙十二年（1673），筹备了很久的平西王吴三桂终于造反了。靖南王耿精忠也起事响应，与台湾的郑氏结盟。到第二年，郑经已经攻克了漳州、泉州、汀州、邵武、兴化和惠州、潮州诸府县。帝国面临着整个南方的反叛，这对年轻的康熙皇帝形成了巨大的压力。康熙十三年八月十四日，皇帝找来南怀仁，问他是否可以帮助造炮——早在清初，汤若望就以造炮闻名，帮助过清政府。

对天文学颇为精通的南怀仁谦虚地表示，他对此略知一二，但任何事情都逃不脱试验，因此，他只能先造一门木炮试一试，看看好坏，才能定夺。[①]到了康熙十四年（1675）三月，第一门木炮造好了（南怀仁称之为"轻型火炮"，自身重量只有一千斤），南怀仁试着发射了一百发炮弹，发现效果不错。五月二十四日，康熙皇帝亲临卢沟炮场放了一炮，打中了靶子。大喜过望的皇帝下令赶快动手造炮且多多益善，不仅要造木炮，还要造铜炮。到了康熙十五年，南怀仁已经造了大小一百二十门轻型炮，另外还有二十四门铜炮，[②]放在青河海子等处请皇帝亲自试验。南怀仁也很会造势，他发明了一种祝炮礼，每当造好一门炮，就在制造局里设立天主像，穿上司铎的衣服，跪下祈祷，然后给炮起一个圣人名号，刻在炮上。这些大炮在清廷平定"三藩之乱"时起了关键性作用。

"三藩之乱"平息后，台湾还没有攻克。康熙十九年（1680），皇帝又下令让南怀仁铸造战炮三百二十门，时间上可以从容一些，要配备战车，称为"神威战炮"。南怀仁还是先试铸两门，试验成功之后才造三百二十门主炮。

到了第二年八月，三百二十门主炮铸造完毕，皇帝令工部侍郎党古里协同南怀仁将炮带到卢沟炮场，随行的是从八旗里专门挑选的二百四十名炮手，他们将跟随南怀仁练习打炮三个月。二百四十名炮兵经过严格训练，学会了校准大炮准星。炮手在打炮时，必须在百步之外对着靶子开火，只

[①] 根据《南怀仁的〈欧洲天文学〉》，南怀仁还修复了一百五十门大炮，并做了除锈等工作。在西山靶场测试时，有一百四十九门合格。
[②] 《正教奉褒》载总数一百二十门，《熙朝定案》载为一百三十门。南怀仁自己载最初制造了二十门新式火炮，后又制造了一百门，还有二十四门全金属炮。

有连续射中靶子三四次以上的，才能作为准星的依据。这些炮一共打了二万一千六百多发炮弹，有的炮甚至打了三四百发都没有损伤，就连炮车也没有坍塌，这证明南怀仁的大炮是可靠和牢固的。①

开始训练两个月后，皇帝带着亲王大臣前往炮场。他请八旗子弟各自放炮，都打中了靶子。这件事让皇帝特别高兴，不仅赏赐了炮手，还把自己的貂裘御服解下来赐予南怀仁。第二年，南怀仁进呈了他的造炮著作《神威图说》。他的大炮也在全国各地推广仿制。由此，清军建立了一支强大的炮兵部队。

传教士的大炮是科学在军事上的应用，不仅如此，科学在民用上也表现出极大的用途。就在教案结束不久的康熙十年（1671），南怀仁就用滑轮原理让皇帝感受到了科学的魅力。这一年，在给顺治皇帝的孝陵修建大石牌坊时，工部遇到了一个工程问题。大石牌坊需要六根大柱子，加上十二件坊子上的石材，还有一根内柱，石料大的有千余斤。但这些石头是在西山发现的，要想运往东陵，必须渡过永定河。如果要过永定河，必须从永定河上的卢沟桥上走。不巧的是，不久前永定河水刚刚冲坏了卢沟桥，政府花了八万两白银才把桥修好。如果这些石料再过桥的话，那么一是必须用大量的人手，二是很可能又会把桥压垮。如果不想压垮桥，就必须用木料对石桥进行保护，花费很可能在数万两白银。

为此，工部向皇帝请示，皇帝则把这件事交给南怀仁处理。于是，南怀仁想到了滑轮。他在桥两端架设了绞架滑轮，每架只用十余人，就轻松地把石头快速运过了桥。②

这件事让皇帝理解了科学在工程学上的价值。但南怀仁可以帮助他做的事情还有更多。就在解决了石料运输之后的第二年，皇帝又有了另一项工程，这次是水利方面的。在北京玉泉山的东侧有一片皇庄稻田，这里主要依靠玉泉山的水进行灌溉，但由于水量小，皇帝想到可以建造另一项工程。在稻田东面的万泉庄有一条小河叫作万泉河，在更早的时期，万泉河水有两个来源，一个是玉泉山的水汇入海甸（现在的海淀）洼地再流入万泉河道，另一个是

---

① 见《熙朝定案》中的《恭纪验炮·纶音盛典》。
② 见《熙朝定案》中的《工部为请旨事一疏》。

第二部　在希望与失望中跌宕的百年（1644—1735）

万泉庄附近的多处泉水。到了金元时期大修水利，万泉河与玉泉山水系分离，万泉河的河水主要就依靠万泉庄附近的泉水了。

康熙皇帝和大臣的意图是，既然玉泉山的水无法完全覆盖稻田，那么就从东面的万泉河向西引水去灌溉。关于经费问题，这片稻田六年的田租大约有二万余两白银，花费最好不要超过这个数量。①

南怀仁查看之后，认为在八沟桥（现在的巴沟）处可以引水至稻田。但真正的难度在于一定要算准高差。事实上，北京西北地区由于有洼地，高差很小，也很难掌握。金元之后形成的玉泉山水系和万泉河水系竟然一个向南流，一个向北流，在这里并排而行，表明了高差的复杂性。另外，在万泉河的南侧还有一些泉水，要想让河水变大，必须把这些泉水引入主河道，这就要建立一些小型的堤坝来蓄水，抬高河水平面。

经过仔细测量和计算，南怀仁得出结论，挑河一共要花费六千三百二十四个河工，支付的工费只有一千两。后来工部为了留出富余量，将河工费用、为河工购买的口粮都算在内，花费也只有二千二百余两。②

南怀仁的水利知识在此事上展露无余。十几年后的康熙二十五年（1686），南怀仁依然在帮助皇帝测量北京附近的河道并安装水闸。当时江南地区在开凿运河，由于水道过长（八百里）无法把握，想请南怀仁过去帮忙，被皇帝以离不开南怀仁为由拒绝了。③

科学的价值不仅在于创造，还在于当局内人由于思维惯性而陷入死循环时，可以通过一个懂科学的外人来打破这个循环，找到一条简单的通路。这一点，在康熙二十四年（1685）皇帝咨询南怀仁的一个工程学问题上表现得淋漓尽致。这一年，皇帝决定对北京城街道进行修整。在北京有许多牌楼立在大街中央，随着时间的流逝，这些牌楼慢慢被埋在尘土之中，大街的街面也越来越高，④两

---

① 接下来的叙述都是根据《熙朝定案》提供的几份奏折和谕旨而来的，其中对于疏浚的工程和费用问题进行了详细的讨论。
② 其中河工花费八百一十五两六钱有零，征米折银一千四百两有零。
③ 见《熙朝定案》记康熙二十五年（1686）事。
④ 街面越来越高，还与人们习惯于将生活垃圾（特别是泥土等物）倾倒在街道上有关，这也是城市考古学中不同地层形成的原因之一。

旁的房屋为了与街面齐平，每次翻修时都要相应地拔高一点。久而久之，当年壮观的牌楼就只能露出半截，变得越来越不壮观了。这是古代以土为主的街道必然产生的现象，在任何一个城市都会出现。但是，北京不允许出现这样影响观瞻的现象，皇帝决定进行修整。

怎么修整？如果仅仅将大街的街面重新挖回到原来的地基，当然是最好的，但这样的话，大街就会变得很低，两旁的房子就像是建在壮观的台地上了（台地大约高三尺五寸），这不像是街道，反而像是河道了。另外，这样挖出来的土到底放在哪儿呢？如果堆积在城根上，那么一下雨，土就会汇入护城河以及周围的河道，导致护城河淤积，河道自然也淤塞。因此，不能考虑挖回到原来的地基的方案。最后大家商量的结果是把牌楼抬高二尺五寸，这样给街两边的房屋留了一尺高的台子，也不算太高。整体上挖土的工程量也相应从三尺五寸减少到一尺，只剩下原先的百分之三十了。

至于刨出来的土，则丢弃在城外的一些低洼坑里，北京周边的八旗地区共有七十五处坑，另外城外居住密集区还有二十处。通过计算，城里挖出来的土可以送往这些洼地填埋。

可是随后又来了新问题：这些工程量只是计算了带有牌楼的大街，如果大街挖了，而周围的小胡同不挖，小胡同就会比大街高一尺，这些小胡同的水就会流向大街，造成积水问题。因此，小胡同也必须开挖。而这个工程量更大，皇帝出不起钱，只能命令各处居住的人自己挖。就算挖了，还有土放在什么地方的问题。原本的洼坑只装得下大街上的土，至于胡同里的土怎么放，人们就想不明白了。

商量过后，由于牵扯到各条街道高低不等，需要测量基准，于是皇帝想到了南怀仁，派他去测量。南怀仁测量过后，提出了自己的观点：各个牌楼经过测量，每一个的高度都不相等，因此要想通过开挖来制造整齐划一的效果是非常困难的。最简单的方法就是放弃这一工程，与其统一挖掉一尺街面，不如完全不动街面，而是根据各个牌楼的实际情况，把牌楼挖出来垫高去适应街面。至于偶有不平的地方，抬一点，挖一点，都是很小的工程。为了防止以后街面抬高过快，应禁止人们乱往街道上倒粪土。

在他的建议下，这项极大的工程突然间就叫停了。南怀仁用他的智慧阻止了一项可能劳民伤财的工程,让皇帝与大臣们讨论了许久的事顿时烟消云散。①

南怀仁曾经在他的著作《欧洲天文学》里专门介绍了众多门类的欧洲科学和艺术②(包括日晷测时术、弹道学、水文学、机械学、光学、反射光学、透视画法、静力学、流体静力学、水力学、气体动力学、音乐、钟表计时术、气象学等)在中国的传播和应用。

表8 南怀仁介绍的在中国应用的各类科学③

章节	标题	内容简介
第十四章	日晷测时术	介绍了传教士们献给皇帝和宫廷的各种各样的日晷
第十五章	弹道学	介绍了铸造的大炮及其效用
第十六章	水文学	介绍了万泉河地区引水灌溉皇庄田地的事
第十七章	机械学	介绍了滑轮组牵引巨石通过卢沟桥一事
第十八章	光学	介绍了类似潜望镜的光学仪器
第十九章	反射光学	介绍了万花筒、夜视镜等
第二十章	透视画法	介绍了以透视画法画成的美术作品
第二十一章	静力学	介绍了齿轮传动装置
第二十二章	流体静力学	介绍了在南堂花园里的兽力提水装置
第二十三章	水力学	介绍了水钟
第二十四章	气体动力学	介绍了蒸汽动力的车、船模型
第二十五章	音乐	介绍了徐日昇制作的八音盒和他的记谱法
第二十六章	钟表计时术	介绍了徐日昇设计制造的教堂大钟
第二十七章	气象学	介绍了能演示日食、月食的仪器和温度计、湿度计

这些科学应用,就其用途基本上可以分为以下三类:④

第一,与国计民生有重大关系的,包括平定"三藩之乱"的西洋大炮、

---

① 见《熙朝定案》,康熙二十四年(1685),工部等衙门谨题,为钦奉上谕事。
② 见《南怀仁的〈欧洲天文学〉》第十四到二十七章。
③ 摘自《南怀仁的〈欧洲天文学〉》。
④ 见《南怀仁的〈欧洲天文学〉》中的"中译者前言"。

万泉河的引水工程、运用滑轮组运送巨石过桥等。康熙朝的科学运用有别于其他朝代，原因就在于解决了许多实际问题。而传教士只有面对实际问题，才能够摆脱"宠物"的角色，变成真正有用的人，在中国树立威望。比如，当南怀仁造出了有竞争力的大炮之后，皇帝亲自造访了南怀仁的教堂，并写下了"敬天"的匾额。皇帝并非表达对天主的喜爱，而是为了感谢传教士做出的军事贡献。

第二，教堂内部用品，包括教堂的大钟、花园里的提水机、教堂内的壁画等。这些物品虽然没有明确的用途，却是传教士吸引民众的重要一环，能够让他们直接见识西洋科技。西洋的音乐、绘画都与中国音乐有着极大的区别，即便再富有民族主义情怀的人，也会承认西洋绘画的透视法和明暗对比更能够表现真实性。

第三，从西洋带来或制造的用于展示科学和艺术的西洋产品，主要是送给皇帝和大臣的。这一点，传教士们在利玛窦时代就很懂得利用，比如利玛窦的三棱镜就曾经被当作奇异的宝石，受到了人们的赞叹。

南怀仁死后，皇帝对西洋科学的兴趣依然很大。康熙三十二年（1693）五月，皇帝感染了疟疾，这种被叫作"打摆子"的疾病在历史上对人类造成了极其痛苦的记忆。当时的西方医学虽然也处于混沌期，但偏巧对疟疾已经有了特效药，传教士张诚、白晋、洪若等进奉了金鸡纳霜供皇帝使用。针对这个药，宫廷是足够谨慎的：首先是让四位大臣先吃，表明它是安全的；然后又找来患有疟疾的人服用，看着他们的症状逐渐减轻直至消失；最后才敢把药给皇帝服用。皇帝病愈后，赐给传教士宅邸以表示感谢。[①]

这件事情所带来的结果，是皇帝和宫廷开始迷恋西洋医学，皇帝甚至专门颁圣旨给广东的官员，让他们去澳门寻找某类药。[②]通过这样的传播，整个国家都知道西洋人的药品更管用，从而造成了康熙时期大众对西洋物品的喜爱。

[①] 见《正教奉褒》。
[②] 康熙皇帝让广东督抚向在澳门的葡萄牙人下令寻找药材，见《清代档案史料选编》中康熙朝的《广东督抚奏西洋人进贡折》。这里给出了康熙皇帝寻找药材"格而墨斯"的记载，并记载了西洋进贡的葡萄酒。

随着药材引进的还有西洋的葡萄酒，也获得了宫廷的喜爱。中国古代历史上长期喜欢口感柔和的黄酒类发酵酒，而现代人迷恋得如痴如醉的白酒却长期被当作下等人买醉的臭酒，上不得台面。西洋的葡萄酒也属于发酵酒，口感比黄酒更柔和，因此赢得了当时上层人物的喜爱。葡萄酒加上自鸣钟、各种玻璃器皿等，构成了人们日常生活中琳琅满目的世界。

这个世界在曹雪芹写的小说《红楼梦》中都有所反映，当人们阅读《红楼梦》时，很可能忽略了这其实是一个引入了西洋产品的世界，比如，刘姥姥逛大观园时会被自鸣钟的钟声吓一跳。这样的描写证明曹雪芹生活的年代，已经是一个对西方产品有了不少认知的时期，与人们心目中以为的封闭世界是截然不同的。其中的原因，就在于曹雪芹家族是在康熙时期成长起来的，也经历过那一段时期的"崇洋媚外"。

康熙皇帝的开放性还在他对海外文字的提倡上得到体现。康熙四十四年（1705）十一月，皇帝就曾经要求翰林院学习外国文字。当时俄国人送来了一封信，上面有三种文字，康熙皇帝认为，这三种文字分别是拉丁文（拉提诺）、"托多乌祖克文"和俄罗斯文。[①]康熙皇帝虽然还是认为中文最好，但要求翰林院学习外国文字，以便与海外打交道。

仅仅从科学的角度，我们还无法理解康熙皇帝为什么如此开放和善于运用西洋的学问，只有看到了另一个方面，也就是对外战争和外交后，才能理解康熙这么做的原因。这就不得不提到此时已经出现的另一股势力，也是中央帝国晚期海外世界的重要一极：俄国人。他们已经到了中国的家门口……

清朝的北方边境关系

1502年，曾经在俄罗斯草原驰骋的金帐汗国终于被克里米亚汗国和莫斯科大公国联军所灭。在灭亡之前，金帐汗国分裂出四个小汗国，它们分别是：西伯利亚汗国、喀山汗国、克里米亚汗国和阿斯特拉罕汗国。到了16世纪末年，四个小汗国先后被俄国击败，整个金帐汗国的疆土都并

[①] 见《清朝柔远记》，其中托多乌祖克文可能为中亚文字。

入了俄国的版图。

接下来，中亚也逐渐感受到俄国人的压力。在唐朝之前，中亚的平原地带原本生活着伊朗人种，叫作"粟特人"。随后，突厥人种到来，逐渐将伊朗人种向东南方的山地压缩，最后伊朗人种仅存于现代帕米尔周边的一小块区域，主要是塔吉克人①。塔吉克人曾经依附于河中地区的乌兹别克和阿富汗，清朝时帕米尔的塔吉克人又依附于清朝，整个帕米尔有八个塔吉克人的高原河谷牧场，称为"八帕"②。

除了伊朗人种的塔吉克人之外，清朝时中亚的主体民族是突厥人种（与蒙古人种混血）的乌兹别克人。中亚曾经是蒙古察合台汗国的领地，之后帖木儿大帝崛起，让突厥人成了中亚的主人。到了近代，帖木儿帝国消失后，由突厥人和蒙古人混血而成的新民族逐渐占据了中亚。这个混血民族由于生活习惯的不同分成两个部分，一部分农耕，另一部分游牧。农耕部族发展成了现代的乌兹别克人，而游牧部族则成了现代的哈萨克人。

1500年，就在金帐汗国的末日前夕，乌兹别克人昔班尼攻占了撒马尔罕，围绕着中亚河中地区最重要的两个城市撒马尔罕和布哈拉建立了布哈拉汗国。不久之后，在咸海以南、里海以东的花剌子模地区的乌兹别克人也建立了希瓦汗国。到了1710年，位于费尔干纳谷地的乌兹别克人从布哈拉汗国独立出来，建立了浩罕汗国。

除了乌兹别克人建立的三大汗国之外，北方的哈萨克斯坦地区是游牧的哈萨克族的地盘。哈萨克人在被俄国征服之前还处于部落制阶段，甚至没有形成民族国家，只有三个松散的部落联盟，分别称大玉兹、中玉兹和小玉兹。

在哈萨克和天山以南、乌兹别克三大汗国以东，还有一片吉尔吉斯人的土地。吉尔吉斯人是前蒙古时代的吉普赛人。他们最早在今蒙古国的东部；

---

① 塔吉克人也并不是一个纯粹的民族，在帕米尔地区的人口被称为"帕米尔人"，他们说东伊朗语，信仰什叶派，而在帕米尔西面的杜尚别走廊，人们则信奉逊尼派，说西伊朗语。

② "八帕"指的是：位于现代中国的塔格敦巴什帕米尔（塔什库尔干）、一部分位于现代中国境内的朗库里帕米尔，以及什库珠克帕米尔、萨雷兹帕米尔、阿尔楚尔帕米尔、大帕米尔、小帕米尔和瓦罕帕米尔。

后来在唐朝时赶走了回纥人,占据了今蒙古国的中心;之后又被契丹人赶到今蒙古国西部。蒙古人崛起后,吉尔吉斯人被迫迁移到今俄罗斯境内的叶尼塞河流域,在蒙古和西辽①的压力下又南迁进入巴尔喀什湖附近。到了清朝,准噶尔人在新疆北部崛起,把吉尔吉斯人继续向南赶到了如今的费尔干纳谷地和伊塞克湖一带,听从乌兹别克人的支配。

在康熙皇帝统治时期,中亚还没有被俄国收入囊中,因此成了东西方之间的缓冲带。但在另一个方向,也就是北方的西伯利亚地区,却没有这样的缓冲带存在,这导致了俄国人的迅猛扩张。

俄国人与中国人的初次接触开始于蒙古时期。在元朝时,蒙古人曾经把俄国俘虏运到中国充当守卫北京的禁卫军。②随着蒙古金帐汗国的分裂和衰落,1552—1556年,俄国征服了从金帐汗国分裂出来的喀山汗国和阿斯特拉罕汗国,③由此开辟了一条新的商路——伏尔加商路。这条商路利用伏尔加河,将俄国北方的货物输送到里海,再凭借船队穿过里海到达伊朗地区。④

除了占领欧洲地区之外,俄国政府还致力于开发位于亚洲的外乌拉尔地区。在吞并这个地区时,沙皇依靠一些边疆家族进行扩张,首先授予他们开拓权,开拓完毕后,再慢慢建立政府。在外乌拉尔地区,得到授权的主要是斯特洛甘诺夫家族。1574年,伊凡四世给他们特权证书,恩准其在乌拉尔山东麓、托博尔河及图拉河地区占有土地,并在额尔齐斯河、鄂毕河等地建

---

① 亦称"哈喇契丹",金灭辽后,辽国贵族耶律大石逃往中亚建立的国家。
② 见《俄国各民族与中国贸易经济关系史(1917年以前)》第二章。
③ 克里米亚汗国在1783年才最终灭亡。此外,西伯利亚汗国也是从金帐汗国中分裂出来的,它灭亡于1598年,见下文。
④ 见《俄国各民族与中国贸易经济关系史(1917年以前)》第二章。俄国人的扩张还引起了英国人的兴趣。英国人致力于寻找一条从欧洲到达亚洲的陆地上的水路,他们认为应该存在一条水路(后来证明为额尔齐斯河),再利用鄂毕河南下,进入中国的新疆地区。在伏尔加河路开通之前的1553年8月,英国人理查德·钱塞勒就率领一艘英国海船到达俄国北方,试图探索这条道路,但没有达到目的。1557年,当俄国人开辟了伏尔加河道之后,英国人安东尼·詹金森获准通过俄国寻找通往中国和印度的道路。1558—1559年,詹金森开始了自己的长途旅行。英国人的做法引起了沙皇伊凡四世的警觉,他拒绝了英国人在喀山和阿斯特拉罕建立商站和贸易的请求。

立要塞。

与此同时，金帐汗国分裂出的另一个汗国西伯利亚汗国也被俄国人吞并：1581年，俄国人击败了西伯利亚汗国的君主库丘姆汗，攻占了都城卡什雷克（又称"西伯利亚城"），之后又于1598年在巴拉宾彻底击败库丘姆的军队。至此，通往中国东北的道路上，已经没有了蒙古人的阻拦。

在俄国人的经营下，西伯利亚地区建立起庞大的城市群，这些城市群就成为俄国控制北亚的最佳棋子。

表9　俄国在西伯利亚和远东建立的城市群[①]

城市	时间（年）	城市	时间（年）
秋明	1586	托博尔斯克	1587
别廖佐夫	1593	苏尔古特	1594
塔拉	1594	奥布多罗克	1595
纳雷姆	1596	曼加泽亚	1600
托木斯克	1604	图鲁汉斯克	1607
克拉斯诺亚尔斯克	1628	雅库茨克	1632
巴尔古津	1648	阿尔巴津	1651

而早在1618年（万历四十六年），俄国考察队就已经到达北京。这支考察队由伊·佩特林率领。万历皇帝表明，大明无意维持与俄国人的关系，但允许俄国人前来贸易。考虑到明末的局势，这次出使并没有产生太多影响。[②]

但俄国人的扩张仍在继续。1628年，克拉斯诺亚尔斯克建立，这座城市位于叶尼塞河边，是连接东西方的重要枢纽，之后，俄国人打通一条横贯西伯利亚的水路大干线，通过叶尼塞河、安加拉河、贝加尔湖、色楞格河，把北冰洋和蒙古边境连接起来。借助这条干线就可以到达中国东北的黑龙江流域。

[①] 根据《俄国各民族与中国贸易经济关系史（1917年以前）》整理。
[②] 伊·佩特林考察归来后于托博尔斯克写成的《见闻录》，对在北京的情况和与中国方面进行的交涉做了说明。

第二部　在希望与失望中跌宕的百年（1644—1735）

1632年，勒拿河边的雅库茨克建立。这座城市位于西伯利亚的腹地。从纬度上看，它在贝加尔湖遥远的北方；从经度上看，它已经深入贝加尔湖的东面。

借助在亚洲东北部的扩张，1644年，也就是明王朝灭亡的那一年，俄国人已经到达黑龙江支流结雅河上游地带，接着又进入黑龙江。1651年，俄国人在黑龙江流域建立了一座城市，叫作阿尔巴津，而在中国，它的名字是雅克萨。①

雅克萨之所以会被俄国人占据，很大原因在于明清换代。之前这里是女真人的外围区域，但女真人将注意力转移到中原后无暇顾及这里，导致俄国人轻而易举地获得了雅克萨地区的控制权。

此时俄国人距离中国已经足够近了。之前在西伯利亚和贝加尔湖地区的扩张中，由于地理位置遥远，俄国人并没有惊动中国政府，但在黑龙江地区的扩张消息势必会传到位于北京的中央政府耳中。1652年，当俄国继续扩张时，清朝将军宁古塔章京海色与俄国人交手，迫其离开雅克萨。但由于清朝没有摧毁这座城堡，中国军队一离开，俄国人就卷土重来了。②

在感慨俄国人千里奔袭而清朝一味防守的时候，我们也应该看到，早期的清政府并不是一个保守型政府，而是一个陆地扩张型政府，将新疆、内外蒙古和西藏的广大地区纳入中央政府的管辖。那么，为什么清政府对俄国人的反应如此缓慢呢？这和准噶尔有关。

准噶尔人是蒙古人的一支。明朝时，以成吉思汗为直系祖先的黄金家族衰落了，蒙古人的外围支系卫拉特人（瓦剌人）崛起，并在"土木堡之变"中达到巅峰。但土木堡之变之后，卫拉特人也衰落了。

到了明末清初，蒙古人已经分化成漠南蒙古、漠北蒙古、漠西蒙古三个部族。蒙古黄金家族曾短暂复兴，成吉思汗的后代达延汗成了蒙古人的首领。达延汗死后，蒙古本部被划分成漠南和漠北两部分。漠南继承了原蒙古本部大部分的人马，由达延汗的长子统治，而漠北则留给了小儿子。这就是"内

---

① 见《清史稿·邦交志一》。
② 见《历史上北京的俄国东正教使团》。

蒙古"和"外蒙古"的来历。

卫拉特人衰落后，向西方逃窜，进入如今的新疆维吾尔自治区北部地区和青海省，构成了漠西蒙古。

这三个蒙古再继续划分。

内蒙古分为察哈尔部、科尔沁部和喀尔喀（内蒙古）部；外蒙古也号称喀尔喀蒙古，分成三个部分，从东到西分别是车臣汗部、土谢图汗部、扎萨克图汗部，清朝招降外蒙古时，又增加了一部，叫作三音诺颜部，构成了外蒙古四部。

在漠西蒙古，卫拉特人也分成四部，分别是准噶尔部、杜尔伯特部、土尔扈特部与和硕特部。和硕特部占据了今新疆乌鲁木齐一带，随着准噶尔部的崛起，被排挤到青海地区。土尔扈特部最初在今新疆塔城一带，后来被准噶尔人排挤，迁往欧亚边界的伏尔加河地区。杜尔伯特部在北疆的额尔齐斯河流域。准噶尔部最初在新疆伊犁河流域，后来通过扩张征服了杜尔伯特部，赶走了土尔扈特部，将和硕特部逼往青海，并征服了南疆的维吾尔族人，成为新疆地区的霸主。[①]

努尔哈赤和皇太极除了进攻明朝、降服朝鲜之外，大部分精力都放在这些蒙古部族上。最先被收复的是内蒙古，清朝在内蒙古建立了一套牢固的政治制度，将内蒙古的蒙古人分成八旗二十四部，与满洲的旗人制度类似，这些旗部互相合作又互相监督。就这样，内蒙古的游牧民族被中央集权化了，再无力挣脱中央政府的控制。

但这套制度在外蒙古的实行并不彻底。清廷在征服内蒙古之后，也顺势使外蒙古归顺，但对外蒙古的政策仍然停留在传统的招抚上。外蒙古表面上归顺，却又拥有相对独立的行政权，清政府的控制并不牢靠。[②]

直到康熙时代，以准噶尔部为首的漠西蒙古依然处于游离状态，名义上清政府有宗主权，事实上却管辖不到。清廷和准噶尔部分别占据了中国北方

[①] 见《清史稿·藩部传一》。
[②] 直到漠西蒙古的准噶尔部被打败之后，外蒙古才彻底归顺，但是独立性仍然大于内蒙古，融合的时间又不够长。这是清朝灭亡时外蒙古能够分离出去的重要原因。见下文。

的东西两端,都雄心勃勃地希望建立更大的帝国。对清廷来说,幸运的是它最终得到了中原,比起准噶尔部拥有的新疆和中亚,各方面都更有优势。

但我们也不要小看了准噶尔部,因为它还得到了现代中国几乎一半面积的领土的支持,也就是青海、新疆和西藏。[①] 准噶尔部首领噶尔丹年轻时曾经在西藏学习佛法,他的一位同窗叫桑结嘉措,后来成为西藏的摄政王(第悉),噶尔丹本人也获得了五世达赖喇嘛的封赏,建成准政教合一的体制。他拥有蒙古人的身份,又占据了新疆,持有西藏的信仰,这种背景让他有机会建成一个横跨蒙古、新疆和西藏的政权,并向中原和中亚扩张。

即便他不占领中国内陆,只要号令蒙、疆、藏三部,就能将大清封锁在东亚地区,使其陆路上与中亚相隔绝,丧失与丝绸之路上各国的联系。

清廷征服内蒙古和中原,并让外蒙古臣服之时,恰好也是噶尔丹扩张的高峰时期。到这时,双方是不可能长期并存的。只要准噶尔部存在,清朝就会感到巨大的威胁。而与准噶尔部人的威胁比起来,俄国人就显得不那么重要了。当我们责怪清朝没有注意到俄国人到来时,应该看到准噶尔部人的牵制作用。

《尼布楚条约》

关于清俄双方的相遇,俄国人和中国人的记载是不同的。

在中国一方的记载中,俄国人占据黑龙江北岸时,清军还没有入关,那时候双方就发生了冲突。清军刚刚平定了黑龙江的索伦、达呼尔和使犬、使鹿各部,在黑龙江与俄国人对峙,最后双方各自罢兵。但之后俄国人又越过了兴安岭,向南侵略了布拉特乌梁海四佐领。到了1639年,清廷再次平定了黑龙江沿岸,毁掉了俄国人的城池。但只要清廷兵退,俄国人就会回来。1654年开始,双方发生了更严重的冲突,清廷在1658年甚至调集高丽兵来援助。每次清兵获胜后,都因缺粮而无法长期维持驻军,一旦离开,就无法

[①] 其中青海由卫拉特人的另一支和硕特部占据,但从属于准噶尔部。西藏的情况见正文中的叙述。

阻止俄国人的返回。①

而根据俄国人的记载，双方最早的冲突发生在1651年。这一年，俄国人除了建立雅克萨城堡，还沿着黑龙江继续前进，在结雅河口建立了爱贡堡，在注入黑龙江的松花江和乌苏里江之间建立了阿枪斯克小堡。而1652年，两千人的清军携带六门大炮逼迫俄国人放弃了阿枪斯克回到雅克萨。②

但清军一直无法收复雅克萨。1665年，俄国人又对其进行加固，之后这里更成为他们在黑龙江最重要的据点。这里的人口也大规模增长，大量逃亡哥萨克的难民、流放移民和普通农民来到这里。1680年，由于开垦农田，这里已经实现粮食的自给自足，甚至可以向尼布楚军政长官辖区提供剩余粮食了。③

双方发生冲突，除了土地，还有人员方面的原因。在两国对峙时，双方对在东北地区原本归顺清廷的多数游牧民采取了不同的政策，从而导致了不同的结果。与俄国人相同的是，清廷也在黑龙江右岸建立了大型的要塞，最著名的是1682年建立的墨尔根和齐齐哈尔城。但在建立要塞之后，清廷采取了将原住民迁往南方的举措，这是与南方的海禁和迁界制度类似的方法，目的是防止当地人与俄国人勾结。但事实上，这些政策造成了黑龙江右岸的居民真空，反而不利于政府的占领。相反，俄国人不断地向左岸迁移居民，造成事实上的占领。相比较而言，清廷迁出居民的做法显然会造成两岸的人口压差，也会招致世代居住在这里的人的愤恨。

鄂温克酋长根特木尔因此投靠了俄国人，这种叛国行为引起了清廷的不满，长期以来，清廷一直要求俄国人将根特木尔遣返。而对俄国人来说，获得一个重要酋长的投靠，显然是占领黑龙江进程上的重大胜利，他们不愿意交出根特木尔，此举导致双方的关系进一步恶化。

但如果人们以为双方的关系就是不断斗争的，那也是不对的。事实上，俄国虽然一直试图巩固他们在黑龙江的据点，可同时他们也采取了协商的

---

① 见《清朝柔远记》。
② 见《俄国各民族与中国贸易经济关系史（1917年以前）》。
③ 在1685年的雅克萨，由哥萨克和农民所耕种的官地上，春播谷类作物面积已经分别超过1000俄亩（约10.9平方千米）和50俄亩（约0.545平方千米）。

方式，试图缓和与清政府的冲突。双方的贸易关系甚至在冲突期间就建立了起来。

两国第一次发生冲突之时，沙皇阿列克谢就曾经向清朝派出使团。1652年，沙皇派遣巴伊科夫担任使团长，首先前往托博尔斯克建立一个贸易中心，在那里筹备去往北京的使团。这个使团于1654年出发，沿着额尔齐斯河上行，又穿越蒙古地区，最后到达北京，到达时已经是1656年。

但一到北京，巴伊科夫就陷入礼仪之争，[①] 半年之后，在没有见到皇帝，甚至在没有送出国书的情况下，使团就离开了北京。

到了1668年，沙皇又派出一个商贸代表团，由布哈拉商人阿勃林率领前往北京。代表团于1668年出发，1671年才回国。代表团到达北京时，年轻的康熙皇帝已经亲政，他们受到的待遇和前一个使团也不一样。康熙皇帝派遣一位大臣在城门外迎接使团，之后阿勃林向康熙皇帝的近臣转交了沙皇的礼品。皇帝还安排了使团的食宿，并允许他们自由贸易。

这样的经历，也反映了康熙皇帝的礼节和对俄国人的观察。[②] 事实上，此时的康熙皇帝已经开始考虑解决俄国人的问题了。

也是在阿勃林代表团前往中国之时，1669年，清廷命令边境城市脑温的王公孟格德派遣代表前往尼布楚，控告俄国在雅克萨的所作所为。[③] 第二年，清廷再派使者前往尼布楚，带着康熙皇帝的国书，要求俄国遣返根特木尔，并呼吁双方和平。

同时，康熙皇帝也向黑龙江地区大量派兵，形成了军事上的优势，此时的俄国人感到了压力。由于皇帝在信中提议，尼布楚方面可以派使节前往北京谈判，鉴于此，尼布楚军政长官阿尔申斯基决定派遣代表团，首领是哥萨克人米洛瓦诺夫。

米洛瓦诺夫到达北京后被当作正式使节，受到盛情款待。康熙皇帝亲自

[①] 他不想面对皇帝的画像磕头（他称之为预演），表示只可以面对皇帝磕头。
[②] 据中国史书记载，康熙十二年（1673）和康熙十七年，俄罗斯察罕汗（即沙皇）两次写信，都不提边境纠纷。
[③] 尼布楚被俄国人称为"涅尔琴斯克"，是当时沙俄最东部的政治中心，雅克萨受尼布楚的节制，因此清朝与俄国人打交道时，要前往尼布楚表达抗议。

接见了米洛瓦诺夫,并送其大量的礼物,还给沙皇写了信。等使节离开时,清军一直护送他们到达脑温江,再由当地官员派人护送到尼布楚。

但事实上,由于米洛瓦诺夫的级别太低,且并非沙皇派遣,这次出使并没有达成什么成果,只是铺就了一条从尼布楚到北京的"快速通道",为以后的外交和商业行动奠定了基础。

到了17世纪70年代初,双方关系处于一种微妙状态。此时的黑龙江沿岸依然冲突不断,甚至有演化成战争的趋势。1668年开始,康熙皇帝下令围困雅克萨,从此时开始,直到十几年后的清俄战争,这里一直是双方争夺的焦点;但同时,双方在没有签订任何贸易协定的情况下,已经有了热络的贸易联系。1670年,俄国人从尼布楚沿着上次的外交线路派遣了一支小型商队去往北京,带去了一些貂皮和黄金,换回了丝织品、生丝和其他货物。与此同时,中国的商人们也嗅到了商机,从中国内陆去尼布楚进行贸易,甚至有人到达了围困中的雅克萨。而在另一个方向(外蒙古方向),从1674年开始,已经有俄国商人从色楞格斯克经蒙古地区前往北京进行贸易。

这种政冷商热的情况一直持续到1675年,俄国决定向中国派遣一个沙皇全权使团。这次的使团长是米列斯库。米列斯库于1676年5月抵达北京。沙皇的意思是继续只谈经贸关系,尽量模糊政治关系。但康熙皇帝有着另外的打算,皇帝首先要求的是俄国交还根特木尔,如果这个问题得不到解决,将会影响其他方面的谈判。

在实际操作中,虽然皇帝接见了米列斯库,但清廷随后提出了三个要求:第一,遣返根特木尔;第二,磕头;第三,俄国必须承诺保持边疆地区的稳定。一番交涉之后,双方不欢而散。①

随后,俄国人在雅克萨设立总督区,第一任总督是1684年到达雅克萨的阿列克谢·托尔布津。

与此同时,清朝也在加紧备战。1682年,清廷修筑了墨尔根和齐齐哈尔

---

① 据《清朝柔远记》记载,康熙皇帝亲自写信给沙皇,让使节带回。

城，同时命令外蒙古的喀尔喀车臣汗断绝与俄贸易。[①]当年10月，康熙皇帝向阿尔巴津军政长官托尔布津发去一封信函，要求他交出雅克萨，并要求俄国人离开黑龙江沿岸，否则就将用武力夺取。

1685年夏，清军将领彭春、萨布素率领一万五千名士兵进攻雅克萨，带有一百门野战炮和五十门攻城炮——这些炮大都由南怀仁铸造。作为对比，守卫雅克萨的是四百五十名俄军和三门火炮。[②]

经过三天的战斗，清军打死俄军一百人，并将其弹药消耗殆尽。眼看清军就要攻克城池，守军将领托尔布津开始与清军谈判，以放弃城池为条件，换取清军让他们离开当地前往尼布楚。

由于康熙皇帝让他的将军大度地处理与俄国人的关系，清军同意了这个请求，俄国人得以离开。但是，到了这年的秋收季节，尼布楚又派军队护送雅克萨的俄国人回到雅克萨，他们不仅收割了庄稼，还加强了工事。到年底，雅克萨再次成为一座坚固的堡垒。

1686年中，清军在萨布素的带领下再次进攻雅克萨。清军共有五万七千名步兵、三千名骑兵、四十门火炮。但这一次，俄国人一直坚守不肯投降，清军并没有顺利合围。

此时，形势发生了巨大的变化，这个变化主要出在以准噶尔部为代表的卫拉特人身上。准噶尔部首领噶尔丹从1681年开始发动西征，获得了哈萨克、乌兹别克等中亚地区的归附。之后从1686年开始，噶尔丹更多地插手外蒙古的喀尔喀诸部落的事务，他采取的方法是联合札萨克图汗对抗土谢图汗和活佛哲布尊丹巴。由于外蒙古诸部早已承认了清朝的宗主权，清廷与准噶尔部的冲突已经不可避免。

与此同时，准噶尔部与俄国也有联系。早在1674年他们就派使节访问俄国，希望达成外交和贸易关系，这使得清廷的外交地位更加复杂。如果还没有解决与俄国之间的问题，就爆发与准噶尔部的战争，必然使得准噶尔部与俄国结成更紧密的联系，甚至结盟一同对付清朝。

[①] 见《清朝柔远记》。
[②] 见《俄国各民族与中国贸易经济关系史（1917年以前）》和《历史上北京的俄国东正教使团》。

康熙皇帝权衡之后，认定准噶尔部的噶尔丹是更大的敌人，因为他可以借道外蒙古从北方直接进攻北京，①而俄国由于距离更加遥远，属于次级目标。在围困雅克萨的同时，康熙皇帝已经开始考虑如何缩小冲突规模以及如何结束与俄对抗。

　　在第一次围城战之后，部分守卫雅克萨的哥萨克人选择投降清军，皇帝释放其中的两位俘虏，让他们给沙皇带去一封信。这封信除了常规的大军威胁之外，还提出了可行的解决方案，即双方划定边界，以北方某地为边界各自管理，维持和平。②

　　沙皇收到信之后，对清朝的军事优势感到担忧，也希望早日实现和平。由于俄国整个东方地区的土地几乎是无成本获得的，在遇到清军之后，他也意识到必须以某处为界来划定双方的边界。当年底，两位使者在沙皇③的派遣下匆匆赶往北京。沙皇在信中除了与康熙皇帝一样进行恐吓之外，也同意派遣一位大臣全权负责谈判边界，解决争端。

　　康熙皇帝得到沙皇的回信后，立刻决定暂停在雅克萨的军事行动，撤出全部清军。与此同时，皇帝派传教士闵明我经过欧洲前往莫斯科，与沙皇会晤，将皇帝的要求和看法直接反映给沙皇。

　　在收到康熙皇帝的回信之前，俄国政府已经开始行动，派出以御前大臣戈洛文为代表的全权使团。戈洛文于1686年1月从莫斯科出发，1687年10月底到达俄中边界的色楞格斯克，次月通知了清廷在蒙古的官员。

　　与此同时，噶尔丹所造成的麻烦继续扩大。1687年，外蒙古诸王在噶尔丹合纵连横下打成一团。到了第二年，噶尔丹以自己支持的首领被杀为借口侵入外蒙古。噶尔丹的做法引发外蒙古的巨变。外蒙古虽然臣服于清廷，但保持着相当大的独立性，在噶尔丹的进攻之下，他们已经不可能继续独立了，只能向康熙皇帝求救，这增加了清廷在外蒙古的控制权。而另一些小王侯④

---

① 这个战略在几年后就被噶尔丹采纳。
② 根据《清朝柔远记》记载，这封信是由当时在北京的荷兰贡使带去的。
③ 当时的沙皇实际上有两位，是伊凡和彼得。
④ 额尔罕珲台吉、额尔德尼珲台吉、策凌台吉、策凌扎布宾图海、策凌佐库莱、杜拉尔台吉、扎布额尔德尼、额尔德尼佐克图和蔑尔干阿海等。

选择向俄国寻求帮助。噶尔丹的行动已经预示着一次清军和准噶尔部的正面碰撞，康熙皇帝更加急于与俄国人达成协议，以便从东北方向抽身。

1688年，康熙皇帝任命了使团成员：第一使臣索额图，第二使臣国舅佟国纲，第三使臣郎坦。1689年8月，清廷使团带着约一万五千名军人、五十门大炮来到尼布楚。双方使臣开始谈判。

这里有一个问题：俄国人说的是俄语，说汉语和满语的人都无法与之交流，那么，双方使者是怎样交流的呢？这就要说到耶稣会的作用。

事实上，耶稣会已经深度参与中国的军事和外交事务。除了铸炮，早在1683年，皇帝前往北方巡边时，就带着南怀仁和闵明我。1686年，当俄国沙皇派遣的两名使臣到达北京时，由于有祈祷的需求，便四处寻找教堂，大臣们意识到只有耶稣会能够满足这个需求。当时皇帝正在南苑，连忙下诏令礼部右侍郎孙果等三人带着俄国人前去耶稣会的教堂，并特意规定孙果等也必须在天主像前叩头。当时，整个欧洲世界的通用语言是拉丁语，使节与传教士之间能够用拉丁语沟通，这给了皇帝启发。

当俄国使者返回后，皇帝对于能否准确地与沙皇沟通不放心，又派出传教士闵明我带着兵部文书出海，由欧洲前往俄国去见沙皇。

到了谈判时，两国都没有能直接用对方语言进行交流的人才，于是只能通过拉丁语交流，皇帝于是想到派遣耶稣会的两名传教士徐日昇和张诚跟随使团充当翻译。因此，双方的工作方式是：各自提出自己的要求，用自己的文字写下来，然后翻译成拉丁文，以拉丁文为基础进行商谈。

商谈之后，由于双方意见相差较大，索额图又请两位传教士与俄国使节进行沟通，反复阐明己方立场，最后对方让步了。

双方最大的关注点在划界。由于沙皇过于忌惮清朝的军事实力，没有预料到对方也面临准噶尔难题，所以沙皇政府给戈洛文的训令里给出的是一个逐级后退的方案。俄国人期望中的最好结果是以黑龙江为界，但由于预料到清朝的皇帝不会同意，他们做出的第一个让步是可以不将国界划到黑龙江口和鄂霍次克海，而是划到黑龙江的支流贝斯特拉亚河或结雅河，或者划到雅克萨。如果对方还不接受，就争取将雅克萨非军事化——将堡垒拆毁，希望对方接受俄国对雅克萨的非军事占有。①

随着准噶尔部人的进攻和边疆形势的复杂化，本来俄国人有要挟的资本，可以获得更好的结果，但谈判的结果是清廷最终获得的成果比俄国人预料到的最坏的情况还要大。一方面，俄国同意将雅克萨城拆毁，俄军退出；另一方面，双方的界限没有划在黑龙江或者雅克萨，而是更靠近俄国占领的尼布楚。②双方的边界划在了额尔古纳河、格尔必齐河一线，在格尔必齐河源头，则顺着一条不算明确的山脉外兴安岭直达于海。只有一小片地区，也就是乌第河以南、外兴安岭以北直达海洋的部分，由于缺乏地理资料而暂时没有决定。

不过，反过来说，这个条约与康熙皇帝最初的意图也有一定差距，皇帝要求尼布楚、雅克萨、黑龙江上下，以及通此江的一江一河，皆为中国之地，不能拱手送给俄国人。③但显然，尼布楚已经成了俄国人的城市，是无法拿回的。

现代读者对于这个划界是没有感觉的：由于这个界限还是太靠近中国的东北，而距离俄国的圣彼得堡和莫斯科都太遥远了，因此认为是清政府吃了大亏。但事实上，这样的"亏"是历史造成的：虽然北方地带距离中国更近，但由于中国人很少考虑到有效占领这些地带，反而是俄国人首先占领这些地区。

这种结果是两个文明不同的侵略性造成的。俄国人是外向的，而中华文明总是以华北和长江为中心进行内缩。如果不是清朝的努力，俄国人还会继续从黑龙江南下。正是《尼布楚条约》遏制了这个势头，不仅让他们离开了

---

① 见《俄国各民族与中国贸易经济关系史（1917年以前）》。
② 关于划界的拉丁译文为：以流入黑龙江之绰尔纳河，即鞑靼语所称乌伦穆河附近之格尔必齐河为两国之界。格尔必齐河发源处为外兴安岭，此岭直达于海，亦为两国之界：凡岭南一带土地及流入黑龙江大小诸川，应归中国管辖；其岭北一带土地及川流，应归俄国管辖。唯界于兴安岭与乌第河之间诸川流及土地应如何分划，今尚未决，此事须待两国使臣各归本国，详细查明之后，或遣专使，或用文牍，始能定之。又流入黑龙江之额尔古纳河亦为两国之界：河以南诸地尽属中国，河以北诸地尽属俄国。凡在额尔古纳河南岸之墨勒克河口诸房舍，应悉迁移于北岸。
③ 见《平定罗刹方略》。

黑龙江，还划出了外兴安岭作为缓冲带，使得他们无法合法地到达黑龙江。

事实上，俄国人很快就不满意了。要想从亚洲进入太平洋，黑龙江绝对是东北地区最好的通航河道，在寻找其他水路无果之后，俄国人才回想起轻易退出黑龙江给他们进入太平洋带来了多大的困难。因此我们可以看到，俄国人后来不断地从条约文本上寻找漏洞，试图找到进入黑龙江的法理依据，但都无法从事实上推翻条约。

《尼布楚条约》有拉丁文、满文、俄文、汉文、蒙古文等各种文本，但真正的工作文本是拉丁文、满文和俄文文本。清廷将自己的要求写成满文，俄方用俄文，然后双方都翻译成拉丁文进行讨论，并最终以拉丁文为定稿。俄国人试图在俄文文本中寻找漏洞，但在拉丁文文本中的漏洞很少，使得他们屡屡有谈判意图，却得不到清政府的回应。

但最终决定双方运势的是不同的政策。在条约签订之后，俄国人依然继续向边疆地区移民。清政府虽然通过谈判拿回了黑龙江北岸地带，但他们不仅没有向这个地区移民，反而继续采取撤出边民的政策，使得这片属于中国的领土迟迟没有形成有效占领，为1840年之后俄国人吞并黑龙江北岸打下了事实上的基础。

除了划界之外，虽然康熙皇帝很想让俄方遣返根特木尔，但条约中并没有提及此事，只是在既往不咎的前提下，明确了今后遣返逃亡者的义务。另外，条约中还规定了双方平等的贸易原则，只要持有通行路票，就应自由往来于两国之间进行贸易。

一半中国的回归

《尼布楚条约》的意义还不仅仅在于中俄之间，我们将其放在更大的视野中才会意识到，康熙皇帝虽然表面上做了些许的让步，但它有助于清廷（及其所代表的中国）巩固对半个中国的统治。

在现今的中国地图上，西藏、青海、新疆三个省（自治区）的面积总和约有三百六十多万平方千米，加上内蒙古的西部，以及当时归属清朝的外蒙古，这些地区占了全国总面积的一半左右。在康熙朝早期，这些土地名义上都尊清朝为宗主国，事实上保持着相当的独立性。如果中央政府不能对这些地区进行更直接的统治，那么到了清末，必然会出现更大的离心倾向，很可能会分裂出去（即便形成直接统治，外蒙古还是分裂出去了）。

在康熙时期，这些地区受到准噶尔部人的影响，离心力变得更加强大。在康熙皇帝的任务列表里，如何控制这一半的中国，显然是比控制尼布楚和北方冰原更加优先的任务。

随着准噶尔部人与俄国人的联系，这些地区有向西靠拢、离开东方的趋势。正是《尼布楚条约》中断了这个进程。事实上，在条约签订的时候，清廷与准噶尔部人的冲突已经接近白热化了。

康熙二十七年（1688），就在康熙皇帝紧锣密鼓地与俄国人筹备使节会谈时，准噶尔部首领噶尔丹的大军从新疆进入蒙古西部，横扫外蒙古四部，获得了外蒙古的控制权。外蒙古的喀尔喀人属于黄金家族，并不想被属于蒙古旁系（卫拉特人）的噶尔丹统治，他们宁愿向清廷求救。外蒙古的求救给了清廷机会：噶尔丹入侵前，四部与之原本只有松散的宗主关系，皇帝插手他们的内部事务时会立刻遭到反对；噶尔丹入侵后，四部已成丧家之犬，只好彻底臣服于清廷，让后者有了干预行政的权力和驻军权。

虽然外蒙古的王公投靠了清廷，但外蒙古的土地已经在噶尔丹手中，甚至连清俄谈判都受到了影响。最早时，清俄谈判的地点在中俄交界的色楞格斯克，康熙皇帝已经派出使节团队经过外蒙古前往这里，但由于准噶尔部人的占领，使节无法通过外蒙古的领地，只能回京待命，谈判地点这才改为尼布楚。①

《尼布楚条约》谈成之时，恰逢噶尔丹实施另一个庞大计划。获得外蒙古后，噶尔丹决定借道外蒙古，从外蒙古东部进入清廷控制的东北地区，再南下北京进攻清王朝。如果这个计划成功，准噶尔部人将成为中国新的主人。如果《尼布楚条约》晚签订几个月时间，那么俄国人一旦看清了局势，一定会选择拖延谈判与签约，寄希望于噶尔丹获胜之后与其携手瓜分清廷实际控制的区域。到时候，清军能否抵抗得住双方的联合攻击也是有疑问的。即便俄国依然选择支持清廷，也会因为清廷的劣势而取得更加优厚的条件。只有

---

① 见《正教奉褒》。

这样分析，我们才能更加理解康熙皇帝的当机立断。

康熙二十九年（1690），噶尔丹借口清剿喀尔喀人，从外蒙古东部到达了位于今中蒙边境的呼伦湖，从呼伦湖南进，越过贝尔湖进入察哈尔部的属地。他击溃了内蒙古的部落联军，向北京前进。[1]

为了抵御噶尔丹，康熙二十九年（1690）七月，康熙皇帝御驾亲征，率领大军从喜峰口和古北口北进迎击噶尔丹，八月，双方在如今赤峰附近的乌兰布通相遇。[2]

在这里，传教士铸造的大炮再次起了作用。噶尔丹由于地处内陆，仍然以传统的骑兵为主，他赖以扬名的是由大量骆驼组成的驼兵部队。而康熙皇帝坚持依靠西方技术，利用大炮装备军队，并专门用大量的实弹练习培养了训练有素的炮兵部队。

在与其他部族交战时，骆驼兵的快速行进和吃苦耐劳是准噶尔部胜利的保障。但当噶尔丹的骆驼兵碰到清军的红夷大炮时，立刻落了下风，处于劣势。在炮兵营的轰击下，骆驼阵崩溃了。噶尔丹沿着来时路退回外蒙古境内。康熙三十年（1691），康熙皇帝到达位于现在东北的多伦泊，检阅了喀尔喀军队，宣誓其宗主权。事实上，这次战争也让清廷备感压力，动员了一切力量，甚至连朝鲜国王都进贡了三千支鸟铳，为此，皇帝免除了朝鲜永久性的黄金、青蓝红木棉等常贡。[3]

整体形势对噶尔丹不利，还在于他的老巢也出现了不稳定因素。在他攻打清军时，他的侄子策妄阿拉布坦在新疆发动反叛，控制了新疆地区。策妄阿拉布坦为了对付叔叔，选择臣服于清廷。当噶尔丹退回外蒙古时，发现自己已经无法回新疆了，只能盘踞在外蒙古西面的科布多城等待机会。

接下来的战争局势发展更展现出康熙皇帝的魄力。他认识到，要稳定局面，必须彻底消灭噶尔丹。在巩固了北京和北面的局势之后，康熙皇帝不仅没有退缩，反而决定御驾亲征。康熙三十五年（1696）五月，抚远大

---

[1] 关于乌兰布通战役的现代描写，见《纸上谈兵：中国古代战争史札记》，以及《中央帝国的军事密码》。
[2] 见《清史稿·圣祖纪》。
[3] 见《清朝柔远记》。

将军费扬古与噶尔丹在如今蒙古国首都乌兰巴托南面的昭莫多相遇并展开大战。这次仍然是清朝的火器决定了成败，噶尔丹率领数十骑逃走，留下准噶尔人如山的尸堆。

离开外蒙古后，噶尔丹试图返回新疆哈密地区，却被拦截。他只好南窜宁夏，试图经过青海去往西藏。这一次，他又被清军所阻，走投无路的他选择了自杀。[①]在他死前，他曾经控制的南疆地区，也就是原叶尔羌汗国的汗王阿不都实特就投靠了清廷。在当时，原本属于察合台汗国（属于黄金家族）的蒙古人地区依然有一些分裂的小汗国存在，他们曾经迫于噶尔丹的压力而服从于他，现在都选择拜清朝为宗主国，于是南疆地区获得了平定。西藏地区原本与噶尔丹关系密切，现在也不得不承认清朝。青海的卫拉特人曾经受噶尔丹的控制，也转而亲近清廷。

在卫拉特四部中，还有一支土尔扈特部受到准噶尔部的压迫，在明朝末年就进入俄国境内，游牧于里海额济勒河之南、图里雅东、哈萨克北草原，它在中国的旧地则被辉特部占据。到了康熙五十年（1711），随着准噶尔部的衰落，土尔扈特部也遣使入贡，与清廷有了联系，这才有了后来的土尔扈特部东归。

清政府对西藏、新疆、青海的彻底控制并非完成于这一役，[②]但此役之后，东亚大方向上的格局就已经尘埃落定了。

那么，在康熙皇帝完成他与噶尔丹的战争时，俄国的表现又如何呢？由于刚刚与清朝签订了条约，俄国人选择遵从协议。这可以从以下几件小事上看出来。

康熙三十三年（1694），就在清军与噶尔丹于外蒙古鏖战时，有两名逃犯逃入俄国，俄国人遵循《尼布楚条约》中的遣送条款将他们送还。理藩院对俄国人的行为褒奖一番，随后俄国人派来了贸易代表团。康熙皇帝对于俄

[①] 昭莫多之后，康熙皇帝已经开始命令翰林院写作《平定朔漠方略》了，表明这场战争在他心目中的地位有多重要。

[②] 直到乾隆二十二年（1757），清政府再次击败了位于新疆本部的准噶尔人，才将新疆地区真正变成中国的一部分。西藏地区的平定也在后来的策凌敦多布袭击后才完成。见后文和《草原帝国》第十五章第十一到十四节。

国的位置是有一定认知的,他知道俄国人不仅仅存在于中国北方,而是一直延伸到西部,[1]并认为只有中国国内安宁了,外患才会消失。

康熙三十九年(1700),借着俄国使臣到来,康熙皇帝因俄国人遵守条约(在与噶尔丹的战争中没有救助噶尔丹)而予以特别嘉许。也正因为他对形势的准确把握,才有了康熙四十四年对学习外国文字的提倡。[2]

事实上,俄国人也从条约中获得了不少利益。他们获利的多寡,又和清政府的进取程度有关。前文已经提到,清朝在划界之后,采取的是将边民迁往内地,避免他们通俄的做法,这使得边境地区出现了不利于己方的真空。而这一错误的政策在新疆地区被再次放大。随着准噶尔部的衰落,中亚地区,特别是伊犁河谷、费尔干纳盆地、帕米尔高原等地的部族都成了清朝的附庸,但清廷在这些地区的保守倾向,使得整个中亚被俄国人蚕食了。[3]

由于东北地区的划界接近完成,俄国人转而向中亚扩张,针对的主要是哈萨克人的领地,以及乌兹别克人的布哈拉汗国(占据了河中地区,都城在中亚名城布哈拉)、希瓦汗国(占据了花剌子模地区,都城在乌尔根奇和希瓦)和浩罕汗国(占据了费尔干谷地,都城在浩罕)。但俄国人的征服并不是一帆风顺的,1716年,一个叫作别科维奇的人率领数千俄军远征希瓦汗国,由于路途过于遥远,缺乏补给,还要穿越沙漠地区,远征队最终全军覆没。

这个时候,如果中亚能够得到清朝更多的帮助,是有可能遏制住俄国人的扩张的。但不幸的是,清朝对中亚的局势并没有做出太多反应。

之后,俄国人采取步步为营的做法,集中精力经营北方地区,首先侵吞了位于哈萨克斯坦的草原地区,并建立了一系列堡垒。1743年,俄国人建立了奥伦堡,这里成为他们对中亚发起进攻的据点。

但真正征服中亚三大汗国依然很困难,在奥伦堡建立一个多世纪后,俄

---

[1] 他认为,从嘉峪关行十一二日到哈密,从哈密行十二三日到吐鲁番,吐鲁番有五个部落,过吐鲁番即俄国境。
[2] 见本章前文。
[3] 关于俄国人吞并中亚,笔者以为最全面的著作是俄国人捷连季耶夫的《征服中亚史》,庞大的三卷著作详细还原了俄国进入中亚、觊觎新疆的整个过程。当代历史作家李硕根据这本书写就了《俄国征服中亚战记》。

国人才控制了中亚。1852—1873年（咸丰二年到同治十二年），俄国人经过二十多年的战争，最终降服三大汗国，完成了对中亚的征服。从这个角度说，清俄《尼布楚条约》的实质是：清朝借机解决噶尔丹问题；而俄国人则腾出手来，利用清朝对地理的无知开始图谋中亚。中亚与中国新疆之间的疆界就是在这样的背景下形成的。

在清政府与卫拉特人的战争中，传教士除了供应火炮之外，他们的地理知识也起到了作用。康熙三十五年（1696），康熙皇帝亲征卫拉特时，就带了三位传教士徐日昇、张诚和安多随行。事实上，此时皇帝对传教士的宠幸已经达到最高峰，由于在对俄外交以及对卫拉特战争中的贡献，康熙二十八年，徐日昇、张诚就受到了皇帝的嘉奖。[1] 也由于西方知识对帝王统治的直接帮助，从这一年年底开始，皇帝不断地召徐日昇、张诚、白晋、安多等人进入内廷，之后他们又轮班到养心殿给皇帝讲授测量法等西学知识，包括量法、测算、天文、形性、格致等内容。从此，就算皇帝要临幸畅春园，或者巡行诸省，也往往会带上张诚等传教士随行。比如，康熙二十九年巡视塞外，带着张诚、白晋和安多；康熙三十五年巡行北塞，康熙三十六年视察宁夏，也都带着张诚。

传教士讲授的西学也被翻译成满文，誊写完毕后交给皇帝继续学习。如果讲课晚了，或者需要他们等候皇帝先办完公事，张诚等人就住在畅春园。这样的状态持续了数年之久，表明皇帝对西学的认同。

有时传教士还会跟随皇帝的钦差被派往其他地方。比如，康熙三十七年（1698），张诚和安多跟随钦差大臣被派往外蒙古喀尔喀部处理该部事务。

我们还可以通过皇帝的赏赐看出皇帝与传教士的关系。比如，康熙三十三年（1694），皇帝赐给徐日昇一柄金扇，上面绘有自鸣钟，以及皇帝写的七言诗一首：昼夜循环胜刻漏，绸缪宛转报时全。阴晴不改衷肠性，万里遥来二百年。[2]

---

[1] 近代人研究称，张诚、徐日昇为了获得俄国的贿赂而出卖了中国的利益，在翻译中故意将中国领土译成属于俄国，这样的研究缺乏依据。也许研究人员过分限于中西对抗的妄念之中，而低估了传教士的正直和对精神传播的执着。

[2] 以上诸事见《正教奉褒》。

最能体现康熙皇帝对西学重视的，是他晚年的一项大工程。在中国历史上，朝廷对于版图一直非常重视，从春秋战国时期开始，一个地方的臣服往往是通过被征服者将地图交给征服者来完成的。因此，历代统治者都需要一份好的地图和地理书。中国自古以来从《山海经》开始，就不缺乏好的地理著作。且不说"二十四史"的地理志，专有著作也不少见，比如唐朝的《括地志》《元和郡县图志》，宋朝的《太平寰宇记》《元丰九域志》，到了明清时期，更有数不胜数的地理方志以及为了特殊目的而撰写的地理书，[1]这都反映了中国地理学的繁荣。但这些著作都有一个问题，那就是缺乏更加现代的测量方法，使得它们的地图只是示意性的，缺乏准确性。现存较早的能看出全国轮廓的地图是宋朝石刻的《禹迹图》和《华夷图》[2]，这两幅图已经可以看到中国的海陆特征，代表了当时制图的最高技艺，但依然不够精确。

康熙皇帝是很久之后才意识到，这个缺陷可以由西方科学弥补。他从传教士处系统地学习了测量学知识——耶稣会士们不仅拥有当时最新最好的科学仪器，而且熟练掌握了测量技术。

康熙皇帝巡视北方时，曾经八次带着张诚一同前往。张诚本人也是一位科学家，他在各地进行天文观察，测定纬度，然后通过指南针测定经度，从而确定每个地方的地理坐标。他的这些做法使得皇帝产生了制作一幅精确的全国地图用于统治和军事行动的想法。

康熙三十八年（1699），黄河泛滥，第二年，白河决堤，传教士巴多明前往考察并帮助官员们治理水患的时候，也进行了部分测量工作。

到了康熙四十七年（1708），皇帝才走出了关键性的一步，他诏令传教士白晋、雷孝思、杜德美给他绘制一幅长城地图。当年6月14日，三位传教士离京西去。两个月后，白晋在陕西病倒，但雷孝思和杜德美继续勘测，直到西宁。康熙四十八年1月10日，他们返回北京。地图绘制得相当精致，皇帝非常满意。这时，皇帝终于下令，要完成一幅自古未有的全国详细地图，

---

[1] 如为了军事目的而撰写的《天下郡国利病书》（顾炎武）和《读史方舆纪要》（顾祖禹），为了治理目的而撰写的《肇域志》（顾炎武）等。

[2] 《禹迹图》和《华夷图》见于西安碑林博物馆，作于12世纪，但可能有更早的唐朝蓝本。

来展现他统治的这个巨型东方帝国。而传教士所做的工作，是他们在欧洲不可能做到的——欧洲的政治过于零碎，地图绘制者大量利用已有资料，中国却给了他们在一张白纸上绘制上千万平方千米土地的机会。

这幅图由九位传教士花费十年时间完成，[①] 每到一处，皇帝都会下旨，令当地官员协助传教士完成工作。测量工作从北方的蒙古开始，然后是直隶，再转入东北（黑龙江），接着兵分两路，一部分人去山东，另一部分人去山西、陕西、甘肃。

第二年，传教士们向南推进，完成了河南、江南、浙江、福建的测绘，然后再次兵分两路，一部分去江西、广东、广西，另一部分去四川。测绘最后完成的部分是云南、贵州、湖南和湖北。

表10 《皇舆全览图》的测绘顺序[②]

日期	省别	测绘者姓名
康熙四十七年（1708）	蒙古	费隐、白晋、雷孝思、杜德美
康熙四十七年	直隶	费隐、杜德美、雷孝思
康熙四十九年	黑龙江	费隐、杜德美、雷孝思
康熙五十年	山东	雷孝思、麦大成
康熙五十年	山西、陕西、甘肃	费隐、杜德美、汤尚贤、潘如
康熙五十一年	河南、江南、浙江、福建	雷孝思、冯秉正、德玛诺
康熙五十二年	江西、广东、广西	麦大成、汤尚贤
康熙五十二年	四川	费隐、潘如
康熙五十四年	云南、贵州、湖南、湖北	雷孝思、费隐
康熙五十六年	全图	白晋

这份皇帝赐名《皇舆全览图》的地图，开创了中国古代历史上精确比例尺绘图的先例。传教士们带着指南针、时表和多种测绘仪器，从北京出发，一路测量，每到一个地方，都会测量经纬度，使用三角法测定各地的地理。

[①] 《中西交通史》记为七年（1709—1715年），《正教奉褒》记为十年（1708—1717年）。

[②] 根据《中西交通史》整理，但日期遵循《正教奉褒》。

这在西洋科学进入中国之前是不可能完成的任务。

当然,这份地图也有不少缺点,比如缺乏地形地理。这是由于测绘人数太少,无法展现更多的细节。事实上,虽然皇帝支持他们的测绘工作,但在各地官员的监视下,传教士们的行动仍然是受到限制的,这也让他们无法全面、彻底地测量。但不管怎样,这份开创性的地图依然是中国古代地理的里程碑。

这份地图的影响还远达欧洲。在康熙时代,由于缺乏现代知识产权意识,当测量完毕,在中国印刷之后,传教士也将图纸传到了西方。

到了雍正时代,地图在法兰西印刷。欧洲对中国从传说到现实的认识,很大程度上也来自这份地图。

在当时,不管是东方还是西方都没有强烈的知识产权保护意识,西方的科学知识和地理大发现能够在第一时间被传教士带往中国,同时,中国的地理知识也被他们带往世界。这种双向的交流增加的是人类共同的知识,而没有区分你我。我们应该相信,任何知识传播都能够增加世界各地的相互了解与融合。当时也有大量的西方地图传入中国,不幸的是,当时的中国无意了解世界,也就无法从中获益了。

第七章
帝王与教皇（1683—1722）

中俄"朝贡"贸易

康熙皇帝统治时期，中国对西方科学的利用达到顶峰。但后来的人们依然有一个疑问：康熙皇帝是最善于利用西方技术为帝国服务的皇帝，可是，为什么他的时代距离闭关锁国已经不远了呢？

其中有一个现象，那就是虽然康熙皇帝善于利用传教士，但与明朝相比，利用和学习传教士技术的只有皇帝一人。

在明朝，利玛窦进入中国之后，迅速引发了整个阶层对西方技术的兴趣，从最早的瞿太素，后来的徐光启、叶向高等人，到后期的孙元化，再到南明时期的瞿式耜、焦琏和太监庞天寿，这些人都对天主教带来的新技术有着向往，并不耻下问地学习。可以说，明朝的西学运动是来自社会智识阶层的自救运动。

而在清朝，只有康熙皇帝的远见卓识值得夸奖，真正利用了传教士技术的只有皇帝一人。大臣们对于科学技术既不感兴趣，也不想学习，他们除了恭维皇帝的明智之外，什么都没有做。因此，清朝的西学运动只是依靠皇帝一人，缺乏群众基础。

为什么明朝和清朝西学运动的区别如此大呢？这又和明清时期不同的政治局面有关。人们提到中国的大一统集权社会，往往会认为其在明清时期达到巅峰，二者不加以区别。[①]事实上，明朝虽然在朱元璋时期实现了高度的

---

① 在本书作者写作《中央帝国的财政密码》时，也没有清晰地认识到明清统治的区别，直到为本书准备材料时，才意识到，明朝的官员有很大的自主性，这种自主性到清朝完全消失。

集权，但随着朱元璋死后统治力的松弛，明朝的官员依然保持着相当的自主判断。在明朝，即便权臣执政时期，依然有大量的言官敢于忤逆皇帝，明末的东林党更是为了节操而不惜献出生命。这时的官僚都有自己的判断力，而地方官员也有一定的选择权。

到了清朝，官僚们的自主性消失了。这一方面是因为汉人受到猜忌，有自主精神的汉官大都被拿下。随着"三藩之乱"的结束，汉官集团除了表达忠心之外，已经不敢表露自己的立场了。而另一方面，对于满族官员，更加原始的制度让他们以奴才自居，对主子的服从更是写在了天性之中。在这样的政治制度下，官员们的能动性和学习精神消失了。因此，虽然明清时期都是集权政治，但明朝官员是有人格的，而清朝官员往往放弃了自我判断，甘心做奴才。

两朝的哲学也影响了人们的选择。平心而论，清朝的哲学是比明朝更加现代的。清朝的哲学称为"实学"，也就是利用逻辑的力量去检验大到历史、文字，小到各种器物、金石的学问，这甚至有点西洋逻辑学的味道。而明朝中期兴起的"心学"则更宽泛、笼统，没有实际内容。不过，心学虽然看上去更接近中世纪，却是为了反叛宋元理学（道学）而产生的，为了对抗朝廷对人的思想格式化，不惜完全退回到人心而放弃客观世界，强调一个人应当遵循自己的内心，不应该放弃个人的判断能力。清朝的实学虽然先进，却只是官僚文人士大夫们在当官之余的娱乐工具。也就是说，官僚们在官场上并不能反对皇帝，只能唯唯诺诺。所以，他们将实学作为一种私下里的爱好，学会了人格分裂式地将公私分开：在朝（当官）时是一个奴才；只有回到家，钻到故纸堆里，才变成一个人。这种二分法让清朝的政治成了一言堂，其余的人毫无动力去挑战权威。

正因为这种区别，西学在明朝能够吸引大量希望独立思考的文人名士，但在清朝连一个文人也吸引不到，他们只是将西学当作皇帝的爱好恭维一下，就转入自己的角落里不吭声了。

二者区别最典型的体现是对待利玛窦《坤舆万国全图》的态度。这份地图在明朝吸引了大量官员的注意，他们都把它当作一种先进的地理知识加以学习。而在清朝，修纂《四库全书》的都是当时最聪明的学者型官员，当他们整理《四库全书》时，虽然也提到了《坤舆万国全图》，却只是将之当作一种荒渺莫考的东西。①

康熙后期，皇帝一方面对传教士宠幸备至，另一方面，国际局势的复杂化又让皇帝对西方事物警惕起来，从而为重新闭关埋下了伏笔。

当时中国面临的国际形势可以总结为：南北两方面的贸易压力，以及南北两方面的传教压力。在和清朝打交道的国家方面，英国和俄国已经慢慢取代了之前的葡萄牙、西班牙和荷兰；而中国商人的境遇日益艰难。

这里先看北方贸易的情况。

在中俄《尼布楚条约》中，除了疆界、追逃的条款之外，还有一条贸易条款，规定"自和约已定之日起，凡两国人民持有护照者，俱得过界来往，并许其贸易互市"。

即便在谈判还没有结束时，双方的贸易关系也是一直在发展的，这得益于中亚地区的布哈拉商队。②当条约签订之后，主要的贸易地则是与中国东北地区相连的尼布楚，以及与蒙古地区接壤的色楞格斯克。这些地区统称为"外贝加尔地区"，逐渐成了中俄贸易的主通道。

但双方对贸易的态度又是不同的，俄国乐于派遣商队前往中国，清政府却对贸易不感兴趣。康熙皇帝是一个有雄才大略的军事家和政治家，却没有把他的眼光带到经贸领域。按照协定，双方都有派发护照前往对方国家的权利，也都有接受对方国家商人的义务，但清朝一方不仅不鼓励商人前往俄国，还生怕他们与俄国人勾结。由于满族人对汉人也充满了不信任，最初更是禁止汉人参与贸易。这导致只有俄国单方面派出贸易商队，俄国人不费吹灰之力就掌握了贸易的主动权。

---

① 《四库全书》中也收录了一些西学著作，《四库全书总目》中则评价了三十七部西学作品，但对这些作品的整体评价并不高（只有历算、水力和机械力学获得了一定的赞许），一方面认为这些作品荒诞，另一方面则认为许多科学知识剽窃自中国古代学术，表明了乾隆时期对西学的排斥和闭关锁国情绪。

② 由于中亚与清朝的从属关系，布哈拉汗国的商人是唯一得到清政府特许权的商人集团，可以经营从中亚到新疆的贸易。中俄贸易集中在东北和蒙古地区，而在新疆地区，俄国人由于无法获得特许权，只能借助布哈拉商队来间接与中国进行贸易。

但这并不是说完全不存在中方贸易。在东北地区，满族商人是可以前往边疆地区进行边贸的，特别是脑温等边境城市。汉人则只能在北京等待俄国商人的到来。

协议谈成后，接下来的问题是：到底如何执行《尼布楚条约》中的贸易条款呢？协议规定的只是大框架，但具体贸易商队的落实，还需要双方的实践。

康熙三十一年（1692）3月，俄国商人伊杰斯在沙皇的派遣下，组织了一支商队，从莫斯科前往北京。按照贸易条款，伊杰斯显然是持有俄国护照的，应该能过境贸易。沙皇还向这位商人提出了六个要求，其中与贸易有关的要求包括：希望皇帝派遣中国人携带各种货物来俄国做生意；希望皇帝允许中国商人每次携带一千普特或以上的纯银前来莫斯科；不禁止中国商人向俄国输入宝石、花布、辛香佐料和各种药用植物块根。

清政府倒是遵照条约，允许他们过境前往北京了，但是态度并不友好（俄国人的看法）。康熙三十二年（1693）商队到达后，有五十多天不被允许离开指定住所。到次年1月，才终于可以自由活动，于是俄国人赶快会见商人，销售货物，购买自己需要的商品。这样，原本说好的自由贸易又变成了缓慢的、特许式的贸易。

俄国人最不满的是清政府限制他们的人身自由，认为这是恶意的表现。但俄国人不知道的是：其实他们并没有遭受不友好的对待，康熙皇帝对俄国人是满意的，即便当时还处于准噶尔战争中。真正的问题是，这就是清政府对待外国人的方式，皇帝只是将他们当作一个普通的朝贡团罢了。也就是说，在清政府看来，所谓的条约规定，与朝贡制度是并行不悖的，每一次沙皇派来的商团都只是和暹罗、东南亚诸岛屿国家相同的朝贡团，这些朝贡团到了北京都会先被关一段时间，完成磕头朝贡的任务，然后被准许自由活动一番赚点小钱，最后被赶走。《尼布楚条约》中的贸易条款，在俄国人看来是双方平等贸易的条款；但在清廷看来，只是朝贡框架的延伸而已。

可对皇帝来说，这个商贸团确实比普通的朝贡团麻烦一些，因为它竟敢向皇帝提出六项要求，并请求皇帝的答复。最后，理藩院虽然不情愿，但还是满足了俄国人的要求，给出了回答。关于贸易的回答是：中国的朝贡制度允许各国派遣使臣和商人前来中国，但是中国从不派遣任何使臣或商人携带任何东西去外国。

在朝贡框架下，每个国家的使团是有人数限制和频率限制的，对俄国人已是格外优待，允许他们一年"朝贡"一次，每次可以带二百人前来。另外的优待是，除了沙皇，边境长官也可以派遣使团，但人数只有五十人。①

朝贡贸易的本质是，一旦决定了这样的朝贡制度，对方必须跟着清廷的制度来做调整。按照这个制度，自由贸易是不可能了，沙皇每年必须派遣使节按照朝贡方式前往中国。私人商人无法独立贸易，只能加入使团，成为二百名成员之一，然后才能前往中国。由此延伸出了沙皇对贸易权的垄断，特别是贵重的紫貂皮和黑狐皮，都是国家专营的。②

这支商队最初还不禁止私人商人参加，只要他们购买名额就可以了，但很快，沙皇发现私商携带的货物侵占了官商的利益。比如，康熙三十二年（1693）的商队，官方获得的贸易收入是四万一千九百卢布，但随团前往的私商却获得了十一万三千六百二十卢布的利润。于是，到了康熙四十五年，沙皇干脆下令禁止私商加入贸易团前往中国，所有的货物都是官方货物，这样就可以垄断销售利润了。③ 果然，到了康熙四十九年，官方货物的利润达到二十万卢布。

对于沙皇禁止私商前往北京，清廷是持赞同态度的。在皇帝看来，只与一家商人打交道，比与许多家小商人打交道更容易。

但沙皇没有想到的是，只要禁止了私人参与，效率就会立刻下降。而清政府在北京也不断地给贸易团制造麻烦，到最后，在北京售卖毛皮变得越来越困难。康熙四十九年（1710）以后，官方商队带来的货物价值不再增加，商队也越来越少，最后整个贸易都陷入停滞。与此同时，随着准噶尔战争的

---

① 见《俄国各民族与中国贸易经济关系史（1917年以前）》。
② 沙皇派遣的商队中包括一名商人总管、一名官府专员、四名宣誓公务员、一名禁卫军官，一百名哥萨克卫兵。军事人员不得从事贸易。
③ 沙皇的做法还与他的财政状况有关。彼得一世在军事上大举进攻瑞典、土耳其、伊朗，国内实行大规模的行政改革，这都需要大量的金钱支持。因此，彼得一世经常受财源问题困扰。与中国大规模的毛皮贸易可以获得中国的金、银和布匹，如果能够垄断，对于俄国的财政是巨大的补充。

结束，皇帝对俄国人也没有那么重视了，各种矛盾越来越多，影响了贸易。

在官方商队衰落的同时，边境地区的民间贸易（私人贸易）却蓬勃发展。私人商人不能去北京了，他们就前往能去的地方，就这样，蒙古城市库伦（今乌兰巴托）就逐渐成了私人贸易的主要地点。从俄国边境城市色楞格斯克走十到十二天就可以到达库伦。由于沙皇禁止私人商人在任何情况下销售高端毛皮，表面上，私商带着一般的货物（低级毛皮）前往库伦，但实际上他们携带了大量的高端货。到了库伦，再由逐渐兴起的山西商人买下来，将它们带往中国内陆销售。

相比较而言，去往北京需要三个月，加上清政府的刁难，朝贡制度也拖慢了官方商队的节奏，没有一年时间很难完成一次贸易，与私人商队一个月来回一次库伦的灵活速度形成了鲜明的对比。到最后，私人贸易挤垮了官方贸易。

沙皇彼得大帝为了应付清政府的朝贡制度而采取了贸易团的形式，又由于割舍不开利益，垄断了贸易团，最后违背了自由贸易的规律，造成了俄国官方贸易的衰落。他原本可以在远东地区更快速地发展，将清政府甩在身后，但由于错误的政策，俄方在康熙时期并没有完全展现出优势。

东正教的北方教团

除了贸易之外，雅克萨之战和《尼布楚条约》还给北京带来了一个新的族群和信仰：俄国人和东正教。

据《历史上北京的俄国东正教使团》记载，最早的俄国人来自顺治时期，顺治八年（1651），雅克萨要塞化，随后顺治皇帝向雅克萨派出了千人军队，赶跑了俄国人，把其中一部分人作为战俘带到北京，这是第一批生活在北京的俄国人。

康熙时期，在清军第一次围攻雅克萨时，生活在那里的一位东正教士马克西姆·列昂季耶夫请求行政长官托尔布津向清军投降，换取清军允许雅克萨的军民撤往尼布楚，以挽救当地居民。托尔布津采纳了这个建议。

俄国人投降之后，清军说到做到，给了所有人两种选择，一种是撤往尼布楚,另一种则是向清朝臣服。大部分人(约三百人)选择撤往尼布楚,但也有一小部分(四十五人,包括妇女和孩子)选择臣服。这些人中包括了自愿做他们神父的教士马克西姆·列昂季耶夫。

第二年,俄国人从尼布楚回到雅克萨,收割了庄稼继续固守,这导致清俄战争再开(见上文),原本臣服的人,加上后来战争中被俘的人,一共近百人被皇帝转移到北京居住,与之前顺治时期的俄国人相混合,构成了生活在北京的俄国社区。

雅克萨俄国人在北京的待遇并不差,康熙皇帝安排他们定居在一个叫桦皮厂的地方,这里位于北京东北角的城墙边。为了照顾他们的礼拜需求,皇帝下令将一座佛教寺庙清空并赐给俄国人,由他们改造成一座东正教堂,以圣徒尼古拉命名,而中国人则叫它罗刹庙。康熙三十四年(1695),这里改名为圣索菲亚教堂。①

俄国人被编入镶黄旗,作为旗民,他们剃了头,接受了满族的习俗,获得了政府分配的房子,拥有基本生活费和军饷,还拥有了耕地和墓地。②有的俄国人还娶了中国妻子,构成了混血家庭,之后逐渐被同化。

按照俄国人自己的说法,这些雅克萨俄国人到了18世纪中叶,已经形成了特有的族群。他们不懂任何手艺,编入旗籍之后整天无所事事。他们粗鲁、没有教养、迷信、奸诈、狡猾、空虚无聊,混迹于市井、客栈、戏馆,吸食鸦片,还染上了赌博等恶习。但这些人也并非毫无用处,在清俄的交往中,往往需要他们充当翻译。北京几乎每年都会有数百人组成的俄国商队前来,这些雅克萨俄国人就是天生的翻译。

俄国商人与雅克萨俄国人的待遇是有区别的,前者的住处和墓地与雅克萨俄国人的不在一起,做礼拜也不在一起。商人们到耶稣会的天主教堂(南堂)做礼拜,而雅克萨俄国人则在列昂季耶夫的领导下单独在罗刹庙做礼拜。

到了康熙三十八年(1699),列昂季耶夫已经老迈,但没有人来接替他。③

---

① 罗刹庙经过两百多年的风雨和重建,于1956年拆除,原址变成了现在的俄罗斯驻华使馆。
② 墓地位于城外,在东北角楼处。
③ 他坚持到了1711年或1712年。

商队里有神父，但清政府不同意他们为雅克萨俄国人做礼拜。这时俄国人意识到信仰能够成为进入中国的一种途径。一年前，俄国的贵族议会书记维尼乌斯就写信给沙皇，提到北京的俄俘建了一座教堂，甚至有中国人受洗，因此，可以派有学问的司祭去北京传教。两年后，彼得一世在选择西伯利亚都主教时，强调这位都主教也负有对北京传教的责任。

康熙四十一年（1702），俄方做出尝试，表示列昂季耶夫已经过于老迈，希望派两位教士跟随商队到北京，并留下来接替列昂季耶夫。北京方面表示，列昂季耶夫之所以能够管理教堂，是在清朝的政治框架下进行的，因为清朝授予他七品官待遇，但北京不允许外国宗教在此设立专门的人员。

这件事又拖了十年，直到列昂季耶夫去世之后，理藩院才在雅克萨俄国人的请求下同意让俄国政府派人前来。[①]但是，同意的主因还并不在于雅克萨俄国人，而是国际形势的变化。当年，清政府正准备派出使者访问土尔扈特部的阿玉奇汗，但土尔扈特远在伏尔加河流域，如果要访问他们，势必要经过俄国人的地盘。因此，为了获得俄国人的通行证，双方达成默契，由俄国政府发给清朝使节通行证的同时，清政府也给传教士发放通行证。但俄国的传教士只能在清朝使团回程时，跟随他们一同进入北京，也就是必须首先保证中国的出使任务。

康熙五十一年（1712）到第二年年初，俄国人选出修士大司祭列扎依斯基、司祭拉夫连季、执事费利蒙和七名学生[②]做好前往北京的准备。为了使教团更加正规，还配备了圣像、法衣、圣器和东正教书籍。[③]沙皇还大方地发给他们旅途津贴，修士大司祭可以获得三百卢布，司祭和执事各六十卢布，七名学生共八十卢布，还有四十桶葡萄酒。到了北京，教士们也可以领到工资，修士大司祭为每年一百卢布，司祭和执事每人每年八十卢布，剩下的每人每年十卢布。

康熙五十四年（1715）和第二年年初，中国使团回程时，将传教士们带到北京。

---

① 在派遣传教士的同时，皇帝还要求给他派一名外科医生来。
② 七名学生中，四名在康熙五十六年至康熙五十七年（1717—1718）间返回俄国，三名在雍正四年至雍正五年（1726—1727）间死于北京。
③ 使团团长还收到二十八只银勺、六只银茶盏、两件呢制长衣、两件褐色缎袍。

对于俄国的东正教和西方的天主教，清廷的政策是不同的。天主教士能够到来，是因为皇帝有对科学技术的需要，因此对他们的传教活动予以一定程度的容忍。但东正教则属于另一个层面的问题，它所服务的对象只是雅克萨战俘及其后代们，雅克萨战俘被视为庞大帝国中的一小组臣民。在元代，就有招纳钦察人和俄国人充当卫士的传统，这些卫士被当作帝国的臣民，允许保留信仰和生活方式，这种做法是游牧民族的通行做法。康熙皇帝对待雅克萨战俘就采用了通行的做法，因此也尊重了这部分臣民的信仰和风俗：为了给雅克萨战俘提供信仰食粮，这才同意他们有自己的"小庙"（教堂），并给这个"庙"配备一两个"和尚"（祭司），这些"和尚"都是有帝国品级的。当列扎依斯基等人到来后，皇帝又按照之前的通行做法，给他们赐了品级，其中列扎依斯基是五品，司祭和辅祭是七品，几个学生被编入八旗，清廷负责他们的衣食住行，甚至在他们成家时提供费用。① 我们可以认为，俄国的东正教在北京算是臣民，而善待天主教和耶稣会则是对客人的尊重。

对于学生等辅助人员，清廷还想到了另外的用途：他们被安排学习汉语和满语，之后可以进入理藩院，翻译清廷理藩院和俄国枢密院之间来往的信件。

第一届东正教使团出现时，俄国的教团制度还不是定制。康熙五十七年（1718），团长列扎依斯基于北京病逝，在北京的俄国人请求理藩院允许俄方再派一个新的团长，理藩院同意了，并写信让想回国的执事费利蒙等人带回去。②

这件事让沙皇意识到，可以在远东地区成立一个大主教区。俄国对一个地方的控制，标志之一是建立大主教区，将这里人们的信仰纳入管控。沙皇原想在尼布楚设立大主教区并管理北京的信众，意味着对远东地区的开发已

---

① 清廷的花费是：一次性补贴，修士大司祭白银八百两（合一千五百卢布），再发放白银六百两（约一千一百卢布）用于雇佣仆人；司祭和执事每人白银六百两，再发白银四百两用于雇佣仆人；学生白银三百两，另发白银二百两用于雇佣仆人。月薪，修士大司祭白银四十两（合七十卢布），司祭白银三十两，学生白银二十两。按当时的白银与卢布折算，清朝政府每月为东正教使团出资四百二十八卢布七十戈比。这样，修士们可以从皇帝和沙皇处收到两份工资。到了乾隆二年（1737），根据俄国人的申请，理藩院不再授予俄国教士官职和品级。
② 这时，北京只剩下了一名司祭和三名学生。康熙五十八年（1719），彼得一世派出了他的特使伊斯梅洛夫去北京解决贸易问题。特使带上了一位修士大司祭安东尼（普拉特科夫斯基）随行，但这位大司祭并不是为雅克萨战俘准备的。关于伊斯梅洛夫的行程，见下一节。

经如火如荼。但为了不得罪北京，他最终没有把这个大主教区设在尼布楚，而是设在伊尔库茨克，从这里管辖伊尔库茨克、雅库茨克和尼布楚等边境城市。更特殊的是，虽然名为伊尔库茨克都主教，但沙皇想把这个都主教派往北京，这才显示出他的实际意图。

担任都主教的是英诺肯季大主教，康熙六十年（1721），他带着两名司祭、两名辅祭、五名唱诗班人员、两名杂役和一名厨师从彼得堡出发前往北京。与此同时，枢密院给清政府发出信件，请求他们接收。

这封信到达蒙古后，被土谢图汗阻挠了一年多才发往北京。英诺肯季大主教在边境上一直没有等到回信，加上蒙古逃亡者问题的发酵，[①] 中国没有接纳他。与此同时，北京的耶稣会听说俄国要派大主教前来，也提醒皇帝注意这个动向。

事情拖到康熙六十一年（1722）年底，康熙皇帝去世了。继位的雍正皇帝不喜欢外国人"吃饱了撑的"说三道四，甚至连耶稣会本身也陷入被驱逐的境地。不过，雍正皇帝并不想激怒俄国，他在登基的第二年就向俄国派出使团。新皇帝的策略是通过谈判产生一个新的条约，在此之前不接纳任何宗教和商业使团。

但就在双方将要开始谈判时，雍正三年（1725）年初，沙皇彼得一世去世。当年，俄国向清廷派出使节，祝贺新帝登基。他们本想将英诺肯季大主教塞入使团，但被中国方面识破了。中国方面愿意接纳低级教士前往，却不愿意接待一个大主教。最后，这位被派往中国的大主教死在边境上。

冲突不断的北方贸易

由于康熙皇帝以朝贡团模式对待中俄贸易，加上彼得大帝错误地采取了官方垄断经营的方式，俄国前往北京的贸易团没有发挥出应有的能量。到了康熙五十六年（1717），这种贸易方式更是中断了。

这一年，俄国商队被禁止在北京销售货物。第二年，下一支商队由于没

[①] 见下一节。

能得到前往北京的许可，滞留在俄蒙边境的色楞格斯克。为什么出现这种情况？原因在于私商的存在导致北京的毛皮商品过于充裕；也因为朝贡团制度必然产生的负面影响，那就是由于中国境内各个地方政府必须给俄国人提供粮草、住宿，每年一次的贸易团已经严重地透支了地方政府的接待资源；还因为双方的贸易争端越来越多，特别是延期付款和债务造成的纠纷。

另外，由于已经解决了噶尔丹问题，俄国的重要性也在降低，反而是俄国人不断穿越蒙古让康熙感觉到危险。到了康熙五十六年（1717），皇帝下令今后不得再派俄国商人来北京，几年后可以派商人到边境地区贸易，这些商人也必须持有俄国边境地区长官发给的护照。

当康熙皇帝决定停止贸易时，彼得一世却恰好处于与瑞典的北方战争之中。这时候的他无力追究清政府的违约行为，只能采取软化的态度与中国协商。康熙五十八年（1719），彼得一世派出了以伊斯梅洛夫为特使的使团前往中国，商谈恢复俄清贸易问题。

伊斯梅洛夫前来的主要目的包括：恢复俄中贸易；争取在北京派设常驻贸易代表，他们甚至选好了代表人选，是一位叫作朗克的瑞典人。[①] 使团随行人员包括秘书、军官、商务代表、军士、神父，以及翻译、差役、乐队、雇员等六十名左右工作人员和二十五名龙骑兵。

康熙五十八年（1719）7月，使团从圣彼得堡出发，经过莫斯科、喀山、托博尔斯克、托木斯克、色楞格斯克、伊尔库茨克，于次年9月进入中国领土，经尼布楚穿越蒙古沙漠从长城入关，11月中旬进入北京。

清廷对伊斯梅洛夫使团给予了相当的关注。在伊斯梅洛夫逗留北京三个多月的时间里，[②] 他被康熙皇帝接见了十三次。皇帝在接受了沙皇的礼品之后，也向沙皇赠送了厚礼。一位使团的医生贝尔对此次北京之行进行了详细描述，诸如皇帝的数次接见、使团在皇帝的行宫中过元宵节、皇帝的赐宴、各级大臣到使团驻地的拜访等等。除了与满人和汉人交流之外，使团还与那些在华

---

① 朗克留有《朗克日记》。此次行程被使团的随团医生、苏格兰人贝尔记录了下来，见《从圣彼得堡到北京旅行记（1719—1722）》。

② 从1720年11月18日到1721年3月2日。

耶稣会士有了交往，当时在北京的传教士有巴多明、戴进贤、白晋、费隐、喜大教等人。①

虽然有着不错的交往，但是伊斯梅洛夫同皇帝和大臣的会谈没能取得预期的效果。

使团在华期间，在清俄（蒙俄）的边境上发生了一件不大不小的事件，有七百多名蒙古属民逃往俄国境内。根据条约的追逃条款，俄国必须将这些人返还中国，于是清政府要求伊斯梅洛夫派人与清廷官员一同前往边境，会见俄国的西伯利亚省省长，要求他交出这些人。与此同时，伊斯梅洛夫却提出，俄方更关注的是恢复贸易，坚持让皇帝先下令解决贸易问题，然后再解决逃亡者问题。双方在问题的优先权上发生了争执。②

双方经过三个月的谈判后，依然没有办法达成一致。最后，清廷同意将朗格作为贸易代表暂时留在北京，并临时准许商队来京。但这一切都只是临时措施，作为交换，在签订新的贸易协定之前，俄国人必须先遣返逃亡人士，之后才能开展后续的工作。

在伊斯梅洛夫离开之前，皇帝请他转告沙皇：清廷愿意保持和平；之前俄国方面也有逃亡到中国的人，清廷都按照条约进行了遣返，因此，希望俄国也遵守协议；清廷对俄国的寒冷之地不感兴趣（就像俄国对中国的炎热之地不感兴趣一样），也不想陷入冲突。

康熙六十年（1721）4月，伊斯梅洛夫回到色楞格斯克，皇帝的命令早就传到了边境的清政府官员耳中，他们要求伊斯梅洛夫告诉这里的俄国官员，将蒙古逃亡者送还。但由于没有沙皇的授权，伊斯梅洛夫实际上无力解决这

---

① 贝尔也记载了另一个方面：使团进京后曾经被锁在使馆，经过抗议后才解封。他还记载了所有使节都在皇帝面前磕头九次。
② 除了贸易和逃亡者问题，双方的分歧还包括：一、清政府希望尽快划定清俄边界中段，即俄蒙边界，《尼布楚条约》虽然划定了东北地区的边界，但是，俄国与清属蒙古（外蒙古）之间的边界依然需要划定，而这又牵扯到遣返逃亡者问题；二、俄国人在边境地区违约问题，由于清俄双方所采取的边境政策不同，清朝总是倾向于清空边界，而俄国总是不断向边界移民，建立新的堡垒，这导致清廷指责俄国人有违背条约的嫌疑。至于贸易，在康熙皇帝和他的大臣看来反而是最不起眼的问题，政治问题和边界问题得不到解决，却去考虑微不足道的细枝末节，这是不可理喻的。

个问题。

关于人员遣返问题,牵扯到清朝和欧洲不同的主权理念。欧洲的理念是,人们有选择去往何处的自由,因此除非有罪行发生,否则很难强迫一个人去往哪儿或者回到哪儿。但清朝的理念是,只要一个臣民曾经属于大清,就永远属于大清,大清人离开大清是一种耻辱和背叛,是一种犯罪行为,因此,皇帝有权力要求任何离开国家的人返回并审判他们。理念的不一致,使得清政府在签订条约时一定要将这个条款写入,也要求俄国政府必须不折不扣地执行。

清政府一直在等待俄国人履行协议,结果不仅没有等到人员的遣返,反而等来了更糟糕的消息。

随着噶尔丹的死亡,准噶尔已经衰落了,但它依然是新疆地区的一大势力,直到康熙皇帝去世后还控制着北疆地区。准噶尔人虽然承认清政府的宗主权,却又不断地反叛,成为清政府的心腹大患。而在西方,准噶尔则一直被当作蒙古人的重要一极来看待,按照伊斯梅洛夫使团成员的看法,[①]当时全世界的蒙古人有三大领袖,分布在漫长的亚洲北疆,分别是外蒙古的土谢图汗、土尔扈特部的阿玉奇汗和准噶尔部的巴图尔珲台吉。此外,外蒙古由于实行政教双重领袖制,作为僧人的活佛哲布尊丹巴呼图克图也有着极大的权威。正是从这种认知出发,沙皇彼得一世接见了准噶尔的使节。而沙皇的接见又引起清政府的气愤,决定断绝与俄国的一切通信和贸易关系。

在清俄冲突时,留在北京的贸易代表朗克[②]也发现自己寸步难行。问题的症结在于,偌大的中国其实并不存在一个西方意义上的中央政府,因为所有的决策其实都出自皇帝。沙皇上次的国书一直在朗克手中(原本应该由使团提交),没有机会交给皇帝,他希望大臣们将这个请求传递给皇帝。但事实

---

① 这种看法由贝尔记录了下来。
② 朗克在 1715 到 1737 年间先后六次到中国。第一次在 1715 至 1716 年间,主要为彼得一世采办货物,带英国医生托马斯·格文为康熙服务。第二次即本次,跟随伊斯梅洛夫使团赴华谈判。第三次是 1726 年随萨瓦使团前来参加《恰克图条约》的谈判。第四次和第五次是 1727 年和 1732 年率俄国商队来华贸易。他首次将圣彼得堡皇家科学院出版物带到中国,在北京参加了地震中毁坏的北京东正教堂的重建工作,回国后任西伯利亚总督。1736 至 1737 年,他第六次作为商队领队来华。

上，没有人敢将这件事告诉皇帝，于是，递交国书的事情就一直拖延下来。

大臣们只敢在他们认为合适的时机，去将有限的事情告诉皇帝，得到他的哪怕一句应允，以便继续推进。但更多的事情在没有传到皇帝耳中的时候，就被过滤掉了，可所有的决策又只能由这一个人来做。这种一人政治造成的情况是，任何大事都不如皇帝身边的小事。比如，为了皇帝的生日，所有让他不高兴、不开心或者会引起他过度思虑的事情，都一概不再上报，不管是边疆、民生等问题，还是其他需要紧急处理的事情，都只能靠边站。为了办好皇帝自己的小事，或是为了掩盖统治者的错误决策，有时候甚至会将整个帝国的决策权锁死数月甚至数年。当决策权被锁死，整个国家已经陷入一片混乱时，却没有人敢说一个"不"字，或者代替皇帝做出哪怕最微小的决定。所有有头脑的人都被这个制度束缚而无可奈何。另外，朗克发现，一些中国人善于对外国人敲竹杠，哪怕站岗的士兵都是收了钱才决定放人进入。一些人欠账不还更是普遍现象，就算是官方帮助要账，也很难要到，而官方大部分时候也不愿帮外国人要账，因为商人与官员之间盘根错节的利益关系，阻碍了官方为外国人伸张正义。

朗克在北京虽然毫无进展，但还是对这个都城进行了细致入微的观察。他发现了俄中贸易衰落的原因——大量的北京商人前往库伦与俄国私商交易，甚至连蒙古喇嘛都带着皮货前来北京。从库伦来的货物量已经是俄国官商的四到五倍，而且质量更好。[①] 不仅质量好，而且价格低，不管官方商队定什么价，私商总能给出比官价低 4% 到 5% 的价格。

朗克分析其中的原因，在于俄国的官商要从国库获得货物，而国库的估价官总是会把价格高估，导致成本就很高。此外，还有私商的运输成本低，买卖灵活，以及库伦生活成本低等原因。[②] 另外，由于私商的灵活性，中国商人在购买毛皮的同时，还会带过去不少生活必需品，以加速周转，降低贸易成本。所有这一切都致使官商难以维持。

---

① 朗克特别提到了黑狐皮，这些皮货可以在库伦买到，但官方商队提供不了这么优质的商品。
② 比如朗克写道，在色楞格斯克，十卢布就可以供十个人吃一个月，但在北京，十卢布只够十个人吃一个星期，还要加上马的饲料钱（库伦可以随意放牧），等等。

不幸的是，朗克虽然看到了官商的诸多问题，但他本人是官商的驻京代表，承担着俄国官方商队的任务。此前康熙皇帝喊停了俄国商队，后在使团的要求下，临时恢复了商队，只是中方不再承担贸易团的生活成本，改为由俄方承担。当时，沙皇接见准噶尔使者的消息还没有传来，中俄仍然在交涉如何处理逃亡人员，康熙六十年（1721）8月，恢复后的第一支俄国商队到了，领队是伊斯托普尼科夫。

当商队到达张家口时，由于皇帝还在热河，理藩院尚书决定让商队就地等待，直到皇帝回京，再让商队进京。

由于生活成本由俄方承担，等待就意味着商队巨大的成本和损失。恰好此时，由于几位清政府的官差需要穿越俄国领土，朗克以签发通行证为条件，获得了商队先行进京贸易的许可。

在这时，俄国人的商团还卷入了康熙皇帝诸子的明争暗斗之中。在康熙皇帝的儿子中，第九子胤禟是最具有开放性视野的一位，他年少时曾经得病高烧昏迷，是由精通医术的传教士治好的，这可能解释了他热爱西学、亲近传教士的作风。加上他性格慷慨大方、不拘小节、轻财好义且很懂得商业之道，很受人瞩目。胤禟本人并非皇位强有力的继承人选，但他与第八子胤禩和第十四子胤禵关系友善，又得到了康熙皇帝的喜爱，是皇位继承战中有价值的帮手。如果康熙皇帝死后，胤禟还有一定的话语权的话，可以想象，他会赞成扩大西学，尊重贸易。

九皇子最信任的传教士是葡萄牙人穆经远。① 九皇子对俄国人也相当同情。此前，由于俄国商队缺乏流动资金购买生活必需品，而他们带来的商品还没有得到准许售卖，朗克曾经想向清政府申请二千两白银的预支款，但没有得到许可。九皇子听说了俄国商队的困难，托穆经远给朗克带了一万两白银。朗克最初不愿意接受，但最后收下了一千两，并对皇子表示了感谢。②

商队九月底到达北京，但一直受刁难，甚至不准出门，以理藩院为主的大臣们不断敲诈，要求商队在将毛皮自由出售给中国商人之前，要先将其中

---

① 穆经远（穆敬远）在康熙皇帝去世后的权力斗争中，作为牺牲品被杀死。见下文。
② 《朗克日记》。

的上品按照较低的价格卖给朝廷。到了十二月，商队才得到准许参与一定的贸易。在这里，我们也看到了后来中国人对外国人所使用的各种手段，没有贿赂，士兵就可以锁门，甚至让他们连干草都运不进去。官员和士兵们非常清楚皇帝对外国人的态度，会不断层层加码，直至在事实上中断贸易。官员不断拖延，不让贸易；士兵会把持好门禁，阻止愿意与俄国人做生意的中国商人入内；大臣们则买卖许可证，只有带有许可证的中国人才准与俄国人贸易。为了获得外国人的动向，甚至会检查朗克的信件。

康熙六十一年（1722）5月，官员向朗克宣布，由于俄方拖延交还中国逃亡者，并接待准噶尔使者，皇帝决定终止一切对俄往来，包括贸易。他们必须在7月12日离开北京。随着朗克和商队的离开，俄国的商队贸易暂时停止。

在康熙皇帝停止贸易的同时，俄国人对西伯利亚的开发却是如火如荼。首先是连接新疆和中亚地区的西西伯利亚，乌拉尔采矿工厂主杰米多夫家族在西西伯利亚进行了热火朝天的采矿活动，开发出了富饶的煤炭和多金属矿石。雍正四年（1726），俄国人在托木斯克和库兹涅茨克开采铜矿，创建炼铜工厂。在西西伯利亚，手工加工业、肥皂制造业、制革业和造纸业等也都逐渐发展起来。随着沿额尔齐斯河与伊希姆河要塞防线的建立，沙皇加快了西西伯利亚地区的移民进程，促进了工业与定居式农业的发展。叶尼塞河、鄂毕河和额尔齐斯河的上游地带逐渐形成了联系哈萨克人和准噶尔地区的交通要道。

在连接蒙古和中国东北的东西伯利亚，俄国人也在加速开发。雍正二年（1724），俄国实行行政机构改革，从托博尔斯克省中又分出了叶尼塞斯克和伊尔库茨克两个省。可以说，康熙皇帝虽然对俄打了胜仗，但这一次战争的强度抵不上对方小步快跑的进展，也让后来俄国人在东北地区和西北地区的鲸吞成为可能。

南方的四口通商

朗克在撤离北京时心中充满了惆怅，他感慨俄国人的地理劣势。在和北京做买卖的时候，俄国人的不幸就在于他们距离清朝的权力中心过近，他们以为在都城做交易是最好的，但事实上，只有远离了权力中心，才能觅得一点点自由贸易的气息。朗克认为葡萄牙人和英国人在这方面占尽了先机。

朗克在北京时对其他西方国家的贸易情况是有所打探的。他打听到，每年都会有许多西方船只驶达广州，它们分别来自英国、法兰西、荷兰、丹麦等国家，通常会携带许多种商品，比如不同国家的银币、各种高档布料、仿驼毛呢、各种毛织品、质量上乘的荷兰亚麻布、自鸣钟表、尺寸不一的眼镜片、数学仪器、英国制造的小箱子、铅笔、各种欧洲纸张、不同样式的女帽、几种欧洲酿造的酒（特别是葡萄酒）等等。

欧洲商人也从广州带走了大量的商品，包括生丝、花缎（由中国人按照欧洲人提供的图样织制）、丝织品、漆器、绿茶和红茶、与大茴香气味极其相似的八角茴香、藤制家具、瓷器（中国人根据欧洲人提供的样品烧制而成）。欧洲商人偶尔还会购买一些黄金，但数量很少，因为印度的黄金比中国的便宜。他们还会少量购买几种宝石，但不包括金刚石。他们还从广东和福建两地把中国最好的织锦缎运走。

朗克还提到了欧洲与中国之间一个特殊的交流品种：玩具。他们把欧洲玩具运送到中国，再把中国玩具运送到欧洲。另外，欧洲人也对中国的古玩感兴趣。

当然，这并不是说在南方的贸易就没有"潜规则"，在广州，欧洲商人也要把部分货物当作礼品送给广州城的官员，但至少需要打点的官员比北京少，剩下的货物可以出售，利润也是相当可观的。

另外，欧洲商人在金融上的灵活性也让俄国人羡慕不已，他们可以利用信用，在从欧洲出发之前，就与一些商人预先签订好协议，只要按照订购清单从广州购买不同种类的商品即可，而不用担心销售压力。在广州，他们也可以使用银币购买商品，每种外国银币与白银都有相应的兑换率，这种兑换率几乎全国通用。但在广州用银币购买货物的价格却比北京便宜三到四成。

朗克还专门叙述了长居广州的欧洲居民，他们作为商务代表住在城内。这也让他这个被赶走的商务代表羡慕不已。[①]

[①] 朗克提到了一位法兰西的商务代表，因为得罪了当地官员而躲进教堂，最后通过北京的耶稣会士疏通关系。

从朗克的叙述中可以看到，康熙时期南方的贸易是蓬勃发展的。因此，我们在这里需要追溯一下南方的四口通商。

为了解决台湾问题，顺治末期和康熙初期实行了海禁和迁界的政策，这项政策对沿海的贸易和经济造成了极大的破坏。但正由于其破坏性太大，在康熙皇帝收复台湾之前，人们就已经开始讨论放松的问题。

最初在康熙十八年（1679），江南巡抚慕天颜就请求开海，提到大军为了战争已经过多地消耗了民间的钱粮，再不开海，民生恐怕难以维持。他的提议得到了兵部等衙门的赞同。

第二年，慕天颜等人再次上奏，提到古代通过海商获利的例子层出不穷，国内需要大量白银，这只能由海外提供，而在中国十分便宜的东西到了海外价值就翻了数倍，只有开海通商，才是拯救民生和解决财政问题的唯一方法。

他也考虑了到底怎么开禁：由于还没有除掉郑氏，在福建、广东还存在战争，因此，可以首先在江南以及淮北地区开禁，特别是渔禁。除了开禁之外，还要展界，也就是请老百姓回到原来被迁界的土地上，让他们能够生存。[①]

除了慕天颜，另一位大臣河道总督靳辅也批评海禁政策不仅让民生穷困，还造成了财源枯竭，因此必须让海外贸易恢复起来。

也是在这一年，随着广东平南王尚之信被剪除，皇帝恢复了广东的市舶司，并允许在澳门的外国人通过陆路与内地交易。这样，海外的商人可以通过在澳门的贸易参与内地经济。

同年，山东提请开海。位于战争最前线的福建总督姚启圣也上奏，认为清廷已经控制了各个战略要地，具备了开海的条件。同年，福建巡抚吴兴祚请求，如果担心开海太早，也可以先展界，也就是允许沿海百姓回乡复业，他的请求在第二年得到准许。[②]

康熙二十二年（1683），随着施琅征服台湾，郑克塽投降，已经成为两广总督的吴兴祚组织了展界工作，以最快的速度将百姓安置回祖居之处。

虽然居民复业，但是朝廷依然禁止商船出海贸易。这时就轮到剿灭郑氏

---

① 见慕天颜《请开海禁疏》。
② 见《清朝柔远记》。

的两方功臣（施琅与荷兰人）登场了。一方面施琅等人屡屡上书，而另一方面，在郑氏战争中帮助过清朝的荷兰人也来请求贸易。皇帝准许了荷兰的贸易，由于听说了荷兰人获得允许，其他国家也纷纷前来请求贸易。到这时候，允许中国人像海外人士一样经商已经成了人们的共识。

这一年，户科给事中孙蕙也上疏，他首先肯定了明朝后期的贸易方针，认为：明朝有海防没有海禁，实现了东南沿海的富裕繁荣；自从海禁之后，沿海地区就陷入萧条。另外，就算采取了海禁，皇帝的海禁是否能达到百分之百的效果呢？也并不是，事实上各种关系户依然通过走私进行贸易，只是再也没有税收流入国库了。为了增加国库的收入，最好的方法是将那些地下的贸易转正并加以管理，这就有了海关的概念。[①]

当年，皇帝派遣工部侍郎金世鉴去江南、浙江展界，同时考察开海禁的可能性。第二年，金世鉴表示可以在有限管理的情况下开海禁。

所谓的管理，就是后来的"四海关制度"。包括：第一，限定船只大小，准许五百石以下的船只出海捕鱼、贸易；第二，在江南、浙江、福建、广东各设立一个海关，也就是江海、浙海、闽海、粤海的来历，定下税收，获得财政收入。清朝的海禁就这样顺理成章地过渡到了四口通商时期。

康熙二十三年（1684），闽海关最先成立，[②]海关设在漳州府，[③]关下又管辖几大口岸，包括福州府属的南台口、泉州府属的泉州口、泉州府属的厦门口以及漳州府属的铜山口等。

第二年，粤海关设立，官署设在澳门和广州。同年，江海关成立，官署设在位于连云港的云台山，这也是唯一一个位于长江以北的海关，后来则主要在上海办公。第三年，浙海关成立，衙署设在宁波。到了康熙二十七年（1688），又在舟山群岛上设立定海县，这里后来也成了一个重要的贸易关口。

最初的四海关对中国人和外国人是一视同仁的，外国人可以来这里贸易，而中国人也可以从这里出海。唯一的问题就是中国船只有大小方面的限制，

---

① 见《刘河镇记略》卷三。
② 见乾隆《福建通志》卷二十。
③ 在福州和厦门也有海关衙署。

因此不能远洋，只能在东南亚地区活动。

在贸易方面，还有几个特殊的政策，首先是针对台湾的。台湾自从被收复之后，就失去了国际港的地位。清政府最初并没有想好到底怎么安排台湾，有人提议将郑氏的势力铲除后就撤离台湾。在施琅等人的坚持下，最终清政府决定在台湾建立政治机构，即一府三县①，隶属于福建省，设立巡道一员。另外还在军事上设立总兵一位、副将两员、兵力八千员。

既然在台湾设立了行政和军事机构，就要考虑两岸的贸易需求。康熙二十三年（1684），皇帝为了台湾百姓的福利，实行了一种特殊的制度，叫作"单口对渡"，即两岸各有一个港口可以发船前往对岸。皇帝选择台湾凤山县安平镇的鹿耳门港口，与福建厦门之间互相发船。民间的船只在发船前也是受到严格管制的，必须首先在防厅开出单据，上面写明船只所载的货物和船员，经过查验才能启航。

在郑氏时期，台湾与福建之间往来频繁，与海外也联系密切，回归后在严格的单口对渡制度下，两岸贸易被减到了最少。台湾在郑氏时期是一个繁荣的国际港，但在清政府的统治下，即便要进口海外商品，也只有通过厦门转港。这个曾经在地理位置上最靠近东南亚的国际商港，几乎变成了清帝国最偏僻私密的角落。

即便这样，清政府对台湾的管理也是随着时间的加长而越发严格。到了康熙五十五年（1716），由于海上总有一部分游离于政府之外的闲散人士，福建总督决定管控与台湾的贸易，要求所有船只必须凑足了二三十艘再一起出发，从而让福建和台湾的对渡变得更加困难。

由于台湾问题在后文中不会再出现，在此也列出康熙皇帝去世之后的情况。单口对渡制度实行了整整一百年，到乾隆四十九年（1784）才告结束。取而代之的是持续了六年的双口对渡制度，考虑到两岸的经济发展，单口对渡制度已经不能满足两岸人民的交流需求，于是又增加了一对渡口，从台湾彰化鹿仔港到泉州蚶江口。事实上，这一条路线最早是民间开发出来的，民间私底下不仅发展了这一条路线，还有更多的航线出现，政府也只

---

① 台湾府、诸罗县、凤山县、台湾县。

能睁一只眼闭一只眼，到最后进行追认，承认了这条线路的合法性。六年后的乾隆五十五年，清政府再次追认了另一条线路，从台湾淡水厅八里岔到福州五虎门。

这种三口对渡制度又维持了二十年，直到嘉庆十五年（1810），才再次放松为已有的六口之间相互通商，不限定口岸，这时距离海通（1840年）已经只有三十年了，而清朝也已经变成了一个闭关锁国的老大帝国。

在开海之初，康熙皇帝最重视的贸易对象是日本。在明初，皇帝对日本贸易是嗤之以鼻的，由于日本缺乏产出，他们的手工艺品粗糙无味，在中国没有销路，而他们又过于爱好中国的物品，喜欢钻朝贡贸易的空子，[①]不断派出朝贡团前来中国，最后皇帝不得不限制他们的朝贡次数到最低级别。但到了明中期和明末，随着日本白银的流入，中国对日本已经有了需求。到了清朝，皇帝最感兴趣的是日本的铜，正是日本和云南的铜支撑起帝国庞大的货币铸造。日本人对中国货物依然是有需求的，他们喜欢台湾的糖，之前通过郑氏来满足，既然郑氏已经归属清朝，日本就只能和清朝打交道了。此外，日本还喜欢进口中国的药材和书籍。

但奇怪的是，在明朝时日本曾经以走私和倭寇著名，但在西方人到来后，日本却逐渐进入闭关锁国阶段[②]。他们只开放了一个港口长崎港，允许三个国家的人（中国人、朝鲜人和荷兰人）前往长崎港贸易，而日本人是绝对禁止去往海外贸易的。要想维持两国之间的贸易，就只有靠中国主动。

幸运的是，康熙前期依然保持了与海外接触的心态。康熙二十四年（1685）设立海关之后，福建立刻派出了十二艘官船，满载着从台湾转口的糖前往日本以换取他们的铜。除了官船，还有大量的私船，当年中国就有七十三艘船开往日本。

从之前的海禁到突然放开，中国船的到来将日本吓坏了，于是江户幕府推出了政策，限制各国在日本的贸易总额，规定中国在日本的贸易量不得超

[①] 明朝的朝贡贸易是赔钱的，朝贡团（其实是贸易团）"进贡"多少价值，皇帝必然施以数倍的赏赐返还给朝贡团。因此，日本、瓦剌等国家（民族）钻这个空子不断朝贡，获取超额的差价。

[②] 从明万历三十一年（1603）持续到清同治六年（1867）。

过六千贯，荷兰人不得超过三千贯，如果超过，就拒绝剩下的船只靠岸。

从康熙二十七年（1688）开始，日本也开始对国外船只的数量进行限制，每年只准七十艘船前往，甚至规定了船只出发的季节和出发港。[①] 船只数目的限制越来越严格，直到乾隆五十六年（1791），每年只准十艘船前往。但即便这样，中国与日本之间的贸易依然非常重要，中国每年通过各种渠道从日本得到数百万斤的铜。[②]

在四大海关中，海关的官长被称为海关监督。这个特殊的职位是一个巨大的肥缺，却又是一个需要技术的职位。在中国，所有的官员都更注重行政技巧和拉帮结派，而技术人才往往会被边缘化，无法融入主流。那么，这个技术职位又是由什么样的人来担任呢？

康熙皇帝想到了一个办法：抽签。

事实上，内陆关口的抽签制度在顺治时期就已经有了。到了康熙时期开海之后，海关监督由六部各司的官员在一个任期（三年）满后，加入抽签队伍，决定分配到哪一个海关。除了六部各司的抽签之外，其余的衙门也可以参与均分差遣，也就是有机会分到名额。

清朝的抽签和均分制度，一方面是为了将肥缺的机会分给大家，另一方面，也是为了在担任完海关监督这个技术性职位之后，还能够回归到正常的官僚体系之中。每个人的任期最初是两年，到了康熙二十六年（1687）后规定任期只有一年。

这样的做法持续到了康熙晚年，才部分地改为由当地的巡抚兼任监督。这样的改革最初是在内地关口尝试，到了康熙五十九年（1720），江海关交给江宁巡抚管理，浙海关交给浙江巡抚管理。雍正元年（1723），粤海关也交给巡抚管理。

[①] 春船二十艘（南京五，宁波七，普陀二，福州六），夏船三十艘（南京三，泉州四，宁波四，漳州三，咬留吧二，柬埔寨一，普陀一，厦门五，太泥一，福州四，广东二），秋船二十艘（南京二，交趾三，暹罗二，高州二，福州三，宁波一，广东四，东京一，潮州二）。
[②] 见《筹办夷务始末》同治九年（1870）九月李鸿章奏折："顺治迄嘉道年间，常与通市。江浙设官商额船，每岁赴日本办铜数百万斤。"

海关制度在雍正时期继续演化，①其中江海关交给江宁巡抚后屡经变动，②到了雍正八年（1730），确定为由驻上海的分巡苏松太兵备道管理。浙海关也屡经变动，最后于雍正十二年交由宁波府管理。③闽海关交给了福建巡抚，关口的管理权委托给泉州府。粤海关最初由广东巡抚管理，但雍正十二年，管理权又委任给了副监督。

到了乾隆朝，各海关的管理权继续分化，其中闽海关的税务交给了属于满族的福州将军管理，使得闽海关成了唯一一个由将军管理的海关。在洪任辉告状的时候，皇帝就抽调了管理闽海关的福州将军新柱前往广州查案。浙海关归属巡抚管理，但是关印专归宁绍台道就近管理。江海关则一直由巡抚委托苏松太道管理。

最特殊的还是粤海关。在乾隆时期，粤海关的管理权一直在督粮道、将军、巡抚和总督手中轮转，④直到乾隆十五年（1750）六月，重新设立了海关监督一职，从此之后，一直是海关监督管理粤海关，但是海关监督也受到总督和巡抚的监察。

粤海关以海关监督为主的特征，在洪任辉事件中也有所体现，由于海关监督对象主要是与外国人打交道的官员，因此，他首先告的就是海关监督。皇帝的做法就是从福建抽调管理海关的官员，联合两广总督去彻查海关监督的问题。

我们从这种体制的变化中，也可以看出四大海关的变迁：几大海关的管理权被分散到行政和军事人员手中，海关事务纷纭复杂，这些人员没有足够的精力来经营海关，从而造成了它们在三大海关竞争中处于不利的地位。只

---

① 同样，为了行文便捷，这里将康熙之后的海关管理情况一并列出。
② 嘉庆二十二年（1817）《松江府志》载，江海关于康熙五十九年（1720）交给江宁巡抚；康熙六十一年归并苏州巡抚；雍正元年（1723）至三年，归京口将军管理；雍正三年，交给分巡苏松道管理；雍正八年，分巡苏松道从苏州移上海，改为分巡苏松太兵备道。
③ 康熙六十一年（1722）交浙江巡抚，雍正元年（1723）交宁波府，雍正二年先后交绍兴府、宁波府，雍正六年交宁绍台道，雍正十年交宁波府，雍正十一年交宁绍台道，雍正十二年交宁波府。
④ 乾隆元年（1736），管理权归副监督；乾隆四年归巡抚；乾隆六年归督粮道；乾隆七年又设监督；乾隆八年归广州将军；乾隆十年归巡抚；乾隆十二年归总督；乾隆十五年归巡抚，当年六月，重设监督。

有专人专职的粤海关脱颖而出,形成了一家独大的局面。而随着粤海关关税的增长,海关监督的地位也越来越高。另外,海关监督只负责征税,军事保卫权则由总督和巡抚责成水师负责,海关监督成了与总督和巡抚同样重要的一极,在关于海关事务的上奏中,也往往是三者联署。

最终决定四大海关不同命运的,还是各自的地理位置和采取的策略。首先被淘汰的是江海关,它最靠北方,距离东南亚最远,除了与日本的贸易之外,从来没有吸引过西方商人前来。

浙海关、闽海关和粤海关在最初的时候,贸易量也没有想象中的那么大。经过二十多年的海禁,人们对与中国贸易依然是疑心重重的。在这种情况下,到了康熙三十七年(1698)四月,皇帝亲自确定吸引外商的政策。他把外商不来的原因归咎于税额太高、清查过于烦琐。为了减轻外商负担,他下令一方面对外商减税,另一方面增设海关管理之下的口岸。[①]

在当时,闽海关是外国人最常去的,因为这里曾经是郑氏的地盘,与海外关系密切。但闽海关由于承担着与台湾的贸易,因此更加保守,皇帝给予的优待条件也最少。

粤海关面对着澳门,本来是地理条件最优越的,却由于长期封闭,加上收税过于严苛,海外商人并没有适应这里。皇帝下令,为了争取海外商人到来,为粤海关减税三万零二百八十五两。

浙海关设在宁波,为了加强这里的贸易,皇帝又在位于舟山上的定海县设立衙署,并在定海城外道头街设立红毛馆。这次分设为浙海关带来万余两的增收税银,来到浙海关的海外商船也越来越多。[②]英国东印度公司也有船来,只是由于路途遥远,加之港口选择,还无法做到每年都来。

在这样的政策竞争之下,最初广州并没有显示出十足的优势。从康熙二十三年(1684)到四十二年,英国东印度公司一共派出三十三艘船来华贸易,其中只有七艘到广州,而有十五艘到厦门,有十一艘到定海。[③]

[①] 见《清朝柔远记》。
[②] 见《中西纪事》。
[③] 见《东印度公司对华贸易编年史(1635—1834年)》。

但由于粤海关采取了更加进取的态度，比如在康熙三十八年（1699），当英船到来时，海关监督亲自到澳门丈量船只，并将船钞一千二百两减至四百八十两，加上充分竞争的中国商人给商品出了合理的价格，最终海外船只更加倾向于到广州交易。到了康熙末期，所谓的四口通商其实已经是一家独大了。雍正、乾隆时期，随着其他三家海关管理权被收归行政和军事，独立的粤海关成了唯一的港口。

因此，从四口通商变为一口通商的第一阶段，其实是自由竞争的结果。

与天主教的争执

如果说，康熙皇帝早期是一个进取的、愿意开眼看世界的皇帝，到了晚期，他却逐渐地选择了封闭和保守。

如果在他漫长的统治生涯中划一道界限，那么这个界限最适合划在康熙三十六年（1697）噶尔丹去世。这道界限并不是绝对的，事实上，在下一年，康熙皇帝不仅利用传教士测绘了全国地图，还发布了吸引海外商人的减税法令。但是，这一年却标志着帝国从扩张到维稳的转变期。

在这之前，清政府表现得像一个青年人，拥有着无限的可能性。康熙皇帝统治前期，不仅解决了棘手的"三藩之乱"，还击败了台湾的郑氏集团，将台湾控制在手中。与此同时，他还解决了更为复杂的北方问题，不仅击败了竞争对手噶尔丹，还与俄国人达成条约，巩固了北方边疆。在台湾问题之后贸易政策的转向，保证了沿海地区从萧条变得繁荣，又促进了内陆经济的发展。南北两个方向上持续的对外贸易，衬托出一个雄心勃勃又善于利用一切资源（包括传教士的科学技术和语言功底）来统治的帝王形象。

噶尔丹死后，虽然帝国还有不少问题，比如与俄国的摩擦、残留的准噶尔问题，以及青海、西藏偶尔表现出的不顺从，等等，但这些问题更多地表现为可以控制的内政问题。也就是说，大清帝国的积极进取已经成了过去，此后的清政府更像是一个忧心忡忡的中年人，患得患失，更追求稳定。

在早期，康熙皇帝是一个"革命者"，需要打破顺治皇帝和鳌拜辅政时期的保守政策，学习科学，利用西方知识来完成他的大一统。可一旦完成了

第二部 在希望与失望中跌宕的百年（1644—1735）

他的文治武功目标，只需要维持下去的时候，那么帝国所需要的就只是养几个会拉丁文的传教士，能够帮助皇帝翻译文书，或者偶尔做一两项工程。皇帝不再认真考虑（虽然口头上提过）培养自己的西文和科学人才，因为那会造成人心不稳。

传教士的地图测量完了，地理山川万年不变，因此也没有下一步的任务了，他们的历法也已经制定到了几千年之后，商人们也按照规矩在北方（俄国）和南方（欧洲其他国家）贸易，皇帝实在想不出还能做些什么。

但皇帝没有意识到，他所处的时代恰好是一个关键节点。在这之前，西方的科学还带着强烈的中世纪色彩。正是在他统治时期，西方科学进化到了近代科学：牛顿出现了。康熙二十六年（1687），也就是皇帝忙着对付准噶尔人和俄国人的时候，牛顿写出了他的巨著《自然哲学的数学原理》，提出了万有引力和力学三大定律。在牛顿和莱布尼兹等人的努力下，数学从纯粹的几何与三角进化为微积分和解析数学，光学也从简单的反射、折射进化为光谱分析。这些科学新理论的出现，意味着传教士当年引入的那些科学知识，也就是被康熙皇帝当作最先进的理论去了解的东西，都逐渐在欧洲变成了儿童上学的前提。考虑到他是中国在当时唯一一位了解西方科学的伟人（当然这是他本人造成的），康熙皇帝闭上眼睛的时候，中国科学就进入了全面落后时期。

我们还可以和明朝做一个对比。在明朝，任何西方的科学和地理发现，都能够在短短的几年之内被传教士们引入中国，并在中国找到一批充满好奇心的学生，由徐光启、李之藻等人翻译成汉语。但到了康熙时期，一方面，欧洲的科学从修道院走到了世俗之中，变成了资产阶级的优势项目，传教士们已经不再代表最先进的科学技术了；另一方面，中国也不再有一批好奇的人愿意去钻研这些新知识。知识分子更愿意围绕着皇帝，听从皇帝的判断，他们都放弃了思考的自主性，成了工具人。

在这个过程中，中国的集权制度中一个致命的弱点再次显现，那就是，皇帝为了维护统治的稳定，愿意付出一切经济上的代价。这时候，与海外的摩擦也会越来越多。这一点，在清朝最为明智的皇帝康熙那里也不例外。他最早表现出排外情绪，是在与教皇使节的接触中。

在1719年的俄国使团中，贝尔记录了他们与天主教耶稣会费隐、戴进贤、白晋、巴多明、冯秉正、穆经远等人的交往。而其记载中最有价值的是1720年罗马特使（教皇代表）嘉乐的到来。嘉乐是亚历山大主教，这年9月11日，他受教皇的委派，搭乘一艘葡萄牙商船到达澳门，再进入广州。之后经过陆路于11月27日抵京。

嘉乐住在意大利教堂，直到第二年农历二月初三正式受到接见。他是来调节罗马教廷和皇帝之间关系的，而这个关系又由于耶稣会和多明我会之间的纠纷而进一步复杂化。据贝尔记载，嘉乐没有达到目的就离开了。[①]

但皇帝和罗马教廷的冲突绝不是在这时候才存在，而是在他亲政初期就表现出来了。甚至可以说，在明朝，教皇与中国政府的冲突已经在酝酿之中。

除了进入中国的耶稣会之外，天主教还有着众多其他修会，如圣奥古斯丁会、方济各会、多明我会等。在西方的宗教史上，耶稣会往往被视作教皇的工具，是保守的、腐败的，但也正因为这样，耶稣会内部能够产生出一批对思辨和科学感兴趣的人，在对外传教时，也愿意顺从一些当地的习俗。而以方济各会为代表的托钵僧组织最早是以反叛的形象出现的，他们反对以教皇和耶稣会为代表的腐败分子，强调清贫和自律。虽然最后也被教皇收编，但这一派的人更强调对信仰的虔诚和不妥协，他们对科学的兴趣也不大。

由于双方关注点的区别，对在中国传教的方式上也充满了分歧。按照耶稣会士利玛窦摸索出来的经验，传教士到中国传教，首先应该顺应中国的习俗。但耶稣会所做的这一切对于方济各会、多明我会等来说却是大逆不道，他们强调，必须坚定不移地与一切违逆天主教的行为作斗争，比如拜祖先。并且要积极地传播天主教，而不是拐弯抹角地借助其他方法。另外，耶稣会主要以葡萄牙人占据的澳门为基地，方济各会则更依靠西班牙人。

为了平衡各方利益，1608年，教皇保罗五世颁布通谕，允许托钵僧会的成员自行到远东传教。到了1633年，教皇乌尔班八世又决定这一规定不仅

[①] 见《从圣彼得堡到北京旅行记（1719—1722）》。

仅适用于托钵僧会，也适用于一切其他修会。

1626年，西班牙人从菲律宾向中国台湾渗透，在台湾北部建立了基地，多明我会跟随西班牙建立了一所教堂。到了1631年，这里的西班牙人想在福建取得贸易优先权，就派了多明我会在台湾的负责人高奇前往中国大陆。高奇带着十二个人乘船前往大陆，一路上遭到两拨海盗的杀戮，历尽千辛万苦来到泉州。[1] 福建巡抚对他们很是同情，将其暂时安置。高奇违抗了要求他回台湾的命令，偷偷潜入福州北面的福安传教，将这里改造成多明我会的据点。

在高奇的影响下，多明我会的黎玉范、方济各会的艾文德和利安当从菲律宾马尼拉启程，在台湾停留三个月后，登船上岸住进福安。

在这里，方济各会有两次向中国其他地方传教的尝试。1634年，利安当前往南京。在南京，由沈㴶引起的第一次教难还在恢复之中。对于这样一个强硬的传教士，不仅耶稣会忧心忡忡，就连中国的天主教徒也担心他们破坏了好不容易恢复起来的信任，最后将他驱逐了。

到了1637年，方济各会的艾文德又带着另一位同伴尝试进入北京，他们成功地混了进去，但最后被逮捕并送回福建。福建官员虽然并不想招惹传教士，但面对方济各会和多明我会在这里拒绝配合的强硬姿态，他们最终颁布了禁令。

虽然多明我会和方济各会在传教上暂时失利，但在天主教内部，最权威的始终是教皇。1637年，黎玉范根据他在中国的所见所闻，对耶稣会写了十二条诘难，交给了耶稣会的阳玛诺，等待他的答复。但由于耶稣会答复晚了，[2] 黎玉范又将这些问题提交给罗马传信部。

罗马传信部对于礼仪问题总是很重视，于是在1640年要求黎玉范前往罗马汇报，并根据他的说法，发文谴责了耶稣会顺应当地习俗的做法（教皇英诺森十世时期）。

---

[1] 他们雇佣海盗作为船员，导致七人被杀，二人受伤，之后另一波海盗又登船再次进行杀戮。最后他们在福建沿海的岛屿上登陆，被渔民送往泉州。

[2] 阳玛诺将诘难交给了负责人傅汎际，后者又交给了位于山西的王丰肃，因为他更了解情况。但王丰肃的答复迟迟没有传回，导致了其中的误会。

在收到教皇的谴责后，耶稣会也不得不应诉，派出了有在中国传教经验的传教士卫匡国①前往罗马，向教廷进行了说明。于是，到了1656年，亚历山大七世的教廷又颁布了另一项法令，允许中国教徒在耶稣会士的监督下参与中式礼仪活动。②

此时已是明清换代时期，这些纠纷也可以解释为什么南明王朝的求救信并没有得到罗马的重视。③直至康熙中期，耶稣会士都采取了尊重中国习俗的做法。他们以为这个争论在罗马已经有了定论，但事实上，1656年的法令只是暂时的，随着教皇的更迭和各个修会的明争暗斗，罗马一直存在着从俗派和正统派的争论，而其中起重要作用的依然是多明我会。在耶稣会享受康熙皇帝的宠信时，多明我会驻中国的两任督察黎玉范和闵明我不断地推动罗马教廷改变政策。

到了17世纪末，耶稣会终于意识到其中的危险，连忙派人去罗马申诉，但他们到达时已经是1702年，教皇同意了多明我会的看法，并派出其使节多罗（也译作铎罗）前往中国。④

不管从何种意义上来说，教皇遣使中国都是影响中国历史进程的大事。对于多罗的来访，康熙皇帝最初持非常欢迎的态度，他和传教士的关系正处于最融洽的时期，也想通过礼遇多罗，与教皇建立关系。

1705年5月27日，当闵明我等人将多罗到达广东的消息传递给皇帝后，他就立刻下令让两广总督和广东巡抚好好接待这位使节，并派人将其护送到京。不仅如此，皇帝又派出两广总督的儿子带着传教士张诚等人前往天津迎接。10月29日，多罗抵京，住在西安门内天主堂。皇帝又派遣内大臣主动前往问候，赏赐珍馐。

---

① 也是《鞑靼战纪》的作者。
② 见《一代巨人：明末耶稣会士在中国的故事》。也见《中西交通史》。
③ 求救信没有受到重视有两方面原因：一是传教士已经与清朝取得了联系，不愿意得罪实力更强的清朝（见上文）；二是教皇也在考虑对中国的传教政策，对腐败的耶稣会心存怀疑。
④ 见《中西交通史》。据《清朝柔远记》，康熙九年（1670）已经有意大利国（教皇国）使节来访，直到康熙十七年皇帝才接见并礼遇他，但这个使节可能是葡萄牙国王阿方索派来的，且不是一个使团。教皇的使节多罗直到1705年才到中国。

由于多罗旅途劳顿，康熙皇帝还专门请人转告他好好养病，等病好了再见面。11月16日，多罗觐见皇帝，备受优待。①

但皇帝没有想到的是，多罗的使命是传达教皇的意志，否定耶稣会的通融做法，这就有了干涉中国内部事务的嫌疑。到了第二年，康熙皇帝知道了他的来意，开始怀疑多罗是不是教皇派来的。对于一个两千年来一直政教一体的国家来说，很难理解远方的教皇竟然想干涉自己臣民的信仰和习俗问题。但此时的皇帝并没有惊动多罗，而是派遣两位传教士龙安国与薄贤士前往欧洲，去打听多罗的情况和教皇的意图。②

与此同时，康熙皇帝意识到天主教并非那么简单——在成为自己得心应手的工具的同时，也会给自己的统治带来麻烦。如果人人都以天主为信仰而忽略了世俗的皇帝，这对于一个集权国家来说是最危险的。

为此，康熙皇帝开始区分"好"的传教士和"坏"的传教士。之前的很长时间里，传教士由于受到皇帝的礼遇，在地方上获得了一定的传教便利，可以通行无阻。但从此以后，皇帝将为自己臣民设计的保甲制度加给了传教士。他要求，所有的传教士到了中国都必须申请一种叫作"票"的身份证，有票的人才可以继续在中国活动，否则便被认为是非法进入，要被遣送到澳门。

皇帝的策略是很圆滑的，他是以关爱传教士的名义发票的。他先把在京的传教士都集中起来，宣称：我爱护你们，才给你们发票，你们有了凭据，百姓就更愿意入教了！③

这种票是由内务府发放的，发放之前必须让传教士承诺不再回国，票上写着"西洋某国人，年若干，在某会，来中国若干年，永不复回西洋，已经来京朝觐陛见，为此给票"。同时用满、汉文字写明，并按照千字文的顺序编号。

之后数年，这种保甲制度在全国铺开，各地的传教士必须先到京城觐见

---

① 见《正教奉褒》。
② 二人由于船难并没有将消息带到欧洲，见下文。
③ "朕念你们，欲给尔等敕文，尔等得有凭据，地方官晓得你们来历，百姓自然喜欢进教。"

皇帝，领了票，然后才能回到原地继续传教。如果皇帝同意某人留下，也可以以下旨的方式让他在没有票的情况之下暂居，直到方便了再前往北京取票。而那些不同意或者没票的人则被送往澳门。

这件事虽然看上去并不大，却是再次限制外国人进入中国的开始。最初皇帝出于对外国人的喜爱，还能在更加宽大的基础上执行这个政策。可集权制度的"迷人"之处在于，只要一个制度建立起来，哪怕它最初再温和，随着时间的流逝，也必然变得越来越严苛，直到将所有的通路全部断绝。

多罗本人被皇帝送往南京。作为教皇使者，他也颇为难：他随身带着一份教皇给广大中国信徒的通告，这个通告按照要求是一定要发给信徒的，可是他在北京一直没有机会下发。正是在南京，他决定行使教廷特使的权力，发布了教皇禁令，但这也意味着与皇帝的决裂。教皇命令中国的天主教徒必须放弃违背天主教义的中国风俗，一共七条。①

得到消息的康熙皇帝勃然大怒，他命令将多罗拘禁并送往澳门关押。与此同时，他于康熙四十七年（1708）再次派遣使节艾若瑟、陆若瑟（都是传教士）前往欧洲，向教廷陈述清廷的意见。

这次遣使欧洲，引出了清朝历史上最著名的前往欧洲的中国人——樊守义。

在樊守义之前，清朝也有中国人前往欧洲。1654年，耶稣会决定培养中国本土的人才。但要想培养合格的人才，意味着中国传教士也必须系统地学习教会知识和拉丁文，这必须在一个拉丁语环境中才能做到。②这一年，负责中国教区的西方传教士卫匡国决定带澳门青年郑玛诺（推信）到罗马学习。郑玛诺就成了中国最早前往西方的天主教徒之一，他在罗马学习了十七年，才回国在北京当教士，并于1675年去世。1681年，传教士柏应理也带了两

---

① 这七条分别是：一、称上帝必用"天主"二字（不能用"天"或者"上帝"），亦不得悬挂皇帝题写的"敬天"牌匾；二、不得以主祭和助祭的身份祭祀孔子和祖先；三、入教的文人不得祭孔；四、入教之人不许进祠堂；五、入教之人不得在红白之事上行礼，也不得对异教徒行礼；六、碰到别人行礼时，可在旁站立；七、入教之人不得在家立灵位，可以立牌位写亡人的名字，但必须注明是天主教徒孝敬父母之用。

② 见《东方之旅：1579—1724 耶稣会传教团在中国》。

个青年前往欧洲，他们分别姓黄和沈，目的地是葡萄牙和法兰西。沈姓青年于1693年回国，黄姓青年则选择留在法兰西，在巴黎图书馆里，至今留着他1716年的借书条。①

到了康熙皇帝派遣艾若瑟时，他又将中国人樊守义带去了欧洲。樊守义写了一本《身见录》，使得现代人对他的认知比其他人更多，他成了当时最著名的前往欧洲的中国人。

艾若瑟本人在中国的经历是：他于康熙三十四年（1695）到达澳门，之后前往河南、陕西、山西传教，去过的地方包括开封、太原、靖乐、平遥、吉县、洪洞、襄陵、太平、蒲州、潞安、岚县、汾州、襄垣等。康熙四十一年，他在北京得到皇帝的赏识，五年后被派往罗马，樊守义随行。

康熙四十八年（1709），他们抵达欧洲。根据樊守义的记录，他们从澳门出发后，经过东南亚直插好望角，绕过好望角之后，顺着洋流横穿南大西洋，经过巴西的巴伊亚地区，再从中部向东穿越大西洋前往葡萄牙。

他们在葡萄牙待了四个月，经过直布罗陀海峡和地中海前往意大利。在意大利境内，他们经过科西嘉岛，在托斯卡纳地区的城市利沃诺上岸，经过陆路前往罗马。在罗马待了五个月后，他们游览了意大利诸城市，经过的地方有那不勒斯、佛罗伦萨、博洛尼亚、摩德纳、帕尔马、帕维亚、米兰、诺瓦拉、韦尔切利、都灵等。②

---

① 樊守义之后，也有许多人到过欧洲。如，1723年，欧洲传教士马国贤返欧时，雍正皇帝由于刚上台不久，还没有对外国人采取敌对态度，特许他带五个中国少年出国。在传教士的努力下，1732年，经过教廷批准，马国贤在那不勒斯建立圣家书院专门培养中国籍教士（兼收土耳其、希腊学生）。到1861年止，共收中国学生一百零六人。1891年，中国已经被迫打开国门向海外派遣大使，官派使臣薛福成还在罗马会见了中国书院学长郭栋臣。但奇怪的是，虽然有这么多人到了欧洲，但是他们隐身于历史之中，对中国的社会和官场没有产生任何影响，中国社会对海外世界依然一无所知，中国知识分子视海外见闻为奇闻异谈，闭关锁国的局面没有任何改变。

② 见樊守义《身见录》。

表 11　樊守义路线[①]

地名	现名	描述
澳门		
巴拉哥亚	巴拉望	
莫尔乃阿	加里曼丹岛	
玛辣加	马六甲	有大府名巴打斐亚（雅加达），是全球性贸易中心
盘噶	邦加	
酥玛尔辣	苏门答腊	
大狼山	好望角	
亚墨里加洲巴以亚府	萨尔瓦多	大船百余艘。此地富厚，地气清爽，天时无寒。教堂众多。学校众多。山顶耶稣会院藏书丰厚
波尔都尔/波尔多嘞尔/波尔多噶利亚	葡萄牙	修道院、学校多，富裕。见到国王。居国四月
巴斯尼亚国某城	西班牙某城	因风受阻，停留于此
意大里亚某城	意大利某城	由大船换小船
蛇奴划国的属国格尔西加	热那亚（现属意大利）属国科西嘉（现属法国）	灯塔。国家富裕，为西洋之冠
都司格纳诸侯之国里务尔诺府	托斯卡纳城市利沃诺	改为陆路
比撒府	比萨	宝塔遗址
西合捺府	锡耶纳	学校，耶稣会院
罗玛府	罗马	见教王。藏书巨丰。华美异常。罗马水渠。修道会所不计其数。厄日多（埃及）的石狮。学宫。居五月
热尔玛尼亚属国挪波里国	那不勒斯	
都司噶纳国都城福乐冷济亚	托斯卡纳首府佛罗伦萨	那不勒斯

---

① 本表根据《身见录》进行整理。本表亦见于本书作者的作品《丝绸之路大历史：当古代中国遭遇世界》。

续表

地名	现名	描述
波罗尼亚大府	博洛尼亚	
莫得纳府	摩德纳	
巴尔玛大府	帕尔马	
巴未亚等府	帕维亚等	
弥辣诺大府	米兰	古时龙巴尔的亚国（伦巴第）。大学宫甚多
诺瓦辣府	诺瓦拉	
物尔车利名府	韦尔切利	
都利诺府都城/都林	都灵	
广州		经葡萄牙回国

虽然他们到了欧洲，但想要完成使命并不顺利。由于教皇的使节多罗没有回来（他被拘禁于澳门），而艾若瑟等人带回的文件上也没有皇帝的印章，所以教皇对艾若瑟疑心重重。艾若瑟在罗马被扣押两年八个月之后，请求回家乡法兰西的尼斯休养，得到了教皇的批准。在他上路之后，有人向教皇表示艾若瑟想偷偷返回中国，于是教皇又下令将他逮捕。艾若瑟对此感慨不已，表示绝无此事。除了在家乡之外，他又在米兰和都灵各滞留了三年。[1]

直到康熙五十七年（1718），皇帝见艾若瑟迟迟不回，于是又想了一个办法，他叫广州知府写了一百五十张红票，将多罗来访后的来龙去脉写清楚，发给各个教堂的西洋人，由他们想办法托船只带回欧洲，催促教皇做出反应。[2]

就这样，这封信传到欧洲，教皇见到了信，这才相信艾若瑟的话，告诉他：现在你可以回中国了。但教皇并没有将复信交给艾若瑟，而是另派一个使者嘉乐前往中国。

康熙五十八年（1719），艾若瑟和樊守义乘船前往中国，当船只到达好望角附近时，艾若瑟病故，樊守义独归中土，将艾若瑟的遗骨带到广州。

皇帝对于嘉乐的来访也颇为重视，他命令两广总督赵弘灿向粤海关及香

---

[1] 樊守义给广东巡抚的拉丁文译文，见《中西交通史》。
[2] 两广总督谕广州知府文书，见《中西交通史》。

山县探察。康熙五十九年（1720）十一月底，嘉乐北上，员外郎李秉忠在琉璃河迎接了他。清廷这才知晓两次遣使的下落，根据嘉乐的回答，第一次的使节龙安国、薄贤士由于船难死在途中，第二次的使节陆若瑟死在西班牙，只有艾若瑟完成了使命，但在回程时也死去了。①

对于嘉乐，康熙皇帝依然充满了关切。第一次接见时，皇帝与嘉乐谈笑风生，赏赐了他不少吃喝玩乐的用品。第二日，皇帝在中和殿一同宴请嘉乐和俄国使者，还专门为他们演奏了宫廷音乐，嘉乐也乘机将教皇的礼物献上。②第三天，嘉乐继续上朝，皇帝赐其食品。

到了正月，皇帝宣嘉乐进宫欣赏了各式杂技并观看焰火和歌舞。③最后皇帝将赐给教皇和葡萄牙国王的礼物托嘉乐带回。④

在灯红酒绿之下，嘉乐的任务却并没有完成。多罗早就于十年前死于澳门狱中，而关于禁教的事情，双方也并没有谈出结果。嘉乐离开中国时，只带走了多罗的遗骨。不过在澳门，他终于公布了禁约。这份禁约除了重申教皇前次的禁令之外，还要求每一个新入教的人必须发誓遵守。消息传到皇帝处，他在禁约上批道："览此告示，只可说得西洋人等小人，如何言得中国之大理。况西洋人等无一通汉书者，说言议论，令人可笑者多。令见来臣告示，竟是和尚道士，异端小教相同彼此，乱言者莫过如此。以后不必西洋人在中国行教，禁止可也，免得多事。"⑤

从多罗进京开始，体会到了皇帝意图的地方官员开始进行新一轮的收紧。康熙四十六年（1707），闽浙总督梁鼐驱逐西方人，阻止他们行教。闵明我等人赶紧向皇帝求救，表示梁鼐等人违背了皇帝的意愿。最终，皇帝主持公道：没有票的传教士才需要驱逐到澳门，有票的人可以继续传教，那些想要

---

① 嘉乐与李秉忠的谈话被作为罗马传信部东方文件留存。
② 这件事也被俄国使者记录了下来。
③ 正月十二和十三宣嘉乐进宫，却没有见皇帝，只是赐食。正月十四至十六，连续三日见到了皇帝，十七皇帝赏赐食品，十八再次进宫，并被赐予给教皇和葡萄牙国王的礼物。
④ 皇帝赐给教皇灯三对，葡萄牙国王灯五对。二人还获得瓷器、珐琅、日本漆器、玻璃器各一箱。
⑤ 见《清代档案史料选编·康熙朝·与罗马使节关系文书十四》中皇帝的批示。

票的人可以进京见皇帝领票。

就这样，地方官员唱黑脸，皇帝唱红脸，一来一回之间，针对传教士的票证制度就顺利推行了下去。

到了康熙五十年（1711）年底，领会了皇帝精神的御史樊祚绍弹劾天主教，毫无意外地被驳回了。康熙五十六年，广东碣石总镇陈昂奏请禁止天主教，也没有得到允许。每一次这样的事件之后，皇帝都会再次强调领票制度，并表示只有领票的传教士才能受到保护，也就是说，虽然皇帝继续表达了他的仁慈，但每一次仁慈过后，传教士们在中国的回旋余地都更加逼仄了。

除了人身管制之外，皇帝还申明了另一种管制：书信管制。康熙五十八（1719），当在福建的传教士利国安进京时，皇帝不客气地表示：以后西洋的来信必须奏闻，不得隐讳，以后再乱寄书信的话，就是不法之徒，在中国也没什么用处，除了有技术的，其余的都轰走！[①]

英吉利的崛起

康熙后期对外贸易的一大特点是：英国人逐渐成了与中国贸易的主角。

英国在明清改朝换代中押宝台湾的郑氏集团，当郑氏被击败后，英国人遭到清廷的冷遇。与此同时，荷兰人由于押宝清廷，在台湾回归后获得了优待。

但英国人并没有气馁，而是继续他们的探索。康熙二十三年（1684），英国船"快乐号"到达澳门附近，寻求贸易机会。这一年，由于刚刚收服了台湾郑氏，位于广州的粤海关还没有成立，要想在澳门和内地贸易，只有靠葡萄牙人转手这一条路。[②] "快乐号"大班认定这里没有贸易可做，于是起锚前往厦门。

在中国的四大海关中，闽海关是最早成立的，成立年份就是"快乐号"到达的1684年。当船只到达厦门之后，他们立即被道台召见。除了道台，

[①] 见《清代档案史料选编·康熙朝·与罗马使节关系文书十》。
[②] 粤海关在第二年成立，见上文。

召见的人当中还有一位福州将军派驻厦门的代表,此人可能是商人出身,曾经去过曼谷。①

第二天,清朝官吏到了船上索要船上货物的细目表,并为厦门的县令和道台索要礼品。之后,厦门的商人蜂拥而上,试图收购英国人的货物。由于刚刚经历了开关,这里的商人既有各自为战的一面,又有结成买卖联盟的一面。最后,英国人根据福州将军的建议,与一位叫作李美亚的行会头子做了买卖。

年底贸易结束后,官员通知英国人必须离开,不得在本地过冬,并表示皇帝已经对次年厦门的贸易有了具体的安排。如果他们第二年再来,有可能可以在本地建立一个商馆。

到了第二年,英国船"中国商人号"抵达厦门,再次受到热烈欢迎。此时的闽海关已经初具规模,英国人第一年交易的场所变成了海关办公室。这一年还有一艘叫作"忠诚冒险号"的英国船也到达了厦门。他们的观察,就成了对闽海关建立之初最有价值的描述。

按照英国人的说法,由于闽海关刚刚建立,许多技巧并没有掌握,而许多规矩又用力过猛。比如,在明朝,为了保证税收,皇帝会对每一艘船首先征收一种叫作"船钞"的费用,这种费用是根据船的大小征收的,与船上有多少货物没有关系。这就保证了外国商船来到时都尽量满载货物,摊薄船钞的单品成本,也保证了海关有一个保底收入。

闽海关并没有学会征收船钞,但外国人的钱也并没有少交,因为虽然皇帝没有征收船钞,官员们却靠着商船贿赂将钱拿走了:每艘船被他们勒索了一千六百两白银,②价值比船钞还高。

另外,刚刚建立的海关清查税收非常卖力,也造成了税收偏高。不过,英国人也承认,其实税收对中国商人更高,对外国人还是有一定减免的。③

由于沿海地区刚刚从迁界的恶法中恢复,本地商人的消化能力也有限,许多时候,海外商人的货物并不能完全卖光。信用系统也没有建立,商船只

---

① 《东印度公司对华贸易编年史(1635—1834年)》记载此人叫作罗章家。
② 名义上是一千一百两,但实际为一千六百两。
③ 在付款时,对我们很优待,大称附加不超过13%,对本地商人的附加是18%到20%。本地商人除要缴付精银外,还要比我们多缴6%。以上是来自"快乐号"的叙述。

有先卖货换了现钱，再用现钱采购，这就耽误了时间。而如果有信用系统，完全可以在来的第一天就开始记账式的采购，买货与卖货同步进行。

康熙二十六年（1687），两艘英国船到达厦门后发现，闽海关已经学会了征收船钞，只是依然显得很笨拙。为了征收船钞，必须先丈量船只，但是海关丈量了两次，拖了两个月也没有给出一个确切的说法。这段时间里，很可能海关也在不停地商量到底定多少的船钞才合适。最后给出的数量是白银两千零六十五两和一千四百七十五两，这么高的税收把英国人吓了一跳，但经过讨价还价，最后定了较为合理的价格，船钞加上附加规费，分别为一千一百一十一两和五百九十三两。①

下一个问题是，既然有了船钞，那么官员索贿造成的支出就应该去除。但到了康熙二十八年（1689），英国人发现，在交了船钞之后，厦门的官吏反而变得越来越贪婪，为了获得更多的贿赂，他们对商船提出了更多要求，制造了更多障碍，到最后，贸易已经得不偿失了。海关建立不到十年时间，飞速增长的官吏腐败和层层加码已经将其毁掉。

此外，从此时开始，困扰着中国和外商的治外法权问题也凸显出来。既然有贸易就不可能没有冲突，特别是船员与本地人之间的冲突。欧洲法律相对宽减，中国法律过于严苛，这种落差在日后成为双方（不管是哪个港口）矛盾的焦点。

厦门的货物也不够丰富。海外商人发现，在厦门无法获得足够的上等丝绸——那时候茶叶还没有成为重要的商品，海外还没有对这种东方树叶产生狂热的追求。英国人甚至发现，厦门的丝绸还没有越南、东京的丰富。

总之，到了康熙二十八年（1689），英国人对厦门港口贸易的兴趣已经不大，但暂时又找不到替代的港口。也正是在之前的一年，英国完成了光荣革命，英国的资产阶级和国教徒为了避免保守的詹姆斯二世传位给他刚出生的儿子（必然是天主教徒），将他推翻，请了他的女婿——荷兰的奥兰治亲王

---

① 见《东印度公司对华贸易编年史（1635—1834年）》。两艘船的收费分别为："伦敦号"船钞七百五十两，银圆与称量附加（20%）一百五十两，海关书吏规费二百一十一两；"武斯特号"船钞四百两，银圆与称量附加（20%）八十两，海关书吏规费一百一十三两。

威廉来当国王。威廉带兵进入英国后建立政权，第二年，新国王与议会签订了《权利法案》，英国的君主立宪制进入稳定阶段。

英国王位与荷兰亲王的结合，意味着两个最具有资本冒险精神的民族的合作，让英国人的贸易热情更加高涨，英国也成为整个西方世界的增长极。

但在此期间，英国在中国的贸易却陷入了停滞的十年，他们在澳门、广州的尝试极不顺利。广州发明了一种新的征税制度，即著名的行商代理缴税制（前文已有叙述）。海外商船只需要在到达时自己缴纳船钞（因为这时候还没有来得及找到中国代理），其余税收都由中国商人代缴。除了船钞之外的税收还有货税，为了防止外国商人在货税上偷税漏税，海关规定，货税由与海外船只做贸易的中国商人缴纳，也就是说，当英国人把商品卖给中国商人时，中国商人负责扣除英国人该缴的税款并上缴海关，不需要英国人报税就完成了缴纳货税的任务。这种税制贯穿了直至道光二十年（1840）的整个海关时期。这样做，使得中国海关与中国商人之间形成了紧密的联系，由于海关必须指望中国商人报税，因此，他们倾向于那些已经合作过的商人，将其他商人排除在外。这就是后来形成行商制度的重要原因之一。

另外，英国人在广州和澳门最初的不顺利，还与康熙二十八年（1689）一艘叫作"防卫号"的船在澳门与中国士兵发生互殴的事件有关。粤海关征税过高，① 加上其他礼仪上的问题，导致最后双方起了冲突，中国士兵向英国人投掷石块，而英国人向中国士兵开火并打死数人。清政府扣押了一名医生和七名水手。这个恶性事件发生后的十年之中，英国船偶尔到过厦门、福州、宁波、广州，但都没有取得太多的收益。

在四口通商十几年后，清朝的海外贸易已经快走入死胡同。以广州为例，这里设置了海关，但是由于税率过高，海外商人很难获得利润，而为了降低税率，就必须贿赂海关监督和各级官员，以获得一定的税费减免。

除了税收之外，各级官员在商人中也都有自己的代表，单广州一地就出现了好几种商人。首先是代表平南王的所谓"王商"。虽然平南王已经不存在

---

① 船钞两千四百八十四两，经过谈判，改为向皇帝缴纳一千五百两船钞的同时，向海关监督行贿三百两。

了，但当年的那些"王商"依然活跃在商场上，构成了广州最早的官商势力。其次是代表总督的"总督商人"。再次，每个大城市都驻扎着满族人的将军，因此，代表将军的商人被称为"将军商人"。最后，还有出现得最晚的"皇商"，也就是皇帝（或者皇室）派来的代表。短短十几年里，这些官商就把持了广州市场，他们互相倾轧，又借助不同的官场势力互相制约，在这样的环境当中，唯一无法实现的就是自由贸易。①

皇帝也意识到了其中的弊端，到了康熙三十七年（1698），决定减少粤海关的税额以吸引海外船只。根据计划，共减税银三万零二百八十五两。

另外，与粤海关和闽海关所表现出的贪婪和无能相比，浙海关却表现得跃跃欲试，在他们的要求下，皇帝在舟山岛上设立定海海关，在定海城外道头街设立红毛馆，吸引英国人去贸易。海关监督张圣诏在定海港设立官衙，这个官衙可以增收税银万余两。

在接下来的十几年里，英国人每年都会派船前往广州、厦门和舟山中的一个或者几个。关于三个港口的优劣，他们有着深刻的认识。

首先是舟山口岸定海。这里刚刚设立海关时就吸引了英国人。但定海只不过是一个小市场，孤悬在大海之上，如果不靠宁波供货，人们很难在此购买到足够的商品。当时，大部分中国商人都集中在宁波。宁波虽然也有海关，但由于专门给外国人在定海设立了红毛馆，宁波反而很少有人去了。定海口岸的管辖关系也是最混乱的。其中，管理财政的官吏全都在宁波，而总督在福州（闽浙总督），巡抚驻杭州（浙江巡抚），在舟山只有一个总兵和一个定海知州。这两个官员虽然在本地耀武扬威，也是英国船到来后首先要打交道的人，但舟山作为帝国的一个口岸，有太多的人能够管辖他们。结果就是，总兵和知州做出的许诺往往会被上级推翻。我们应该考虑到，这些官员身后都站着一群商人帮助他们变现，任何人都不想让别人赚了"自己的钱"，因此，他们互相倾轧、互相制约，正是这个原因，导致英国人在尝试多年之后干脆撤离。

至于厦门，它也不是一个大市场，可是，官商的复杂性并不比其他口岸

---

① 《东印度公司对华贸易编年史（1635—1834年）》给出了一些人的名字，其中"王商"有洪顺官，"总督商人"有施美亚。

低。厦门还有一个最大的问题，就是它曾经是与郑氏作战的前线，虽然战争已经结束，这里仍保留了很深的军事色彩和军事意识。①官员们能够以维护稳定为借口朝令夕改，有时候一道防海盗的法令就可以暂停贸易十五个月，所以这里同样也不适合贸易。

广州虽然一直排斥英国人，并且产生过一系列勒索、高价、阻挠等行为，但广州背靠着大市场，几乎能够找到海外商人想要的一切商品。

另外，自从康熙皇帝减税之后，广州采取了吸引海外商人的政策。海关监督亲自前往澳门与外国船长和大班联系，并制定优惠政策。当海外商人遇到问题时，也尽量帮助他们解决问题，虽然很多时候解决得并不好，但至少这里一直实行海关监督和地方行政官员分离的做法，使得海关监督能够处于一个相对中立的位置去解决问题。如果海关监督解决不了，商人们偶尔还能获得向总督寻求公道的机会，这种层层制衡的做法，使得商人们更加乐于选择广州。

最后，广州的优势还在于存在一批相对更加市场化的商人。在海外商船的口碑中，一群广州商人如洪顺官、晏官、平官、连官等人已有了较为完备的商业知识，知道怎么和外国人打交道。即便他们更多是和官员勾结，但比起其他地方的商人来说，已经带来了极大的便利。这一切，都决定了广州的胜出。

我们还可以说，广州后来的行商制度就是从这时起步的。行商到了后期严重阻碍了自由贸易，但它的形成，有很大一部分是竞争的结果——我们只能说是竞争，不能说是自由竞争，大量的商人由于缺乏官商背景根本就没有资格与外国人贸易。但代表了各大势力的行商也并不是"躺"来的业务，而是源自小集团内部竞争。

另外，广州虽然有各种名目的商人，但他们之间也是有区别的。不管是王商、总督商人还是将军商人，都无法获得独占权，在竞争中都代表了一定的进步性。但是，在18世纪初，他们必须和一个怪物竞争，这就是所谓的"皇商"。

清朝是一个习惯使用皇商的朝代。所谓"皇商"，就是代表了皇帝或者

---

① 一个很明显的例子就是，福州将军对海关有着很强的话语权，直到雍正时期彻底把持了闽海关。

皇室家族而拥有特权的商人。中国人最熟悉的皇商是曹雪芹的祖父曹寅，另外还有顺治帝时期的"八大晋商"。他们帮助皇室控制产业，甚至可以组织军事后勤，是皇帝理财的帮手。我们可以认为，皇商就是清朝的"官僚资本"，他们占据了大量的资源，依靠垄断、挤轧、损坏整个行业的利润为代价，从社会中为皇帝抽取利润。

随着康熙皇帝对外贸的重视，皇商这个怪物也出现在了外贸领域。各个海关中，最早的皇商来自康熙四十年（1701）的宁波（舟山），这里出现了两位皇商，但并不是皇帝亲自派遣的，而是由皇帝的两个儿子[①]派来的。这里需要说明的是，所有从事外贸的皇商可能都和皇帝无关，而是由他的各个儿子私自派遣。[②]但不管是谁派来的，皇商的出现不仅让外国人头疼不已，还让各级官员怨声载道——虽然各级官员也有代表自己的商人，但这些商人往往是当地贸易的佼佼者，有着充足的资本，然后才能与权力结合；而皇商往往是商业领域的纵横家，他们手里没有太多资本，却想依靠权力获得资源，类似空手套白狼。所有的官员必须尊敬他们，其他商人也必须将贸易机会让给他们，外国商人如果不与他们贸易就找不到其他的贸易伙伴，如果与他们贸易则面临着收不回账的风险。

到了第二年，代表皇子的皇商也出现在厦门。厦门的皇商承包了对英贸易，他自己并不做买卖，而是寻求与当地大商人联合，由他们做具体的贸易，自己只是抽点。这个方案受到了当地几个大商人钦哥、沙邦、田官的抵制，田官跑去北京疏通关系，获得了委任状，也摇身一变，成了皇商，他还带来了一个朝廷的特派员，特派员负责让当地官员配合田官。田官联合当地的八到十个商人组成了一个类似于托拉斯的组织，规定进出口的价格，垄断进出口贸易。[③]

[①] 根据《东印度公司对华贸易编年史（1635—1834年）》，是康熙皇帝的第二子和第四子。
[②] 《东印度公司对华贸易编年史（1635—1834年）》提到广州的皇商时，除了说他的委派来自太子，还表示皇帝是不知道此事的。而其他港口的皇商任命也都来自各个皇子，有的港口还同时有两位皇子派遣的代理人。
[③] 见《东印度公司对华贸易编年史（1635—1834年）》第十二章。

皇商的出现，对厦门和舟山外贸的衰落起到了一定的作用。①

康熙四十三年（1704），在广州也出现了皇商，这里的皇商名叫盐官，曾经是广州的盐商，因为偷税被逐，他在北京付给皇太子四万二千两银子，获得了对欧洲人贸易的独占权。他回到广州后也立刻成立了类似于托拉斯的组织，由于自己没有资金，就强迫各个商人加入组织，他从中抽成。

但广州与其他港口不同，这里的官僚制度非常复杂且互不隶属，盐官的做法首先损害的是海关监督的利益。海关监督的主要收入是抽取交易额的4%，其中1%来自与外国人打交道的通事，剩下的3%由中国商人支付，以感谢他把贸易权交给这些商人。如果商人们都被皇商拉过去了，这些商人就会向皇商支付返点，海关监督就没有收入了。

与此同时，由于这位皇商没有资本，海外船只的大班也联合请求总督干预，认为这样的商人无法应付接下来的巨额贸易。而总督、巡抚和知府等人原本就对皇商无可奈何，既反对他，又不知该如何对付，正好借此机会与海关监督、中外商人联合起来，共同认定这位皇商无力完成如此重大的贸易责任。总督亲自判决诸位商人从皇商手中拿回贸易权。当然，为了表示尊重皇商的垄断权，商人们也给予他一定的补偿。

就这样，在各级官员和商人的共同努力下，广州摆脱了皇商的控制。这种具有自主性的做法，使得英国商船认定广州才是最适合贸易的地方。康熙五十五年（1716）之后，英国船逐渐舍弃了厦门和舟山，改以广州为主要港口了。②

---

① 1704 年，"肯特号"大班的信件中写道："我们从前的通事田官，到北京取得皇帝儿子的委任令，准他个人独占对英贸易；既有这样的权势，又加上他的盛气凌人和狡猾，令人难以忍受，几乎将这个口岸的贸易毁坏；提督和海关监督是他公开的敌手，今年他们为了其他商人的缘故，插手干预，逼得田官只能保持半数的贸易额，让出另一半给他人，虽然这个做法对于本口岸的贸易很有好处，但它的帮助很少；因为田官缺少本钱做生意，一方面他发觉自己比其他商人的信用坏，另一方面公司命令不准借出现款，他就想尽各种办法来骚扰英国人，威胁他们把钱借出来；正如佩蒂（'忠诚库克号'大班）在他的信上对我们所说的，他常常恐怕会有不幸的意外发生，所以坚决离开该口岸。"

② 康熙五十四年（1715）发生的"安妮号"事件，给了厦门最后一击。这一年，"安妮号"因为中国商人欠款，强行将一艘开往巴达维亚的中国载货帆船扣留，逼迫当地政府解决欠款问题，遭到了中国船队的围攻。

康熙五十五年（1716），英国人决定在广州长期贸易。这一年，他们建立了一个叫作大班委员会的组织。之前每一艘船上都有一个大班负责，但鉴于以后每年派往广州的船不止一艘（康熙五十五年为三艘），因此所有船的大班决定组成一个委员会，共同决定商品的买卖和价格。大班委员会最初是根据派船的不同一年一设的，之后在广州开办了办事处。虽然清朝政府不允许外国人跨年居住，但最后还是有外国人在广州城外的商行里常住。

也是在康熙五十五年（1716），英国人进一步理顺了和海关监督的关系。这一年，大班委员会和海关监督签订了一个协议，规定了双方的权利和义务，体现了广州贸易条件的改善。[1] 但也正是海外商船的到来，使得海关监督成了炙手可热的热门差事，因为4%的附加税足以让这个任期只有一年的职位成为摇钱树。

英国人试图通过大班委员会操纵价格，但广州商人组织也在发展。由于双方贸易的特殊性，虽然协议中规定了自由贸易，但事实上，对英贸易还是被少数人垄断了。[2]

康熙五十九年（1720），中国的行商决定成立一个叫作"公行"的组织。在这一年的12月25日，广州的商人歃血为盟，以防止贸易欺诈为理由建立了公行。公行包括头等行五家、二等行五家、三等行六家。公行是开放的后来者，如果想加入，必须缴付白银一千两，列为三等行。

公行的目的是垄断价格，也就是当海外商人来的时候，尽量以统一的价格购买海外的产品，并以统一的价格向海外供货。但公行的垄断也不是绝对的，它只是对一些大项进行垄断，而扇、漆器、刺绣、图画等小件商品，可由店铺自由经营。

外国人的船到来后，可以在公行内部的行商中选择一位商人，这位商人

---

[1] 协议分六条：英国大班可以随时要求海关监督的接见；英国人的驻地门口张贴自由贸易的告示；英国人可以自由任命通事、买办和雇役；海关船不得拦阻大班和船长们的往返商船，但他们乘坐的小艇要悬挂旗帜；英国人有置备各种海军军备用品的自由，免征关税或其他课征；发放出口执照不得拖延。

[2] 康熙五十五年至五十九年（1716—1720）期间，垄断贸易的广州商人是连官、晏官和寿官（即金少）。

负责承担这艘船的贸易，但是最多只能承受船货的一半，剩下的一半则由其他成员均分。

之所以会有公行的尝试，原因在于：首先，广州已经成为外国人贸易的主要港口，除了英国人之外，法兰西人的船也不少，加上荷兰人、葡萄牙人、西班牙人、丹麦人等的船蜂拥而至，表明广州已经战胜了其他港口，聚集了全世界的货物，这使得商人们有利可图；其次，广州的贸易给所有人都带来了收益，特别是海关监督，这也意味着海外商人必须承担越来越多的苛捐杂税，而要让外国人一一缴纳几十项的杂税是不现实的，必须让一个中国行商为他们做代理，一一打点，这就天然地要求在广州要有一群买办；最后，这些买办有时与官方勾结，有时又有着独立的利益诉求，因此与官方既有竞争，又是合作关系，他们与英国人的关系也是这样。

事实上，对于公行的出现，英国人最初是非常不满的。公行设立的第二年，他们就联合了其他国家的船只压迫海关监督，要求取消公行，恢复自由贸易。在他们的施压下，海关监督最终推翻了公行的托拉斯，支持一定程度的自由贸易，也就是允许一些中小商人参与对英贸易。

但很快，公行这个组织就显示了它的优越性，海关监督也发现，利用公行与英国人打交道，比直接与英国人打交道要方便得多。此时广州的贸易更多是混合式的，一方面，大商人组成的联合体已经在部分领域起作用，但另一方面，这个联合体还没有达到垄断一切的程度。

到康熙末年，虽然苛捐杂税越来越多，政府对贸易的控制力也在加强，但广州作为一个繁荣的港口依然在持续发展，海外的英国人也在不知不觉间成了对华贸易最重要的一极，占据了最大份额，但他们也还没有占到决定性的优势地位。

此时的清王朝依然是对海外商人开放的，那么，中国的外贸商人又处于怎样的境地呢？

华商的艰难

康熙三十四年（1695），广州长寿寺住持大汕突然接到了一个邀请。

大汕①是广州一带的学问僧，喜欢作诗，善于绘画，曾经在广东执政的平南王尚之信对他礼遇有加。尚之信倒台后，大汕的名声反而越来越大，声播海外。正是在这一年，越南顺化政权的阮福週突然发来邀请函，请他从海路前往顺化，帮助这位统治者传播佛教。

17世纪末，在现在的越南，以红河三角洲为中心的黎朝分裂成了两个互相对立的政权，即北部的郑氏和南部的阮氏。郑氏控制了东京（红河三角洲），而阮氏的中心在顺化。在清朝皇帝的眼里，越南的国王是黎氏，虽然他已经成了郑氏的傀儡，而郑氏和阮氏只是地方的枭雄而已。

在郑、阮二氏中，郑氏更像一个类似汉政权的北方政权，主要目光集中在陆地上，而阮氏已经有了海洋政权的特征，对于贸易更加重视，也更注重向南方的湄公河三角洲扩张。为了称雄，它一方面向南方的占城扩张，占据了会安一带，另一方面又延揽中国的人才。就是在这样的背景下，阮福週派出使节请大名鼎鼎的大汕前往顺化。

大汕去往顺化，主持了许多宗教活动，给许多僧人授戒（最多的一次达到一千四百人）。但他此行最有价值的成果，还是对顺化政权和社会的观察。②

在此之前，人们往往以为阮氏政权是更加海洋化的，但是在大汕的笔下，它有着截然不同的另一面：这是一个军事化的国家。这个国家的百工都是军人，每年二三月时，军队下乡强迫十六岁以上的强壮者充军，用竹枷带走，编入军队，之后国家的工匠、劳役、战争都由这些人承担，直到六十岁之后才能归乡。

这样一种彻底集权化的组织是阮氏的支柱力量，它甚至比中国社会还要内敛。考虑到未来阮氏辗转建立了越南最后一个中世纪王朝——阮朝，就不难理解为什么它在建立全国政权后，突然从海洋化倾向变成内敛化国家了。

大汕还注意到，在越南南部已经有不少中国人了。事实上，阮氏的开创者阮潢一开始控制了顺化，就招募了许多中国人前往顺化定居。当时还属于

---

① 虽然有人声称他是骗子，冒充了南京地区曹洞宗的觉浪和尚，但他在广东地区的名声很大，足以让越南人请他前往法。

② 关于他的观察，见他回来后写的游记作品《海外纪事》。

明朝时期，因此人们还用"明人""大明""明乡"来称呼他们。这些人已经在越南落地生根，繁衍好几代了。

越南南部还有很多广东商人。在会安，大批华人聚集在一条长达三四里的大唐街上，这些人大都是福建人，穿着明朝服饰。[①] 由于越南女人可以抛头露面参与贸易，他们大都娶了越南的女人照顾店铺。

大汕在顺化待了不到半年就准备归国，但由于路途艰辛，回到国内已经是一年之后了。让人没想到的是，大汕回国后却被人举报，遭了厄运。大汕喜欢吹牛，书中多有怪力乱神等叙述，让很多人看不惯，从这个角度质疑他倒也说得过去。但事实上，对他真正有杀伤力的指控，反而是他出国这件事本身。

举报者声称，当时清朝依然承认黎朝政权，虽然由于国土分裂，黎朝皇帝只能依附于郑氏，但郑、阮两家只能算是豪强，清朝承认的还是黎朝，大汕将南部的阮氏说成大越国王，这本身就是大罪。

另外，大汕最罪不可赦的行为就是擅自出国通洋。当时虽然开了海禁，但皇帝认同的出洋理由是商贸，僧人出国没有正当理由。即便是出国商贸，也要遵守各方面严格的限制。

更让人惊讶的是，告状的人叫潘次耕，他的另一个身份是大儒顾炎武的弟子。这表明，即便是在清朝最开明的康熙时期，即便是当时最开放的读书人，也将不准出国视作理所当然，整个社会已经向着封闭迈出了关键一步。读书人的保守倾向，表明了未来闭关锁国政策有着强大的基础。

在这样的背景下，中国商人虽然可以获得出国许可，却依然要面对重重阻碍。

康熙皇帝虽然解禁了华商，但集权制度的最大特点就是完全不信任民间，不允许民间自我管理，必须从各方面监督民间的活动。

在康熙二十三年（1684），随着皇帝的开关，政府规定华商只准用五百石以下的船，商船禁用双桅，违反者发配充军。这种做法，使得中国的海船一直弱于海外的船只，缺乏竞争力，只能在南洋一带贸易，无法跨越大洲。

到了康熙四十二年（1703），虽然放宽了些许规定，允许民间的双桅船航

[①] 事实上，直到法兰西人进入越南，当地的服饰依然带着明朝的特征。

行，却又在船的尺寸和人数上加以限制，最大的梁头不得超过一丈八尺，人员配备不得超过二十八人。[①] 政府的规定越来越详细，处处插手，体现了"父爱"，结果却是民间船商的实力在不断的干涉下变得越来越弱小。民间实力的减弱，影响的不仅仅是贸易，还包括政府的军事实力。到了鸦片战争时期，中国由于无力建造更大的船只，不仅在商业上处于弱势，在军事上也无力与海外抗衡了。可以说，道光二十年（1840）之后的屡战屡败，是清政府求仁得仁的结果。清政府不仅要限制船的大小，还要限制民间拥有船只。每一艘船在建造之初就要上报海关监督，由官员亲自检查，并由船的拥有者签字画押，船的长度、拥有者、航线和货物都需要备案。发船之后，各地的口岸都要根据备案严查。[②]

随着管制的加强，这项法案又变成了：在地方官员批准之前，不得建造新船；而要地方官员批准，必须要求邻里的族长互保，保证船主是良民。通过将批准权收归官方，船只的大小受到严格控制，民间船只的数量也越来越少，直至无船可造。[③]

官方的控制是逐渐加强的。康熙时期的控制相对少一些、通融一些，到了乾隆时代，任何民间的创新都不再成为可能。比如，乾隆时期的福建曾经有一种船，桅高篷大，利于在风中航行，为了防止人民使用这种船逃避检查，政府下令将其禁止。结果，一种本来可以惠及民间的技术创新就这样被扼杀了。

即便这样，政府还是不放心，又下令不得将中国船卖给外国。[④] 于是中国人为了逃避国内的规定，只得跑到外国去造船，而政府为了补上这个漏洞，又规定不准中国人在海外造船，一旦发现，就严加治罪。[⑤]

政府对于船只的管理也是想尽了办法，除了在制造时的管制之外，船只每次出海都必须持有证照，并在船身打上标记，证照上必须载明船只的字号、船户的姓名等，以备随时查验。

---

① 一丈六七尺的船，人员配备不得超过二十四人；一丈四五尺的船，人员不得超过十六人；一丈二三尺的船，人员不得超过十四人。见光绪《大清会典事例》。
② 康熙五十年（1711）的政策，见《粤海关志·禁令一》。
③ 康熙五十九年（1720）的法案，见光绪《大清会典事例》。
④ 康熙五十年（1711）规定，将船只卖给外国人的，船主和造船人都立斩，见《粤海关志·禁令一》。
⑤ 康熙二十三年（1684）的规定，见光绪《大清会典事例》。

甚至连货物也是有要求的。比如，为了避免国内的船将粮食带去海外，每个水手的口粮都有明确的限制，每人每天一升米，为了防止海上的意外情况，可以再多配一升，再多就是违法。

另外，还有人为了规避国内层层叠叠的禁令，选择到海外居住，不再回来。于是政府规定，中国人出海不得超过三年，否则不仅本人处斩，知情人也要受到惩罚。[①]

到后来，这项规定没有办法完全执行，而大量的中国人也跑到海外不回来了。雍乾时期曾经对海外的中国人进行特赦，允许他们回来。但面对反复无常的政府，大部分中国人依然选择不回来。

这样的割裂造成了一个特殊的情况：在海外有大量中国人，他们对海外世界、对欧洲和地球都有着深刻的了解，但由于他们和国内是完全割裂的，因此中国国内停滞于中世纪阶段，将欧洲和洋鬼子视为荒诞，整个官僚阶层（除了沿海的官僚）对海外一无所知，也就无法对即将到来的冲击做出有力反应了。

康熙末年，皇帝已经表现出越来越摇摆的品性。一方面，他依然对自己的"博学"扬扬自得。康熙五十二年（1713）二月，一个叫作陈尚义[②]的海盗投降了清朝，皇帝亲自向陈尚义打听了一通地理知识。这个海盗横行于海上，对世界地理有着较为透彻的了解。他知道中国和西欧的纬度接近，从西欧到中国走海路大约需要六个月，他还知道从西欧走陆路也可以到达中国，但中间隔着俄国的领土。如果走陆路，除了俄国之外，还会碰到土尔扈特部，以及经过印度斯坦、布哈拉、叶儿羌（夜儿根）等地，最后进入哈密、吐鲁番。在北方则是哈萨克。他还知道在中国以北的极北之地，有着数丈深的积雪。这位海盗的地理知识基本上是正确的，康熙皇帝也完全了解这些地理知识并感到扬扬自得。但他没有做任何传播这些知识的努力，反而转手于康熙五十六年下令禁止中国人赴南洋贸易。

---

① "所去之人留在外国，将知情同去之人枷号三月，该督行文外国，将留下之人令其解回处斩。"见《粤海关志·禁令一》。
② 《清朝柔远记》中称程尚义。

这个禁令主要针对福建地区。政府似乎找到了正当理由,即防止人民变成海盗。但禁令的一刀切,导致的是整个沿海地区经济的断绝,以及更多的人铤而走险。康熙皇帝晚年的这个决定表明,即便他不死,清朝外贸的黄金时代也已经过去了。这个所谓的黄金时代从来没有到达过顶峰,因为它始终是受管制的,民间只是皇帝意志的附属物而已。

康熙皇帝不仅禁止中国人赴海外,他对传教士的热情也在减弱。他手下的官僚们已经嗅出了转变的气息,于是,官员们在地方上不断地挤压外国人活动的空间。康熙五十六年(1717),广东碣石镇总兵官陈昂奏请禁止外国人开堂传教,皇帝同意了。之前,皇帝采取软性的管理办法,即规定禁止,但与此同时不严格追究,各省的传教士可以私自传教。但这样的处理办法就表明皇帝随时有收紧的权力,这一次就用上了。次年,杨琳当两广总督时,又一次重申了禁令。就这样,中国逐渐陷入一种与洋人对抗的亢奋之中,并在一阵狂热中迎来了最严苛的新皇帝。

巧合的是,到了康熙皇帝晚期,亚洲的另一个巨型帝国——印度的莫卧儿帝国也步入了下坡路。莫卧儿帝国在大航海时代开始后的1526年才建立,他的开创者巴布尔来自中亚的费尔干纳,是中亚征服者帖木儿的直系后代,在母系上则属于成吉思汗家族。巴布尔在中亚失去领地后,一路流浪到达阿富汗,建立了基地,最后进入印度北部,战胜当时统治印度的德里苏丹国洛迪王朝,建立了印度的莫卧儿(即蒙兀儿,波斯语"蒙古"的转音)王朝。①

莫卧儿王朝经过几位伟大的皇帝胡马雍、阿克巴、贾汗吉尔、沙贾汗的统治之后,传到皇帝奥朗则布时期,已经显出疲态。奥朗则布本人南征北战,却依然抵挡不住帝国分裂的趋势。1707年,奥朗则布去世,莫卧儿的辉煌成为过去。经过一系列短暂在位的皇帝,到了穆罕默德·沙时期(1719至1748年在位),1739年,印度被位于阿富汗和波斯的军事强人纳迪尔沙入侵和劫掠,从此走向衰落。

---

① 1206年,阿富汗古尔王朝的穆斯林将军固特卜在德里建立政权,从此开创了印度北部的德里苏丹国时期,也是印度北部穆斯林化的时期。德里苏丹国经历了几个王朝,最终被莫卧儿王朝消灭。

莫卧儿强权时期，西方人只能在印度次大陆上寻求一些莫卧儿人看不上的港口，无法形成更大的政治势力。莫卧儿帝国衰落之后，才给了西方人机会，让英国人能够利用印度四分五裂后形成的政治真空，逐渐蚕食印度，利用加尔各答、孟买和马德拉斯三大靠海基地，分化、进攻、吞并那些互相仇视的印度王公，完成了大英帝国的"伟业"。在印度迅速衰落的同时，中国也在衰落，只是速度更慢一些罢了。

第八章
强人皇帝的紧缩（1722—1735）

雍正上台与禁止天主教

康熙六十一年十一月十三（1722年12月20日），在位六十一年的康熙皇帝去世，将帝位传给了四子胤禛，即雍正皇帝。

与他的父亲充满了好奇心并善于利用一切资源为自己的目标服务的个性不同，雍正皇帝具有几乎相反的性格。他对新奇的东西不感兴趣，总是试图将现有的一切都条理化、正规化。如果说康熙皇帝善于制造模糊地带、扩大帝国影响的话，雍正皇帝则试图将所有模糊地带都明确下来，非黑即白，将帝国已有的影响落到实处。康熙皇帝负责开拓帝国，南征北战，收复了台湾，巩固了蒙、疆、藏；而雍正皇帝则推行改土归流，并实行摊丁入亩、火耗归公、养廉银等财政制度，将帝国的架构建立得更牢固。

事实上，任何一个中国式帝国从建国初期向中期转换之时，都容易产生一个显著的特征：在伟大盛世的尾声时，总是会出现一个强人皇帝。在逻辑上，这并不难理解。王朝创建后，需要的是休养生息和放松管制，让民间恢复发展，覆盖掉改朝换代战争带来的疮疤，在这样的政策下就会出现盛世，经济发展，人口爆炸，社会一片欣欣向荣。但伴随着盛世的，除了荣耀，还有官员的懈怠和腐败，以及各种来不及清理的弊端或者灰色地带，人们虽然享受繁荣，但对这些弊病也越来越无法容忍。下一个皇帝上台后，首先想到的是清理前一任留下来的大量的灰色地带，因此往往祭出紧缩、反腐、整顿吏治等措施。这样的措施对官场有着足够的杀伤力，但与此同时，随着紧缩的推行，民间经济也会受到伤害。皇帝对内整治的态度也往往会伤及对外贸易，因为这些强人皇帝还有另一个特征——排外。他们对外界事物不感兴趣，宁愿采取闭关锁国的政策，排除外界的影响，一心一意地整顿内务。这时候，皇帝会把外国人的一切作为都看成是"吃饱了撑的"，最好是眼不见为净。

在中国古代历史上，有名的强人皇帝包括汉朝文景之治之后的汉武帝、唐朝贞观之治之后的武则天，以及清朝康熙之后的雍正皇帝。

雍正皇帝上台时，还有另一个理由让他采取了排外的姿态，那就是康熙在经过失败的立储之后，[①] 迟迟不肯再立储君，直到他死时，才确定了更加稳重的四子为帝。在其他有可能的人选中，皇八子胤禩、皇十四子胤禵曾经也看起来极有可能上位，而与他们交好的还有皇九子胤禟。皇九子虽然本人当皇帝的可能性不大，但他是最具有开放心态的皇子，刻意结交西方传教士，甚至俄国人。[②]

与胤禟交往的外国人中，又以葡萄牙传教士穆经远为最。[③] 如果皇位最终为皇八子胤禩或者十四子胤禵所得，那么凭借胤禟与他们的关系，中国很可能会保持一定的开放性；可最终皇位给了最保守的胤禛，这时，皇位的斗争也就变成了开放与保守的争斗。

除了地位最高的几位皇子之外，还有一些其他皇族也对天主教传教士有好感，有的甚至已经改信了天主教，比如贝勒苏努。苏努是努尔哈赤的四世孙，他的三世祖是努尔哈赤的长子褚英，于康熙六十一年（1722）被封为贝勒。苏努是虔诚的天主教徒，因此与开放派的胤禩、胤禟关系友善。苏努的儿子们也很虔诚，他的第三子苏尔金、第十一子库尔陈（亦作库尔成）等人也都加入了天主教。[④] 雍正皇帝继位后，重用十三弟胤祥，而对胤禩、胤禵、胤禟的势力进行打击。作为保守的皇帝，他必然拿苏努等人开刀，同时对天主教下手。

---

① 康熙皇帝曾两次立胤礽为太子，但两度将其废黜。可能争位的皇子还包括三子胤祉、八子胤禩、十四子胤禵等。

② 胤禟资助俄国商队的事迹见上文。

③ 《清代档案史料选编·雍正朝·允禩允禟案》中有《穆经远供词》一份。关于三位皇子的案件也可参考该书的该卷，以及《允禵圈禁案》。

④ 雍正五年（1727），刑部等为滥遵邪教事上疏。苏努子孙中信天主教的还有他的儿子勒钦，以及孙子勒泰、勒身、伊昌、阿鲁、伯和、伍伯和、勒尔成、图尔泰、舒尔泰等人。

第二部　在希望与失望中跌宕的百年（1644—1735）

雍正皇帝上台后的措施可以分为以下几种：

第一，直接打击政敌。雍正皇帝继位之初，地位尚不稳固，对康熙皇帝的三位皇子（八子、九子、十四子）采取了分化处理的策略。他最初任命八子胤禩与十三子胤祥等人总理事务，又将处于青海前线的十四子胤禵召回并控制起来，免得边疆生乱。① 而九子胤禟却受到特殊的对待，被发往西宁。随着地位的稳固，雍正皇帝继续对三人的迫害，到雍正三年（1725），胤禩被革去王爵，监视居住，同年胤禵也遭遇了同样的命运，被押回北京囚禁。次年，胤禟被革除宗籍，押解赴京。雍正皇帝为了表达自己的爱憎，还强迫其兄弟改名，胤禩被改名为"阿其那"，而胤禟则被改名为"塞思黑"。② 同年，阿其那和塞思黑死亡，只有胤禵由于与雍正皇帝同母，在囚禁中熬过了雍正皇帝的执政期，死于乾隆时期。

第二，禁止天主教。由于天主教与三位皇子的关系，雍正皇帝早已对天主教在父亲执政时期受到的优待感到不满，他在康熙时期逐渐形成对天主教士的怨恨，大臣对新皇帝的政治理念也一清二楚。就在他继位的第二年（雍正元年），闽浙总督满保立刻上奏请求禁止天主教，将各省的西洋人士，除了少量留京待用的之外，都送往澳门。等传教士走后，天主教堂可以改为公廨。③

雍正皇帝大喜，连忙同意了满保的上奏，并表示为了照顾已经居住多年的外国人，允许给他们半年时间搬迁。

第二年，自以为摸准了皇帝心思的山东巡抚陈世倌得寸进尺，上奏请求把伊斯兰教也一块儿禁止，但被皇帝驳回。这时候的皇帝已经坐稳了帝位，因此，许多传教士被允许留在广州。④

第三，直接处死那些与三位皇子交好的传教士，其中最著名的就是葡萄牙人穆经远。穆经远与胤禟关系密切，甚至胤禟被贬往青海时，他还试图帮

---

① 胤禵牵扯进了一个民间传闻，即康熙皇帝的诏书写"传位十四子"，被后来的雍正皇帝改为"传位于四子"。但这个传闻是不正确的，忽略了满洲皇帝使用满文的事实。
② 两者语义不明，有说意为满语的"猪"和"狗"，但不确定。不管怎样，两者都含有轻贱之意。
③ 见《清室外纪》卷三载："国中教堂三百余所，均毁坏无遗。"
④ 见《清朝柔远记》。

助他传递书信，丝毫没有考虑自己的安危。当胤禵被从青海召回囚禁在保定时，穆经远也被捕入狱。雍正皇帝对外国人参与国内事务深恶痛绝，也正因为这样，他对禁教的事情格外重视。在北京的传教士曾经试图搭救穆经远，但没有成功。

到了雍正四年（1726），葡萄牙国王若昂五世派遣使节麦德乐前来。由于穆经远是葡萄牙人，使节到来后肯定会给他求情，于是皇帝在麦德乐到达北京之前将穆经远枭首示众。①

麦德乐到达后，皇帝召见并赐宴，还赠送大量的礼品，派人将他一路护送到澳门，这一切的礼遇背后，是穆经远无法挽回的生命。②

第四，处理满洲内部的信徒。除了胤禵之外，最著名的满洲信徒就是苏努和他的两个儿子苏尔金、库尔陈。皇帝命令他们不得信邪教，但苏尔金和库尔陈显得特别坚决，表示就算死也不会改宗，因此刑部要求处死他们。最后经过皇帝的恩典，只将他们监禁，让他们在囚禁中体会敬天就是敬皇帝的奥妙。③

阴谋论下的国际关系

关于雍正二年（1724）对天主教的禁绝，有多方面的因素。第一，雍正皇帝本人是一位保守君王，对西方知识本来就不感兴趣，他更加提倡中国儒教精神和皇帝的一体独尊，这都与天主教的上帝独尊相矛盾。第二，天主教士与其他更加高调的皇子关系更密切，与低调的雍正皇帝却比较疏远，这种关系本身就容易让新皇帝心生妒忌，促使他上台后疏远天主教。第三，康熙皇帝晚年时，以教皇为首的教士集团对中国礼仪的摒弃，使得天主教在中国

---

① 见《中西交通史》。
② 见《清朝柔远记》。
③ 《清朝柔远记》载为苏努三子乌尔陈、苏尔金、库尔陈。皇帝表示：着将乌尔陈等交与步军统领阿齐图，择一地方牢固锁禁，俾得穷究西洋道理。如知西洋敬天之教，自然在朕前奏请改过也。除胤䄉、胤䄭、胤禵等外，尚涉及苏努、阿灵阿、鄂伦岱、七十、黑寿、勒什亨、鲁宾、保泰、雅尔江阿等。

树敌不少，对天主教不满的这群人都集中在后来的雍正皇帝的旗下。可以说，禁教既是雍正皇帝利用了他们的情绪，也是他们利用了雍正皇帝的权威。第四，传教士在康熙时期受到重视，是因为他们的科学素养，但雍正皇帝不仅不关心科学，还担心科学给统治带来不稳定。[1]

雍正皇帝也并没有将所有传教士赶走，他将他们区分为"有用的传教士"和"没用的传教士"，前者被允许留在北京，后者被迫离开。

就在雍正皇帝禁教的同时，还发生了另一件事情：西方的教皇本笃十三世（1724—1730年在位）派遣使节噶达都和易德丰[2]前来中国，这是罗马教廷历史上第三次遣使中国。[3] 关于这一次遣使，由于并没有产生太大的影响，史上记载并不多。雍正皇帝表面上赞赏教皇派遣使者，并厚厚地赏赐了教皇。[4] 他还表示，只要在中国的传教士听话守法，就将获得皇帝的保护。但除此之外，并没有产生太多实质性的结果。

不过，皇帝依然给了教皇面子，释放了两位关押的传教士毕天祥和纪有纲，其中毕天祥是在多罗出使期间被关押的，到被释放时已经关押了十六年。[5]

雍正皇帝虽然禁教，但对在京供职的天主教士，特别是在钦天监任职的天主教士依然给予重用。雍正二年（1724），传教士徐懋德被授予钦天监监副之职。雍正三年，传教士戴进贤成为钦天监监正，加礼部侍郎。雍正八年，皇帝还赐银千两修缮天主堂。[6]

总之，皇帝的政策是，对帝国有用的传教士依然能受到优待，但在地方上越来越排外，传教士的自由度几乎完全消失，一切都必须由皇帝掌控。事

---

[1] 《中西交通史》中也有类似的四条意见。
[2] 《正教奉褒》中，两人的名字是鄂达尔、伊尔万。
[3] 康熙时代的两次遣使，分别派遣多罗和嘉乐前来解决礼仪问题，在前文已有讨论。
[4] 雍正皇帝赐给教皇妆段（缎）、锦段、大段六十匹，次段四十匹。
[5] 在康熙时期，曾经有传教士德理格因为得罪皇帝被关押，后得到康熙皇帝的特赦。教皇希望雍正皇帝援引德理格案将两位传教士释放，获得了皇帝善意的对待。毕天祥于康熙三十八年（1699）抵达广州，后前往重庆，康熙四十四年成为教皇特使多罗的翻译。第二年被扣留，后获得自由，辗转于安徽、北京、四川、广东等地，康熙四十九年再次被捕。雍正四年（1726）被雍正皇帝释放。纪有纲不详。
[6] 见《正教奉褒》。

实上，这位皇帝倾向于对国家的方方面面，从官员到百姓，都毫无遗漏地控制起来。

雍正皇帝对天主教的态度还可以从他的一篇文章中看出来。① 在一次佛诞之日，皇帝谈到释、道和天主教往往互相攻击，但在他的眼里，三者都只是荒诞却不得不容忍的理论，相对于中国的儒教来说，都是走错了方向的异端而已。皇帝大体上支持这样的观点：就像中国的宗教不能流行于西洋一样，西洋的宗教也不用在中国流传。那么，为什么皇帝又必须对他们有限度宽容呢？是为了控制。蒙古人信佛教，清政府要想控制蒙古人，就必须利用喇嘛教。而西洋人的历法对国家是有用的，为了控制这些西洋人，也必须允许他们信天主教。作为统治者，要明白这种纵容只是为了利用他们的长处，或者控制他们不要出乱子，超出了这个限度的传播就要禁止了。

这种态度最接近于"为我所用"的"唯物主义"态度，却忽视了一点，那就是为了限制西洋人，也将西洋的科学与中国人完全隔绝了。雍正不知道的是，人类学问的发展并不在于一种思想的对错，而更在于人们能够自由地思考。久而久之，西洋人的作用仅限于在钦天监任职，他们的其他用途都被禁止，他们的活动也受到了限制。从利玛窦传下来的科学传统如同一条长长的尾巴，一直伴随着中央帝国，直到道光十七年（1837），最后一任西洋人钦天监监正高守谦受不了寂寞，告假回到西方，此后钦天监就再也没有西方人了。三年后鸦片战争爆发时，中国人已经彻底忘记了西洋传教士带来的火炮以及科学知识，对当时的中国人来说，西洋科学已经再次成为神话。

除了对传教士和信仰方面的掌控之外，雍正皇帝也想把南方的贸易体系掌握在手掌之中。但他的措施也并非完全是负面的，事实上，他还纠正了父亲在晚年犯下的一个错误。

康熙皇帝晚年时，由于担心沿海人民与海外的联系过于紧密，也担心所谓"海盗"问题，下令禁止中国人（特别是福建地区）赴南洋贸易。② 这样的做法，使得福建从对外贸易的先进地区变成了死地。雍正五年（1727），

----

① 雍正皇帝的《释道天主等教同异》，见《清朝柔远记》。
② 康熙五十六年（1717），见上一章。

福建总督高其倬考察了本地的问题，对康熙皇帝晚年的海禁政策给当地带来的影响以及当时禁海的原因都进行了详细梳理，并上报给雍正皇帝。他认为，福建的福、兴、漳、泉、汀五府面临海洋，且福建有着自己的特点，就是"地无三尺平"，特别是靠海之处，往往只有零星的平地，大部分地区不是山就是海，连耕地都很难找到。而同时，台湾平定之后，进入和平时代的福建出现了一次人口生育高峰，导致大量的剩余人口出现。这些人无法种地，只能走海，这是康熙末年福建出现所谓"海盗"的根本原因。

可是，"海盗"不能靠海禁来治理，只有为百姓广开谋生之路，才能够解决问题。毕竟人是要吃饭的。福建人已经习惯了出海，一艘船上既有船主、商人等富户，也有水手、苦力等穷人，他们只要出了海，不仅不消耗国内的粮食，还会从海外赚回资本来养活家人，只有这一条路才是活路。

康熙晚年时期禁止福建出海的几大借口，除了"海盗"之外，还包括：保卫国家的粮食安全，担心人民把粮食贩卖出洋；担心福建人将国内的秘密泄露给海外。[①]高其倬也对这两种担心进行了分析，他认为，福建人去往的海外地区本身都产米，不仅不会消耗福建米，反而还能从海外支援福建。另外，既然允许广州地区的人出国，那么秘密即便不从福建泄露出去，也会从广州泄露。因此，这两个理由都是站不住脚的。

皇帝权衡之后，同意了他的观点，于是，福建在海禁十年后再次得以开放，百姓又可以出海了。

除了解除福建海禁，皇帝还试图取消海外商人苛捐杂税的规礼银，但事实上并不成功。[②]

虽然出台了这些对当地百姓有利的政策，但如果就此认为雍正皇帝鼓励海外贸易，那又大错特错。其实他追求的是整理父亲建立的贸易体系，在这

---

① 请读者务必重视"保卫国家秘密"这个借口，事实上，这是中国古代历史上闭关锁国时使用最多的理由，即便在开放性较强的宋朝也曾经利用这个理由禁止部分商品的交换。事实上，这个借口只会造成国内百姓的无知，却无法阻止海外对中国的认识。

② 雍正六年（1728）有暹罗商人因为狂风漂流到广州，被巡抚衙门的内班门丁胡龙超强行索取了六百两规礼银。后杨文乾抚粤，替暹罗商人做主，返还了规礼银，并上奏皇帝要求取消，得到了皇帝的赞成。但事实上，雍乾时期，规礼银不仅没有取消，反而越来越庞大。

个基础之上加强政府的"管理"。也就是说,他允许贸易的存在,但是贸易势力必须听话,也不能将影响力渗透进政治领域。他赋予官僚系统很大的权力去管理贸易,于是,在官员的管理下,贸易反而越来越衰落了。

皇帝对海外贸易的第一项规定,是雍正二年(1724)时针对澳门的。在康熙皇帝禁止中国人赴海外的时期,澳门出现了极大的繁荣。中国政府在澳门有一名把总,带领五十名士兵,负责名义上的主权和治安管理,在通往澳门的陆路上一个叫前山寨的地方还设有城池和关门,不许西洋人离开澳门到内地。但中国政府并不禁止在澳门的贸易,使得这里很少受到皇帝诏令的干扰,因此,内地越禁商,这里越繁荣。

澳门的繁荣引起了内地官员的不满,他们筹划对澳门加以限制,这包括两个方面:第一,尽量吸引外国商船到广州贸易,在这里收取关税,不经过澳门;第二,限制澳门船的数量,也要求它们持有牌照,澳门船只数量少了,其贸易量就会下降。

当年十月,两广总督孔毓珣上奏,获得批示:准许澳门保留二十五艘船,对这些船只编号,并且严禁这些船携带外国人(特别是传教士)到中国来。而对于到广州黄埔贸易的外国商船,则规定只有大班等人可以上岸,与行商进行贸易,水手不允许登岸,广州派兵保证他们不下船。同时,外国商船必须在当年十一至十二月将银货交割完毕,乘当年信风离开。

到了第二年,孔毓珣又做了新的规定:外国商船到达广州后,中国人不得上外国船。

雍正五年(1727),皇帝开福建海禁的同一年,又做了规定,不准内陆百姓久留海外,进一步限制百姓的活动。

除了对人的限制,还有对货物的限制。雍正时期规定不得向海外贩米,也不准向海外贩铁。另外,皇帝虽然有心减税,但苛捐杂税依然在增加,在雍正皇帝之前,针对白银的换算和损耗,买卖中每两银子抽三分九厘的分头银,到了雍正时期,又加征十分之一的缴送银,洋商的负担也加重了。

随着皇帝越来越多的管制,到最后,各地区的督抚也意识到这位皇帝喜欢将一切权力都掌握在自己的手中,对民间极不信任。此时的沿海总督也更加任性地行使权力。雍正六年(1728),一股针对海外中国人的妖风终于兴起了。

在明朝，倭寇曾经风行一时，成为中国沿海地区的大患。但奇怪的是，随着西方的到来，中国和日本先后进入了闭关锁国阶段，此时的日本不仅对西方不感兴趣，就连对中国也不感兴趣了。日本政府规定，国人不得前往海外。虽然允许中国等少量国家的人前往日本经商，但是只开放一个港口；商船到达后，商人们被圈禁在城中，由官方主导贸易，结束后才将商人放出。

日本之所以闭关锁国，一个很重要的原因是，此时它已经从过往的贸易逆差国变成了顺差国，而它出口的东西中最主要的就是白银和红铜，这两样都是清朝最急需的。

日本完成转型后，康熙时期对日本依然不放心，派出了织造乌林达麦尔森前往日本探察，确定日本对中国是安全的之后，才完全撤销了海禁。①

但中国对日本的戒心依然长期存在。

雍正六年（1728）八月，雍正皇帝的宠臣、浙江总督李卫突然听到一个消息。② 当时的日本天皇已经失去实权，只是幕府将军的傀儡，而幕府将军的军队中有几位中国人效力。最初的一位是福州人王应如，他去日本教授阵法，但不久就去世了。之后，一位广东的退役千总也受聘于日本，演练水师。这些人并非主流，更多是为了谋一口饭食，所教授的内容也并不见得有多重要，日本雇佣个别的中国人也并非什么大事。此外，有两位参与日本贸易的中国商人钟觐天和沈顺昌也看到了机会，推荐了一位杭州的武举张灿若和一位苏州姓宋的兽医前往日本。另一位商人费赞侯推荐了一位革退书办去日本教授律例。

事实上，中国人在海外谋职是很普遍的现象，特别是在东南亚地区。中国商人想要长久经营，必然要寻求一定的政治庇护。但日本雇佣中国人的消息传到了李卫的耳中，他嗅出了其中的政治意味。于是，在他的脑子里很快就形成了一个巨大的阴谋论：日本已经秣马厉兵，要进攻中国了。李卫接着

---

① 根据雍正皇帝的上谕，见《清朝柔远记》。
② 李卫是雍正皇帝宠信的大臣，依靠捐资上台，善于审案和侦查，显然他把这样的作风带入了对外领域，他的生平见《清史稿》本传，关于这里谈到的日本案，见《清朝柔远记》。

分析了中日两方的实力对比,认为如果仅仅是武力的比拼,那么大清自然能够战胜日本,但他担心日本会利用间谍,也就是引诱那些贪财的坏百姓。在他的眼里,江浙地区充满了重利轻义的坏人,只要日本人引诱,都会蜂拥而上将情报告诉日本人。作为对比,清政府却很难知道日本的消息,在战争中处于劣势。

李卫的分析只能指向一个结论:必须改变政策,将开放政策转为对中国海商进行管制。在上奏皇帝的同时,他开始防患于未然,令沿海各地的文武官员和关税口岸对出海商船进行严密监视,不准携带武器和粮食,所有出海商品必须全部开包检验;同时,将水手、舵工、商人、奴仆、客人等都一一查明原籍并整理成名单,在每个人的名单后面要备注归期,在船只回来的时候进行查验,不符的要问责。

对集权政权有所了解的人都会明白,这样的审查力度意味着什么。当上级提出要求后,下级会层层加码,直到将整个贸易链条破坏。禁止普通兵器和粮食必然让中国船只在海上毫无防范海盗和对抗西洋船只的能力,层层检查和查扣也必然让很多人不敢出国。

李卫之所以这样做,是因为作为心腹的他知道雍正皇帝有闭关锁国的保守倾向,皇帝只要被触动了心弦,自己做得越过分,功劳就越大。

果然,皇帝看到李卫的上奏后非常高兴,他不仅对去往日本的商人不满,也对去往噶喇叭、吕宋的商人充满了怨恨,特别是听说这两个地方的中国人都有上万之多(他直接称这些人为"汉奸")。①李卫的经验也被皇帝介绍给福建和广东,于是,在短短的两个月内,兴起了一场席卷所有东南沿海省份的大边备运动。

两个月后,李卫再次将事态扩大。他认为,日本不仅影响东南沿海,甚至波及山东、天津、锦州等处,如果日本要进攻中国,也可能会选择这些路

---

① 雍正皇帝的圣谕:"当年圣祖曾因风闻动静,特遣织造乌林达麦尔森改扮商人往彼探视,回日复命,大抵假捏虚词,极言其懦弱恭顺,嗣后遂不以意耳,而开洋之举继此而起。朕即位后亦经念及,尚未暇谕卿,所以此奏深合朕心。又闻噶喇叭、吕宋聚有汉奸不下数万,朕经屡次密谕闽广督抚加意体访具奏,且复闻日本与朝鲜往来交好,踪迹甚密云云。总之,安内攘外要不出前谕固本防患、尽人事以听天命为第一良策也。"

线，因此，边备运动延伸到了北方沿海。两广总督孔毓珣是一位善于察言观色的人，他也下令对沿海口岸进行巡查。到这时，就已经到了禁止商船出洋的地步了。

皇帝对李卫上奏中提到的几个人也是严加审查。几个商人大都被李卫拿获，审问的情况却令人哭笑不得。其中钟觐天带去的武举张灿若还在日本，于是浙江官员扣押了他的父亲，令其写信将其子召回。费赞侯带去的医生周岐给日本人看完病后已经回国，但为了证明查访他们是正确的，李卫的奏章中刻意强调了周岐的发现：日本人藏有大量的中国书籍，对中国无所不知。于是有人带书到日本也成了罪过，凡是在日本教授过知识的人也都被定罪。最后，李卫扬扬自得地表示：商人贪财，唯利是图，必须严加整饬，方能够保证帝国的稳定和统一。

这件事一直闹到了当年冬天，皇帝才通过其他渠道，确信日本并没有任何入侵企图，李卫的奏章更多是一场猎巫运动。

但既然前面的阵仗闹得这么大，一下子也不好收场。这时又是李卫读懂了皇帝，他提出了一条妙计：将对日贸易收归国家控制。按照李卫的说法，中国去往日本的船只都领了日本政府发放的牌照，但从中国出发时不需要牌照，这是不合理的。因此，为了同等对待，要在中国也设立一个洋商总，也就是一个类似于行商的系统，只有参加了洋商总的八名商人才能获得去往日本的牌照。这样，相当于授权一个受到政府信任的商人集团把持对日贸易，也就更加容易管理了。①

李卫对沿海开放地区的倒算还不仅仅表现在对商人的处理上，他对各地的天主教势力也是不遗余力地打击。雍正八年（1730），李卫毁掉了杭州的天主教堂，改为天后宫，防止传教士再来。他的做法引起了其他地方的跟随，同年，福建巡抚刘世明请求禁止天主教在民间传播。雍正十二年，福建人蔡祖因为传播天主教被绞杀。蔡祖是漳州人，曾经长期居住在吕宋，当年九月

---

① 雍正皇帝大加赞赏："览询访各情形俱悉。此议甚为妥协，事事俱宜如此留心。命卿总督浙江，朕于东南一隅早释顾虑之年矣！此项商总既专责成，公私俱赖以济，宜再三详审，务须得人为要。应达部者，咨部存案可也。"

带西洋人圣哥回国后宣传天主教，被抓获后，圣哥被遣送，蔡祖则被绞死。[①]

到雍正末年时，沿海地区的情况已经与康熙时期有了极大的不同。康熙皇帝允许传教士在国内活动，最多只是要求领票；但是在他儿子治下，天主教在中国境内已经完全处于地下状态。康熙皇帝允许贸易，在很大程度上对外商是纵容的；对国内商人，只是到了他晚年，才出了一系列昏招，禁止福建商人出海东南亚。在雍正时期，虽然表面上的框架没有变化，可一系列的规矩造成了贸易的实质性衰落：一方面，官僚集团知道皇帝不喜欢花哨的贸易，对外商进行了各种隐性的限制；另一方面，官僚们对中国人更是不客气，各种禁令和管制、审判，让中国的对外贸易遭受了重重打击，甚至出现了针对日本贸易的猎巫运动，使得中国的对外贸易已经呈现出道光二十年（1840）的态势了。

皇帝关注下的疆藏

雍正皇帝用他的实际行动表明，他并不看重东南沿海的贸易，皇帝不需要对外经济，只是为了统治的便利性，允许一定的贸易存在，并在维持的同时严加控制。那么，他的关注点又在哪里呢？答案是：在庞大的疆藏。

康熙皇帝虽然镇压了噶尔丹的反叛，彻底控制了外蒙古，并获得了西藏的臣服，但随着时间的加长，疆藏地区依然出现了不稳定因素。首先，准噶尔人虽然表面上臣服，但事实上依然自行其政，并不服从清朝的管理；其次，卫拉特人中除准噶尔部之外，还有另一支和硕特部也很强大，势力主要在青海和西藏。和硕特部最早也和其他卫拉特人一样居住在外蒙古，明中后期迁到新疆西北的塔城一带，后来向东移动到乌鲁木齐周边，到了明末，又在固始汗的领导下进入青海地区。

明末的西藏并非彻底统一，主要的势力是一个尊崇喇嘛教噶当派的世俗政权，当时的首领叫作藏巴汗。而新兴的格鲁派（黄教）为了对付藏巴汗政权，选择引入蒙古势力，与固始汗联合。固始汗进入西藏，消灭了藏巴汗政权，建立了一个尊崇格鲁派达赖喇嘛的政权，这就是达赖喇嘛甘丹颇章政权

[①] 根据《清朝柔远记》卷三，处决蔡祖的直接证据是一本叫作《天主教图像》的书。

的初级版本。①

新的和硕特西藏政权中有三巨头，分别是主持信仰的达赖喇嘛、主持军事的蒙古汗王（固始汗和他的后代），以及由当地贵族担任的掌管行政的摄政王（称为"第悉"）。

固始汗和达赖喇嘛都尊清朝为宗主，表面上清朝统一了西藏，但事实上，西藏的事务还是由三巨头掌握，清廷无法插手西藏的具体事务。噶尔丹曾经试图联合西藏和青海势力反对清朝，他败亡后青海和西藏还是选择服从清朝。

固始汗死后，西藏的军事和行政权慢慢迭代，最后传到了他的曾孙拉藏汗②和大贵族第悉桑结嘉措的手中。五世达赖死后，作为摄政的桑结嘉措一直秘不发丧，使得达赖之位空缺了十五年之久。他之后选择了一个附庸于他的喇嘛，也就是年轻的六世达赖仓央嘉措，使得三巨头鼎立变成了两巨头之争。康熙四十四年（1705），双方的斗争白热化，拉藏汗杀死了桑结嘉措。到此时，西藏的政权就更多地被和硕特蒙古人掌握了，这对清廷是不利的。

但到了康熙皇帝晚年时期，清朝在西藏问题上又突然走了好运。准噶尔人在噶尔丹的侄子策妄阿拉布坦的手中又完成了复兴。在他的统治下，准噶尔一方面不与清廷冲突，另一方面又积极地整合西部势力。在这种情况下，准噶尔部与和硕特部就发生了冲突。

康熙五十六年（1717），策妄阿拉布坦发动了一次充满了想象力的长征。准噶尔人在大将策凌敦多布的率领下，从伊犁河谷出发，穿越了沙漠，翻越了昆仑山，从至今无人居住的羌塘草原直插拉萨，完成了一次万里奔袭。准噶尔人占领拉萨后，将拉藏汗杀害，从此西藏从和硕特时期进入了准噶尔时期。

这一次袭击是准噶尔人整合西部行动的一部分，却给了康熙皇帝借口，清军立刻进入西藏，但康熙五十七年（1718），策凌敦多布击败了清军。

对准噶尔人不利的是，当年固始汗入藏得到了西藏达赖喇嘛和贵族的支

---

① 和硕特部进藏是在五世达赖喇嘛时代，这位达赖对在西藏建立新的政治制度厥功至伟，他撰写了一部《西藏王臣记》，在最后部分对固始汗的故事进行了神话般的演绎。西藏的历史，亦参见伍昆明主编的《西藏：近三百年政治史》。

② 固始汗之后，继任者为达延鄂齐尔汗和达赖汗，康熙四十年（1701），在父亲去世后，拉藏汗杀兄自立。

持,可此时,西藏的贵族已经有了很强的独立性。特别是后藏地区,他们在两位将领康济鼐和颇罗鼐的率领下,与清军联合对付准噶尔。康熙五十九年(1720),清廷和西藏联军打败了准噶尔军队。之后,虽然由于前藏和后藏间的矛盾发生过反叛,[①]但最终清朝对西藏建立了更加直接的统治。新的甘丹颇章框架,确立了行政和宗教的半分离原则,宗教首领依然是达赖喇嘛,而行政权由于废除了第悉制度,此时归属于噶厦政府,政府的噶伦(总理)一般有四位,这些人既对达赖喇嘛负责,也对清政府负责。同时,在反叛之后,清朝皇帝还设立了驻藏大臣(相当于总督或者元代的达鲁花赤),代表皇帝行使最高行政权和军事权,使得西藏真正地变成一个地方政府。

西藏问题解决后,只剩下了新疆问题。康熙皇帝晚年的最后一个动作是平定准噶尔,但随着噶尔丹的死亡,这个最后的问题留给了后代。雍正皇帝继位时,面对的就是准噶尔人的反扑以及和硕特部的最后阶段。

由于清政府在解决西藏问题之后,并没有将西藏还给和硕特部,而是设立了新的噶厦体系,在青海的和硕特部首领罗卜藏丹津极其不满。之后,清廷又采取了分化青海蒙古人的做法,削弱了罗卜藏丹津的权力。在康熙时期,负责平定藏域的就是皇十四子胤禵,他也是雍正皇帝继位前的最大对手。康熙皇帝死后,雍正皇帝将胤禵召回,与此同时,罗卜藏丹津发动了反叛。

这件事对雍正皇帝的影响是巨大的。首先,他的父亲派遣自己的弟弟胤禵负责对藏军事,对他刺激很大,这意味着他要想建立自己的权威,必须在军事上有所成就。而要想在军事上有成就,就必须在西部用兵。其次,在清帝国的版图中,虽然康熙时期发生过南方(三藩)反叛,并收复了台湾,但雍正时期南方已经趋于稳定,而台湾也回到了清廷手中,其他的东南方海域也不具备动武的条件,只有平定北方的准噶尔人和和硕特人才能够产生足够的武功。

因此,雍正时期的关注点一直在北方,而南方的贸易在他眼里是微不足道的。

雍正二年(1724),抚远大将军年羹尧、奋威将军岳钟琪率领大军进攻

[①] 雍正五年(1727),前藏的代表、次席噶伦阿尔布巴杀死了后藏的代表、首席噶伦康济鼐,爆发了反叛,但被另一位噶伦颇罗鼐击败。

和硕特部的罗卜藏丹津。罗卜藏丹津向北方的大戈壁逃窜，投奔准噶尔部，清军擒获了他的母亲、妻子、弟弟、妹妹和一些头目，斩首八万，数万人投降，青海被平定。

这次战争后皇帝设立了青海办事大臣，建立了大通、安西、河州、柳沟等各卫所，将原本的西宁卫改为西宁府。①新卫所的设立加强了清朝在西宁的直辖，是雍正时期的第一次大收获。这件事也巩固了雍正皇帝的地位，到这时，他的对手只剩下新疆北部的准噶尔部了。

既然雍正皇帝将准噶尔当作他的最大敌人，就必须联合一切势力来完成他的目标。准噶尔人与清廷对峙的时候，他们的背后隐约浮现出另一个庞大的帝国——俄国。由此我们才能了解雍正皇帝对俄国的态度。

在康熙时期，皇帝对俄国的态度是节制但排斥的。一方面他与俄国人签订了《尼布楚条约》，但另一方面，对于俄国人的贸易要求，皇帝却并不想满足。同时，《尼布楚条约》虽然重要，却也不够完善，主要表现在：第一，它只划定了清俄的东部边界，也就是现在的中国东北和俄罗斯边境，而更广大的中西部边界并没有划定，包括现在的蒙古国和俄罗斯界，以及中国新疆地区与苏联界（包括俄罗斯和中亚诸斯坦国）；第二，就算是东部，也还剩下一小片地区没有划定，即乌第河以南、外兴安岭以北直达海洋的部分，在《尼布楚条约》中，双方都同意，由于缺乏地理资料，暂时不决定它的归属。

康熙后期就试图解决这些领土争议，希望尽快将中西部边界划定。他采取了"政热经冷"的做法，希望解决边界问题而不在乎经济。

这样的做法，使得康熙末期与俄国的关系一直比较冷淡。之后，在康熙去世前后，发生了一系列大事，康熙皇帝和彼得一世的先后死亡，都给清俄关系留下了阴影。

但雍正皇帝为了对付准噶尔人，有着与俄国结盟的需要。准噶尔与俄国的勾结可能会使得清廷丧失新疆北部，因此，必须通过与俄国达成西部协议，来防止他们之间勾结起来。

恰好，随着彼得大帝的死亡，俄国政局也开始动荡。彼得的妻子叶卡捷

---

① 见《清朝柔远记》。

琳娜一世（1725 至 1727 年在位）、他的孙子彼得二世（1727 至 1730 年在位）先后短暂统治了俄国，之后皇位落到了他的侄女安娜一世（1730 至 1740 年在位）的手中，才出现了相对的稳定。[①] 与瑞典、波斯的战争造成俄国财源枯竭，彼得大帝在世时也有与清朝恢复交往、进行边界谈判的需求，更何况在他死后的弱主时期。

双方接触的第一步是中国迈出的。康熙末期曾将俄国的贸易代表朗克驱逐出境，但朗克并没有回彼得堡，而是一直住在俄蒙边境上的色楞格斯克。雍正二年（1724），清廷派遣了两名高级官员鄂伦岱和议政大臣、理藩院尚书特古忒前去与朗克会晤，愿意就边界问题及各种遗留问题与俄国恢复谈判。雍正皇帝的善意也得到了友善的回应，俄国首先送回了一批越界的蒙古人，以示对《尼布楚条约》的尊重。

此时已经是叶卡捷琳娜一世执政时期，1725 年，女皇派出了一个以萨瓦·卢基奇·弗拉季斯拉维奇（拉古津斯基）伯爵为首的使团前往中国。萨瓦的使命包括三部分：首先是解决贸易问题；其次要解决双方边界划分问题；最后是争取俄国东正教使团去往北京的权利。萨瓦使团非常庞大，有工作人员一百人、护送士兵一千五百人，除了政治家之外，还包括地理学家、科学家、医生等专业人士。

雍正四年（1726），萨瓦使团进入中国境内，到达北京后停留了六个月。在此期间，吏部尚书查弼纳、理藩院尚书特古忒和兵部侍郎图里琛等人与萨瓦举行了多次谈判。

北京谈判商定了原则性问题，以及对商贸问题的处理意见，但最核心的问题是如何划分边境。为了解决边境问题，双方的会晤地点又转移到色楞格斯克。在这里，俄方代表依然是萨瓦、朗克等人，中方代表则是郡王额驸策棱以及内大臣伯四格、图里琛等人。这次谈判持续到雍正五年（1727）7 月 15 日，清俄双方在这里签订了关于边界问题的总纲领《布连斯奇界约》。

在《尼布楚条约》中，双方的边界划定在东部地区的额尔古纳河，接近中国东北地区。当时康熙皇帝正在与噶尔丹打仗，噶尔丹占据了外蒙古的一

[①] 俄国政局，见蒙蒂菲奥里《罗曼诺夫皇朝（1613—1918）》。

些地区，使得俄国与外蒙古（属于清朝）之间的界线没有厘清。雍正时期，外蒙古的局势已经稳定，但新疆北部的准噶尔还没有平定，因此，此时具备划界条件的是俄国与外蒙古的边界，而对新疆地区依然无法划定。

《布连斯奇界约》划定的主要就是从东北经过北方到达新疆地区前的俄国与外蒙古的界线。这时，双方对边境地理已经更加了解，因此，在拟定条约时，对于界线的规定也更加细致。但总的来说，是从西面的沙毕纳依岭起，到东面的额尔古纳河止（与《尼布楚条约》的东部边界相接）的界线。这条界线如今大部分就是蒙古国和俄罗斯的界线，只在西部有区别：这条界线将著名的唐努乌梁海地区划在了中国境内，而清朝之后，俄国人将唐努乌梁海划入了俄界，[①]使得这条界线位于现代国境以北了。

《布连斯奇界约》之后，双方又派出了联合工作组到实地考察，签订了《阿巴哈依图界约》和《色楞额界约》，这两个文本是对前者的补充，以恰克图为界，在东面设置了六十三个界标，在西面设置了二十四个界标，将边界落实到了地图上。可以说，正是有了实地考察，使得《布连斯奇界约》比《尼布楚条约》更加扎实，更少争议。

《尼布楚条约》中对乌第河以南、外兴安岭以北直达海洋的部分缺乏规定，在《布连斯奇界约》中并没有试图去补充，而是继续留白。

不过，只要是条约，就会有争议。事后，关于《布连斯奇界约》到底对谁有利，双方也是争论了几百年。现代的中国人会认为，《布连斯奇界约》还是过于偏向俄国了。比如，著名的贝加尔湖本来也有蒙古人的活动，但被全部划入俄国；另外，本来在双方的实控范围之间有大量的北方荒地，这些荒地由于没有人，本来应该各占一半，但大部分都被划入俄国境内，清朝占领的地区都是确定有人居住的地区。而后来的俄国人也认为条约的签订阻碍了他们的扩张，在这一段经过确定的边界上，直到20世纪，他们才能再进一步，可以说，条约在这个方向上挡住了他们的扩张步伐近二百年。

但回到当时，双方都有着软肋和现实的需要，都没有采取完全咄咄逼人的态度。边界的划分表面上对清廷不利，但是从时间上看，却非常有利。我

[①] 1914年，俄国吞并唐努乌梁海，它成了后来的图瓦共和国。

们可以和新疆地区的边界做对比：俄蒙边界划定，确保了二百年的稳定；而新疆边界由于没有划定，导致日后俄国人在中亚步步紧逼，在蚕食中亚的同时，也将原本位于清廷势力范围的伊犁河谷和巴尔喀什湖地区并吞。可以说，正是界约的保护，让俄国人失去了并吞的理由。

《恰克图条约》

完成了界约的签订之后，双方的谈判也进入签署全面协议的阶段。雍正五年（1727）11月1日，双方签订了关于两国政治和贸易关系框架的《恰克图条约》。《恰克图条约》经俄国沙皇彼得二世和雍正皇帝批准，于雍正六年6月在恰克图河畔的俄国营地互换了文本。

与之前的《尼布楚条约》一样，这一条约的文本也分为满文本、俄文本和拉丁文本，其中清方缮写了满文本、俄文本和拉丁文本，而俄方保留了俄文本和拉丁文本。由于缺乏康熙时期对传教士的信任（他们可以直接到谈判地点参与谈判），总条约的文本必须送到北京由皇帝批准后，再送往边界的谈判地点。第一次送的拉丁文本被俄国人拒绝了，理由是文本与议定条款有出入，之后，从北京又送了一份新的满文、拉丁文和俄文本，俄方抄写其中的俄文本和拉丁文本后，再经过清廷确认无误，最后才完成了换约工作。[①]

《恰克图条约》共有十一条，其中一条为《布连斯奇界约》的文本，剩下十条为新文本。除划定恰克图地区的边界线和确定通使、通商的出入境制度之外，条约中还规定了双方的贸易问题。

雍正皇帝获得了想要的划界，在贸易上则对俄国做出让步，他恢复了俄国商队，规定商队将每三年去北京一次，商队的商人和随从人数不应超过二百人。

另外，边境贸易的制度也有所改变。之前俄国的私商可以到库伦贸易，但此时改为俄国商人不得进入蒙古地区，而是在两国边境的尼布楚和恰克图

---

① 见《19世纪俄中关系：资料与文献》。

两地设立贸易场,在那里建设集市和场馆,并用围栏围起来。[①] 同时,双方在边境贸易处都派遣代表进行监督。

之所以这样改,从中国政府方面来说,是为了避免俄国人入境;但对俄国商人来说,由于减少了运送货物的成本,不用穿过空旷的草原,也是有益的;对中国的商人来说,由于边境地区接近原产地,也能获得更大的自由度。

除了贸易之外,俄国人非常在意的条款是东正教使团问题。《恰克图条约》规定,俄国人可以在北京建造庙宇(东正教堂),并可以派遣传教士。[②] 从这时起,俄国教士团形成了十年来北京一次、一次驻扎十年的传统。俄国传教士受俄国枢密院的领导,成为双方沟通的媒介,同时,中国政府为教士发放俸银,纳入官僚体系。除了教士之外,北京还允许俄国派遣六名学语言的学生。

正是在这样的约定下,俄国人派出了第二届东正教使团,由修士大司祭安东尼·普拉特科夫斯基领导,下属包括一位教士、一位辅祭和三名学生,而之前在北京已经有一位教士和三名教堂成员。[③]

这个使团于雍正七年(1729)到达恰克图,6月到达北京。他们的驻地和商馆设在后来名声大噪的东交民巷,距离皇宫和市场都不远。[④] 驻地的东侧是沿着护城河的民居,西侧和北侧有一部分也让给俄国人使用,与来京的蒙古人聚居区相邻,北侧还靠近一位三品满洲官员的花园。俄国人驻地还带着教堂,称为"南馆",整个驻地在雍正十二年底建成,能够容纳五十人。

除了南馆的教堂之外,原来的雅克萨俄国人居住区也有一所尼古拉教堂。该教堂在一次地震中毁坏后,在雍正十年(1732)进行了重建,被称为"北馆"。因此,北京有两所东正教堂。

---

① 2013年,本书作者去往蒙古国考察,那里的集市依然保持着围栏的做法,即进入集市者需要缴纳入场费,而在集市日,各地商人纷纷带货前来参与贸易。
② "在京之俄馆,嗣后仅止来京之俄人居住,俄使请造庙宇,中国办理俄事大臣等帮助于俄馆盖庙。现在住京喇嘛一人,复议补遣三人,于此庙居住,俄人照伊规矩,礼佛念经,不得阻止。"
③ 之前于雍正三年(1725)与朗克商队一同到北京的还有三名学生。
④ 俄国教士之后,乾嘉年间东交民巷建设了迎宾馆供外国使团居住,第二次鸦片战争后各国开始逐渐在这里设立使馆,使其成为著名的使馆街。

对于学生，皇帝也给予极大的帮助，为他们派去汉语和满语教师。其中一名学生罗索欣很快就了解了汉语，被派到理藩院翻译俄清政府间往来公文，并教中国学生学习俄语。第一批学生很快就开始编写四语（俄、拉、汉、满）辞典。

但这一届的俄国东正教使团表现并不好，生活的孤寂、环境的压抑，最终导致恶性循环，教士与商务代表频频争吵，最后修士大司祭被召回俄国，在商务代表朗克的押送下回到了彼得堡，接受了判罚。[①]

但不管怎样，这是俄国人在中国影响力的一个新起点，随着西方耶稣会在中国的势弱，俄国的东正教却有了合理合法的借口，每十年可以派一批教士驻扎北京。而更重要的是，这些教士都有着强烈的使命感。一方面，清朝的皇帝对外国越来越漠视，根本不屑于去观察世界；另一方面，来自西方的一个小团队却在北京孜孜不倦地学习着中国的一切，把关于中国的知识传递给俄国国内。可以说，后来的历史中，俄国人之所以对中国如此了解，与这些人密不可分。

与天主教不同，东正教士从来没有想着传教，他们成为一个学术机构，甚至可以说是俄国国内汉学的先驱。根据统计，在咸丰十年（1860）以前，东正教使团共有学生、医生、画家六十多人，神职人员近百人，而俄国当时最好的汉学家都在这些人中。

其中最著名的是18世纪的罗索欣和列昂季耶夫。前者从中国回国后，长期在科学院任职，翻译了近三十种汉语材料，其中包括《平定朔漠方略》《资治通鉴纲目》等。列昂季耶夫则翻译了《大学》和《中庸》，以及其他中国历史典籍。两人还合作出版了十六卷的巨著《八旗通志》，为俄国人在1840年以前了解中国、了解清朝、了解满洲打下了基础。

俄国人为了了解中国，还在莫斯科开办汉语和满语学校，请中国人当老师。整个18世纪俄国人发表的关于中国问题的论著达一百二十种。

到了19世纪初，俄国的汉学又进入了另一个层次，以俄国汉学家比丘林为代表。比丘林在北京待了十四年，对中国的语言、历史、地理、风俗习

[①] 见《历史上北京的俄国东正教使团》。

惯都有研究。之后，他写了不少关于中国的学术专著。①

表 12　俄国东正教使团发表的著作②

品类	数量（种）
中国概论	9
哲学及社会政治学说	14
考古学	13
1840 年前的中国历史	68
1840 年后的中国历史	10
19 世纪西方列强与中国	14
沙皇俄国与中国	25
中国地理	40
自然地理环境	6
人口民族志	17
科学技术	7
农业	15
贸易	8
国家和法律	8
军队	4
科学教育	14
医学保健	8
语言文学	29
宗教	20

当两个文明相遇时，只有那个表现得更加谦恭，更愿意了解对方、学习对方长处的文明，才能取得最后的优势。

---

① 《蒙古札记》《成吉思汗家族前四汗史》《厄鲁特人或卡尔梅克人历史评述》《公元前 2282 年至公元 1227 年间西藏青海史》《古代中亚各民族资料汇编》《中国人的社会生活和个人生活》《中华帝国详志》《中国农业》《中国的国民状况和道德状况》等。
② 这里所列并不完全，根据《历史上北京的俄国东正教使团》附录部分，完整的著作名单共包含四十二人的三百七十四种作品。

第一个正式的中国使团

《恰克图条约》之所以签订，还和当时的外交关系有关，是雍正皇帝为了防止俄国与准噶尔交好而采取的措施。一方面，他希望俄国保持中立；另一方面，他还希望将位于伏尔加河流域的土尔扈特部争取过来，共同反对准噶尔。

在康熙五十二年（1713），康熙皇帝就曾经做出过努力，派出第一个使团前往土尔扈特部。领头的大臣就是后来参加了恰克图谈判的图里琛。由于使团必须经过俄国的领土，康熙皇帝还暂时对俄国做出让步，发放了通行证给俄国传教士，这才有了第一次东正教使团的派遣。[①]

图里琛的使团到达伏尔加，见到了土尔扈特部的阿玉奇汗，但没能说服他。不过，图里琛从俄国归来后，对俄国的行政机构、领土的辽阔都表达了赞许，并赞成与俄国友好。这样的态度促进了雍正时期的政策转变。

既然双方签订了《恰克图条约》，那么，至少在最初，俄国人会遵守双方的约定，保持中立，这时就是处理准噶尔问题的最佳时机了。

但不幸的是，雍正时期的军力已经不如康熙时期。雍正八年（1730）六月，皇帝派遣大将军傅尔丹率领大军远征准噶尔。此时的准噶尔部首领策妄阿拉布坦已死，他的儿子噶尔丹策零继位。噶尔丹策零是一位年轻有为的统治者，得到了内部的拥戴。而雍正皇帝派遣的大军中，除了傅尔丹率领的北路军（从外蒙古进攻）之外，还包括岳钟琪率领的西路军，从甘陕地区北上进攻巴里坤。

北路军在傅尔丹的指挥下来到了位于外蒙古的科布多城，这座城市位于杭爱山以西，夹在西面的阿尔泰山和东面的杭爱山之间，是外蒙古西部最重要的城市，也是后来科布多将军驻扎地，是茫茫外蒙古草原戈壁上少有的带城墙的城市。[②]

[①] 关于康熙皇帝与俄国人的关系，见上文。
[②] 2013 年本书作者考察科布多时，残破的城墙依然存在，城墙内部房屋和种地的遗迹也可以辨认，科布多新城位于老城的旁边，使得老城的轮廓得以保存。

在这里,噶尔丹策零效仿"周瑜打黄盖"的故事,派人诈降,称准噶尔人已经很虚弱了。清军由此产生了傲慢情绪。清军尾随准噶尔人向西进入山区,来到了阿尔泰山之中(博克托岭),这时候他们遇到了准噶尔大军,于是撤退到和通泊(又称"和通淖尔"),在这里与准噶尔人大战,最终清军大败。清军除了死亡数万人之外,还损失了大量的指挥官。①

和通泊失利的影响是巨大的,现代的新疆与外蒙古之间的边境就位于阿尔泰山,这意味着,如果清军胜利,就可以控制整个外蒙古西部,并将战场主要集中在新疆北部。可是失败之后,科布多也守不住了,也就是把杭爱山以西的蒙古都丢给了准噶尔人。而在《布连斯奇界约》中,清朝与俄国的边境已经划到了阿尔泰山一线,这也就意味着,双方达成的界约其实有一部分是无法履行的,因为它还在准噶尔人的控制之下。

这时俄国人的态度就成了关键。如果俄国人遵守与清朝的边界约定,那么准噶尔人还是可控的,如果俄国人转而与准噶尔谈判边界,那就意味着更大的麻烦。

为了摸清俄国人的态度,雍正皇帝想到了一招儿:他决定向莫斯科派遣有史以来第一个中国使团。这个使团有着多重目的:第一,这个使团也会去往土尔扈特部的首领策棱敦多布处,联合他们对付准噶尔;第二,在去往土尔扈特部之前,他们首先要以向沙皇彼得二世道贺、庆祝他登基的名义前往莫斯科;第三,使团的隐藏目的是摸清楚俄国人的态度,避免他们支持准噶尔。

雍正八年(1730)2月,使团在侍郎托时的率领下到达色楞格斯克。使团中除了托时,还有满泰等五名使节。在中国,很少派出与海外国家平等交流的使团,明初帖木儿汗国的大汗沙哈鲁和明成祖之间互派的使节带有一定的平等意味,但依然被中国史书记载为入贡,之后的中央王朝一直不承认与海外平等的交流。雍正皇帝派遣的使团也不自认平等,但事实上,这是雍正皇帝在形势的逼迫下采取的平等性姿态。

俄国对中国使团给予了友好接待。使团于雍正九年(1731)1月进入莫

---

① 如副将军查弼纳、巴赛以及副都统戴豪、海兰、西弥赖、定寿、苏图、侍郎永国等人。

斯科。沙皇在京城红门处布置了四个团列队欢迎，鸣礼炮三十一响。

这个使团本来是前来祝贺彼得二世登基的，但他们到达时，彼得二世已经死了，于是他们又变成了祝贺女沙皇安娜登基的使团。

使团在莫斯科停留了不到两个月，会谈时清政府使者对俄国政府以诚相待，讲述了清朝对准噶尔的战争，并表示，战争就意味着清朝的军队将会推进到俄国边境附近，但清军不会有越界的企图，也请俄国不用防范。另外，使者特别提醒俄国，不要让俄国边境土地成为准噶尔人躲避的场所。

在包庇准噶尔人这个问题上，俄国人保持了克制，但俄国人不会完全放弃这样的机会，这主要看战争的进程，看最终谁能获胜。

清朝使者还请求会见土尔扈特人，希望联合他们与准噶尔人斗争，这一点，俄国政府同意了。但俄国人也表示，这次同意只是一次例外，也就是说，以后清朝与土尔扈特部的交流依然受到俄国的干预。

另外，作为让步，清朝使节也听取了俄国的诉求——依然是贸易方面的。由于俄国依然采取派出国家商队的做法，而在北京，臃肿的商队依然无法达到令人满意的贸易效果，托时等人表示愿意协助。

托时使团见到的是女沙皇安娜，但沙皇彼得二世的死讯是在他们出发后才传到北京的，于是，在这个使团还没有回去之前，北京又派了另一个使团，由两名使臣德新和巴延泰组成，去庆祝女沙皇登基。这个使团于雍正九年（1731）4月底到达恰克图，第二年到达彼得堡。他们也受到了欢迎。这两个使团就成了道光二十年（1840）之前，首批中国以平等身份派往欧洲国家的使团。①

但这样的联系并没有持续下来，因为接下来，雍正皇帝又打胜仗了。雍正十年（1732），超勇亲王策棱又击败了准噶尔人。

这次战役是围绕着杭爱山进行的。当科布多丢失后，准噶尔在外蒙古西部的下一个军事要地是乌里雅苏台（从西向东进攻），② 这座城市位于杭爱山的西麓。杭爱山是一座高大的山脉，但并不算长，它虽然是南北走向的山脉，

---

① 见《19世纪俄中关系：资料与文献》。
② 乌里雅苏台东面河流组成的陆岛之上，至今依然有大片的古城遗址，以及汉文的碑刻，它是清朝外蒙古西部最重要的城市。

但经过乌里雅苏台时有一南一北两条路可以绕过杭爱山。一旦乌里雅苏台失守，就意味着整个外蒙古西部地区都不可再守了。

乌里雅苏台依然被忠于清朝的喀尔喀人占据，但已经受到准噶尔人的骚扰。这时，位于杭爱山以东的策棱奉命出兵走南路绕过杭爱山去加强乌里雅苏台的防守。而准噶尔人听说后，立刻略过乌里雅苏台，走北路绕过杭爱山，去进攻杭爱山以东的土地。策棱听说后，连忙从南路回师，在一个叫作塔米尔（如今蒙古国的大塔米尔，在塔米尔河边）①的地方奇袭了准噶尔人。准噶尔人战败后，无法从原路回到杭爱山以西，只好继续向东走，进入最重要的厄尔浑谷地。这里是蒙古历史上最有名的地方，匈奴人、突厥人、蒙古人都曾经定都于此，大蒙古时代，这里就是首都哈拉和林的所在。但在清朝，哈拉和林已经不见踪影，在哈拉和林的废墟上，蒙古人利用哈拉和林的建筑材料，建了一座辉煌的寺庙——额尔德尼召（光显寺）。②在这里，清军再次伏击准噶尔人，将其击败。

这次大捷让清军得以重振。但在雍正皇帝的统治时期，清军依然无力剿灭准噶尔人，双方最终达成合约，将界线划在阿尔泰山与杭爱山之间。③至于接下来的问题，将留到乾隆时期解决了。

《恰克图条约》产生的最持久影响，反而是在商业上。在条约签订之前，即便康熙皇帝拒绝了俄国人的官方商队贸易，但边境地区的贸易一直是增长的。

俄国方面，由于推行官商贸易，对私商也是不鼓励的。但俄国商人绕过国家专营的审查，偷偷向库伦运送了大量高档皮货。清朝对官方贸易兴趣不大，但到了后期（18世纪20年代）为了巩固对外蒙古的占领，也允许汉族

---

① 除了乌兰巴托之外，今天蒙古的任何城市都只相当于中国一个村庄的规模，比如，大塔米尔这个历史上有名的地方，如今只剩河边的百十户人家而已。
② 哈拉和林彻底消失的原因，就是建立额尔德尼召时将哈拉和林的所有石质和木质材料都重复利用了。
③ 关于划界，双方也经过了多轮磋商。最初议定为阿尔泰山，但准噶尔试图将边界推进到杭爱山一线。最终双方约定以阿尔泰山为界，清政府作为退让不在科布多驻军，而是加强厄尔浑河（杭爱山以东）的防御。这意味着在阿尔泰山和杭爱山之间，有着一定的模糊性，可能是两属的。见《清朝柔远记》。

商人前往外蒙古贸易。①

《恰克图条约》规定,"除两国通商(官方商队)外,有因在两国交界处所零星贸易者,在色楞额之恰克图、尼布朝(尼布楚)之本地方,择好地建盖房屋,情愿前往贸易者,准其贸易"。这一措施比起官方商队垄断要合理得多。

官商贸易方面,虽然清政府必须每三年接待一次官方商队,但依然不够友好,采取了大量措施限制到北京的俄国官方商队活动。② 条约签订之后,俄国派遣的第一支商队于雍正五年(1727)到达北京,滞留了差不多七个月,都没有将它带来的货物销售完。这一方面表明中国对俄国商品的主要贸易途径已经不再是官方商队了,而是从边境直接购得;另一方面,也表明中国并没有给商队提供太多的帮助。当中国使团前往莫斯科时,女沙皇还向使团抱怨。

就连在北京,也可以看到自发的私商贸易。在雍正十三年至乾隆元年(1735—1736)间,俄国国家商队在北京面临着俄国私商的竞争,私商的销售数量要比国家商队多三倍,这导致国家商队的货物不具有竞争力。

而在边境地区,俄国和中国商人的贸易显得更加自由。俄国人在俄国领土上存放货物,不需要支付运输成本,而中国人则有了更多的挑选余地。这样的情况使得官方商队越来越维持不下去。它依然尾大不掉地又存在了几十年,直到乾隆二十七年(1762)才彻底被放弃。

边境贸易也不是一下子发展起来的。条约上规定了两处贸易地点,一处是恰克图,另一处是尼布楚,但真正发展起来的只有恰克图一处。

恰克图贸易区紧靠边界,距离俄国人的特罗伊茨克-萨夫斯克要塞只有四俄里。协议签订后,恰克图贸易区的修建工作进行得非常迅速。俄国人动用了三百五十名士兵参与建设,签订当年就建成三十二座供商人住的木房、一处带有二十四个摊位的市场和一个用于存放商品的货栈。当年就有中国商人

---

① 当时的贸易地点除了外蒙古的库伦之外,还有东北地区的脑温。
② 根据俄国人的控诉,这些措施包括但不限于:大批警卫部队以卫戍为借口包围了北京的俄国商场,并对前来这里的中国商人们进行侮辱性的盘查,直至让他们脱光衣服,登记他们带来、带出的全部货物,迫使他们以钱财贿赂长官们或者廉价出售他们的上等货物。许多类似的抱怨其实也出现在南方的英国商人处,只是由于这里是北京,表现得更加严苛罢了。

前来，首次集市是在当年的9月，参加者包括十名俄国商人和四名中国商人。这样的贸易规模并不大，而在之后的一段时间，其发展也弱于俄国人的预期，一直处于不温不火的状态。

但如果放长时间线，又会看到两国贸易不断增长。随着恰克图知名度的提高，俄国私商逐渐将这里当作唯一可以贸易的地方，而中国商人也越来越多。从雍正八年（1730）开始，中国在恰克图对面建立了买卖城，构成了一个特殊的小商品批发中心，在这里销售茶叶、烟草和大黄等。中国的商品在俄国也越来越受欢迎。

乾隆九年（1744），恰克图贸易从俄方进口额已经达到二十八万七千五百卢布，中方进口额则达到二十九万两千八百卢布，而这一时间段内（乾隆十年至十一年）国家商队在北京的销售额只有十万卢布。到这时，可以说，私商的进取精神终于战胜了国家垄断的力量，成了两国贸易的最主要形式。

但是，恰克图贸易依然受到了官方的干扰。比如，从贸易开始到乾隆十五年（1750），这里曾经四次暂停贸易，[①] 主要都是边民或者贸易纠纷引起的，最终由中方的管理部门临时喊停。但整体上，它的交易额还在上升。

恰克图贸易对清朝另一个重要的作用就是巩固了边界。在之前，清朝往往采取将边民迁走的做法，防止边民与俄国人勾结，但这会造成边境的真空，反而成了俄国人蚕食边界的好机会。但在两国边界中部地区，由于汉族商人前往蒙古贸易，一方面充实了边境地区的人口，另一方面也增加了蒙古的资源和金钱，让他们更加有能力保卫边境。最后，也由于双方对边界形成了共识，俄国人无法改变边界。这使得恰克图附近区域成了最牢固的清俄边境，即便是道光二十年（1840）之后，俄国在东西两端（东北地区和新疆）都蚕食了中国的土地，但是在恰克图所在的地区附近，它无力再前进一步。

[①] 乾隆二年（1737）、乾隆三年、乾隆九年、乾隆十二年。

第三部
锁死在系统中的百年（1735—1840）

第九章
乾隆皇帝：盛世闭锁（1735—1796）

葡萄牙使节见乾隆

乾隆十八年（1753），乾隆皇帝正准备放开手脚对准噶尔进行最后的打击。但突然，在海洋方向上传来了葡萄牙使节入贡的消息。

在清朝早期，葡萄牙使节一共三次来朝，分别是康熙九年（1670）葡萄牙国王阿方索六世派遣萨尔达尼出使，雍正四年（1726）葡萄牙国王若昂五世派遣麦德乐前来，以及乾隆十八年（1753）葡萄牙国王若泽一世派遣巴石喀（也作巴哲格）来朝。

在历史上，葡萄牙与耶稣会关系密切，澳门往往是耶稣会士的基地，而耶稣会也常常代表葡萄牙与中国周旋。但此时的耶稣会已是强弩之末，不仅在中国式微，在欧洲也成了众矢之的，教皇和葡萄牙国王先后与他们划清界限，直到最后封禁。[①] 此时的葡萄牙已经与耶稣会断绝了关系，国王派来的使节主要是为了贸易而不是传播信仰。

使节到达澳门后，就有人将葡萄牙国王的信件翻译成了皇帝喜欢的入贡体，派人送往北京。[②] 当时皇帝正在关外，收到消息的首先是钦天监监正（传

[①] 1773年7月21日，罗马教皇克莱芒十四发表教谕，解散耶稣会。从此，在中国传教的主力耶稣会成为非法，中国曾经属于耶稣会的传教士虽然继续存在了一段时间，但最终销声匿迹。

[②] 为了让读者看到翻译在使节与入贡的"游戏"中有多么重要，这里收录了翻译成中文的入贡表：臣父昔年仰奉圣主圣祖皇帝、世宗皇帝备极诚敬，臣父即世、臣嗣服以来，缵承父志，敬孝谦恭。臣闻寓居中国西洋人等仰蒙圣主施恩优眷，积有年所，臣不胜感激欢忭，谨遣一介使臣以申诚敬。因遣巴哲格等代臣恭请圣主万安，并行庆贺，伏乞圣主自天释降诸福，以惠小邦。至寓居中国西洋人等，更乞鸿慈优待。再，所遣使臣明白自爱，臣国诸务俱令料理，臣遣其至京，必能慰悦圣怀，其所陈奏伏祈采纳。

教士）刘松龄，他连忙托人将消息传递给皇帝。于是皇帝下令让刘松龄前往广州护送使节进京。葡萄牙使节在中国的待遇，就为我们留下了一份闭锁王国如何怀柔远人的最佳图像。

一路上，使节虽然在广州遭受了官员的刁难，[①]但在其他地区，他们都是在酒席和戏场上度过的。直到距离北京还有五十里的张家湾，皇帝才派人前往迎接，同去的还有在北京的西洋人。到了北京后，使节住在礼部准备的公馆之中，一切都是高规格的。

四天后的四月初二，皇帝在宫殿中接见了使节。三天后，皇帝要到南城的天坛举行祭天仪式，仪式完毕要去往西北城外的圆明园，使节又被召在路上接驾。到了初九，皇帝再次在圆明园接待了他。

这位使节一共带着六十名随从，他们被要求排着队进入圆明园。葡萄牙国王的礼物一共四十八担，包括金银丝缎、银器、自来火、大小鸟枪、各种香料、葡萄酒、白兰地、精油、宝剑、宝石、鼻烟盒、玻璃器皿等，按照估计，共价值二十万两上下。皇帝对礼物非常满意，当天在圆明园设宴款待。除了皇帝本人，还有王公和六部的大臣们，使节一方则有七八位西洋人陪同。

宴会上表演了戏剧和杂技，宴会后，使节被安排坐上小船在河中巡游，岸上依然有人在表演戏法，制造了一幅盛世嬉游的画卷。皇帝邀请葡萄牙使节前往圆明园，还有一个原因，即圆明园已经建成了一批西洋式建筑。他把使节带到这里，就是向他们展示中华的博大，无奇不有，就连西洋的景致也容纳其中。[②]葡萄牙使节走后，圆明园的西洋建筑群依然在不断扩大，最后形成了三大喷泉（谐奇趣、海晏堂、大水法）和西洋楼为主的巨大建筑群。历次接见外国使团时，乾隆皇帝都喜欢将他们带到这里宣扬中国的伟大。但他不知道的是，当乾隆五十八年（1793）马戛尔尼使团到来时，在英国人的眼里，圆明园只是一个住着非常不舒服、陈旧、偏远的园子，使团成员安德

---

① 广东巡抚责怪使节不应该绕过自己给皇帝送信，以及不给自己看葡萄牙国王的礼单，在接待时故意表现出怠慢。

② 根据记载：后来富公爷带钦差去看西洋房子，照罗马样子盖的。内里的陈设，都是西洋来的，或照西洋样子做的。富公爷问钦差在西洋见过没有，他说有好些没有见过，因为内里东西很多，都是头等的。

逊甚至认为它不配作为一个伟大君王的住所，是一座不实用的建筑，没有一间超过一层。①

在圆明园接待葡萄牙使节的第二天，皇帝差人送去了数十担给葡萄牙国王的礼物，随从每人获得了一个元宝和几匹绸缎，传教士刘松龄也获得了四十个元宝的赏赐。四月二十四，皇帝再次宴请使节，送给他一只玉如意，又赏赐了一些礼品给葡萄牙国王。

皇帝将使节留下过了端午节，才让他于下月的初七动身前往广东。在此期间，又大量赏赐葡萄牙国王和使节，甚至连自己亲手画的山水画都在礼物之列，这样贵重的礼物是清朝的王公大臣都无法得到的。

葡萄牙使节离开后，皇帝依然念念不忘，让郎世宁画了他的肖像，以及其他西洋人和传教士的画像，挂在了圆明园谐奇趣东平台九屏峰的背后。这样的画像很有世界风格，不管是波斯帝国还是古代埃及，都有着将入贡的使节画到自己的宫殿和神庙上的传统。②

除了看重使节，皇帝依然善待在北京的传教士。但乾隆皇帝利用外国人的方式与他的祖父康熙皇帝已经有了天壤之别。在康熙时期，皇帝对传教士的态度是实用主义的，传教士帮助他制造大炮、建设实用性工程，作为回报，传教士可以在全国传教。但在乾隆时期，传教士们（包括所有外国人）只是皇帝圈养的金丝雀，虽然依然存在，但已被禁止在地方上活动。清帝国已经变成铁板一块，将所有外来因素都摒弃在外，只在皇帝的身边留下外国人作为一些点缀而已。西洋人士在中国也不再负责实务，他们替皇帝作画、建设漂亮的宫殿和喷泉，除此之外，再无他用。

葡萄牙国王派遣的使节也绝非来恭维皇帝的，他们真正的使命是促成通商。可惜，国王的通商要求甚至无法传到皇帝的耳中，因为信件经过翻译只剩下恭维之词，任何实质性内容都已被过滤掉了。皇帝在接见使节时不遗余力，展现了中华帝国的财力和慷慨，但他认为对方只是为了瞻仰帝国的强大

---

① 见《在大清帝国的航行：英国人眼中的乾隆盛世》。安德逊可能没有去西洋楼，才会得出这样的结论。
② 最著名的雕像是伊朗波斯波利斯遗址上稀奇古怪的各民族雕像，他们都是来给大流士国王进贡的。

才来到这里。在皇帝身边，已经不由自主地构建起一个巨大的信息屏障，大臣们不敢将实情传递给他，他则根据扭曲的信息发出诏令，进一步扭曲接下来大臣们的行动。

中国古代历史上一直有着华夷的区分，这种区分随着蒙古族入主中原，在汉人心中根深蒂固，到了明初达到最高峰。[①]明朝晚期，随着西洋人的到来，一些中国人意识到中华文明不再代表着最先进的知识和技术，他们愿意向西方学习。但对统治者来说，这样的认识只是一种历史的错位，早晚还是会回到华夷的差别上来。

清朝的统治者虽然是从"夷"演变来的，可随着他们占据中华大地，统治心态也逐渐从"夷"变成了"华"。这个华化的夷族在面对西洋知识的冲击时，依然有些抬不起头来，顺治时期对西洋技术的尊重、康熙时期对传教士的利用，都暗含着"夷"的知识对"华"的超越。即便到了雍正时期，这位保守的皇帝也必须对俄国人采取怀柔政策，进行平等的谈判，他向俄国派去的使节甚至带有低人一头的暗示。

只有到了乾隆时代，华夷之分才再次回归历史的常态。在乾隆皇帝搭建的世界观里，西洋人和他们所代表的一切都再次回到了边缘地位。他们的野蛮、对中国的仰慕，构成了中华自信的基础。不管是葡萄牙人还是传教士，在皇帝的世界观里已经与东南亚小国的酋长无异。他们前来中国，无不享受着皇帝的恩典。曾经给帝国带来麻烦的俄国也已经不在皇帝的眼中，在大臣们看来，他们只不过是为了多卖两张毛皮，乞求帝国允许他们在边境地区做一点贸易的野蛮人。[②]这样的框架早已回归了明初的认知，而人们也忘记了当年学习过的西洋科学，利玛窦和徐光启等人孜孜以求翻译的科学书籍退出了人们的认知。当年的大翻译运动是那么轰轰烈烈，却又完结得如此彻底，康熙皇帝熟练于心的世界地理知识在乾隆时期的大臣看

---

① 中国民族情绪积累的关键期，在北宋和南宋的两次灭国之痛，金国和元朝的游牧政权在汉人心中形成了巨大的闭锁效应，在世界走向开放的同时，中国却在走向排外。明太祖朱元璋以反元起家，必须无限制地放大这种情绪，造就了影响近千年的封闭心态。

② 1762年，俄国人放弃了国家商队，从此中俄的贸易主要在边境地区依靠私人进行。

来已经是无稽之谈。①

就在中国回归历史均值的时候,西方的科学却一直在加速发展。到这时,徐光启等人翻译的著作已经落后了。最初,世界最先进科学引入中国的时间只比它的诞生晚几年到十几年,但接下来牛顿力学、微积分接连问世,这些知识都没有引入中国。中国古代对知识体系的引入止于开普勒三大定律,之后就没有人再关心了。②但在西方,在乾隆统治的同一时期,近代化学正在兴起,在波义耳等人的努力下,化学已经成了单独的学科。而到了乾隆后期,拉瓦锡通过定量测定,确定了化学的诞生。也正是在乾隆皇帝沉醉于他的圆明园建设时,瓦特已经改进了蒸汽机,为蒸汽时代的到来做好了准备。亚当·斯密的经济学著作也完成了,让治国变成了更加精细的科学工程。法兰西的启蒙运动所代表的社会学也如火如荼,并最终在美国与英国的传统结合,创造了灿烂的新制度。但是这一切,都被乾隆时代的均值回归所掩饰。

在明末,西方的社会进步还能在中国产生一点点回响,但到了清中期,任何声音都没有了。清朝已经自我陶醉在伟大的体系之中无法自拔。③

但在乾隆皇帝构建的体系当中,仍有两股势力不肯屈服,还在不断地打扰着皇帝的盛世梦,他们就是北方的准噶尔人和南方的英国人。

准噶尔的灭亡

大清帝国的两代皇帝都无法取得对准噶尔人的完全胜利,他们都打过辉煌的胜仗,但到最后依然不得不与准噶尔人言和。康熙皇帝击败了噶尔丹,却不得不容忍噶尔丹的侄子策妄阿拉布坦;雍正皇帝吃过噶尔丹策零的败仗,

---

① 乾隆时期编撰的《四库全书》整体上是保守的,表现了不相信外部世界的正统观念。讨论见上文。
② 乾隆三十二年(1767)蒋友仁写作的《地球图说》中,介绍了开普勒的三大定律。
③ 在这里,有一个让读者深思的问题:中国绝不只有一次开放,不管是魏晋时期、明朝晚期,都有过从世界其他地区传入先进知识的阶段,但是,在学习了先进知识之后,他们往往不能将创新能力保持下去,这就导致在一段时间之后,知识体系仍停留在多年前,不会有更多的创新。

也战胜过他，但最终也只能以阿尔泰为界划分双方的势力范围。

与康熙皇帝不同，乾隆皇帝出生于和平年代，他出生的时候（1711年），噶尔丹已死，因此他无法像祖父那样考虑全局问题，只是将准噶尔当作一个局部（但又非常重要）问题来处理。在他的心目中，要想与祖父比肩，就要将新疆地区完全征服，因为这样才能获得足够的武功。虽然西藏地区[①]、四川地区[②]还时不时制造反叛，但与当年康熙皇帝处理"三藩之乱"、郑氏家族的规模已然无法相比。

乾隆初期，清朝与准噶尔处于和平之中，皇帝也采取了友善的态度。乾隆三年（1738），由于准噶尔部首领噶尔丹策零是喇嘛教徒，他请求借道清境去往西藏朝觐（煎茶），获得了皇帝的允许。之后的十年时间里，双方一直维持着较为和平的关系。[③]

清朝与准噶尔之间的和平对维护西北地区的稳定是有利的。在康雍对抗准噶尔的时期，清廷为了联合俄国人，不得不默许他们向中亚的推进。中亚本来是准噶尔的势力范围，在噶尔丹时期，准噶尔触角所至除了中国的新疆、青海、西藏、蒙古之外，还一度包括了现在的乌兹别克斯坦、哈萨克斯坦、阿富汗西北部等地。当时中亚地区的主体民族包括三大乌兹别克人的汗国，[④]以及更北方的以游牧方式生活的哈萨克人。

最初，俄国人试图直接进攻肥沃的农耕地区。1716年，俄国人对希瓦汗国发动进攻，但失败了。之后，他们决定从东北方的哈萨克入侵，首先征服哈萨克人，然后再从哈萨克入手，征服中亚的定居区。在侵吞哈萨克一百多万平方千米领土的过程中，俄国人采取了步步紧逼的做法，每前进一步，就

[①] 乾隆十五年（1750），西藏发生反叛，随着平定这次反叛，乾隆皇帝最终让西藏的噶厦制度成型，并扩大了驻藏大臣的权力。

[②] 乾隆十二年至十四年（1747—1749）、乾隆三十一年至四十一年发生的两次金川之乱，乾隆皇帝花费了极大的代价才予以平定。

[③] 在解决了和硕特问题之后，准噶尔和清控的西藏已经不再接壤，西藏对于清朝的服从，也导致没有清廷的同意，准噶尔人在西藏内部无法通行。这与康雍时期准噶尔与西藏的密切联系已经全然不同。关于准藏关系，见上文。

[④] 分别是位于费尔干纳的浩罕汗国，以布哈拉和撒马尔罕为中心的布哈拉汗国，以及以希瓦和花剌子模为中心的希瓦汗国。

建立一个前沿的堡垒,以便继续推进。这些堡垒构成了两条线,一条沿额尔齐斯河前进,进入中国新疆的北部;另一条路则以奥伦堡为中心修建。奥伦堡建于1743年,位于今俄罗斯和哈萨克斯坦的交界地带,当初建立这座城堡,就是为了控制哈萨克草原,之后俄国对中亚的入侵大都从这个据点发动。另外还有一条线将额尔齐斯防线与奥伦堡防线沟通起来,形成了闭合链条。这两条防线最终起了作用,哈萨克首先被征服。

在占领哈萨克的同时,俄军还向巴尔喀什湖前进,在湖边修建了据点,成为日后将伊犁西部从中国分离出去的基础。

俄国人的推进显然侵犯了准噶尔的利益,乾隆七年(1742),噶尔丹策零就派使节前往彼得堡,向俄国提出交涉,要求俄国退出入侵的边界地区。但不幸的是,之后准噶尔就陷入了内乱之中。

1745年,准噶尔突然爆发天花,这次天花导致大批准噶尔人的死亡,[①] 其中也包括首领噶尔丹策零。噶尔丹策零死后,他的次子那木札尔被立为首领,后者由于无法控制局面,最后被废除,由其庶兄喇嘛达尔札继位。

喇嘛达尔札时代,另两位豪强也参与了首领之位的争夺,他们是准噶尔大将大策凌敦多布[②]之孙达瓦齐以及和硕特部首领拉藏的孙子阿睦尔撒纳。[③] 如果说喇嘛达尔札是清廷争取的对象,那么达瓦齐和阿睦尔撒纳则是俄国人争取的对象。

后来,阿睦尔撒纳发兵突入伊犁,杀死了喇嘛达尔札,考虑到达瓦齐更加能服众,阿睦尔撒纳将准噶尔部首领之位让给达瓦齐,自己则担任辉特部的台吉(首领)。但随后二人反目,达瓦齐进攻阿睦尔撒纳,后者被迫投靠清廷(乾隆十九年)。

这件事让乾隆皇帝看到了解决准噶尔问题的机会。乾隆二十年(1755),皇帝派出定北将军班第、定西将军永常,率领大军讨伐达瓦齐。由于内乱的

---

① 根据魏源《圣武记》,天花减员人数达40%。
② 也就是准噶尔袭击西藏的主将。
③ 和硕特部在清朝征服青海后投靠了准噶尔部。阿睦尔撒纳的父亲丹衷娶了策妄阿拉布坦的女儿,她在丹衷死后(已改嫁到辉特部),生下了阿睦尔撒纳。

影响，准噶尔已经到了四分五裂的边缘，无力抵抗清军，一路上，大量部落投诚，清军很少遇到抵抗。清军直入新疆西部的博罗塔拉河，达瓦齐逃往伊犁西北的格登山，在这里又被追袭，向南逃往维吾尔人（回人）的乌什城，就在这里，他被回人擒获。与他一起被抓的还有从青海逃往准噶尔的和硕特部首领罗卜藏丹津。

在进攻达瓦齐时，阿睦尔撒纳一直是协助清军的，他本来以为自己会在达瓦齐灭亡后担任厄鲁特（卫拉特）四部的首领，但皇帝为了分离四部，想将他们分封给不同的首领。于是，皇帝将各部首领召往热河时，阿睦尔撒纳决定反叛。在反叛中，定北将军班第被杀，定西将军永常也因战事不利被治罪。

第二年，清军在将军策楞的率领下进攻阿睦尔撒纳，将他赶入哈萨克左部。① 乾隆二十二年（1757），清军顶住了新疆北部各酋长的反叛，并在与哈萨克人的较量中占了上风，迫使哈萨克人进贡称臣。到此时，清朝与俄国人之间已经只隔着一个哈萨克了。哈萨克归附时也获得了极其优厚的待遇：乾隆皇帝除了将哈萨克纳入帝国的朝贡体系，允许他们三年一贡之外，还规定他们可以开展边境贸易，并在乌鲁木齐对哈萨克人开启一年一次的贸易集市，让他们以羊马换缎布。同时税率也很优惠，只有1%。后来俄国人占据中亚后，希望与清朝在新疆地区贸易，他们发现，清朝在新疆唯一允许的贸易方式就是与哈萨克人做生意。如果俄国人要参与，就必须利用哈萨克人做中介。

阿睦尔撒纳由于在哈萨克没有了立足之地，只好逃往俄国境内。俄国本来将阿睦尔撒纳视为潜在的附庸以及在中亚取得优势的工具，但逃入俄国境内不久，阿睦尔撒纳就得天花死了。俄国人最后将他的尸体送往恰克图，请清朝官员查看，他的死亡也标志着准噶尔的彻底灭亡。在诸多对手中，准噶尔对抗清朝的时间最长，这个部族剩下的人被编入其他部落。也就是说，作为一个部落的准噶尔人已经不存在了，只留下了新疆北部准噶尔盆地这个地

---

① 策楞又因为出师不利被撤职，取而代之的是将军达尔党阿和哈达哈。

名，诉说着当年的强大。[1]

准噶尔的灭亡导致了三重影响。第一重是直接影响，新疆地区并没有因为准噶尔的退出而平静下来，反而又经历了漫长的动荡，最终才接受了清朝的统治。准噶尔之后，紧接着就是大、小和卓之乱。在噶尔丹策零执政时期，扣押了南方维吾尔地方的两位首领博罗尼都和霍集占兄弟（即大、小和卓）。清廷攻占伊犁后，将博罗尼都释放，继续在伊犁安置霍集占。阿睦尔撒纳反叛时期，小和卓霍集占投靠阿睦尔撒纳，与清廷为敌。清廷平定阿睦尔撒纳反叛之后，霍集占逃回南方，与哥哥一起发动反叛（乾隆二十三年）。

乾隆二十四（1759），清军击败了大、小和卓，二人逃入位于阿富汗的巴达克山（巴达赫尚）地区。因为担心他们在自己的土地上作乱，那里的人们将他们杀死，并向皇帝献上二人的人头，新疆再次平定。

除了大、小和卓之乱，还有许多小型的反叛，比如，厄鲁特人舍楞杀死清朝都统唐喀禄，从伊犁逃入俄国等。[2]

第二重影响，是清朝的"中央—蛮夷"模式的加强。随着西藏、新疆等地并入帝国，越来越多的海外地区选择与中国交通。新疆平定后，除了哈萨克地区选择进贡之外，乾隆二十三年（1758），吉尔吉斯人（在清代称为"布鲁特"）选择了进贡，位于中亚的塔什干也在当年归附。[3]在平定了大、小和卓之后，位于阿富汗的巴达克山也选择投靠（乾隆二十四年）。当年归附的还有位于今巴基斯坦吉尔吉特的博罗尔，[4] 以及位于费尔干纳的浩罕。

---

[1] 魏源《圣武记》载清廷对准噶尔的艰难战争，最终以将准噶尔人彻底驱离北疆为终结："王师初入，兵不血刃、矢不再发，而天不许也。王师再入，师则屡次，垒则再因，而天又不许也。几大幸，又几大不幸，一激再激，以致我朝之赫怒：帝怒于上，将帅怒于下，合围掩群，顿天网而大狝之，穷奇浑沌梼杌饕餮之群，天无所诉，地无所容，自作自受，必使无遗育逸种于故地而后已！计数十万户中，先痘死者十之四，继窜入俄罗斯、哈萨克者十之二，卒歼于大兵者十之三，除妇孺充赏外，至今惟来降受屯之厄鲁特若干户，编设佐领昂吉，此外数千里间无瓦剌一毡帐。"但是，准噶尔的后裔依然生活在新疆北部和外蒙古西部，本书作者在蒙古国考察时，在科布多依然可以见到自称准噶尔人的蒙古人，并竖立着噶尔丹的雕像。
[2] 舍楞属于土尔扈特部台吉，参加了准噶尔一方的战争，但准噶尔战败后，舍楞诱杀唐喀禄之后逃入俄国境内的土尔扈特部，并在土尔扈特回归中扮演了重要角色。见下文。
[3] 塔什干在归附中国时，依然以位于费尔干纳的浩罕汗国为宗主，也就是两属。
[4] 几年后的乾隆二十九年（1764），博罗尔向清廷派来了使节。

乾隆二十七年（1762），阿富汗选择入贡。1764年，中亚地区的主体国家布哈拉汗国选择归附。乾隆三十六年，之前迁往俄国境内的土尔扈特部在首领渥巴锡的领导下回归新疆地区，归附清朝。

需要注意的是，这些归附行为大都不是仰慕天朝的德化，而只是一道中亚地区各国家和民族必须做的选择题。渥巴锡最初东迁时，更多是受到叛变了清朝的舍楞的诱惑——土尔扈特部在俄国的生活很艰难，舍楞诱惑渥巴锡到东方来。渥巴锡最初企图回到并占领故地，但一路上由于严苛的环境、俄国人和哈萨克人的围追堵截，人口损失了大半，加之清廷有备，最后征服变成了归顺。①

而对布哈拉、浩罕、阿富汗、巴达克山，乃至布鲁特和博罗尔等小地方而言，它们更多是为了保持自己的独立性而必须与大国交往。既然准噶尔人不在了，它们就必须了解新的邻居。而它们的试探行为到了中国的朝贡体系中往往被视为归附。对于是否叫归附，它们也并不在意，只要双方能够维持和平，并有一定的贸易就足够了。

这么多地区的归附确实让乾隆皇帝产生了巨大的幻觉。在清朝，乾隆皇帝是第一个真诚地相信中华帝国圈和朝贡体系的皇帝。他不仅将所有的外交都算成是朝贡的一部分，他与海外打交道的一切方法也都是从朝贡体系出发的。任何地区派使者前来，都会被在朝贡体系中安排一个位置，规定多久朝贡一次、每次多少人、可以带多少商人，等等。哪怕对方根本不在意，也无力做到频繁地朝贡，皇帝依然在怡然自得中接待着一个个使节。他的大臣们也乐于帮助皇帝维持这种幻象，通过将对方的外交文书翻译成"朝贡体"，让皇帝以为所有的外部世界都接受中国的规矩，且对天朝感激涕零。

帝国圈战争

当皇帝将外交变成了一种朝贡时，他统治的出发点就越来越内向了。从乾隆皇帝开始，所谓重大成就往往是镇压内乱以及解决那些不肯按照朝贡体

---

① 见《清朝柔远记》。

系行事的弱小邻居。

乾隆时期的重大行动包括：平定四川地区的大、小金川反叛，平定西藏地区的珠尔墨特那木札勒反叛。[①] 这些行动都是对内的维稳行动，但花钱非常厉害。乾隆时期的国内战事中，乾隆十二年（1747年）的第一次金川之役耗费了两千多万两白银。乾隆二十年开始的针对准噶尔人的一系列战事，花费了三千三百多万两白银。乾隆二十五年开始的第二次金川之役，更是耗费了七千多万两白银。乾隆五十二年，台湾发生变乱，政府投入八百多万两白银用于平定。[②] 乾隆时期的战争花费总计一亿五千零五十二万两以上，大约相当于五年的日常财政开支。虽然到这时，清朝的财政依然可以维持，但已经失去了康熙时期的锐度，变得更像一个封闭的老大帝国了。

除了国内战事之外，乾隆时期的边境战争也往往是从中华帝国圈出发的。乾隆时期一共有三次对外的冲突，这三次冲突的起因，都在于曾经属于中华影响圈的地区崛起了一个新的王朝，它对中国的纳贡体系和禁止贸易的做法表现出抵制。这三次冲突是乾隆二十七年（1762）开始的清缅之战、1788年开始的廓尔喀之役以及乾隆五十三年的安南之役。我们将在后面谈到安南之役，在这里先看前两次战争。

清缅之战与缅甸的最后一次改朝换代密切相关。1752年，缅甸的东吁王朝灭亡了，取而代之的是一位叫作雍籍牙的缅族领袖建立的贡榜王朝。贡榜王朝展现出巨大的战争潜力，不仅称霸缅甸，还入侵暹罗，攻陷了其首府大城（阿瑜陀耶），灭亡了大城王朝（阿瑜陀耶王朝），逼迫暹罗残余势力南迁到曼谷附近地区。[③]

[①] 前者发生在乾隆十二年（1747）和乾隆三十八年，包括两次战争，在如今的北京百望山等地依然可以看到乾隆时期仿照大、小金川碉楼修建的训练建筑。后者发生在乾隆十五年，由颇罗鼐次子珠尔墨特那木札勒发动。

[②] 见《清史稿·食货志》。此外，乾隆三十一年（1766）清廷曾经因为边界纠纷，与缅甸开战，耗费了九百多万两白银；乾隆五十六年，与尼泊尔廓尔喀人进行了一场战争，花费一千零五十二万两白银。缅甸和廓尔喀之战，以及越南西山政权，见后。最后一件事指的是乾隆五十一年台湾林爽文抗清起义。

[③] 除了进攻暹罗之外，缅甸还加兵于老挝和印度东北部，并在国内强化了对北方少数民族的统治，发动了清缅之战。

在东南亚地区，缅甸是唯一一个构架类似中华帝国圈的帝国，其中心是贡榜王朝的直接统治区，外围则是山区的少数民族组成的附庸地区。在中国和缅甸两个帝国圈中间存在着模糊地带：云南边疆地区的各个土司往往采取两属的态度，来避免帝国间的摩擦给他们带来灾难。清朝刚刚崛起的时候，对待西南地区的土司是比较谨慎的，为了处理三藩等边疆问题，尽量不触怒缅甸。贡榜王朝的崛起恰逢乾隆皇帝加强朝贡体系的时期，之前的康熙和雍正二帝都拒绝了一些边疆土司的朝贡，但乾隆皇帝好大喜功的性格使得他改变了之前的政策，选择接纳，这就引起了与新兴的贡榜王朝的对抗。

乾隆二十七至二十九年（1762—1764），贡榜王朝以清朝接纳一些土司的朝贡、改变了双方传统的平衡为借口，对云南南部的孟定、耿马、车里等土司进行了骚扰。

乾隆三十一年（1766），云贵总督杨应琚派兵进攻缅军，被缅军击败。但杨应琚却向皇帝报告大胜，被揭穿后赐死。

乾隆三十二年（1767），皇帝派遣伊犁将军明瑞担任云贵总督。与前次不同，明瑞率领的军队除了汉人组成的绿营兵之外，还有数千八旗兵。不想明瑞率领大军进入缅甸境内后竟然先胜后败，在缅甸，大军迷失了道路，弹尽粮绝，明瑞下令撤退的同时，亲自率领数百名亲兵断后，最后与参赞观音保等人全部战死。到这时，已经有连续三任云贵总督死于非命，[①]皇帝又派遣大学士傅恒担任云贵总督。傅恒军中除了绿营兵之外，还包括四千多名八旗兵，两千名福建水师（应付河流水战），共计兵数万、马骡六万。乾隆三十四年，傅恒率军进入缅甸，经过鏖战，双方打得精疲力竭，最后不得不停战议和。傅恒于战争中染上恶疾，班师回朝两个月后死去（乾隆三十五年）。

这场不分胜负的战争以清朝前期的接连失败，以及最后双方疲惫中各自撤军而告终。事实上，战争对双方都是有影响的。对于缅甸贡榜王朝来说，这个刚刚建立不久的王朝第一次领教了战争的残酷，其扩张期接近结束。这也使得缅甸的敌人暹罗获得了喘息的空间，有着华人血统的郑信在曼谷附近的吞武里建立了吞武里王朝（1769—1782年）。郑信晚年，军队发生了哗变，

[①] 除了死于战事的明瑞、赐死的杨应琚，在杨之前的刘藻也在谎报军情被降职后自杀。

大将昭披耶却克里建立了曼谷王朝，自称拉玛一世。直到今天，暹罗依然由拉玛一世的后代统治。不管是郑信还是曼谷王朝的君主，都与中国保持着良好的关系。① 这个王朝有着更加柔软的身段，在之后的国王朱拉隆功时期，开始了现代化改造，成了殖民地时代东南亚地区唯一一个保持了独立的国家。②

对清朝来说，清缅和谈也谈不上有多光彩。在和谈中，缅甸希望承认边疆土司属于缅甸，并建立自由贸易体系，但在清朝朝贡体系的词典里，"自由"是不存在的，因此，所谓和谈只是因为疲惫而暂时休战的借口。直到乾隆五十三年（1788），缅甸才由于暹罗重新崛起，加上国内斗争，不想树立北方强大的敌人，主动派人前来，改善了两国关系。于是，乾隆皇帝将缅甸入贡计入了他的功劳簿。③

除了缅甸之外，遥远的尼泊尔也改朝换代了。在元朝后期建立起来的马拉王朝到了明朝中期分裂为三个国家，三国的都城都在加德满都谷地，相距只有十几千米。④ 但随后，尼泊尔西北部的廓尔喀人兴起，在1768年取代马拉王朝，建立了尼泊尔最后一个王朝——沙阿王朝，这个王朝一直存在到2008年废除君主制为止。

廓尔喀人弱于文化，强于军事，国王们东征西战，除了统一尼泊尔之外，还攻入印度，侵占锡金，到了1814年又爆发了与英国东印度公司的战争，英国人费尽九牛二虎之力，动用了现代化的枪炮才占据上风，逼迫尼泊尔割地求和。尼泊尔剩余的部分依然傲然存在，虽然不得不在政治上接受英国的保护，但英国人也不敢过于压迫。直到20世纪，尼泊尔这个孔武有力的小国依然带着桀骜不驯的姿态在大国夹缝中游刃有余地生存着。

---

① 乾隆三十三年（1768）、四十二年、四十六年，郑信都与中国有着私人或者官方的联系，而乾隆五十一年，皇帝封郑华（拉玛一世）为暹罗国王。
② 朱拉隆功即拉玛五世。暹罗在他的父亲蒙固王（拉玛四世）时期开始西化运动，蒙固王邀请西方教师教育他的儿子，允许西方思想和科技进入泰国。到了朱拉隆功时期，在科技、政治方面都引入西方知识，大力开展西方教育，同时，形成了泰国王室成员到西方接受教育的传统。泰国由于善于利用西方权力的空隙，也找到了在英法势力之间保持独立性的机会。
③ 见《清朝柔远记》。乾隆号称十全武功，其中将清缅之战也算了进去。
④ 至今，加德满都三座古城坎提普尔（加德满都）、巴德岗和帕坦依然耸立在尼泊尔的首都加德满都。

在向英国人展示它的桀骜不驯之前，廓尔喀人先向清朝秀了一把肌肉。乾隆五十三年（1788），廓尔喀与西藏地区发生了"银钱纠纷"。① 同时，廓尔喀索要位于西藏的吉隆和聂拉木（这两个地方现在是西藏地区同尼泊尔两条主要道路的口岸）。在一位西藏喇嘛的怂恿下，廓尔喀人进攻西藏，获胜后，西藏地方官员与廓尔喀人议和，同意按年支付吉隆和聂拉木的赎金。当时西藏与清朝中央政府的关系并没有完全划清，因此，这次议和并没有知会皇帝。但也正因为这样，最终西藏以没有得到清朝同意为由，没有按照协定支付赎金。

到了乾隆五十六年（1791），拿不到赎金的廓尔喀人再次入侵，这一次，他们与调任西藏的两广总督福康安相遇。乾隆五十七年，福康安不仅收复了西藏全境，还攻入尼泊尔境内。

在印度的英国人也蠢蠢欲动，廓尔喀人显然知道英国人才是他们最大的对手，② 于是选择议和，结束了这次战争。

这场战争对乾隆皇帝和他的帝国来说是被迫应战，最终的结局也是清朝胜利。但这又是一场不划算的战争——花费白银一千余万两，甚至超过了对缅甸战争的花费。这里，就牵扯到一个帝国中期的悖论：在帝国早期，战争是廉价的，政府养兵的成本很低，并且军队可以靠劫掠制来获得收入，这时候的帝国更倾向于扩张；但是到了帝国中期，战争成本越来越高，需要维稳的地方却越来越多，因为征服一个地方，攻克只是第一步，更麻烦的是随之而来的长期占领。占领方和被占领方的矛盾会越积越多，并暴露出各种问题。帝国早期的征服给帝国中期带来的麻烦是：中期必须花费更多的钱来维持早期的成果。到这时候，帝国只能费力维持现有领土，已经无力扩张了。这个时期皇帝的策略也会变得更加保守、收敛，因为如果他还继续扩张，就会迅速耗尽帝国的财力，甚至引起政权的崩塌。

---

① 在廓尔喀之前，西藏的银币章噶是由居于现代尼泊尔的巴勒布人代为铸造的，廓尔喀并吞巴勒布之后接过了银币铸造权。但廓尔喀银币比巴勒布银币的含银量更高，导致双方在折价上发生争执。

② 当时孟加拉已经被英国人占领，英国人以此为基地窥探尼泊尔，导致尼泊尔有可能处于腹背受敌的局面。在战争中，英国人以支援廓尔喀为名派使团前往，但廓尔喀人在英国人到达之前就决定议和，并将英国人送出境。

但与早期的皇帝相比，中期的皇帝却是最自大的，没有经历过创业艰难的他反而更相信自己是天命所归，更容易采取那些彰显自己面子的措施，变得故步自封。在清朝，这个时期对应着乾隆皇帝，他不再对新鲜事物感兴趣，更愿意面对已知的世界不断地表演，而看不到外面更加先进的制度和知识。

北方的贸易

皇帝维持面子的举措针对周边的小国时还可以，但一旦他将面子工程运用到更加强势的西方国家时，就会遇到更大的挑战。当时中国面临的西方国家主要是南方的英国和北方的俄国，而俄国又与中国有着更直接的联系。

乾隆的对俄策略与他的祖父和父亲都不同。康熙皇帝对俄国，最初是全力以赴地打仗，后来则从权谋出发，该利用时就对他们好一些，没有利用价值时就怠慢一些。雍正皇帝对俄国则是带着戒备性的警惕，从来没有轻视它，反而处处体现出优待。到了乾隆时期，却是在不知道俄国真实实力的情况下，将它当作普通的海外国家而慢待。

随着俄国国家商队的衰落，在乾隆时期，中俄之间的恰克图贸易持续发展。双方的贸易总额从乾隆二十年（1755）的八十三万七千卢布，增加到乾隆二十五年的一百三十五万八千卢布。俄国海关的税收从十九万三千卢布增加到二十三万八千卢布。乾隆二十年到二十六年，俄国海关从恰克图贸易所得的关税总收入为一百三十七万五千九百卢布。乾隆二十五年俄国对外贸易总额约为一千八百六十万卢布，其中恰克图贸易额占 7.3%。[①] 双方贸易额的增加，让皇帝多了一种外交手段，也就是以断绝贸易为威胁来达到自己的政治目的。

正当两国边境贸易变得越来越繁荣的时候，清朝和准噶尔的战争结束了。这次战争的结果是准噶尔灭亡，但准噶尔的领袖阿睦尔撒纳和舍楞逃入了俄国境内。这两个人的逃亡引发了俄国与清政府间的外交冲突。

乾隆二十三年（1758）年初，俄国在阿睦尔撒纳死后，于恰克图交出了他的尸体。这件事本来可以缓和清俄关系，但舍楞杀死清朝都统唐喀禄，从

---

① 见《俄国各民族与中国贸易经济关系史（1917年以前）》。

伊犁逃入俄国，而俄国人不肯将其交还，导致乾隆皇帝停掉了恰克图的贸易。

双方的争执在于另一个地方：黑龙江。这和俄国人对东北亚地区的探索有关。《尼布楚条约》中规定双方以外兴安岭为界（只有乌第河以北地区有部分领土未确定），按照这个划分，黑龙江沿岸都属于中国。之后随着沙俄对东西伯利亚的探索，发现从东西伯利亚到鄂霍次克海只有黑龙江一条便捷通道，这就提高了黑龙江在地理上的地位。与此同时，由于清政府采取迁移边民的政策，黑龙江以北地区一直缺乏足够的人口，这使得俄国人单方面认定黑龙江北岸是"无主"的。这样的说法当然是荒谬的，但它是俄国当时的主流看法。

乾隆二十二年（1757），俄国派出信使前往北京，[①] 希望就黑龙江问题进行谈判。由于感到理亏，俄国人还不敢提出对整个黑龙江的要求，只敢向清方请求航行许可，让俄国人能利用黑龙江向鄂霍次克海运送粮食，供给其他位于海边的驻防军和居民点。这样的提议被皇帝拒绝，并指出条约中并没有规定这个权利，也不可能授予俄国，俄国的任何举动都是对条约的破坏。

1762年，叶卡捷琳娜二世依靠政变上台，俄国在彼得大帝死后的动荡期终于过去，进入了另一个政策连续的稳定期。叶卡捷琳娜二世的主要关注点在欧洲。但东方贸易的暂停、外交手段的无效，也让她决定派遣一个高级使团前往中国。在派遣使团之前，女沙皇先派了一位禁卫军中尉前往中国磋商。乾隆二十八年（1763），禁卫军中尉克罗波托夫到达北京，受到皇帝的冷遇。最后，皇帝实质性地拒绝了俄国使团。

随后，由于没有准噶尔作为缓冲，双方在中亚地区的形势越来越紧张，俄国人派兵进入中亚地区。清政府从俄蒙边界的买卖城彻底撤回全部商人，在原本的商栈驻扎军队，以此表明无意恢复贸易。

贸易的断绝对双方都是惩罚，俄国和中国商人都遭受了巨大的损失。在中国古代历史上，每过一段时间，商人们就会受到皇帝野心的拖累，在外贸中遭受巨型损失，这样的情况在清朝更是常态。

乾隆二十九年（1764），随着清政府对西北的控制，加上清朝的维稳目标

[①] 派出的信使是瓦西里·布拉季谢夫，陪伴他的是中尉伊万·雅各比。见《俄国各民族与中国贸易经济关系史（1917年以前）》。

逐渐转向西藏、缅甸、尼泊尔和安南等南方地区，皇帝又感觉有必要在北方保持和平了。乾隆三十年，双方有意举行谈判解决问题。双方的使节在边境会晤，并于乾隆三十三年签订了《恰克图条约》的补充条款，对于逃亡者的管束和惩处做了补充规定，并对一些模糊的问题进行了澄清。之前的冲突还有一个很重要的诱因，即俄国对出口商品强征关税导致俄国货价格上涨，此时俄国也承诺取消。之后，皇帝允许中国商人返回买卖城，恰克图贸易恢复。[①]

但在清政府的统治下，外贸依然是不稳定的。北方边境上的恰克图不时地关闭：在乾隆四十年（1775）被短期关闭三天；乾隆四十三年，又中止了两年多；乾隆五十年，它又被关闭。直到乾隆五十七年，双方又签订了《恰克图市约》，才再次重启了边境贸易。

那么，为什么会屡屡发生贸易中断的情形呢？这和南方贸易的情况有着相似之处：在清政府的鼓励下，恰克图也形成了类似于广州十三行的大商人联合体。对俄国人来说，与联合体打交道的过程是痛苦的。

根据记载，[②]恰克图的行商是根据资本和经营范围划分的，分成三个等级。第一等级由二十四个大商人组成，居住在各省的省会，资本为六千卢布；第二个等级包括十八名商人，资本为三千卢布；第三个等级有十二名商人，资本为五百卢布。每一个等级的商人又可以组成联合公司，在同一个城市中，一个等级可以有四个公司。各个公司之间有着严格的地域界限，并通过协商来确定商品的价格和利润率。[③]另外，政府的政策也向第一、第二等级的公司倾斜，提供保护，甚至发放贷款。这些公司还可以发放银票，类似于信用货币。

虽然商人们可以发行信用货币，但恰克图规定只能以货易货，不准使用白银。而在实践中，人们往往把中国的布匹当作标准等价物使用。

由于俄国商人的规模小，无法与中国整个行商系统组成的"卡特尔"相抗衡，这就使得恰克图贸易也变得跟广州一样，极易被中国政府控制，并且加入越来越多不合理的管制，最终导致了双方的冲突。冲突的结果，就是贸

[①] 与恰克图同时恢复贸易的，还有东北地区的祖鲁海图贸易点，这个贸易点取代了之前的尼布楚，成了东北地区的关口。
[②] 见《俄国各民族与中国贸易经济关系史（1917年以前）》。
[③] 本国商品和外国商品的利润率分别为12%和4%。

易的一次次中断。

到了乾隆五十七年（1792），中俄双方再次通过谈判签订了一个叫作《恰克图市约》的文件，规定了贸易的流程，其主要内容是双方约束本国的商人，避免因互相欠债而引起纠纷。

《恰克图市约》还再次强调了皇帝的一个原则：贸易对中国皇帝并没有利益，是因为俄国一请再请，皇帝出于友好的原则，决定继续开放恰克图口岸，以满足俄国人的贸易癖好。[1]

真正让冲突变少的原因，是俄国经过了足够长时间的沉淀，商人也开始变得集中起来。1798年，一个叫作"俄美公司"的企业获得了沙皇政府的巨大优惠。俄美公司原本叫"美洲公司"，由舍列霍夫领导，后来这家公司合并了另一位商人梅利尼科夫所领导的"伊尔库茨克贸易公司"，更名为俄美公司。它又从沙皇处获得了自北纬55°到白令海峡的美洲东北岸土地以及千岛群岛、阿留申群岛及其他太平洋岛屿的贸易垄断权。除了贸易，公司还获得准许去发现新的土地，建立居民点，并在这些地方经商。

俄美公司逐渐壮大后，成了恰克图贵重毛皮（海狸皮、海狗皮）的主要供应商，并在美洲大陆行销中国货。它占据了越来越大的贸易份额，并为恰克图贸易的持续扩大做出了贡献，使得俄国商人也拥有了一定的价格决定权，双方形成了较为稳定的关系，恰克图贸易得以平稳地进行下去。

一口通商时代

除了与北方的俄国人打交道，乾隆皇帝经过一段时间的努力之后，也将南方的贸易整理成了他想要的模样。在此，我们可以总结乾隆时期南方贸易的几大特征。

第一，它是一个不折不扣的朝贡式贸易，只要他国遵循朝贡的规则，皇帝就愿意表示出足够的善意，给予外国人优惠。比如，乾隆元年（1736）他刚上台，就由于荷兰人的上诉，减去了雍正五年（1727）开征的缴送银。在

---

[1] 见《清朝柔远记》。

第三部　锁死在系统中的百年（1735—1840）

清朝所谓的苛捐杂税中，最著名的是每两银子抽三分九厘的分头银，这项杂税明朝就有，但是到了雍正时期，又加了一种十分之一的缴送银。荷兰人申诉之后，乾隆皇帝认为，加添缴送银两，与"嘉惠远人"的皇朝恩惠是不一致的，因此取消了这笔钱。[①] 第二年，两艘琉球船遇难后，皇帝又亲自关照船上的人们，动用公款救助他们，并送其返乡。

皇帝的朝贡体系在东南亚国家运行得更加顺畅，它们也善于利用朝贡赚钱。乾隆五年（1740），苏禄国在送回遭船难的中国人时请求朝贡，获得准许。为了鼓励暹罗将大米运送到中国，皇帝又在乾隆八年减免了暹罗运米船的关税。乾隆二十八年，皇帝在禁止对其他地方出口生丝时，又特别准许琉球国买丝。[②]

总之，只要满足了朝贡的心理需求，皇帝能够控制外贸，就可以根据他自己的喜好来展现怀柔远人的一面，但前提是绝对不准市场自以为是，一定要首先满足皇帝心中那一盘大棋的需求。

第二，皇帝参考了北方贸易的情况，将南方贸易体系进一步简化为一口通商。在这一口（广州）的贸易不会影响到其他地区，因此即便产生混乱也只是小问题。在这一口之内，皇帝依然愿意表达对外国人的恩赐，约束官员少敲诈夷商。但这种约束总是没有效果，因为官员们知道，只要迎合皇帝的紧缩意愿，基本上可以为所欲为。

关于从四口通商到一口通商的演变，本书的楔子中已经叙述过。康熙时期开创了四口通商，到了康熙后期，由于其余三口都存在着或多或少的问题，外国人最终选择了以广州为主要口岸进行贸易。可随着时间的延续，广州口岸形成了庞大的利益集团，从行商到各级官员，以及皇帝，都快乐地从贸易中吸取血液，外商的日子却越来越难过。乾隆二十年（1755），英国人为了避开广东的盘剥，再次到宁波互市。宁波由于见证了广东的富裕，愿意选择更加开放和低税率的方式，却被更高层中"心怀大棋"的官吏所阻挠。他们以这样做会减少皇帝的税收为借口，劝说皇帝提高宁波的关税，逼迫英国人回广东贸易。

乾隆二十二年（1757），英国代理人洪任辉一气之下赴天津告御状，声

---

① 乾隆元年（1736）冬十月，裁减荷兰税额，但同时惠及其他国家的商人。
② 但有数量限制，规定额度为：土丝五千斤，二蚕湖丝三千斤。

讨海关陋习，不想皇帝最终却禁止了其他三口与西洋的贸易，将所有的贸易都集中到广州一口，一口通商的制度从此形成。①

为了对英国人形成震慑，皇帝还出台了一系列制度。比如，他意识到生丝是英国人最喜欢的产品之一，而生丝的最大产地不是广东，而是江浙。于是，为了降低宁波口岸的吸引力，他下令禁止生丝出洋，即便有人愿意铤而走险来到江浙地区，也买不到生丝，自然也就不再去了。直到乾隆二十七年（1762），随着一口通商政策的尘埃落定，皇帝才在英国人的请求下，再次放宽了生丝出洋的禁令。

皇帝的禁令不仅仅针对百姓，也针对官员。在乾隆皇帝在位期间，南方和北方都有官员因为贸易问题而被免职。乾隆二十九年（1764），厦门口岸（在一口通商后，厦门依然可以承接部分东南亚、中国台湾地区的贸易，以及内陆商人出海）的贿赂问题爆发，有人告状说厦门海关每年要给总督一万两、巡抚八千两白银，这导致闽浙总督杨廷璋被免职。乾隆三十年，喀尔喀亲王桑寨多尔济又由于私自与俄国人贸易而被抄家。

另外，当外商足够配合时，皇帝依然愿意展示自己的宽大。乾隆四十一年（1776），由于广东地区不断敲诈夷商，皇帝下令边疆将军督抚护恤夷商。

第三，虽然皇帝如此勤勉，如此照顾外国人，但他不可能知道，当一个贸易体系变得过于复杂的时候，就丧失了它的活力。只是这时已经无法叫醒国内那些沉睡的人了，因为皇帝自己也是沉睡者之一。皇帝甚至多次表达中国不需要外贸，外贸只是对他国的恩赐，他这么说，也确实是这么做的。

第四，各地的传教活动是严格禁止的，皇帝也屡次下令禁止各种形式的传教。乾隆十三年（1748），专门下令禁止商人从吕宋传天主教。乾隆五十年，发生了一次小型的教案，湖广地方当局查获一位在当地传教的西洋人巴亚里央，根据这件事情顺藤摸瓜，又查到直隶、山东、山西、陕西等地均有传教士。当刑部决定判处巴亚里央终身监禁时，皇帝又做了干预，表示这些人的目的只是传教，可以把他们送往北京安分居住，如果他们提出要求，也可以将他们送回国。整个过程既体现了皇帝的宽大为怀，也禁止了他们的传教活

---

① 洪任辉的结局见本书的楔子。

动，在不放松管控的情况下，表达了皇帝对西洋人的恩情。①

第五，国际的巨变已经反映在外商身上，但中国是看不到的。18世纪是欧洲政治巨变的时期，欧洲先后发生了西班牙王位继承战（1701—1714年）、北方战争（1700—1721年）、奥地利王位继承战（1740—1748年）、七年战争（1756—1763年）以及俄、奥、普三分波兰。这些战争虽然都不及17世纪的三十年战争和19世纪初的拿破仑战争那么波澜壮阔，却对欧洲的格局有着巨大的影响。到18世纪末，随着人文主义的发展，在法兰西发生了大革命，并再次影响了世界，加上英、法在全世界的争夺、美国的独立，等等，所有这一切对亚洲的影响，就是英国人逐渐独占了印度，并以印度为基地与东亚贸易，印度成为东亚最大的商业国家。②而在中亚地区，俄国人逐渐蚕食中亚的汗国，但这个过程要到19世纪方才完成。在海洋上，除了英国，新兴国家美国也开始参与全球贸易，乾隆四十九年（1784），美国人第一次到中国购茶，此时距离《独立宣言》发表只过了八年，而距离独立战争结束、英国承认美国独立才过了一年。未来，与中国打交道的国家主要是英国、美国，之后才是法兰西，以及北部的俄国。

表13　18世纪后期到19世纪初各国前往广州的船只数量（单位：艘）③

年份	英国东印度公司	英国散商	美国	法兰西	荷兰	瑞典	丹麦	其他
1776	8	16		5	4	2	3	
1777	9	9		7	4	2	2	
1778	7	10		4	4	2	1	

---

① 乾隆时期的教案，见《清朝柔远记》。
② 英、法的主要争夺对象是孟加拉和南印度，这是奥地利王位继承战和七年战争引起的英、法全球战争在印度的体现。公元1746年，法兰西曾经占了上风，占领了英国人控制的马德拉斯。但之后，英国人反过来占了上风，将法兰西人在两个方向击败，法兰西人只能龟缩在印度小城本地治里。对于印度近代的考察，见本书作者的《印度，漂浮的次大陆》。
③ 改编自《东印度公司对华贸易编年史（1635—1834年）》。

续表

年份	英国东印度公司	英国散商	美国	法兰西	荷兰	瑞典	丹麦	其他
1779	5	8			4	2	3	神圣罗马帝国（以下简称"帝国"）1
1780	12	12			4	3	3	帝国1
1781	11	6				2	3	
1782	4	2				3	4	托斯卡纳1
1783	13	3		8		3	3	帝国5，西班牙1，普鲁士2
1784	13	8	1	4	4		4	
1785	19	9		1	4	4	3	普鲁士1，西班牙4
1786	29	24	5	1	5	1	2	西班牙3
1787	29	33	2	3	5	2	2	帝国1，普鲁士1，意大利1，西班牙3
1788	26	24	4	1	4	2	2	西班牙3
1789	21	37	15	1	5		1	
1790	25	21	6	2	3		1	西班牙1
1791	11	12	3	4	2		1	普鲁士1，西班牙1
1792	16	23	6	2	3	1	1	热那亚（托斯卡纳）2，西班牙3
1793	18	22	6		2	1		热那亚2
1794	21	23	7		4		1	热那亚1，西班牙1
1795	16	17	10			2		西班牙2
1796	23	17	11				2	西班牙1
1797	18	22	11			2	4	
1798	16	16	13			1	5	
1799	15	15	18			1	3	
1800	19	21	23			2	4	普鲁士1
1801	26	6	36			2	1	
1802	19	19	32	1	1	5	2	普鲁士2，汉堡1

续表

年份	英国东印度公司	英国散商	美国	法兰西	荷兰	瑞典	丹麦	其他
1803	18	25	23	1			1	普鲁士1，西班牙1
1804	21	18	36			3	1	
1805	17	36	41			3	2	俄国2
1806	19	60	38			2		
1807	14	37	30					
1808	15	39	8					
1809	14	26	37					西班牙2

从船只数量表中，我们可以明显看到英国船的持续增加，以及美国船的出现。由于战争频繁，其余欧洲国家的船只显然无力到达了。另外，英国船中散商船的增加速度快过公司船，这可以看作东印度公司贸易垄断权终结的前奏。

但这一切国际变迁大清是完全看不到的。在乾隆的统治之下，中国的外交和外贸如一潭死水一般无声无息。

第六，严格约束中国人。要说中国人完全缺席了世界秩序的重构也是不对的，事实上，中国商人的确参与了国际贸易，只是中国特殊的双轨制让民间外贸体系极少被记录下来，最终消失在历史之中。在中国已经形成了两个并行却不相交的世界：商人和海盗能够看到海外的巨变，但他们无法将看到的一切传达给精英群体。而精英群体已经彻底忘记了西方的知识。

与皇帝无关的华人世纪

乾隆十九年（1754），发生了一件有趣的事情：这一年苏禄国入贡时，人们发现担任苏禄国副使的竟然是一位中国人。

在明清时期的朝贡体系下，使团的人员配备往往是复杂的，除了正副使之外，其余使团成员其实大都是商人。久而久之，甚至也出现了中国商人冒充使团人员的情况，他们这样做，是为了在贸易中获得更多的利润。皇帝出于怀柔远人的需要，为了给海外君主面子，只要正使和副使是正儿八经的外国人，对其余人的国籍、身份大都睁一只眼闭一只眼，不去揭穿。

但这一次苏禄国做得过分了，国王的副使竟然是福建人杨大成，这就超出了皇帝的底线。当然，苏禄国这样做也是有原因的：一是有的海外华商已经进入东南亚的政界，类似于拥有双国籍身份，虽然中国一直将他们当作自己的子民，但海外的君王也将他们看作自己人；二是苏禄国自己没有船能用来朝贡，只好借用杨大成的船，于是就顺水推舟地给了他副使的职位。

这件事传到福建巡抚陈宏谋的耳中，他上奏说，杨大成其实是武举人杨廷魁，因故被斥后参与了出洋贸易。他建议以后禁止商人充当正副贡使。为了给后来人警示，皇帝将杨大成发配到黑龙江充当苦差。就这样，杨大成不仅没有赚到钱，反而从兢兢业业的海外商人变成了遥远北方的阶下囚。

我们不知道杨大成最后的结局，但这件事表明，在海外已经有了一个庞大的中国商人群体。甚至有人将1740年到1840年这一百年称为"华人的世纪"。①

关于海外华人群体的产生，最重要的移民动力是清朝治下人口已经发展到了四亿人（道光三十年），而东南亚的人口依然低于五千万人。这种人口压差导致必然有很多华人到东南亚谋生活。华人的商人、矿工、工匠、造船者和农业生产者前往东南亚，促进了当地的发展。道光十年，华人在东南亚的总数可能已经接近一百万人。②

虽然东南亚逐渐成了欧洲的殖民地，但华人对东南亚的贡献远高于欧洲人，逐渐成为当地的支柱。但也正因为这样，他们受到了欧洲人的迫害。

其中最引人注目的冲突发生在荷属巴达维亚。荷兰统治的巴达维亚在华人的帮助下进入繁荣发展阶段，在1691年到1740年间，每年平均有十四艘大型帆船抵达巴达维亚。这里的经济严重依靠华人，在冲突发生之前的1739年，华人的数量达到一万四千八百人，大约占当地总人数的17%。华人在这里主要从事工业、建筑业、服务业、制糖业和蔬菜种植业等。

但荷兰人对华人又是忌惮的，为了遏制华人的发展，两次颁布政令驱逐

---

① 杨大成的记载见《东南亚史：危险而关键的十字路口》，也正是这本书给出了"华人的世纪"的结论。

② 见《东南亚史：危险而关键的十字路口》。

无业华人。双方的冲突在 1740 年达到顶峰，殖民者的驱逐和华人的反抗造成了一次规模巨大的屠杀，万余华人被杀，这场屠杀后来被称为"红溪惨案"。两年后，据英国人的记载，巴达维亚已经找不到一个中国人了。[1]

华人在巴达维亚遭受屠杀的消息传到国内，也引起了极大的关注。特别在广东地区，许多人都有亲戚在巴达维亚。

而在荷兰内部，对这件事也有争论，华人被屠杀造成当地经济的毁灭性倒退，也有人担心中国的报复。荷兰东印度公司监禁了组织这场暴行的总督，并向中国朝廷呈送了解释性的信件，在其中提到了屠杀华人的"合理性"。

这封信由次年（1741 年）前往中国贸易的荷兰商船携带。7 月，荷兰船到达澳门。船上的大班向海关监督领取牌照，并联系他们熟悉的行商。

海关监督随即对行商下令，要他们通知荷兰船停留在澳门，不要前往广州，也不会给他们发送牌照，否则无法保证他们的安全。几乎同时，澳门也发布了禁止荷兰船在澳贸易的命令。双方你来我往，争论了一个月，最终双方达成妥协，荷兰人从澳门进入珠江，到达黄埔，完成了贸易。[2]

这一次事件中，广东地方表现出了极大的愤恨，原因就在于即便在官僚和文人阶层当中也有复杂的海外关系，让他们不能漠视发生在远方的屠杀行为。但这件事情最终得以解决，又和皇帝的态度有很大关系，而皇帝的态度，又受一些高级官员的影响。比如，后来担任两广总督的策楞就认为：海外华人本身就是罪人，被屠杀属于咎由自取，因为他们本来就不该离开自己的国家，对于他们的遭遇，不需要认真追究。皇帝对此表示赞同。在这样的基调下，屠杀发生两年后，广州海关监督就向荷兰人保证，将和对待其他国家一样，对荷兰一视同仁。[3]

除了荷兰，菲律宾从 17 世纪就开始对华人的屠杀，直到 1755 年，又禁止非天主教徒的华人前往菲律宾定居。

---

[1] 见《东印度公司对华贸易编年史（1635—1834 年）》。
[2] 英国人评论说，中国首次认真试行用禁止贸易来强制外国人，就这样胜利结束了。见《东印度公司对华贸易编年史（1635—1834 年）》。
[3] 见《东印度公司对华贸易编年史（1635—1834 年）》。策楞于乾隆八年（1743）接任两广总督，也反映了皇帝赞同他的意见。

与在西属菲律宾和荷属巴达维亚遭遇压制相比，华人在暹罗和马来半岛地区表现得非常活跃，他们不仅参与贸易，还控制了金融，介入了政治。在华人的帮助下，这里的船队贸易量在19世纪20年代前后的一世纪里增加了十多倍。由于曼谷王朝与华人有着千丝万缕的联系，曼谷成了华人经济的中心。另外，在马来半岛，华人移民还促进了新加坡的兴起。

除了商业和金融，华人移民还出现在许多令人意想不到的行业中。华人矿工主要出现在越南和缅甸的北部附属国（白银、铜），以及西婆罗洲、普吉岛、吉兰丹和邦加岛（锡）等地；而华人种植者则在文莱、柬埔寨和尖竹汶等地种植胡椒，在廖内省和柔佛等地种植黑儿茶（一种中药，也称"儿茶""孩儿茶"），在暹罗和交趾支那种植甘蔗。

最能体现华人世纪的事件是华人在婆罗洲建立了最早的共和国。这里以黄金和钻石著称，这里的土著被称为达雅克人，他们搜寻钻石和黄金，然后与马来人交换盐、大米和鸦片。

大约在1740年或1750年，三发和曼帕瓦地区的统治者引入了华人，并从他们那里学会了用拖链式托盘泵开矿。华人矿工到来后，与本地人形成了紧密的合作关系，相处融洽，并逐渐从统治者处获得了自治权。这些华人每到达一个地方，往往会建立代表家族和信仰的宗庙，并以宗庙为中心组织社会。在这里，他们兴办学校，娶达雅克妇女为妻，传宗接代。

但在经济上，华人又采纳了西方式的更加先进的公司形式。在当时，西方的公司大都采取了英国东印度公司的形式，有一定的垄断权，既负责贸易，在公司内部也包含了政府职能。这种公司政权是殖民的特殊形式，在英国和荷兰的东印度公司运作上表现出巨大的优势。

华人也组建了类似于东印度公司的矿业公司，并拥有行政职能。当时在启蒙主义的影响下，共和的理念已经深入人心，因此华人公司也采取了共和形式。在1776年，最大的两家公司——分别由广东人罗芳伯和陈兰伯领导——决定联合，在西婆罗洲的坤甸成立了一个叫作"兰芳"的公司。①

---

① 近人李欣祥所写的《消逝的海外华邦：西婆罗洲华人政权的兴亡》，记载了兰芳和其他华人政权在西婆罗洲的兴灭。

1777年，这家公司改为共和国，以东万律为都城，在历史上称为"兰芳大统制"，也称为"兰芳共和国"。共和国的首领称为"大唐总长"。

罗芳伯担任大唐总长后实行民主制，并组织当地人开荒、种田，将婆罗洲上坤甸及其附近地区开发成了另一个类似于广东的富裕之地。与西方殖民者不同，兰芳共和国是中国人领导当地人建立的民主体制。当时在东南亚地区还没有形成现代国家，特别是婆罗洲，更是落后地区，因此，在这里由先进文明带入一个强调民主的、与当地人打成一片的国家，也有着抵御西方殖民的作用。在海外，中国人往往扮演着极其悲壮的角色，他们移民到各处，却受到不同政权的盘剥和屠杀，他们在国内承受着骂名，在海外也受到歧视，其主要原因就在于海外的中国人没有形成政治势力。以兰芳共和国为首的中国人试图避开这些陷阱，通过建立政权来获得地位。但在这个过程中，是需要母国的帮助的。

兰芳共和国成立后，选择向清朝称藩，希望获得清政府的帮助。在西方，任何一个殖民地都会获得母国的帮助；但中国人在海外建立的共和国对于皇帝来说，不仅不是骄傲，反而是祸害。皇帝拒绝提供帮助，这些在海外的英雄对于皇帝来说什么也不是。这导致兰芳这个华人共和国虽然名噪一时，却缺乏强健的根基。他们的优势在于黄金矿产，但他们并不掌握先进的武器，从而很难与西方人抗衡。

1818年，荷兰人开始试图控制他们，向其征税，但没有达到目的。19世纪，随着黄金开始枯竭，兰芳共和国只能依靠更加不赚钱的农业，到这时，它就逐渐衰落了。1884年，在荷兰人的进攻下，寡不敌众的兰芳共和国被解散。[①]

不仅如此，乾隆时期海外庞大的中国人群体在史书上仿佛完全不存在。人们写到道光二十年（1840）时，往往以一句"闭关锁国"概括，仿佛中国人根本就没有见识过海外似的。但事实上，那时海外已经有上百万的中国人，

---

① 一位在1811年抵达坤甸的英国游客记录，公司约有三万名客家华人矿工以及大量农民和工匠。此外，约有五千名华人矿工分散在其他河谷地区。在坤甸有一万名华人。1820年左右，西婆罗洲是中国航运在南部的最繁忙的枢纽，每年都会有七艘载重量达五百吨的船到访。见《东南亚史：危险而关键的十字路口》。

这个数量超过了所有西方殖民者在亚洲总和的数倍。但他们完全被自己的母国忽略掉了，他们对海外世界如此熟悉，他们获得的知识却无法传递给祖国的政府，皇帝和他的大臣依然沉浸在信息壁垒之中扬扬自得，无法得到一丝一毫（或者说他们故意忽略，不去学习）真实的信息。

东南亚已经是中国人的世界，但东南亚之外很少有中国人到达，这主要是政府限制船舶的大小和停留时间造成的。但这并不意味着没有人去过。虽然缺乏大型船只的中国商业势力冲不出东南亚，但有少数人由于受雇于外国船只或者外国公司而到达了更远处，他们大都从事翻译或者水手工作，其中最著名的是一个叫作谢清高的人。[①]

谢清高生于乾隆三十年（1765），广东嘉应州（今梅州）人。十八岁时，他跟着商船去往海南，船只不幸颠覆了。幸运的是，一艘经过的外国船把他救了起来并收留了他。在此之后的十四年，他一直在外国船上当水手。在这十四年里，他除了在东南亚航行，还去过南亚、欧洲、美洲等地，甚至到过夏威夷和北美靠近北冰洋的地界。他是否完成了环球旅行，我们不得而知，但至少在道光二十年（1840）之前，他是世界上跑得最远的中国人。

表 14　谢清高所记诸国[②]

地名	现名	地名	现名
越南	越南	龙牙	印度尼西亚林加岛
本底	柬埔寨	噶喇叭	印度尼西亚雅加达
暹罗	泰国	万丹	印度尼西亚万丹
宋卡	泰国宋卡	尖笔阑山	印度尼西亚淡美兰群岛
太呢	泰国北大年	咕哒	印度尼西亚爪哇（可能）
咭兰丹	马来西亚吉兰丹	吧萨	印度尼西亚
丁咖啰	马来西亚丁加奴	昆甸	印度尼西亚坤甸

---

① 见谢清高《海录》。
② 根据《海录》整理。

续表

地名	现名	地名	现名
邦项	马来西亚彭亨	万喇	印度尼西亚
旧柔佛	新加坡	戴燕	印度尼西亚
麻六呷	马六甲	卸敖	印度尼西亚卡普阿斯
沙喇我	马来西亚雪兰莪	新当	印度尼西亚
新埠	马来西亚槟榔屿	马神	印度尼西亚马辰
吉德	马来西亚吉打	蒋里闷	印度尼西亚卡里摩爪哇群岛
乌土	缅甸	三巴郎	印度尼西亚三宝垄
彻第缸	孟加拉国吉大港	麻黎	印度尼西亚巴厘岛
明牙喇	孟加拉	茫加萨	印度尼西亚望加锡
曼哒喇萨	印度金奈（马德拉斯）	细利洼	印度尼西亚苏拉威西岛（又叫西里伯斯岛）
笨支里	印度本地治里	唵闷	印度尼西亚安汶
呢咕叭当	印度纳加白蒂讷姆	唵门	与安汶同属于马鲁谷群岛的某座小岛
西岭	斯里兰卡（锡兰）	地问	帝汶岛（印度尼西亚与东帝汶共享）
打冷莽柯	印度特拉凡科尔	文来	文莱
亚英咖	印度阿廷加尔	苏禄	菲律宾苏禄群岛
固贞	印度科钦	小吕宋	菲律宾吕宋岛
隔沥骨底	印度卡利卡特	妙哩士	毛里求斯
马英	印度马埃	大西洋	葡萄牙
打拉者	印度塔拉斯塞尔伊	大吕宋	西班牙
吗喇他	印度马哈拉施特拉邦境内	佛郎机	法兰西
小西洋	印度果阿	荷兰	荷兰
孟婆啰	印度文古尔拉	伊宣	
麻伦呢	印度马尔文	盈兰你是	

续表

地名	现名	地名	现名
盇叽哩	印度任吉拉岛	哑哩披华	威斯特伐利亚（现属德国）
孟买	印度孟买	淫跛辇	奥匈帝国
苏辣	印度苏拉特	役古	土耳其
淡项	印度达赫（可能）	双鹰	又名一打辇，意大利
唧肚	印度卡提瓦半岛	单鹰	勃兰登堡（现属德国）
柔佛	马来西亚柔佛	埔鲁写	普鲁士（现属德国）
雷里	印度尼西亚廖内	英咭利	英国
锡哩	印度尼西亚棉兰（大约）	绥亦古	瑞典
大亚齐	印度尼西亚亚齐	盈黎马禄加	丹麦
呢咕吧拉	印度尼科巴群岛	哶哩干	美国
小亚齐	一名孙支。印度尼西亚苏门答腊岛西北角南行一日船（大约）	亚哶哩隔	南美洲
苏苏	小亚齐和叭当中间位置的海岸上（大约）	卷毛乌鬼	黑非洲
叭当	印度尼西亚巴东	哇夫岛	夏威夷瓦胡岛
呢是	印度尼西亚海岛	哇希岛、匪支岛、奄你岛、千你岛、蓊格是岛、哪韦吧岛	夏威夷群岛（可能）
茫古鲁	印度尼西亚明古鲁	亚哆歪	夏威夷岛
旧港	即三佛齐，印度尼西亚巨港	开於	阿留申群岛（可能）

谢清高留下了一本书，但不幸的是，这本书在它本该发挥作用的年代，却像《马可·波罗游记》一样被人们认为是小孩子的童话故事，没有人重视。

和谢清高几乎同时代的李汝珍也写了一本书，^①这本书里充满了中国式的奇思妙想。书中的主人公去了许许多多新奇的国家，包括君子国、大人国、聂耳国、无肠国、犬封国、鬼国、毛民国、深目国、黑齿国、小人国、两面国、穿胸国、长臂国、翼民国、女儿国、不死国等三十三个国家，其中的人要么有两张面孔，要么高大，要么矮小，充满了物理上的奇形怪状。这本书的影响力要比谢清高的书大得多，因为在当时的中国人看来，李汝珍书中的描写才是真正的外国，而谢清高笔下的外国只能算荒诞不经的传说。

美利坚的到来

乾隆晚期的另一件大事发生在乾隆四十九年（1784），这一年，广州来了一艘特殊的船，它是来广州买茶叶的。^②奇怪的是，这艘船上的人说英语，却自称来自中国人之前从没有听说过的一个国家：美利坚（美国）。

中国人之所以没有听说过它，是因为到这时距离《独立宣言》发表只过了八年，而距离独立战争结束、英国承认美国独立才过了一年时间。

美国人对茶叶的喜爱也继承自英国人，甚至双方的冲突也和茶叶有关，著名的波士顿倾茶事件的起因，就是美国人拒绝接收东印度公司的茶叶。^③这个初生的国家表现出了顽强的精神，在独立之后，美国船只立刻开始了全球贸易之旅，包括到广州购买茶叶。

那么，美国人看到的广州又是什么样的呢？借助新来人的眼睛，我们也审视一下乾隆后期的广州城。

美国人首先到了澳门，停在水上获得补给，负责人乘坐小船到陆地上报

---

① 见李汝珍《镜花缘》。
② 中国的史书中也记载了美国人的到来，如《清朝柔远记》和《清史稿》等。
③ 1773年，为了救助东印度公司，英国通过《茶税法》，向北美殖民地倾销东印度公司的茶叶，引起了北美的反抗。波士顿倾茶事件及其后来的镇压，是导致北美殖民地发动独立战争的重要原因。

告。之后，中国配备的一位引水员将船引入珠江，向虎门驶去。

到达虎门后，船长乘坐小船前往虎门炮台登记，并带上两位海关人员，换上内河引水员继续前行。[①] 珠江两岸风景宜人，两岸的稻田点缀着村庄，偶尔能够看到中国式的宝塔。

外国商船到达黄埔锚地时，也就到了此行的终点。船长可以休息了，接替他的是负责商务的大班。这时，船上的管理人员往往会选择将船留在这里，自己乘坐小船前往广州城外的商馆（距离十九千米）去休息。而普通的水手却无法享受这个待遇——按照广州的规矩，水手不得离开船只和黄埔，他们只能在船上修理船只和帆索。与岸上相关的工作，比如卸货、上货等，则由专门的苦力来完成。

即便不能下船，水手的生活也是很有趣的，比起在海上航行时已经好了太多。广州有许多私人小船，他们善于发现一切机会来做生意：人们划着船经过商船，并提供补给和享乐。水手们也有机会偷偷溜上岸去。由于中国人与外国水手经常有冲突，广州政府会在每一次出事之后下令严格执行禁令，但时间长了总会再松懈下来。

前往商馆的船长和大班乘坐小船到达"牡驴尖"，下船后就能看到外国商馆，它在广州城外西郊，距离珠江北岸有九十多米，是一排狭长的西洋式建筑，每个商馆都有几座两三层高的房子。在大部分时间里，船长和大班可以居住在这里，谈生意、娱乐，甚至储藏一部分货物。这些西洋式建筑如同后来的上海外滩，也是由花岗岩或者红砖建造的。美国人第一次到来时，发现商馆上飘扬着不同国家的旗帜，包括丹麦、奥地利、瑞典、英国和荷兰，表明他们在这里有常驻代理人。

商馆对面有一个封闭式广场，许多中国游商在这里表演，兜售食品和小商品，或者好奇地看一看"洋鬼子"。紧邻商馆还有两条街道和一条小巷子，分别叫作"新中国街""老中国街""猪巷"，街道上有许多店铺。街对面就是十三行。

[①] 美国人抱怨在虎门以外的引水员没有足够的经验，但到虎门之后的引水员是很有经验的，他们都有官方的执照。

大班到达商馆后，最紧迫的任务是寻找一位保商。由于保商必须由行商担任，他们必须前往十三行。保商的任务是替商船缴纳一切税收、[①] 收购商船上的商品，并提供外国人要买的商品。或者说，保商要为外国船提供一切必要的物质服务，同时也要争取政府的税收利益最大化。

除了物质服务之外，外商还需要信息服务，这就由通事提供，而通事必须持有政府发给的执照，并由保商介绍给外国人。[②] 每个通事手下都有一批伙计办事，负责给外商传递消息、联系海关事务，甚至包括行贿。

确立保商之后，就到了缴税环节。海关监督如果兴致高，会亲自上船举行抽取船钞的仪式，海关监督乘的船上挂满了三角旗，顶上悬挂龙旗，装饰得非常豪华。在这样的仪式中，船上的水手也要列队欢迎监督的到来。美国人将船钞理解为港口税，并抱怨这里的港口税全世界最高，每艘船要缴纳三千到七千美元不等。[③]

接下来，就到了最关键的贸易时间，这项工作实际上是由大班和行商完成的。水手们在船上忍受疟疾、蚊虫、炎热、死亡的煎熬时，大班们在陆地上争取利益，他们也有时间更仔细地观察这个位于广州城外的外国人飞地。

这个外国人社区的面积只有四万八千多平方米，却聚集了来自英国、瑞典、丹麦、奥地利、普鲁士、西班牙、葡萄牙、法兰西和意大利等地的人们，有的国家甚至在此设立了领事。[④] 其中有一个国家占据了绝对优势，那就是美国的敌手英国，特别是东印度公司。

此时的世界正发生着巨大的变化，英国的东印度公司已经受到了散商的冲击。东印度公司在英国君主处获得了独家经营东印度贸易的许可，甚至可以用武力对待其他国家的船只以及不属于公司的英国散船，这是一种典型的垄断制度。但此时，东印度公司的垄断已经是强弩之末，自由贸易最终占据了上风。到18世纪末，散商的船只数量最终超过公司，彰显了自由竞争的魅力。

---

① 有时商船的船钞会由商船自己缴纳，但剩余的税由保商代缴。
② 外商常抱怨通事的服务是不可靠的，但这是中国政府留给外商的唯一消息渠道。
③ 船钞根据船只的大小缴纳，见上文。
④ 在广州还有一部分阿拉伯人、印度人、亚美尼亚人和犹太人，表明了广州的世界性。但这一切对于乾隆皇帝来说，都是微不足道的。

除了英国之外，其他国家的势力也正发生着变化，特别是几年后爆发的法兰西大革命更是给了欧洲人重重的一击，大多数欧洲人都从广州消失了，给美国人留下了巨大的空当。

虽然外国人有居住地，但美国人也发现，他们必须忍受清政府多如牛毛的管制。早在一口通商初期（洪任辉事件之后），两广总督李侍尧曾经推出臭名昭著的"防夷五条"，随着时间的延续，又不断地有新的规定加入其中，到道光十五年（1835）正式推出了"防夷八条"。但事实上，早在多年前，"防夷八条"中的许多规矩就已经变成软性的制度。

这八条规矩包括：一、外国人不准全年都居住在广州；二、中国商人不准向外国人借钱；三、外国人不准雇佣中国仆役；四、在中国期间，外国人受行商管制；五、外国人不准乘轿，不准携妇女；六、外国人不准携带兵器；七、澳门和黄埔之间的外国船只往返必须严格控制；八、政府与外国人之间的所有联系必须通过行商进行。

但事实上，需要遵守的规矩远远超出上述八条，比如：外国兵船不准进入珠江内河航道；外国船只的引水员和买办必须申领执照；外国人不准在江面上划船取乐；外国船不准在珠江口外逗留，他们在抵达和溯江前往黄埔时必须立刻报告；等等。

除了对外国人的限制，还有对中国人的限制，避免他们帮助外国人。比如，不准中国人学习外国话，也不准帮助外国人学习中国话。[1]

美国人从一开始就表现出了贸易的天赋，善于发现适合自己的"经济生态位"。最初他们到中国是为了购买茶叶、销售毛皮，但很快就发现了更加有前景的金融行业。

外国人与中国人贸易一般用白银支付。在美国人到来时，中国对海外白银的处理已经形成了复杂的规矩。比如，人们更喜欢西班牙铸造的银圆，特别是那些印有查理三世或查理四世头像的银圆。[2]19世纪最受欢迎的则是印着费迪南德七世头像的银圆。关于美洲银圆（墨西哥和美国），人们虽然也接

---

[1] 这些禁令采自《黄金圈住地——广州的美国商人群体与美国对华政策的形成，1784—1844》。
[2] 广州将这种银圆称为"老人头"，后面提到的费迪南德七世银圆被称为"新人头"。

受，但必须有一个折扣。① 这主要是由于西班牙的马尼拉大帆船从 16 世纪起就在中国交易，获得了声誉溢价。而在贸易中，英国人虽然占据了最大份额，却由于货币的原因一直不受待见，因为他们不像西班牙那样拥有这么多的白银，总希望用其他的方法来取代，也就是通过出售印度的棉布或者欧洲的毛织品来取代白银，但一直不成功。荷兰人也有自己的途径，他们发现可以向中国出售大米等粮食，或者毛皮以及其他金属，但显然也不如西班牙的白银受欢迎。

但这种局面很快就有了改变。因为到了 18 世纪 90 年代，欧洲的战争大大削弱西班牙的实力，拉丁美洲开始骚动起来，这让西班牙对美洲殖民地的控制力变弱，白银开采也出现了衰落直至中断。而中国对白银的需求已经在一条惯性轨道上，当白银输入不足时，就产生了巨大的金融问题。

美国人正是在这种背景下找到了自己的生态位，他们迅速取代了西班牙，将美洲的白银送往中国，虽然数量不如之前，却起到了缓解作用。美国人的冒险精神令人印象深刻，他们甚至远达欧洲搜集银圆，再运送到中国来。就这样，美国人的金融业在中国起步了。

也正是因为世界白银的不足，欧洲对白银的渴求让他们孜孜不倦地尝试将各种货物输入中国，也正是在这时，他们发现了鸦片。② 再加上中国突然开始接受大量的印度棉花，终于出现了贸易逆差。到嘉庆九年（1804），收支平衡逆转，从此白银开始从中国流入印度和欧洲。之后的白银流向变成了：一方面，美国人将白银运到中国；另一方面，英国人将更多的白银送往印度；最后，一部分印度白银再流入英国和欧洲。

除了白银之外，美国人还发现了更高级的生态位。随着中国白银的匮乏，仅仅依靠贵金属已经很难维持国际贸易体系的运转了，美国人发现，在中国做生意的英国人除了喜欢白银之外，也乐于接受英国本土发行的票据。他们跑到伦敦购买当地商业银行的有息票据，再将这些票据千里迢迢地运往广州。

---

① 旗昌洋行的档案记载了道光十五年（1835）"老人头"兑换的贴水是 4%，道光十六年达 12%，而同时期拉丁美洲银圆的折扣是 1% 到 4%。

② 关于鸦片问题的起因、经过和后果，见本书的最后一章。

在广州，英国商人发现这些票据是比白银更划算的支付工具——如果将中国白银运送回欧洲，需要缴纳运输、储藏的费用；可如果只带票据回去，不仅容易携带，而且还有利息可领。最终票据变得比白银还受欢迎。

通过这种方式，美国人从纯粹的商业转而走上了金融业之路。之后美国人在中国的银行业特别发达，超过了英国人，其重要的原因就在于他们发现了全球信用制度带来的生态位。①

美国人作为后来者，却在极短的时间内占据了上风，将除英国之外的其他国家都甩在了身后。到19世纪初，有的年份中美国来华船只数量甚至超过了英国。② 与其他国家对华关系中更加赤裸裸的态度不同，美国人干的活儿更加轻松，这也有助于他们采取超然的姿态来处理国际关系。这种姿态在道光二十年（1840）之后更加有助于其在中国势力的增长，也给中国的制度转型带来了最大的帮助。

马戛尔尼：盛世的最后一瞥

乾隆五十八年（1793），出现了乾隆末期中国与世界最重要的一次交往。这一年，英国正式派出使节前来中国。

英国派使节的背景是，经过百年的努力，它终于脱颖而出，在亚洲的影响力远超其他欧洲伙伴或者对手。它曾经最大的对手法兰西，此时在印度只剩下了本地治里一座孤城（也是法兰西对华贸易的最重要港口），这座孤城甚至在七年战争中被英国人攻克过，只是后来根据条约归还给法兰西。到了马戛尔尼来华的同一年，由于法兰西大革命，英国人再次拿下了本地治里，使得法兰西失去了对华贸易的基地。③

---

① 美国人信用的扩张和贸易的发展，见《黄金圈住地——广州的美国商人群体与美国对华政策的形成，1784—1844》。
② 嘉庆六年（1801），美国来船三十六艘，英国三十二艘，其他年份，美国船只仅比英国略少，但显著高于其他国家，见前表。
③ 拿破仑第一次战败后的1814年，英国人再次将本地治里归还给法兰西，之后法兰西控制本地治里直到印度独立。

英国的第二个对手是曾经的贸易伙伴荷兰，英国东印度公司通过第四次英荷战争，对荷兰东印度公司的对华贸易造成沉重打击，后者仅乾隆四十六年（1781）就损失了四艘船。

而对整个欧洲最大的打击则来自1784年英国政府颁布的《减税法令》，这个法令大幅度降低茶税，通过价格竞争优势，将荷兰和其他欧洲国家的商人挤垮。1799年，撑不住的荷兰东印度公司宣告破产。①

在这个过程中，南亚次大陆也发生了有利于英国人的天翻地覆的变化。印度的莫卧儿帝国衰落后，在中央虽然有一个皇帝，但在地方上有许多小领主存在。随着莫卧儿皇室的衰落，这些小领主慢慢地脱离了中央，有的成立独立的小邦，有的则依附于英国。久而久之，英国在沿海地区形成了三大殖民地，分别是位于东北部的加尔各答、位于东部的马德拉斯（现在叫金奈），以及位于西部的孟买。②英国人以这三个殖民地为依托，逐渐地联合其余小邦，将印度变成了一个马赛克一样的混合体。在印度，有一部分是英国的直辖殖民地，另有一部分是依附于英国的各种小邦，而莫卧儿王室则变得微不足道了。③

英国成为对华贸易的霸主之后，自认为可以代表欧洲与中国打交道。但在中国，英国人的口碑并不好。洪任辉事件更使得清政府认为英国人喜欢闹事，对他们采取了比较冷漠的态度。④

洪任辉在去往天津之前，一直认为皇帝是好的，只是下面的官员贪赃枉法，对他的判决却给了他一记耳光。⑤但几十年后，英国人显然已经忘记了这段往事。由于北京皇帝离得远，关于皇帝不知道实情的传说又开始出现。这时，英国人倾向于认定不能再派私人代表去解决问题，要想调整英国与中国之间的关系，必须派出英国国王的正式使节，见到北京的皇帝，这样才能

---

① 但荷兰依然控制着东印度群岛（印度尼西亚），西班牙则控制着菲律宾。相对而言，法兰西对中南半岛（越南、柬埔寨、老挝）的占领还在其次。
② 印度现代的黄金大四角，就是由曾经的三大殖民城市加尔各答、金奈、孟买，加上德里构成的。印度有发展特点的城市还包括法兰西人占据的本地治里、葡萄牙占据的果阿等。
③ 莫卧儿王朝最终覆灭的时间是1857年，印度反英大起义之后，这场起义终结了东印度公司对印度的统治，将之变为女王的直接领地。
④ 《清史稿·邦交志二》也记载了英吉利人初到时双方的交往情况。
⑤ 见前文。《清史稿·邦交志二》提到了帮助洪任辉的徽商汪圣仪，但据英国人记载是刘亚匾。

把事情说清楚，并达成新的协议。

乾隆五十七年（1792），派遣使团的动议开始付诸实施，使团的大使是马戛尔尼勋爵，副使是斯当东爵士。使团的船队由高厄船长指挥，旗舰为"狮子号"。

英国人对这次出使是非常认真的，从人员配备上也可以看出他们的科学精神——除了政府大使和船员之外，船上还有一系列特殊人才，比如科学家、画家、工程师等，以便对中国进行更深入的考察。

使团队伍中，最重要的成员是翻译。奇怪的是，中英虽然已经接触了一百多年，但双方对对方语言的了解仍少得可怜。在英国本土，只有洪任辉一个人会汉语，不过他在马戛尔尼出使时已经死了。英国人还了解到有一个久居广州的法兰西人加贝尔，本来指望他做翻译，不想他也死了。英国人最后找到了那不勒斯的中国学院。传教士曾经在这里开办学校，从中国找来了一些年轻人学习教务，他们会说拉丁语，英国人最后在这里找了两个愿意充当翻译的中国人。[①]

使团带给皇帝的礼物也很考究。根据其他国家的经验，中国人喜欢外国钟表。在清朝，大大小小的官员都以拥有钟表为荣。[②]但随着中外贸易的持续，至少对皇帝而言，这种奢侈品的需求可能已经饱和了。英国人三思之后，选择了同样有弹簧齿轮和镶嵌珠宝的八音盒，广东人叫它"新桑"（SingSongs）。

为了展现科技实力，英国人又弄了几架大型天文仪器，还有他们最引以为傲的枪炮。另外，礼物里还有许多英国制造的日用品，准备通过进献给皇帝来产生广告效应，将它们慢慢地在中国市场铺开。[③]

翻译和礼物问题解决了，下一个问题是如何与中国政府取得联系。这项工作由位于广州的英国商会负责。不想申请书一递上去，乾隆皇帝竟然立刻答应了。作为恩典的一部分，皇帝甚至允许英国人选择一条特殊的进京路线，也就是当年洪任辉所走的路线。

---

① 关于教会开办的学校，见前文。
② 北京故宫博物院有一个常设馆叫"钟表馆"，所展出的钟表很大一部分都是当年皇帝从海外收到的礼物。
③ 见《英使谒见乾隆纪实》第二章。

第三部　锁死在系统中的百年（1735—1840）

　　之前所有的外国（不管是西方的还是东南亚的）使团，都必须按照中方惯例从广州登陆，之后由中国政府负责将他们从陆路和运河一路颠簸送往北京觐见，之后再折腾回广州。① 当皇帝听说英国人的礼品太贵重经不起颠簸时，特许他们在天津登陆，就近前往北京。②

　　一切都已经商谈好，英国使团才从本土出发。乾隆五十七年（1792）9月26日，使团离开英国，经过大西洋上的马德拉岛、特内里费岛、圣地亚哥岛，穿越赤道到达巴西的里约热内卢，绕过好望角，经过东南亚的群岛和交趾支那（越南的南部），再经过澳门外的万山群岛以及浙江的舟山群岛，于乾隆五十八年7月21日，在天津外的庙岛泊锚。③

　　在天津，负责接待的钦差是长芦盐政徵瑞，他又派遣了两位官员：天津道台乔人杰和通州协将王文雄，二人全程跟随使团，负责陪伴其从天津登陆，直到返程时穿过中国从广州离开。两位官员虽然表面上与英国人建立起了深厚的友谊，但他们的任何行动都必须听从皇帝的旨意，时刻战战兢兢。

　　英国人在华碰到的最棘手的问题不是贸易谈判，而是磕头。根据中国的规矩，外国使节觐见皇帝时必须磕九个头。除了向皇帝本人磕头之外，皇帝不在的场合也必须向着皇帝的画像和御座磕头，这就更让英国人无法理解了。

　　根据英国人的记载，他们在天津上岸后，总督传来消息，要请使者吃饭。欢迎英国人的队伍由直隶总督和钦差亲自带队，在他们的身后，由三个武官带着一队士兵跟随。总督带着英国人来到了一顶帐篷外，帐外有一组军乐队，还立着一个牌坊，牌坊旁有几组巨大的旗帜。④ 总督将马戛尔尼引到大厅最

---

① 这条路线主要是为东南亚国家设计的，见《明史》和《清史》的外国传。亦见于葡萄牙使节皮列士的描述。葡萄牙舰队第二年前来准备接皮列士回国时，却发现他还在广州没有出发，可见这条路的效率之低。
② 但皇帝又规定，使节回程时必须走陆路到广州，因为这时使团已经没有大件礼物作为借口了。另外，使节在天津上岸后，负责运送他们的船队率先离开，返回海洋，前往南方去等待使节的回程。
③ 见《英使谒见乾隆纪实》第三到第十章。
④ 其中有四面绿色的大旗，每面大旗中间另有五面小旗，每面小旗旁站着一些弓箭手；还有六面红色大旗，每面大旗中间有五面小旗，每面小旗旁站着一些火绳枪手；两面绿色大旗，每面大旗旁站着一些大刀手。但英国人看到，清军队伍的纪律性很差，由于天气很热，有的士兵手里除了武器，竟然还有扇子。

深处，那里摆着皇帝的御座。按照规矩，英国人此时应立刻跪下，磕九个响头。不过马戛尔尼装作不知道，向着御座深鞠一躬。这一次，总督竟然将他放了过去，大约是认为外国人不懂规矩，不跟他们计较。①

使团经过通州、穿过北京城，被安排在圆明园中的一个小园子宏雅园中，而礼物则被布置在圆明园的大殿之上。在这里，马戛尔尼经历了第二次叩头事件，钦差希望马戛尔尼对着大殿内皇帝的宝座磕头。马戛尔尼又如何应对呢？

马戛尔尼在来华之前做足了功课，知道一位俄国特使曾经拒绝磕头，但仍然签订了条约（可能与《尼布楚条约》有关）。②而另一个荷兰使节17世纪来到中国时，贪图小便宜，委曲求全磕了头，最终却一无所获。他由此判断，磕不磕头和签不签协议没有必然的联系。

他不知道的是：俄国人之所以拒绝磕头还能获得协定，是因为有战争做后盾；同时，清初的康熙时期，皇帝还没有僵化到需要用磕头来彰显权威，所以更加注重实质而不是礼节。荷兰人只是为了贸易，没有战争做后盾，所以不管磕不磕头，都不可能与清政府签订协议。③马戛尔尼显然不知道这背后的故事，只是简单地认定自己不需要磕头。

但他还是退让了一步，表示他可以向皇帝座位磕头，但必须有一个同等级别的中国官员对着英王的画像磕头，以示平等。他这样一提，中方觉得向外国人画像磕头是很没面子的事，也就不再坚持让马戛尔尼磕头了。

在对圆明园的记载上，也可以看出双方的文化差异。在中国人看来，圆明园是一座优雅、充满了情趣的皇家园林。但英国人并不注重所谓的禁区和威严，而是从舒适角度考虑问题。在他们看来，这里只是一个住着非常不舒服的，陈旧、偏远的园子，他们住在这里相当于被软禁了。安德逊甚至认为它是一座不实用的建筑，没有一间超过一层，不配作为一个伟大

---

① 见《英使谒见乾隆纪实》第十一章。
② 《尼布楚条约》签订于康熙二十八年（1689），见《清史稿·邦交志一》。
③ 荷兰人帮助过清军镇压郑成功，他们的出使不能说一无所获，康熙皇帝有意善待他们，给予一定的贸易机会，但签协议是不可能的。到了乾隆初年，荷兰也拥有贸易权。见《清史稿·邦交志七》。

第三部　锁死在系统中的百年（1735—1840）

君王的住所。①

由于对圆明园不满，马戛尔尼甚至抗议了好几次，请求回北京城内住下。这一次，皇帝再次展现出了仁慈，允许他们回到北京，给他们安排在了广东总督（已经成为阶下囚）的府邸。英国使团在北京城内又住了几天，就上路去热河拜见皇帝。

到了热河，马戛尔尼的第三次考验到了，叩头问题再次被提了出来。马戛尔尼仍然要求行使对等原则，要么自己磕头的同时，中国官员也对英王画像磕头，要么自己行使单膝跪礼。大臣们上报皇帝裁决时个个胆战心惊，但最后，皇帝大度地同意了马戛尔尼单膝下跪，解决了这次纷争。

不过，这次纷争仍然显得迷雾重重。到了下一个英国使团阿美士德使团时，清朝官员想说服阿美士德下跪，举出的例子就是马戛尔尼——中国的记录显示，马戛尔尼按照中国人的礼节行使了叩头礼，也就是九次双膝下跪。但中国的记录又被英国使团的记录所否定，马戛尔尼一行人所写的所有作品中，都显示使节行使的是单膝下跪礼。到底谁是谁非，还是有争议的。

但不管怎么说，乾隆时期的中国仍然足够大度，到了他的儿子嘉庆时期，随着帝国权威的衰落，下跪就成了更加急需的礼节了②。

觐见完毕，朝廷的主要大臣和珅带着使节们游山玩水一番后，把他们打发回了北京。英国人认为此时自己的使命才刚刚开始，他们是来和皇帝就贸易条约进行谈判的。

按照英国人的看法，他们代表国王前来中国谈判，中国应当派出对等的大臣进行磋商，并形成文本性的协议。英国人事先准备的主题有几个：第一，派遣一个常驻北京的使节，解决有可能发生的贸易纠纷；第二，在浙江宁波舟山、天津和广东三处，给英国几个地方做买卖；第三，仿照俄国人，在京城设立一座商馆。

---

① 见《在大清帝国的航行：英国人眼中的乾隆盛世》。安德逊记载，宫殿处在两个死水塘之间，地势低洼且潮湿，从湿地发出恶臭的水汽，卫生条件堪忧，看上去并不配做伟大君主的住所。这个住所有一种最粗野而荒芜的景象，长期以来是蜈蚣、蝎子和蚊虫的住所。
② 有人认为，马戛尔尼由于随着许多人一起觐见的，的确下跪了，但他们的记录故意模糊了自己下跪的行为。见《停滞的帝国：两个世界的撞击》第三十七章。

英国使臣还在精心准备着下一步的磋商,但皇帝回到北京后,只是简单地接受了英国人的礼品,并送出一堆赏赐,就打发他们踏上回程。至于预想中的谈判,根本就没有发生。①

英国人到离开时还在思考到底哪里出错了。也许是葡萄牙人说了英国的坏话?也许是福康安曾在西藏和英国人打过交道,在背后向皇帝传递了负面信息?

从天津去往北京的路上,马戛尔尼就得到过消息:由于中国在西藏刚刚和尼泊尔的廓尔喀人打了一仗,②而在战争中,英国殖民的印度也不怀好意,因此清朝将英国人视为敌人。中国这一方参战的将军就是福康安,他对英国人非常不满,而马戛尔尼在热河也遭遇过福康安。

但实际上,乾隆皇帝并没有不高兴,他对英国使团不远万里前来朝觐感到很满意,可也仅此而已——外国人无权与天朝上国谈判,只配进贡。

英国人虽然没有成功进行谈判,但他们的提议都已经通过书信交给了皇帝,皇帝也都认真考虑过。在英国人离开时,大臣将皇帝的回信交给了英国人。在信中,乾隆皇帝一一驳斥了英国国王的请求:

你恳请派一个人住在天朝照顾你们的买卖,这不合天朝的体制。以前西洋各国确实有人来北京住下,但他们(指传教士)是来服务天朝的,而且来了就必须遵守天朝的规矩做官,永远不准回去了,至于商人,那是绝对不行的。将心比心,假设天朝也派一个人到你们国家的都城居住,你们不也不能忍受吗?

至于在浙江、天津和广东设立洋行,自古以来(其实是明朝的惯例,由清朝继承),外国人都在澳门设立洋行,你们最好也遵守这个规矩。如果准许

---

① 见《东印度公司对华贸易编年史(1635—1834年)》记载的马戛尔尼行程:乾隆五十八年(1793)6月20日,到达老万山群岛。7月3日,到达舟山。7月25日,到达大沽附近。8月5日,在大沽上岸。8月21日,到达北京;前往圆明园。9月2日,离开北京往热河。9月8日,到达热河。9月14日,第一次觐见皇帝。9月17日,皇帝诞辰,第二次觐见。9月21日,离开热河往北京。9月26日,到达北京。9月30日,使团参加皇帝入京典礼。10月3日,特使呈递他的要求备忘录。10月7日,收到对备忘录的答复和给国王的信件。10月7日,使团离开北京。11月9日,到达杭州。11月14日,离开杭州。12月19日,到达广州。乾隆五十九年9月5日,马戛尔尼勋爵到达伦敦。

② 这件事发生在乾隆五十三年(1788)和五十七年,见《清史稿·廓尔喀传》。亦见上文。

第三部　锁死在系统中的百年（1735—1840）

你们四处经商，其他国家也都会跟进，提出这种无理要求，那天朝不就乱套了吗？

像俄国人那样在北京设立商行更不可行，俄国之所以能这样，是早期战争导致的特殊情况，不是惯例。天朝疆界严明，从不许外藩人等稍有越境掺杂。①

总之，所有提议都被拒绝了。②

马戛尔尼使团最大的收获，是英国人第一次通过多重视角对这个老大帝国进行了系统性的观察。使团中有人写了报告，有人画了图像。③这些报告促进了英国对东方的认识，将在几十年后反作用于中国。

在去往热河的路上，他们见到了传说中的长城。在西方的典籍里，中国长城一直是一种神一样的存在，葡萄牙人早期的著作中就提到了长城。④英国人第一次见到长城，本来应该很激动，但冷静的英国人得出了相反的结论，使团中的帕里什中尉对长城进行了详细的测量，认为这堵墙可以抵挡小型火器，比欧洲中世纪的城墙牢固，但挡不住普通炮火的攻击。⑤

马戛尔尼勋爵本人也写了私人日志，只是这份私人日志没有任何事件情节，看上去更像是一份严肃的科学考察报告。⑥在日志中，勋爵按照风俗和品性、宗教、政府、司法、财产、人口、赋税、文武官员的等级和制度、商业和贸易、技艺和科学、水利、航行、语言等方面，详细记载了他对中国情况的"考察"。这些信息来自他一路上的搜集，包括陪同使臣的清朝官员主动提供的资料。

比如在"财产"一节中，马戛尔尼注意到中国没有长子继承权，在子女幼小时，丈夫死后可以将财产传给妻子。中国的合法利息是12%，但一般可

---

① 见《东华录》。
② 关于马戛尔尼使团的清代档案，见《清代档案史料汇编·乾隆朝·英使马戛尔尼来聘案》。
③ 这次使团共产生了如下记录：马戛尔尼本人写的私人日志、副使斯当东的谒见乾隆纪实、团队成员巴罗的中国行纪、基兰医生的医学和生化观察、"狮子号"大副安德逊的记载。
④ 见《十六世纪葡萄牙文学中的中国　中华帝国概述》。
⑤ 见《英使谒见乾隆纪实》第十三章。
⑥ 《马戛尔尼勋爵私人日志》见《马戛尔尼使团使华观感》第一部分。

以增加到18%，有时甚至到36%。即便到了今天，中国法律支持的最高利率也是36%，可见古老中国法律的传承性。

马戛尔尼还注意到，中国的税收大约是大不列颠的四倍，也是革命前的法兰西的三倍，主要包括土地税、盐税、海关税和其他小税。其中三分之一的财政收入用于军费。

北京有两个财库，其中一个是国库，另一个是皇帝的私库。这项制度在汉朝就确立了，一直延续到清朝。

中国的科学远远落后于欧洲，仅具备非常有限的数学和天文学知识。中国的天文学知识大多类似占星学。这表明了天文学从明末开始走向现代化之后，又在清朝再次退化了。传教士的功绩还保留着一个小尾巴——马戛尔尼来华时，钦天监里还有外国人供职。①

他还记载了中国的官员对水压、光学原理、透视法、电气等漠不关心，看不懂也不在意地球仪、行星仪、气压计，却对漂亮的欧洲花瓶和瓷器充满了兴趣。

使团的医生也评估了清朝的医学水平，得出的结论是：②清朝医学水平非常低，很难说是一门科学。这里没有公立医学院或者教师，没有相关科学教授，全国没有正规的医师联合团体或协会。中国人完全不知道人体解剖学和生理学，从未做过人体解剖，也没有丝毫概念去探寻这些知识。他们的病理知识（只有诸如阴阳理论和脉象等不可验证的东西）和治疗方法极端缺乏，而且大都是错的。他们的药物极其有限，几乎都来自植物界，除了驰名的驴皮胶外没有直接或间接用任何动物做药用。中国人最擅长的手术只有几种：针灸（姑且算是一种手术）、修鸡眼、清耳朵、贴膏药，以及阉割（这才算一种真正的手术）。③

医生还记录了一件触目惊心的事情：中国存在大量的梅毒患者。之所以这样说，是因为护送英国人去广州的四位官员都患有梅毒，其中乔大人（乔

---

① 当时在北京供职的包括北京主教科威亚、他的秘书以及安东尼奥神父，他们都是葡萄牙人。
② 医生日记见《马戛尔尼使团使华观感》第一部分的附录。
③ 关于中国古代的医药知识，这里均引述马戛尔尼使团医生的结论，是否有偏颇，请读者自行判断。

人杰）和王大人（王文雄）在杭州嫖妓时染上了这种病，武官王大人先向医生求助，被治好了，文官乔大人不好意思，就偷偷地请求王大人给他带药剂。另外，南昌府武将托大人和两广总督长麟也都有这种病，可见这种从美洲传入的疾病在中国传播之广、患病比例之高。

另一位使团成员巴罗[①]除了记载一部分亲身经历之外，主要从文化和社会学角度考察了中国社会，宗教、仪式、农业、外贸、政府、法律、经济、文学、艺术、语言等都在考察范围内。巴罗记录得如此细致，甚至将几首中国歌曲用五线谱进行了标注，并用英语模仿中文发音进行了注音，在注音之下还列出了英文的翻译文本。其中最著名的歌曲就是至今仍然在传唱的《茉莉花》。

一路上，随行的画家[②]也画了许多水彩画，从皇帝到官员，从贩夫走卒到囚犯，加上无数的风景和建筑，如果将之整理出来，细致程度和信息量恐怕不亚于张择端的《清明上河图》。

"狮子号"大副艾尼斯·安德逊的观察带着一位军人的冷静与严肃，他对那些浪漫的东西并不感兴趣，只关注实用性。他观察到，中国没有玻璃，窗户只是用油纸糊着。他对北京的城墙进行了细致的观察，并专门提到北京城内的房屋虽然雅致，却很少超过一层，由于低矮和面积小，并不适合居住。经过长城时他还默默地估算了中国军队的阵型和人数，显示出一位军事人才的素质。他甚至量过一个年轻女子的脚，脚长只有五英寸半。

当时中国处于康乾盛世末期，但英国人已经预料到它的未来并不妙。这个庞然大物看上去依然雄伟无比，却过于封闭、落后，只是依靠余威来强行支撑。所有的西学知识都好像没有存在过，所有对科学的崇敬都被铁板一块的集权所取代。当皇帝沉浸在自大之中，自以为可以摒弃海外的一切来维护政权的稳定时，它的命运就注定了。

---

① 见巴罗《中国行纪》。
② 使团画家叫亚历山大，见《英使谒见乾隆纪实》。

第十章
孱弱的军事，强硬的姿态（1796—1820）

西山的动荡

乾隆五十五年（1790）八月，乾隆皇帝在北京迎来了一位特殊的客人——越南西山阮朝的光中皇帝阮惠（中国人称之为"安南国王"）。

这位安南国王带来了两头大象，两广总督福康安和广西巡抚孙永清一路陪同。到北京时，乾隆皇帝正在热河的行宫避暑，于是安南国王再次舟车劳顿前往热河。

到了热河后，安南国王显得格外热情，对着乾隆皇帝行抱膝之礼，情同父子。乾隆皇帝也甚为感激，带着诸位亲王大摆筵席庆祝国王来京。离开时，皇帝还专门令画师为他画像作为纪念，表示对他的尊重。

乾隆皇帝显然不知道：这个所谓的安南国王是一个叫作范公冶的人假冒的，真正的安南国王根本没有离开过升龙府（河内），享受着当皇帝的乐趣。他绝不会拿自己的性命冒险，跑到几千千米外的中国去仰人鼻息。[①]

为什么会发生这么一段公案呢？原因在于越南一次特殊的改朝换代。

在阮惠之前，越南的后黎朝是在对抗明军的过程中建立的。但之后，由于皇帝的孱弱，越南被分成了南北两个部分，北方的郑氏和南方的阮氏控制了国家。[②] 在历史上，虽然越南还属于后黎朝，但人们习惯于将北方的郑氏称为"东京"，将南方的阮氏称为"安南"。

[①] 此次事件，见陈重金的《越南通史》，关于阮惠入京，亦见于《清史稿》。
[②] 在统一的后黎朝和南北分治之间，还有一个权臣莫登庸建立了莫朝，并维持了六十五年。郑氏和阮氏都是在对抗莫朝、重建后黎朝的过程中成长起来的。其中出现过郑氏在南方、莫氏在北方的时期，莫朝灭亡后，郑氏前往北方，而南方被阮氏篡夺。见《越南通史》。

现代越南的地形过于狭长，在历史上则长期处于分裂状态，北方是所谓的越南政权，而中部属于一个叫作占婆的国家，南方则长期属于高棉人。在后黎朝，占婆已经逐渐消亡了，但湄公河三角洲地区还属于柬埔寨。郑阮分立对越南来说反而是一种幸运，因为如果政权是统一的，并定都在河内，那么河内对于南方的控制力一定不会太强。只有在分立状态下，以南方为基地的阮氏才会向南扩张，将位于湄公河三角洲的西贡吞并。

郑阮之间的战争从1627年开始，打了将近五十年，发动了七次大规模的战争，从明朝一直打到清朝，才因为双方都精疲力竭而罢兵。两个分裂的政权在相对和平中又度过了一百年。

就在这时，出现了著名的"西山三兄弟"。前面提到的阮惠就是三兄弟之一，也被认为是仅次于胡志明和陈兴道的越南民族英雄。[①] 除了阮惠，三兄弟还有其兄阮岳和阮侣。他们原本姓胡，家住北方的义安省。在郑阮战争时期，胡氏的祖先被掳掠到了南方，在归仁府的西山定居下来。到了兄弟三人的父亲胡丕福时期，已成当地富户。兄弟三人之所以改姓母亲的阮氏，是因为阮氏是南方统治者的姓氏，更具有号召力。为了区别之后阮朝的阮氏，人们将他们称为"西山阮氏"。

1771年，阮岳借着当小吏的机会，结交百姓，最后遁入山中建立山寨，开始靠劫富济贫过日子。被视为正统的安南阮氏也开始对其进行镇压，但失败了。借着反镇压的余勇，兄弟三人乘机举事，"西山起义"由此爆发。

三兄弟起义后，安南阮氏曾想和北方郑氏联手绞杀他们，但郑氏最终选择接纳阮岳，册封他为"西山校长""壮烈将军"，阮惠也成为"西山校前锋将军"，之后，又封阮岳为广南镇守、宣慰大使和恭郡公。

西山三兄弟在北方郑氏的支持下攻陷阮氏政权，杀掉了阮氏的两代君主，只有一个宗室子弟阮福映得以逃脱。阮福映逃到暹罗的土地上，投奔了法兰西人。

1782年，西山阮氏获得南方之后，转而进攻北方郑氏，四年后，郑氏灭亡，郑氏最后的君主郑楷自杀身亡。之后，西山三兄弟消灭了忠诚于后黎朝

---

① 至今，几乎每个越南的大城市都有一条叫作阮惠的街道，表示对他的纪念。

的残余势力，逼迫后黎王朝的末代皇帝出走北方。①但随后西山三兄弟发生内讧，其中弟弟阮惠占据了富春（顺化），而哥哥阮岳占据了更靠南的归仁，阮侣则在最南方的嘉定。

西山阮朝之所以重要，是因为它处于越南从中古时代向近代的转折点上，并为这种转变起了推进作用。首先，正是从西山朝开始，越南有意在文化上与北方的中国拉开距离。在西山政权之前，越南使用的是汉字，但西山朝开始了一场文字革命。就像契丹人和党项人借助汉字的偏旁部首法则制造自己的文字一样，越南也在漫长的历史中，在汉字基础上发明了一种越南文字，称为"字喃"（也作"喃字"）。字喃已经发展了上千年，最初更多是用于记载一些非汉语的读音，如地名、人名等。到了西山朝，阮惠等人开始有意识地在官方场合使用字喃，以取代汉语。虽然字喃最后没有铺开，却表明了越南希望从汉文化体系中独立出来的愿望。到了后来的传教士时代，传教士们发明的拉丁语化的越南文最终取代了汉字体系，成了越南至今依然在使用的文字系统。②

其次，西山阮朝灭亡了后黎朝，而后黎朝的末代皇帝昭统逃往中国，招致了中国的军事干涉。在三兄弟中，由于阮惠的地盘更加靠北，就成了抵御中国的主力军。属国发生改朝换代时，是与宗主国之间矛盾最深的时候，新朝的国王由于刚刚取得政权、骄傲无比，对于朝贡等规矩都不甚明了，甚至抵制。因此，中国作为宗主国不希望出现改朝换代，往往会选择支持被推翻的国王。

这一次，清朝同样采取了这个策略，清朝的大军以支持昭统帝为名进入河内。两广总督孙士毅发动两广、云贵四省的大军，分兵三路进军越南。阮惠听说清军占领了河内，选择坚决抵抗并称帝。在接下来的战争中，由于孙

---

① 阮氏灭黎还有一个小波折：第一次北进灭亡郑氏后，阮岳选择将北方交还后黎的昭统皇帝，领兵南返，自称"中央皇帝"。但西山三兄弟离去后，一个叫阮有整的权臣掌握了北方的大权，阮惠这时才二次北进，消灭阮有整，灭亡后黎朝。
② 现代使用的拉丁化越南文字是由法兰西传教士罗德设计的，但有着漫长的完善时期，直到1832年新版的《越拉字典》和《拉越字典》编撰完成，拉丁越南文才趋近完善，在法属时期被强行推广，并成为独立之后越南的法定文字。越南由此脱离中华文字圈。

士毅的轻敌，阮惠打败了清军，孙士毅疯狂奔逃才免于被俘。

不过，阮惠并不想与清朝对抗到底。接下来，乾隆皇帝换了自己的侄子福康安做两广总督，阮惠开始与福康安联络，表示愿意臣服于清廷。在福康安的斡旋下，乾隆皇帝答应册封阮惠为王。不过出于面子，怒气未消的乾隆皇帝要求阮惠亲自到北京觐见，否则将继续出兵。①

对于西山朝来说，他们需要的是独立的实质；对于清朝来说，他们需要的是臣服的虚名。双方的需求有一个契合点。阮惠决定满足清朝皇帝的虚荣心，但他绝不会冒险亲自前往，以免身遭不测。他想到了一个办法：找人假冒他前往北京。

整个事件中，唯一失败的只有后黎朝的昭统皇帝，当清政府决定不再支持他的时候，也把他骗往北京并软禁起来，随同昭统皇帝入京的官员被拆散送往中国的偏远地区。乾隆皇帝给昭统封了几个虚职，把他搁置起来，他最后在北京默默死去。②

与中国的交涉，使得越南人有了足够的自信心，这个自信又在西山朝和阮朝的改朝换代中传给了阮朝，从此以后越南的民族主义更加兴盛了。③

西山朝的意义不仅在于使越南更加独立于中国，还将西方国家拉入越南的局势之中。就在西山朝获得全国政权的时候，在遥远的法兰西首都巴黎发生了有趣的一幕。1787年，距离法兰西大革命爆发还有两年，法兰西宫廷出了个热门的新闻：安南阮氏的太子阮福景（七岁）从远东来到这里，经过与贵族的交往，终于获得了法王路易十六的接见，成了凡尔赛宫里的贵宾。

这个事件充满了象征意义，它代表着东方王朝和西方王朝相遇：西方的君主见证了东方的王位继承人，东方的王子请求西方最有权势君主的帮助。

---

① 关于福康安就越南问题的奏折，以及皇帝的考虑，见《清代档案史料选编·乾隆朝·安南档》。
② 见《越南通史》。
③ 越南自从唐末独立后，有四次抗击中国军队的历史，分别是五代时期、元朝时期、明初和清朝的西山朝与清的战争。这四次战争中，影响最大的是越南对抗元朝的战争，由此产生了越南民族主义的图腾陈兴道。西山阮朝的战争是最近的一次，并由于海盗问题（见下文），对清朝产生了巨大的影响，也间接让西方知道了清朝的衰弱。

但事实上，这时候的越南政权属于西山阮氏，原来的安南阮氏已经垮台，只有一位叫作阮福映的宗室子弟逃到暹罗，投奔了法兰西人，属于没有土地的君王。去往法兰西的阮福景就是阮福映的长子，此时也处于流亡之中，而他的父亲派他前往法兰西，也是为了求援的。跟随太子前往法兰西的是法兰西传教士百多禄，①早在两年前，五岁的太子就跟随百多禄乘船去了印度的本地治里，那儿是法兰西的殖民地。在殖民地待了一年多之后，他们才离开印度，又经过半年的旅行，最后到达巴黎。②

在阮氏太子享受着法兰西的美酒宴会时，百多禄却主持了与法兰西政府的谈判，在秘密的会议室里，他代表太子的父亲阮福映签署了一份法越协定，即《法越凡尔赛条约》，规定法兰西人出兵帮助阮福映进军西山朝，而阮福映则答应割让越南中部城市岘港给法兰西。阮福映是位现实派，只要能够夺回政权，一个港口算不了什么。而法兰西人决定支持阮氏，也是这个欧洲国家重返亚洲的重要一步。在与英国、荷兰的竞争中，法兰西除了印度小城本地治里之外，没有在亚洲获得太多的殖民地。越南的出现给了法兰西人新的希望，让它能够在东南亚地理条件最好的国家取得优势地位，并乘机控制中国南部的大片海域，最终称霸东南亚。

法兰西向阮氏提供了两艘战舰以及不少雇佣兵，并配备了最先进的武器和科技。当安南太子又坐上摇摇晃晃的船，踏上漫漫归途时，获得西方武器和装备的阮福映终于有了与西山军对决的资本。

此刻，西山政权已经处于内乱之中。百多禄回来之前，依靠葡萄牙人（也是在百多禄帮助下与安南阮氏结盟）的帮助，阮福映已经取得了嘉定，并逼走了最南方的阮侣（他不久后去世）。三兄弟中的阮惠和阮岳也先后死亡。1792年、1797年和1798年，阮福映三次攻打中部的归仁，直到1799年将其攻克。1801年，南方军进入富春（顺化）；1802年，攻克河内，统一了越南。

---

① 百多禄1741年生于法兰西，二十四岁前往亚洲，后在河仙镇担任圣约瑟夫神学院校长，在这里遇到了逃亡的阮福映，并跟随他流亡。百多禄死后，人们将他埋在西贡的教堂里，以感谢他为越南做过的一切。但到了革命时代，北越攻克了南越最后的堡垒之后，作为帝国主义代表的他被革命者掘了坟，遗骨被送回法兰西安葬。

② 至今，法兰西还保留着当年安南太子的画像。

阮福映号称"嘉隆帝",定都顺化,建立了越南最后一个王朝阮朝。[①]

阮朝是一个得到法兰西支持的王朝,但随后,越南和中国、日本一样,选择了闭关锁国,将西方势力摒除在外。其中重要的原因,在于西化派首领的死亡。

西化派最大的代表是太子阮福景,在整个阮氏王朝中,从来没有人如此了解西方,并从心理上接纳西方的政治和技术。历史学家们不免设想,这位到过法兰西、与传教士情同父子的小太子登基后,会采取开明的政策,扭转历史的车辙,将越南拉出传统的泥沼,向西方看齐。他或许能采取西方的制度、教育和科技,避免越南成为西方的殖民地。

但就在阮福映攻克归仁城不久,对阮朝帮助巨大的传教士百多禄去世。传教士死后两年,太子阮福景也感染天花去世,当时他刚满二十岁。

1820年,阮福映去世,皇位传给了他的四子阮福晈(亦名阮福胆),是为"明命帝"。保守的明命帝追求建立集权式的国家:一方面进行了许多制度化工作,恢复了科举,重定了官品,使得越南成为一个汉式的国家;另一方面,他又疏远法兰西人,直至与法兰西断绝外交关系,并拒绝了其他国家的外交请求。

明命帝治下,又将越南以1832年为界分成了两部分。在这之前,嘉隆帝的大将黎文悦在南方坐镇,黎文悦与太子阮福景一样倾向于天主教,在主管嘉定时采取了善待天主教并重用华人的政策,而这两项政策都是明命帝所反对的。虽然在1825年前后,明命帝就已经出台了禁止传教士在越南活动的命令,但只要黎文悦在,禁令就很难执行下去。1832年,黎文悦死亡,明命帝开始捣毁教堂,禁绝基督教。从1837年开始,南方基督徒进行了暴力反抗,被明命帝镇压。[②] 越南变成了一个类似于日本的保守国家,甚至比中国还封闭。

但这一切都不足以阻止法兰西人对越南的兴趣,这个兴趣在压抑了三十

---

① 顺化至今仍保存着阮朝的皇城和陵墓群,包括嘉隆帝、明命帝、绍治帝、嗣德帝、同庆帝、承泰帝、启定帝诸陵。
② 黎文悦至今在越南仍是个争议人物,胡志明市代表的南方和越共代表的北方,对他的评价处于两个极端。

几年之后终将释放。1858年，法兰西军舰炮轰岘港，开始了对越南的入侵，经过近三十年的三次战争，1884年，越南全境沦为法兰西殖民地。[①]

海盗时代的起落

西山朝时期越南对中国最大的影响，是它间接促成了发生在中国沿海的一次严重的海盗潮，而由于清政府无力镇压海盗，不得不求助于西方，也让世界第一次发现了清朝的虚弱——连家门口的海洋势力都无法剪灭了。

自从台湾被收复后，中国的海洋进入了一个相对平稳的时期，虽然康熙皇帝晚年对海盗问题忧心忡忡，但比起明朝的倭寇、郑氏集团等大型组织来说，海患已经微不足道。

18世纪60年代，中国沿海地区的海盗也只是在一些近海、浅海的小岛上活动，偶尔有小规模盗贼实施夜间抢劫。这些海盗无法对抗正规的官方军队，哪怕只是面对一个小型的舢板，也只能逃之夭夭。直到马戛尔尼前往中国的乾隆五十八年（1793），乾隆皇帝还自认为广东没有什么危险，海盗也近乎绝迹。

但三年后，沿海地区就出现了一批巨型海盗队伍，他们数量庞大且武器精良。与此同时，由于懈怠日久、船只没有有效维护，清朝的海军已经无力对付这些海盗了。到了嘉庆十年（1805），出现了一个总人数达五万人以上的海盗联盟，控制了沿海贸易和渔业。商船为了不受海盗劫掠，只能在出海前先付保护费，甚至欧洲人也与之谈判来获得安全。海盗们甚至打到了内陆河道，并针对乡镇进行勒索以便获得保护费。[②]

嘉庆十四年（1809），自负的海盗首领张保向葡萄牙人夸口：如果借给他

[①] 三次法越战争分别是：1858—1867年，法兰西进攻岘港和西贡，最终获得整个越南南部；1873—1874年，法兰西进攻河内及越南北部，被击退；1882—1884年，法兰西再次侵入河内，将全越南变为殖民地。
[②] 穆黛安的专著《华南海盗：1790—1810》详细地考察了这次海盗的发生、发展和结局。清朝袁永纶则留下了记录海盗事件的《靖海氛记》。

三四艘军舰，他将推翻清朝，再送给葡萄牙人两三个省份。[①]

那么，这次海盗潮又是怎么形成的呢？最后，清朝又如何将他们征服，在表面上解决了这次危机？它又给未来留下了哪些隐患？

这些海盗出现的直接原因恰好在于越南西山朝的鼓励。西山朝夺取越南全国的过程中，都有着中国人的身影。乾隆三十八年（1773）年末，刚起步的西山军得到两位中国商人集亭和李才的帮助，组建了"忠义军"和"和义军"两支义军，但这次合作以失败告终，并发生了西山军在西贡对华人的大屠杀。[②]

之后，西山军又招徕了华人海盗陈添保和梁贵兴，二人在西山军中屡立战功，并跟随西山朝攻克了整个越南。[③]

那么，为什么西山政权能够找到这么多中国海盗呢？这源于一个特殊区域的存在。康熙时代防范的海盗主要来自福建，福建的海盗大都活跃在台湾和琉球以北地区。但之后，来自广东的海盗数目不断增加，而广东海盗对澳门和南方海域更感兴趣。

广州是对外贸易的最主要港口（也是对西方的唯一港口），这里也是清政府防范最严密之所在。但海盗们往往习惯于找一些统治薄弱的地区，他们最初不去广州，而是来到中国与越南交界处的一个叫作江坪（位于现广西壮族自治区防城港东兴市）的地方。这里属于三不管地带，又处于东京湾内，距离雷州半岛也不远，可以覆盖海南岛航线。当时海南岛与大陆有着频繁的贸易，同时还和东南亚国家有民间交流，[④] 在这里，海盗既不会遭受围剿，又有足够的活动空间和猎物。清中期，随着人口压力的增大，许多广东人来到了这里落草为寇，形成一个供给西山朝的"人才库"。

在安南阮氏的攻击下，西山朝进入萎缩阶段，战争财政和人员补充也几

---

① 这段葡文译件记载于朱迪思拜克《18世纪前葡人东征之条约与计划集成》。转引自《华南海盗：1790—1810》。
② 在围攻顺化时，两军被击溃。集亭逃回广州后被处死，李才投靠了南方阮氏，被击溃后，作为报复，西山朝血洗了西贡的华人。
③ 陈添保担任了总兵。乾隆五十年（1785），梁贵兴被封为合德侯。陈添保的部队中还聚集了一批汉人，如梁文庚、范文才、莫官扶、郑七等人。
④ 海南与国内的贸易：岛上出产各种热带产品，如槟榔、椰子和海绵等，而大陆则出产岛上需要的稻米。另外，在两地之间还有食盐、刀具、牲口、棉花和香料等货物的贸易。

近断绝。为了筹措财政，西山朝开始继续利用这些华人海盗。乾隆五十七年（1792），光中皇帝阮惠将海军派往中国（包括一百艘战船，编成三个分队，每个分队由四名总兵率领），一方面依靠劫掠获得战争财政，另一方面也招徕人才。①

清政府对越南海盗的反击非常羸弱，原因在于乾嘉交替之际，清帝国的盛世已成往事，国内的动荡也已出现：在南方发生了苗乱，而在中部则出现了白莲教反叛。②皇帝对内陆的反叛更加重视，也就无法兼顾海上了。③

对北方的劫掠并没有延长西山朝的寿命。嘉庆七年（1802），西山朝灭亡。阮朝在与西山朝的战争中，将华人海盗头子梁文庚、范文才、莫官扶抓获并送往清廷，并将另一巨头郑七斩首，还捣毁了海盗在江坪的巢穴。④

令人没有想到的是，西山战争的结束，却让华人海盗们失去了一个释放口，于是他们大举回流进入中国海域。也是从此时开始，中国境内的海盗潮彻底爆发。江坪被捣毁后，虽然有过重建，但更多的人也由于自身实力的增强，开始向广州一带活动。

海盗最初的活动受制于他们内部的整合。最初，在广东省就有十二大海盗互相竞争。到了嘉庆十年（1805），他们在竞争过后终于决定合作。这一年7月，在竞争中剩下的七位海盗签署了一份合约，结成联盟。⑤随后由于有一人退出，联盟中实际上有六大帮，分别以红、黑、白、绿、蓝、黄色的旗为标志。每一个帮有七十到三千艘船。

在这六大帮中，最大的红旗大帮的领袖是郑一，最初他只有二百艘帆船，人数在二万到四万人之间，但到了嘉庆十二年（1807），他单在香港鲤鱼门

---

① 见魏源《圣武记》：（光中即位后）"师老财匮，乃招濒海亡命，资以兵船，诱以官爵，令劫内洋商舶以济兵饷，夏至秋归，踪迹飘忽，大为患粤地。继而内地土盗凤尾帮、水澳帮亦附之，遂深入闽浙。土盗倚夷艇为声势，而夷艇则恃土盗为向导。"
② 苗乱发生在乾隆六十年（1795），影响了贵州、湖北和四川三省，镇压苗乱用了数年。同年下半年"白莲教起义"持续九年，影响了湖北、河南、四川、陕西诸省。
③ 皇帝并非毫无作为，他采取了征缴、压迫西山朝、招抚三重策略，但均没有取得良好效果。
④ 根据《清朝柔远记》，阮福映献海寇发生在嘉庆四年（1799）。
⑤ 他们是郑文显（郑一）、麦有金（乌石二）、吴知青、李相清（金占养）、郑流唐（郑老童）、郭学显（郭婆带）、梁宝（总兵宝）。退出的是郑老童。剩余六大帮中，至少有五个在西山政权参加过战斗。

地区就有六百多艘船。①

郑一的海盗联盟采取双总部的做法，一个永久性总部设在雷州半岛，他们占据了雷州半岛两侧的小岛硇洲和涠洲，这里既可以覆盖宽阔的海域，也由于人烟稀少不会受到清剿。第二个总部则位于东部的大屿山，现在是香港最大的岛屿。这里距离广州更近，也有大量的船民，这些船民既可以通风报信，也可以成为海盗的补充。②

郑一巅峰时期势力甚至到达珠江内河，他的锚地越过虎门直达黄埔。但不幸的是，就在巅峰之时，嘉庆十二年（1807），他突然遭遇飓风，掉入海中死了。③

郑一的事业并不缺乏继承人，他死后，其遗孀郑一嫂扛起了红旗大帮的旗帜。后来她嫁给养子张保，更巩固了地位。

作为女性，郑一嫂更懂得制度的重要性。靠私人关系维持的组织往往在领导人死后，留给继承人棘手的难题，只有制度才能解决换代的问题。也正是从她开始，海盗们摆脱了郑一时期的快意恩仇，变得更加组织化了。郑一嫂颁布法令：擅权抗命者处死；偷窃联盟物资，或者偷窃那些供应海盗的人的财产，处死；不得私藏战利品，战利品统一登记和分配，抢到战利品的人只能分得两成，剩下的进入公共资金池，用以购买给养和补贴其他人。

组织化的海盗立刻展现出强悍的战斗力，他们成了广东沿海的霸主。他们善于掳掠一切船只，最喜欢的是驾着双桅帆船、来自印度和菲律宾的葡萄牙水手，以及美国人的船。但他们不会轻易伤害西洋人，有时会利用他们的专长（如医生）为自己服务。当西洋人被海盗俘虏后，甚至连广东官方都必须出面参与赎人。④

---

① 郑一是死于越南内战的郑七的堂弟。郑一手下比较重要的指挥官有梁婆保、萧稽兰（香山二）、萧步鳌、郑国华、陈五、亚选嫂、陈亚南和大炮梭等。见《华南海盗：1790—1810》。
② 1805年，俄国使节克鲁森什特恩曾看见大屿山南部有大约三百艘船，当时他以为都是些渔船，后来才知道都是海盗船。见《19世纪俄国人笔下的广州》。
③ 这种说法根据《靖海氛记》。据《华南海盗：1790—1810》，亦有传说他死于越南的火炮。
④ 《华南海盗：1790—1810》讲了一个"塔伊号"大副特纳的故事。嘉庆十一年（1806），他与另外六名印度水手被海盗抓获。为了赎回他，参与谈判的包括该船船长、船东、东印度公司大班、中国行商、粤海关官员和两广总督。五个月后，海盗获得了七千一百五十西班牙银圆的赎金，其中有三千五百银圆是广东省支付的。

除了称霸海上之外，他们还抢劫陆地上的村庄和军营。由于他们总是有足够的眼线通风报信，官方拿他们毫无办法。

海盗另外两项关键性收入是盐业和鸦片。关于后一种，本书将放在最后一章讲述。广东在当时有二十二个盐场，嘉庆元年（1796），还在西山军旗下的海盗就开始涉足盐业，袭击盐船。到了嘉庆六年，他们已经可以组成三百艘船的大型船队，对港口内的盐船发动袭击了。不管是普通商人还是盐商，都发现与其被抢劫，还不如直接支付保护费，于是保护费也成了海盗的重要收入。只要缴纳了保护费，就可以得到一张有海盗首领签字的路条，一路上可以畅行无阻。[①]到嘉庆九年，广东珠江三角洲地区的船只都缴纳了保护费。

与中国官方的保守不同，海盗对西洋技术简直来者不拒，他们只要发现有用，就会立刻采纳。这些技术包括西洋的枪炮，也包括船只。当时福建泉州还有中国的造船机构，那里也是少有的还能建造航行南洋的战舰的地方。这种船甚至可以安装三十门大炮，装三百到四百人，这种船成了海盗的最爱。运输船方面则是广东的船最结实。嘉庆十四年（1809），他们处于鼎盛时期，一共拥有两千艘船，其中两百艘属于洋船或者福建船。这些船在与外国船的竞争中已经不落下风。

海盗如此强大，清政府在沿海地区的军力又如何呢？不幸的是，清朝的海军已经陷入低谷，我们可以用"船只失修、武器落后、制度过时、财政缺乏、指挥紊乱"这二十个字来形容。

关于装备和财政方面的问题，我们后面再谈，这里只说制度和指挥系统的问题。以广东为例，广东从明朝后期开始，海防就分为三路，分别是东路（惠州和潮州）、中路（广州）和西路（下四府，即高州、雷州、廉州和琼州）。[②]三路的划分使得不同地方的海军各自为政，无法协调，而海盗的活动区域却是连续的，穿越了三路的边界，在讨伐他们时，协调和组织都非常困难。

---

① 根据《华南海盗：1790—1810》，保护费是昂贵的，有时根据货运价值缴纳的银钱达到每班次五十到五百银圆。有的远洋船单次费用可达几千两银子。

② 见嘉靖时期的《广东通志》，这样的划分与明朝的备倭有关。其余的省份也分路，比如浙江分四路，福建分北中南三路。

广东海军的上层还包括由四百七十人组成的左右两翼水师，首领是满人。地方上还驻扎着八旗兵和绿营军。如果做一个类比，八旗兵相当于正规军，而绿营军则相当于维持地方治安的武装警察。

除了军事，广东还有着复杂的行政层级，包括总督、省、道、府、厅、州、县，这些政府都配有一定的绿营军，但是名目繁杂。比如，总督指挥的军队称为"督标"，提督指挥的称为"提标"，巡抚指挥的称为"抚标"。各标之下是绿营总兵，所属的水师分为镇标、协标、营、哨、汛等。

海军的驻地也是不同的。总督管辖的水师驻扎在肇庆，提督的水师驻扎在惠州。绿营中的三个水师总兵则分别驻扎在高州、南澳和琼州。

这种组织的协调难度是可想而知的。想要在战争任务中形成协调，必须将指挥权统一起来赋予某个负责人，但在实际操作中困难重重。即便是总督，也几乎不可能调动巡抚、按察使和盐法道下属的武装警察。

在中国古代历史上，一直遵循地方分权原则。皇帝为了限制地方官员，避免他们造反，总是将行政权（包括财政权）、军事权和监察权三分，让他们谁也无法获得独断的权力。[①]比如，一位总兵掌握的军队要比总督和巡抚还多，但是总兵没有财权，必须仰仗中央调拨物资，而总督的监察权虽然很大，在行政上却不见得能够指挥得了作为他下属的巡抚。

清朝还有自己的问题，那就是满人对汉人的防备。他们更加指望满人自己的八旗兵，但八旗兵已经退化得快不能打仗了。八旗兵越退化，皇帝越担心汉人的绿营军造反，为此，他们自毁长城般不断地寻求削弱绿营，将他们拆得七零八落，驻扎在各地。广东沿海地区的绿营汛所有一百个，每隔五到十千米就有一个，每个汛所都有望楼，插着彩旗，看上去很壮观，但每个汛所只有五到二十人，根本无法抵御海盗。

在船只方面，广东只有一百八十七艘小船，分属三十五个营。而海盗有数千艘船，可以集中调动。

[①] 之所以这样做，是吸取了唐朝安史之乱的经验。但这样分权，往往造成资源无法集中支配，在军事中无法协同，如北宋的靖康之变。见本书作者的《盛世的崩塌：盛唐与安史之乱时期的政治、战争与诗》和《汴京之围：北宋末年的外交、战争和人》。

广东官员也并不是不知道问题所在。嘉庆五年（1800），两广总督吉庆上奏，请求从未解付的盐款中提二十一万六千两白银制造八十艘战船。① 但当时皇帝正被内部的反叛弄得焦头烂额，直接拒绝，表示广东的船已经不少了。不过，为了安抚吉庆，皇帝同意拨用八万六千两白银建造二十八艘船。在这样的情况之下，官员们也知道要想镇压海盗是不现实的。

但海盗已经坐大，不处理也不行。于是嘉庆皇帝调名将那彦成镇压海盗。② 嘉庆十年（1805）春，那彦成到达广州。

那彦成到达后，发现情况比他想象中更糟糕。虽然理论上广东水师拥有一百三十五艘主要用于作战的米艇，但由于缺乏保养修理，许多米艇都处于无法使用的状态，实际上能用的只有八十三艘。就在这八十三艘船中，还有二十六艘需要大修。士兵只有一万九千人，不到海盗的三分之一。

所谓"米艇"，最初是用来运送粮食的，分成大、中、小号，其中大号载重量两千五百石，中号和小号载重量分别是两千石和一千五百石。米艇是出于商业目的开发的，行驶便捷；而广东水师原来用船虽然结实，但过于笨重、缓慢，不实用。于是水师改用米艇作为战舰，经过改造后，米艇可以装两根或三根桅杆，安放大型火炮，每艘米艇可以坐四十到八十人。

我们在这里也可以做一个对比：海盗最好的船上可以安装三十门大炮，坐数百人，从人员到武器都超过米艇；米艇大都没有经历过实际战斗，海盗船却是天天在实战，官方船顶多只具有吓阻的功能。

除了船只，清军在其他装备上也是落后的。清初的红衣大炮曾经震慑四方，但不过一百多年的时间，其火器已经极其落后：水师没有专门为海战设计的大炮，战船上的炮更是五花八门，都是在不同的年代从各种途径得到的葡萄牙和荷兰人制造的老火炮。不仅火炮落后，连炮弹都不足，甚至装不进炮筒里。而且火炮是固定在船上的，缺乏灵活性。火药也同样落后，颗粒不

---

① 吉庆亦指出，这样的数目依然远远不够。
② 那彦成最大的功绩是在第二次陕甘总督任上平定天理教之乱，发生在两广总督任上之后。在上任两广总督之前，他曾因为镇压白莲教不力而被革职。重新起用时，第一次担任陕甘总督，不久就调任了两广总督。他担任过陕甘总督、直隶总督和两广总督，以及工部、礼部、吏部、刑部尚书，户部侍郎，理藩院尚书，内阁学士，军机大臣等职，见《清史稿》本传。

均、容易结块。水师除了火炮，还配备有刀剑长矛和弓箭，但这些武器已经完全不适合近代战争了。

广东地方原本有着严格的巡航制度，但是日久天长，各地的武官都已经不再执行，所谓巡航成了走过场。海盗兴起后，各地官兵都害怕巡航，因为一旦出去，就有可能遇到海盗，不得不应战。所以巡航更是成了纸面上的游戏。

事实上，那彦成到来之前，广东水师已经屡吃败仗了。嘉庆八年（1803），总兵黄标和提督孙全谋被海盗击败。嘉庆十年初，提督魏大斌全军覆没。

总之，这些正规军已经指望不上了，他们的战斗力很弱，却又耗费经费，偏偏那彦成最缺的就是钱。

那彦成该怎样解决海盗问题呢？他想到了几种制度：一、正规军还是要的，为此要新造三十三艘船，修复二十六艘船，形成一百二十艘船的正规水师；二、在正规军之外，发展保甲制度，利用连坐，断绝地方百姓与海盗的联系；三、训练民兵来补充正规军，也就是乡勇团练制度；四、联合外国人对付海盗。

保甲制度在清朝一直存在，却由于实施的成本太高，一直无法推广。[①]那彦成决定加强保甲制。另外，保甲制还是团练制度的基础，因为要对每一户的男丁进行登记，家中有多余男丁的才参加团练，充当团练头目的就是保长和甲长等人。[②] 他还在沿海地区挖了深壕，以期断绝和海盗的联系。

在那彦成之前，广东官方就有意联合葡萄牙人抗击海盗——澳门在当时也受到海盗的威胁。但嘉庆九年（1804）中葡的两次联合行动都失败了，这导致皇帝大怒，下令不准和外国人联合。英国人有心帮助广东镇压海盗，但那彦成掂量之后，不得不拒绝了。

嘉庆十年（1805）下半年，那彦成终于要行动了。官军在广州湾发动了剿匪行动，击毙海盗六百名，击沉十八艘船（包括十艘待修的空船），俘虏二百三十二名海盗，俘获八艘船。这是一次清军的胜利，但成果与海盗的整体军力相比，又是微不足道的。更麻烦的是，虽然胜利了，但这次战斗让官

[①] 比如，那彦成的前任吉庆就推行过保甲制度，但收效甚微。
[②] 甲长称为"练头"，练头之上有正、副团总。团练除了训练之外，还要参与巡逻，并利用响炮传递海盗到来的情报。

军体会到了海盗的力量,他们更加不敢出战了。

眼看无法取得大规模的胜利,反而可能会承担大规模的失败,那彦成只好改变策略,采用招抚的方式。这也是中国古代的传统智慧——在控制力变弱之时,都会试图将无法镇压的反叛者招安过来。

他宣布,只要宣称自己是被逼参加海盗的人,不管是普通海盗还是头目,都可以投降,想回家的发给路费,不想回家的可以在清政府中当官或者当兵。

他的政策终于惹恼了皇帝——皇帝还不能接受自己强大的帝国居然对付不了海盗。那彦成最初还能通过描述海盗的走投无路来获得皇帝的赞许,但随后,官军在不同的地点遭受海盗袭击的消息传到了皇帝那里,皇帝终于忍无可忍,将那彦成革职,之前的所有政策也被废除,并任命直隶总督吴熊光取代了那彦成。[①]

吴熊光时期,事态继续恶化。嘉庆十三年(1808)年初,浙江提督李长庚被海盗击毙。同年,虎门总兵林国良被击毙。在海盗的打击下,广东水师的船只减少了一半,财政更是无以为继。

与此同时,吴熊光还在要求组建新的船队,他看上了一种"登花船",船长约三十米,在战争中的表现优于米艇,每艘造价七千两白银(不含武器)。由于财政匮乏,请求依然被皇帝搁置。嘉庆十四年(1809),吴熊光被撤职,由百龄继任。[②] 这已经是皇帝用于对付海盗的第四任总督了。

百龄的策略也没有超出那彦成和吴熊光,但在他的任上,情况更紧急了,迫使皇帝必须面对现实。百龄时期,海盗不仅侵入珠江,还深入内陆打劫,形势朝着失控发展。[③] 这些情况让皇帝不得不认可了百龄的意见,而百龄的意见又几乎与那彦成完全一致,包括以下几个部分:

第一,建造四十艘米艇,取代吴熊光要求的二十艘登花船,后又要求建造一百艘米艇。在米艇建造完成之前,征调民船以补充海军所需用船。这一次,朝廷同意拨款建造一百艘米艇和一千门铁炮。

---

① 那彦成的政策、上奏,见《那文毅公奏议》。
② 吴熊光的倒台,与处理英国人入侵事件的失误有关,见下一章。吴熊光被撤职后,皇帝曾任命贵州原巡抚永保担任两广总督,但此人未上任就死了,之后才改为百龄。
③ 这主要是由于百龄采取了类似于海禁的政策,海盗如果要获得物资,必须到内陆自己去拿。

第二，采取保甲和团练制度，形成类似于海禁的措施，切断海盗的补给和人员补充。

第三，与海外结盟对付海盗。

嘉庆十四年（1809），中葡和中英联合军队分别与海盗作战，均没有成功，[①] 也部分成就了张保"夺取全中国"的豪言——当年夏秋之际，海盗扣留了暹罗朝贡使团的三艘船，将五艘美国船驱赶到澳门，甚至劫持了帝汶总督的"安东尼奥·波特罗·何门"号双桅帆船。

就这样，东南沿海的海盗将大清帝国逼入墙角。在这样的情况下，皇帝只得认清现实。在百龄的建议下，清政府决定重新采取那彦成的最后一步棋：招抚。

比起那彦成，百龄的招抚工作显得更加小心翼翼和处心积虑。[②] 他采取各个击破的方法，利用内部矛盾，最终分化了海盗，让一部分人投降，再与朝廷一起剿灭另一部分不肯投降的人。

最先投降的是黑旗大帮的郭婆带，百龄亲自前往接见这位海盗首领。[③] 之后，海盗中最主要的红旗大帮，张保和郑一嫂也投降。郑一嫂亲赴百龄府上，通过谈判获得了保留部分船队的权力，张保则加入了清政府的军队，担任澎湖副将。[④] 最后，张保、郭婆带等人又与清军联合，剿灭了最后一支海盗——蓝旗大帮的乌石二，结束了这个特殊的海盗时代。[⑤]

19世纪初的海盗事件为后世提供了太多对未来的警示。事实上，不是在道光二十年（1840），而是早在嘉庆十四年（1809），清朝的海军就已经彻底

---

① 中葡联合主要是为了保卫澳门。英国人则主要是基于珠江形势的恶化导致贸易被断绝而愿意提供帮助。
② 在日后的记载中，百龄被塑造成大无畏的形象。包括作为两广总督，他亲自登上英国船寻求联合。百龄也是鸦片战争之前少有的具有一定开放性的官员。
③ 见《靖海氛记》记载郭婆带的投降："收其众八千人，船一百二十八号，铜铁炮共五百条，兵械五千有六百。其群下散处于阳江、新安者，带亦招之使降，时十四年十二月也。"
④ 张保担任澎湖副将，郑一嫂则活到了鸦片战争时期。她的故事在外国人中广泛流传，被视为当时最有权力的中国人之一。
⑤ 关于乌石二被杀，见《靖海氛记》的记载："是役也，获贼男妇五百人，受降三千四百六十人，船八十六号，铜铁炮共二百九十一条，兵械一千三百七十二。"

失去了对海洋的控制。他们显得如此衰弱，完全无法应付新式的海战，也无法抵挡洋枪洋炮的冲击。指挥紊乱、层层制约、欺上瞒下的情况与后世已经毫无二致。皇帝甚至虚弱到必须与海盗谈判，这与康熙时期无所畏惧的武力只不过隔了两个皇帝而已。

海盗事件也让海外世界看到了中国的虚弱，也正是从这个事件起，欧洲人已经认定清朝的武力不堪一击。

皇帝在这些事件中表现出的无能和屡弱已经达到极致。但就如同最无能的人往往自尊心最强、最在意别人的尊重一样，清朝在这时偏偏到了最讲究礼仪的时期，在对外关系上也表现出了最强硬的姿态……

戈洛夫金：被迫返回的使节

嘉庆十年（1805）12月25日圣诞节这一天，一支蜿蜒数千米的队伍冒着零下三十摄氏度的严寒，在隆隆的礼炮声中，在二百名哥萨克骑兵的护卫下，离开了俄国边境要塞特罗伊茨科萨夫斯克，经过恰克图的大清国一侧，进入清朝控制的蒙古地域。

俄国使团冒着寒风一路赶来，在嘉庆十一年（1806）1月2日到达库伦。他们肩负着重要的使命，要前往北京去觐见大清国皇帝。

但正是同一支队伍，在一个多月后，却又灰溜溜地离开了库伦，他们并没有南下北京，反而是向北回到俄国境内，使团的任务失败了。[①]

到底是什么原因，让这个雄心勃勃的使团还没有开始活动就结束了行程？到底是俄国人放弃了，还是清政府拒绝了？这个使团本以为自己可以名留史册，却静静地躲到了历史的角落里，没有人愿意再提。这就要从嘉庆皇帝过人的自尊心说起。

1803年，俄国恰好是野心勃勃、虔诚又有些理想主义的亚历山大一世执政。在当时，法兰西的拿破仑已经崛起，整个欧洲都在想办法遏制这个新兴

---

① 《清史稿·邦交志一》提到了这次出使，但语焉不详，要想考察此次事件，必须借助俄罗斯文献，主要参考资料是《19世纪俄中关系：资料与文献》。

第三部　锁死在系统中的百年（1735—1840）

的主宰。不过，在第二次和第三次反法同盟的间隙里，俄国仍然有工夫关注东方的情况。亚历山大一世的财政大臣是著名的鲁缅采夫，他提出要派一个外交使团到中国去谈判，解决一系列的东方问题。

最重要的问题依然是贸易。当时俄国与中国的贸易主要在恰克图，这里承担了中俄贸易的所有功能，也是俄国的东方贸易中心。

但对俄国人来说，恰克图有无数缺点，其中之一就是它地处内陆，运输不便。特别在俄国人获得哈萨克草原以及北美洲的阿拉斯加之后，[①]他们已经不满足于只有恰克图一个口岸了。

他们希望能够为俄国再增加至少两个口岸，其中一个位于新疆，俄国人希望在布赫塔尔玛地区（在额尔齐斯河流域）开辟一个新的口岸，接纳来自中亚哈萨克及其以北的贸易。之前，清政府禁止新疆与俄国直接贸易，但允许哈萨克等与清朝有宗主关系的民族在边疆做生意，于是哈萨克人成了俄国与中国贸易的中间商，有些人大发其财。俄国自认为是哈萨克人的主子，希望绕开哈萨克人，由中俄直接贸易。[②]

另一个口岸是海路的广州。此刻的广州对西方国家是开放的，但清政府遵循一个国家只能有一个口岸的原则，既然俄国有了北方的恰克图口岸，广州就对俄国人封闭了。而事实上，俄国人占领阿拉斯加和北方岛屿后获得了无穷无尽的毛皮资源，通过海路运往广州进行贸易，比送往恰克图要便利得多。[③]

此外，中俄之间还有一个很大的麻烦——边境问题。《恰克图条约》规定的俄蒙边境争议较少，但《尼布楚条约》中的相关规定却让俄国人不满意：一是乌第河以南、外兴安岭以北直达海洋的部分，由于缺乏地理资料而暂时没有确定；二是俄国人不满足于第一次划定的边界，希望获得黑龙江的通

---

① 1741年，探险家白令发现了美洲北部的阿拉斯加，但直到1784年，俄国人才在此建立了永久性定居点。1867年，俄国人将阿拉斯加卖给美国。关于俄国人在中亚的进展，见上文。
② 鲁缅采夫1805年1月16日给沙皇的奏章，见《19世纪俄中关系：资料与文献》文献53第三条。
③ 鲁缅采夫1803年不晚于2月13日的奏章已经提到了广州开市的情况，见《19世纪俄中关系：资料与文献》文献1。

行权。①

与俄国人迫切的扩张心情相比，清政府却显得暴殄天物。《尼布楚条约》将黑龙江流域都划归中方，皇帝却并没有利用这条河流，反而将此处的居民撤出，形成了政治空白区。俄国人由此自以为是地认定这是一片需要重新划分的领土，希望清政府同意以黑龙江为界，重新划界，并允许俄国人在黑龙江上航行。②

根据鲁缅采夫的命令，使团最主要的使命有三个：第一，广州通商；第二，新疆通商；第三，东北边界问题。③

上述三大问题中，前两条是有一定道理的，只要两国的交往集中在贸易领域，那么贸易的多元化是对双方都有好处的，甚至一个良好的贸易协议可以防止俄方对领土的觊觎。至于第三条则属于无理要求，但需要清政府给予正面回应，形成可以援引的先例，避免由于条约模糊而造成后续问题。④

此外，还有一些小问题。比如，由于俄国与英国在争夺阿富汗，俄国希望清政府允许他们经过西藏，向喀布尔派出一支考察队；由于康熙时期的政策，俄国在北京有一个东正教会，每隔十年就有一次教士的调动，新任教士将随着使团前往；等等。⑤

俄国人派出的使者叫戈洛夫金，而清朝方面负责接待的是驻库伦的办事大臣蕴端多尔济和阿尔达西（后来是玉衡，再后来是福海），其中又以蕴端多尔济为主。

---

① 黑龙江的重要性已如前述。随着俄国人对远东的开发，他们需要一条河流将内陆与海洋连接起来，而黑龙江作为该区域最大的河流，是最适合航行的。
② 戈洛夫金 1805 年 5 月 10 日给副外务大臣的报告，见《19 世纪俄中关系：资料与文献》文献 93。但这一部分边界其实并无争议。见《清史稿·邦交志一》："循乌伦穆河相近格尔必齐河上游之石大兴安岭以至于海，凡山南流入黑龙江之溪河尽属中国，山北溪河尽属俄。循流入黑龙江之额尔古纳河为界，南岸尽属中国，北岸尽属俄。"
③ 见《19 世纪俄中关系：资料与文献》文献 53。
④ 到了后来，由于清政府对西方的战败，俄国才成功地将黑龙江以北拿走，比之更甚的是，又向南沿乌苏里江拿走了大片领土和库页岛，并将中国东北的黑龙江、吉林两省变成了不靠海的内陆省份。这样的局面既是俄国人的蛮横无理造成的，也是清政府的政策导致的。
⑤ 这时派出的是第九届东正教使团，虽然戈洛夫金使团出访失败，但东正教使团经过耽搁和人员替换后，于嘉庆十三年（1808）年初到达北京，由著名的学者比丘林（亚夫金）率领。

第三部　锁死在系统中的百年（1735—1840）

此时恰好处于嘉庆皇帝亲政初期。1796年，在位六十年的乾隆皇帝退位，其子嘉庆继位，是年为嘉庆元年。但直到嘉庆四年（1799）乾隆才去世，嘉庆皇帝终于开始了独立决策。

但由于生活在乾隆皇帝的阴影之下太久，嘉庆皇帝成了个典型的守业型皇帝。一方面，他杀掉了腐败的大臣和珅；另一方面，他着手平息民间的愤怒，解决白莲教反叛等问题。①

守业，决定了嘉庆皇帝对外政策上两方面的特征：第一，维护稳定，为了稳定不惜任何代价，哪怕牺牲的是发展的机会，任何被认为是麻烦的事情都会被回绝；第二，皇帝由于权威不足，显得更加敏感和自尊，比其他人都更难打交道，许多有关礼仪的事情就更加凸显出来了。

清朝的前几任皇帝中，康熙皇帝和雍正皇帝对待俄国使团，以及乾隆皇帝对待马戛尔尼率领的英国使团，都要通融得多。但到了嘉庆时期，他对礼仪的强调简直到了痴迷的地步。

随着皇帝对稳定的强调，大臣们都知道了皇帝的喜好。库伦办事大臣蕴端多尔济也是一个多一事不如少一事、做事畏首畏尾的人物。于是，嘉庆皇帝与蕴端多尔济就形成了绝配，任何企图做事的人都不可能穿透这重重的防御。

对于戈洛夫金的访问本身，嘉庆皇帝是感兴趣的。他每年都要举行生日大典，如果俄国人出现在他的生日大典上，能增加万国来朝的气氛，对这位亲政不久的守成皇帝树立权威是有帮助的。因此，理藩院对俄国人的请求做出了积极的回应，表示愿意接纳使团。

于是俄国人开始耐心地准备人选、礼物和行程。这一准备就是两年时间。

既然两国都有着良好的愿望，那么双方是否能把这良好的愿望转化成实际的友善行动呢？

嘉庆十年（1805）9月，戈洛夫金带着他二百四十二人的外交团队抵达边境时，首先吃了第一闷棍：中国方面拒绝他们入境，表示使团人数必须缩

---

① 见《清史稿·仁宗纪》。

减到一百人以下方才接待。①

原来，蕴端多尔济听说戈洛夫金带来两百多人，不想准备这么多马匹——按照中国的传统，使臣从进入边境开始，一切吃喝拉撒都必须由接待方负责，作为库伦地区的负责人和接待方，蕴端多尔济偷懒了。

但他并不会主动去做决定，由于皇帝要求他事无巨细地汇报，他在汇报中巧妙地加入了"使团人数过多，是不是应该削减一下"的询问，请皇帝定夺。皇帝果然立刻咬了线，拍板决定要求俄方缩减人数。

皇帝定调后，接下来就是理藩院的职责了。理藩院查了以前的旧档案，俄国人曾于顺治十二年（1655）、十三年、十四年，康熙十五年（1676）、三十二年、五十九年，雍正五年（1727）来朝。顺治朝和康熙三十二年的档案不见人数记载。康熙十五年到访的使团由一百五十六人组成，康熙五十九年有九十多人，雍正五年由于使团人数太多，曾经令其缩减，最后到京的只有一百二十人。由此可见，俄国使团的人数从未超过二百人，故此次必须缩减人数。②

理藩院查证后，事情就转到了军机处。不过，军机处一口咬定没有超过一百人的先例，要求俄国使团必须把人数削减到一百人以下。③

军机处是中央政府的代表，既然已经下令，蕴端多尔济就有了执法的借口，如果俄国人不缩减规模，就拒绝其入境。在之后的谈判中，他不断地向皇帝汇报俄国使者不遵守规矩，如果不是皇帝想要让外国人在他生日上朝拜，这样的谈判早就没法进行下去了。

双方关于使团的人数问题又争执了很久。经过权衡，戈洛夫金同意将人数缩减到一百三十人，但蕴端多尔济强行要求对方缩减到七十人方才准予入境。北京的军机处也在继续制造障碍——由于获得了蕴端多尔济的信号，他们决定将使团人数控制在四十人以内。谁也不敢质疑四十人的数量太苛刻，如果只有这么少的人，使团很难完成正常的出使任务。这时就该由皇帝最后

---

① 嘉庆十年（1805）9月25日，蕴端多尔济致信戈洛夫金，见《19世纪俄中关系：资料与文献》文献173。此前6月14日，已经提出过类似要求，见文献109。
② 理藩院奏折见《19世纪俄中关系：资料与文献》文献103。
③ 军机处文见《19世纪俄中关系：资料与文献》文献102。

拍板了：四十人是不现实的，决定恢复到一百人，众人连忙欢呼"皇上英明"。①

但这仍然不是争议的结束，双方为了人数问题又扯皮了两个月，才最终确定人数为一百二十四人。再次上报后，嘉庆皇帝仁慈地同意了。②

年底，威风凛凛的戈洛夫金终于跨过了国界，进入中国境内。第二年的1月2日，他到达库伦。一切看上去都很顺利，他兴致勃勃地盘算着到北京后如何与皇帝谈判。但就在这时，第二记闷棍来了。

1月4日，蕴端多尔济等人在库伦宴请戈洛夫金，当他们进入庭院准备吃饭时，蕴端多尔济突然带着戈洛夫金到了一个香案前，要求戈洛夫金对着香案行三跪九叩的大礼。戈洛夫金拒绝行礼，双方经过五个多小时的争执，最后不欢而散，宴会也没有举行。③

戈洛夫金认为一定是蕴端多尔济捣了鬼，从中作梗，不让他顺利前往北京。但实际上，这道命令的确是皇帝下的。皇帝给蕴端多尔济下的圣旨有两个，要求：第一，赐宴；第二，赐宴之前，使者必须叩拜。④

皇帝要求得如此具体，一方面是他事无巨细的性格，另一方面则是不够自信。乾隆时期，在礼节上还能够缓和，皇帝大不了说一句外国人不懂礼法。乾隆时期的大臣也更加懂得变通，即便外国人没有行大礼，装模作样一番也就搪塞过去了。

但嘉庆皇帝刚刚进行了轰轰烈烈的整肃活动——人们都知道和珅的下场。另外，人们也都知道嘉庆皇帝更加在乎礼节，因此谁也不敢变通。蕴端多尔济的胆小怕事也让事情更加复杂化，他奉行的原则是紧紧跟随皇帝的旨意，不做任何改变，以免引起麻烦。这几件事情叠加起来，就成了戈洛夫金的噩梦。

戈洛夫金以为经过一段时间争执，必将找到一个顾全双方颜面的办法，或者嘉庆皇帝最终会宽容地对待他们。不想，嘉庆皇帝本人是同意蕴端多尔济的看法的：如果使臣不肯叩头，就直接遣返。

---

① 见《19世纪俄中关系：资料与文献》文献186、187、204、208。
② 见《19世纪俄中关系：资料与文献》文献218。
③ 戈洛夫金的说明，见《19世纪俄中关系：资料与文献》文献245。
④ 嘉庆十年（1805）十月二十四日皇帝的诏书，见《19世纪俄中关系：资料与文献》文献218。

得到旨意的蕴端多尔济也不再犹豫，在俄国使团逗留了一个月之后，令其离境。于是，戈洛夫金满怀着为国立功的豪情壮志，却无处施展，没到北京就灰溜溜地回了国。他带的贵重礼物不仅没送出去，反而由于笨重，连拿回去都困难。这个使团成了出使中国的使团中最窝囊的一个。[①]

在整个事件中，人们除了看到礼仪之争外，还要看到另一个问题是：中国政府对俄国使团其实是很重视的，为了迎接这个使团，皇帝与大臣来回通信十几次，还动用了理藩院、军机处等机构。不仅如此，皇帝还给所有位于使者道路上的封疆大吏（直隶、察哈尔等）都打了招呼，一一指导他们怎么接待和对付这些路过的外国人。[②]

为一个使团动用如此众多的官僚力量，最后又拒绝他们前来，的确得不偿失。但这就是明清时期皇帝对待使团的本质——接见使者绝对是赔本买卖，但为了皇家的威仪，接见使者是必须的。只是这个俄国使者太不懂事了，必须赶回去予以惩戒。

惩戒过后，皇帝又有些意犹未尽，毕竟这些外国人无法出现在他的生日庆典上了。于是，他又下令，等下一次使者再来时，降低他们的礼遇等级，不再赐宴，但也不用他们叩头了。

嘉庆皇帝盼着俄国人回来，但俄国人不接招了。事实上，不是他们不想接，而是拿破仑在欧洲引起的破坏终于波及俄国本土，他们光是应对拿破仑就已经精疲力竭，没有精力再派使团到中国了。

在戈洛夫金从北方前往中国的同时，俄国的舰队也第一次到达广州，他们的待遇也并不比北方同胞好多少。虽然戈洛夫金没有到达北京，但皇帝也和大臣们探讨了俄国人的要求，对俄国人要到广州经商的愿望，他是完全不赞成的，认为在中华的秩序中，一个国家只应该在一个地方贸易，既然俄国人有了恰克图，就不要再指望广州。这也预示了俄国舰队在广州会遇到些什么。

俄国商队共有两艘船前往广州，分别是"希望号"和"涅瓦号"。"希望号"

[①] 蕴端多尔济要求使团返回，见《19世纪俄中关系：资料与文献》文献273。
[②] 嘉庆皇帝的谕旨也都收入《19世纪俄中关系：资料与文献》之中。

船长是克鲁森什特恩,他也是总负责人,"涅瓦号"船长是里相斯基。两艘船代表俄国的俄美公司,公司的商务代表是舍梅林。三人都写了回忆录,因此,我们能够从中还原当时俄国人对中国人的看法。①

当年 11 月 21 日,克鲁森什特恩率领的"希望号"首先到达澳门,由于两艘船在路上分开了,"希望号"只能在澳门等待"涅瓦号"的到来。克鲁森什特恩对澳门的情况做了不少描述:当时在澳门的葡萄牙人已经非常衰落和窘迫;整个澳门共有一万二千到一万五千名居民,但大都是中国人。除了修士和修女,几乎见不到欧洲人;士兵数量不超过一百五十人,他们之中没有欧洲人,只有带印度或者非洲血统的混血,澳门的四大堡垒几乎无力守卫。

清政府对澳门有管辖权,但清政府事实上又管不了海外船只,因为它只有微弱的巡防力量。最后,由于葡萄牙人的配合姿态,清政府默许由葡萄牙人来约束西方,最终成了惯例。

12 月 3 日,"涅瓦号"到来。但两艘船因为办理手续处处遇阻,又拖延了半个多月才到达广州。在这里,他们同样遭遇了保商制度,当时广州的行商还不是十三家,而是十一家。由于俄国人是首次来到,其他的大行商都不愿意和他们打交道,最后,一个新加入的行商黎六官(西成行黎颜裕)接手了他们的贸易,为两艘船做担保。两艘船上的货物卖得十九万皮阿斯特,其中十万是现金,剩下的换成茶叶。

1 月中旬,当两艘船还有最后一批货物没有上船时,当地官员突然决定将两艘船扣押。俄国人不知道的是,北京方面认为俄国人已经在北方有了另一个口岸,不能参与广州贸易,因此总督接到命令禁止他们贸易。恰好此时,原总督处于离职期,而新总督还没有到来,于是原总督临时下令不准俄国船离开,等新总督来处理。

俄国人又找英国人帮忙,与中方交涉,才在 2 月份得到了离境许可。但事实上,这样的离境许可也非常惊险,只是由于新总督不知道其中的关节,

---

① 见克鲁森什特恩的回忆录《"希望号"和"涅瓦号"1803—1806 环球航行记》,里相斯基的回忆录《"涅瓦号"1803—1806 环球航行记》,舍梅林致俄美公司董事会函。前两者的节译本和后者的信件均见《19 世纪俄国人笔下的广州》一书。

才放走了俄国人。到了第二天，新总督接到北京的命令时，俄国人已经扬帆而去。否则，很可能又是一场旷日持久的外交事件。

俄国人用了数倍于平常的时间与清政府周旋，才完成了一次最为普通的贸易，并且没有赚到太多钱，因为广州市场上毛皮生意的竞争对手太多，价格很低，比彼得堡还低很多，以至于俄国人没舍得把最贵的黑貂皮卖掉。

正是这些事件，使得俄国人对清政府的评价并不高，他们记载了中国人太多的陈规陋俗，把中国描述为一个数亿人服从一个专制人物的国家。在这里，百姓极其温顺，却又总是倾向于成为皇帝的帮凶，迫害那些他们认为皇帝不喜欢的事物，并随时想着"打秋风"。但事实上，中国社会的底层又非常贫穷，许多人靠要饭和捡拾垃圾为生。

另外，克鲁森什特恩注意到，在嘉庆年间，中国事实上已经千疮百孔，四处爆发反叛。北部是白莲教，南方是天地会。更麻烦的是华南地区的海盗，这些海盗借助越南的西山政权而起，已经聚集了数十万人（见前文）。[①] 中国政府由于水军太差，并没有力量对付他们，甚至要依靠葡萄牙来镇压他们。

嘉庆皇帝在嘉庆八年（1803）躲过了一次刺杀阴谋，于是变得疑神疑鬼，对任何新鲜事物都持排斥态度。而官员们也发现，只要迎合皇帝的爱好，就可以绕过所有的规矩，为所欲为。帝国的法律系统形同虚设。皇帝对外国人和传教士充满了不信任，对一位叫作德天赐的传教士进行了迫害，而地方对基督徒也发生了迫害事件。反而是外国人在"极力参与"中国社会的演化：嘉庆十年，英国人已经引入了牛痘种植，但这是由商人和外国人主导的，中国政府对此并不感兴趣。

俄国人还记载称，不管中国人再怎么漠视外国人，外部的变化都已经到来。一位英国军官曾经在几个星期之前带领军舰闯入黄埔，要求两广总督赔偿英国舰队八万英镑，这是第一次有外国船队闯入虎门以内，清政府的官员无力制止。总督被外国人吓住了，不敢反抗，但在外国人走后，对与外国人打交道的公行施以巨额罚款。

俄国人还仔细观察了外国商人的情况，得出了结论：东方贸易在近二十

[①] 俄国人记载有四千多艘船，每艘船一百到一百五十人，也有不少带十到二十门炮、三百人的。

年来发生了很大的变化。第一个变化是英国人从乾隆四十九年（1784）开始对茶叶商铺征税而不再对茶船征税后，在贸易上获得了大发展，迅速成长为中国的第一大客户，从广州运出的商品比其他欧洲人的总和都多。

新兴的美国占据了第二位，乾隆五十四年（1789）有十五艘船到达中国。接下来是荷兰，每年派出的船只从未超过五艘。虽然荷兰控制了东南亚，但并没有很好地利用这个优势。法兰西贸易在大革命后完全停止。西班牙人虽然拥有菲律宾，但每年派往广州的船很少超过两艘，常常是一艘都没有。葡萄牙人占据了澳门，贸易却不繁荣，每年往欧洲发两三艘船，往孟加拉发五六艘小船，但实际上后者都是英国商人雇佣的船只。瑞典人曾经占据了一席之地，但瑞俄战争之后就少了，每年不超过两三艘，嘉庆十年（1805）则一艘都没有。丹麦人每年派出的船不超过两艘。比利时、意大利和德意志诸公国有时候也会派船来，但大都是英国人经营的。

嘉庆十年（1805）的俄国船队在南方看到了一个不肯接受世界规则的老大帝国，仍在顽强地行使着专横的权力，试图将对待自己臣民的专制规则强加于世界，让它们服服帖帖。但是，我们也看到，虽然在嘉庆十年时皇帝和两广总督还能管制在澳门的葡萄牙人，但这已经是靠惯性维持，事实上，能够击败中国的对手已经出现，那就是英国人。只是人们需要足够长的时间才能意识到事情已脱离惯性的轨道，为了打破幻象和惯性，历史又走过了三十多年。

俄国的对华贸易设想在南北方都受阻，无法取得突破，这导致俄国人对于清朝的愤恨一直保留了下来。他们意识到，与这个老大帝国谈判，不管是合理还是不合理的要求，都几乎不可能得到任何结果。

清朝不仅是在为自己的无知付账，也是为在自己的傲慢买单。嘉庆及其之后的皇帝对涉外事务的粗暴指示可以看作一种现象，表明这个帝国在经过了最初生机勃勃的阶段之后，正在变得僵化和不知所措，拒绝一切合理的交往，将对方的一切作为都当作对自己的伤害。

但俄国使节戈洛夫金并不是唯一受到皇帝粗暴对待的使节，就在戈洛夫金被赶走十年后，另一个英国使团同样遭受了粗暴的对待。

阿美士德：英国人最后的尝试

在英国，也有人看到了大清帝国的实质。

马戛尔尼来华时，使团中有一个孩子，即副使乔治·斯当东的儿子小斯当东，他的经历代表了未来数十年中英关系的走向：在年轻时，他曾经对中国存有善意，并一直坚持反对鸦片贸易；但到了后来，他却得出结论——只有战争能够解决贸易问题。在鸦片战争时，他的关键性意见影响了英国出兵。

他的父亲乔治·斯当东爵士成名于印度，[①]后来参加了马戛尔尼的使团，担任副使。小斯当东跟随他父亲来华时只有十二岁，在路上他不仅学会了中文，还担任了马戛尔尼使团的抄写工作。

在觐见皇帝时，乾隆皇帝询问使团中有没有能讲中文的外国人，他发现小斯当东可以讲点中文后很高兴，将一个荷包解下赐给小斯当东。事实上，那时这个十二岁的孩子已经掌握了五种语言，分别是英文、拉丁文、希腊文、法文和中文。[②]

小斯当东回英国后，父亲又给他申请了一个广州文书的工作。嘉庆五年（1800），小斯当东到达广州。此时恰好发生了英国水手打伤中国人的案件，英国人发现除了雇佣华人翻译之外，最好能有一个英人翻译。小斯当东恰好派上了用场，他很快成了英国人中的中国通，并翻译了大清律例，他认为只有了解了对方法律，才能在打交道时不吃亏。

当时西方已经有了牛痘接种技术，小斯当东将这类技术资料翻译成中文，希望帮助中国人对抗这种疾病。只是他的努力没有太大效果。

在嘉庆二十一年（1816）之前，小斯当东一共四次到达中国，并赢得了两广总督松筠的友谊。松筠三次会见小斯当东，还有一次一起用餐。虽然建

---

① 他曾经参与和提布苏丹的谈判，后者曾是英国在南印度最大的敌人，也是迈索尔国家的苏丹。英国人击败提布苏丹，实现了对南印度的控制。

② 见《英使谒见乾隆纪实》第十四章。

立了个人友谊，但松筠调回北京后，广东的贸易条件并没有实质性的改变。①

嘉庆二十一年（1816），英国政府在依然对清政府抱有好感的小斯当东的呼吁下再次派出使团，使团的首席使臣叫阿美士德，副使就是小斯当东。②出使的动机还是解决贸易问题——由于英商只能同广东政府打交道，许多问题无法在这个层面上得到解决，因此必须见到皇帝面谈。

这一次，他们仍然是坐船来到天津。接待他们的是天津兵备道张五纬和长芦盐政广惠，还有副将寅宾。

他们于7月28日在庙岛下锚，经过一段时间的等待，8月9日才在塘沽登岸，进入北河。与马戛尔尼时代不同，此时的清政府更加虚弱，其中一个表征就是更要面子，于是华夷之间的礼仪冲突就成了绕不过去的坎。

8月13日，接待使团的钦差大臣、工部尚书苏楞额召见阿美士德，要求其行三拜九叩大礼。阿美士德则坚持按照二十年前马戛尔尼使团的做法。双方在马戛尔尼当时的礼节上产生了争执：苏楞额坚持认为，马戛尔尼当初行了九叩大礼；英国人则根据马戛尔尼的记述，认为他只行了单膝下跪之礼。

让英国人无法忍受的是，苏楞额不仅要求他们觐见皇帝时下跪，还必须对着皇帝的画像下跪。在双方正式会晤之前，阿美士德被带到皇帝画像前行礼。他坚持只能鞠躬，而且是清朝大臣们对着皇帝画像磕多少次头，他就鞠多少次躬。

意外的是，苏楞额不想找麻烦，接受了他的要求，并言明见了皇帝必须下跪。于是在一张没有生命的画像前，随着清政府朝廷大员们纷纷跪下九叩首，英国使节阿美士德鞠躬九次。③

但阿美士德由于小胜一场，已经暗暗决定即便见了皇帝也绝不下跪。这一方面源自小斯当东的劝说，小斯当东认为，即便下跪也不会让中国皇帝更看得起他们，也不会提供更优惠的条件，反而会让他们得寸进尺；另一方面，十几

---

① 见《小斯当东回忆录》第二十一章。
② 事实上，嘉庆十四年（1809），小斯当东就提议再组织一个使团，希望能与中央政府建立直接联系，他的提议虽受好评，却没有实现。
③ 见《阿美士德使团出使中国日志》第二章。

年前刚刚有俄国人因为下跪问题与清朝发生了争执,^①英国和俄国是大博弈时代的竞争对手,阿美士德认为既然俄国人不跪,那么英国人也绝对不能跪。

一路上,苏楞额、广惠二人不断地引诱他们接受下跪的要求,因为如果不下跪,皇帝可能就不会接见他们。

8月20日,使团到了通州后,接待大臣换成了总管内务府大臣、理藩院尚书和世泰,另外还有礼部尚书穆克登额。如果说之前的苏楞额和广惠是以温和的态度引诱英国人,和世泰与穆克登额则是以冷淡和威胁的方式要求英国人磕头。但英国人同样没有屈服。从和世泰等人的态度判断,英国人是见不到皇帝了。

如果这样发展下去,世界就又要多一个因为不愿磕头而见不到皇帝的使团。但事情发生了变化。

就连英国人都在担心接见无望时,突然,最强硬的和世泰亲自拜访,告诉他们立刻去往北京觐见皇帝。于是,英国人又稀里糊涂地在夜间被从通州转运到了北京。

8月28日他们连夜赶路,在29日凌晨到达海淀,本来应该安排他们去前任两广总督松筠的府邸休息,但突然间,他们被告知皇帝要立刻接见他们。

原来,大臣们不敢把英国人不想磕头的事情上报给皇帝,如果报告了,皇帝肯定就不接见他们了。另一方面,皇帝因为急着要离开北京去热河度假,想提前接见使臣。皇帝下旨,大臣们只好照办,也不敢再提对方还没有答应觐见时磕头的要求,赶快将阿美士德运往北京。至于其他的问题,只能临场发挥了。

这本来是阿美士德捡了个便宜,不想他却并不领情。他对于提前觐见没有准备,加之走了一夜太过狼狈,而且送给皇帝的礼物还没有到,在这种情况下,他请求将觐见改期。他指望着能够和皇帝好好谈一谈双方的关系和贸易请求,却并不知道皇帝根本就没准备和他们商谈,只是想赶快见一面就打发他们回去。

事情就变成这样:一方面,皇帝的仪仗都已经准备好,英国使臣也被送进觐见等待厅,和满朝文武大臣们杂处一室;另一方面,使臣们竟然不愿意见皇

---

① 即戈洛夫金出使。

帝。于是，大臣们如同没头苍蝇一般轮番劝说，但阿美士德就是不为所动。

使团的三把手亨利·埃利斯记录下了这令人惊叹的一幕。①

首先是直接负责接待他们的大臣张五纬出面请阿美士德觐见，阿美士德以没有准备好为由拒绝。张五纬不敢以这样的理由上报，阿美士德只好改口说自己不舒服。阿美士德身边围绕着大批清朝官员，好奇地看着这个外国人到底想干什么。

接着，张五纬请阿美士德去和世泰的房间商议，阿美士德觉得自己还是装病更好，便不进房间。和世泰只好亲自前来劝说阿美士德，还向他保证只要行英国礼节就可以了，不用下跪。没想到，阿美士德竟然还是拒绝了。

和世泰见文的不行，便开始生拉硬拽，想把他拽到殿上，但没有成功。

和世泰最后的努力是劝说阿美士德随自己去房间商议，但阿美士德只想回住处休息，怎么也不肯。在一番争执后，和世泰离开，随后向皇帝承认实情，于是皇帝永久地取消了觐见。

对英国人来说，清朝的大臣行事极为不确定，一会儿威胁不磕头就见不到皇帝，一会儿又求着他去见皇帝。但只要理解了所有的大臣都是围绕皇帝转的，必须贯彻皇帝的意志，哪怕是突然的命令，而皇帝又只能得到大臣上报的消息，这些消息都在过滤后失真了，让皇帝产生误判，他们所看到和经历的这一切就都不难解释了。

那么，按照帝国的政治哲学，一路上使节和大臣们到底犯了多少错误呢？皇帝的一份文件揭示了问题所在：②最初，苏楞额和广惠在天津会见使团，在赐宴时就应该要求使臣必须磕头，只有磕了头，才准予进京，否则便直接赶回去。但苏楞额和广惠没有做到，还隐瞒了真相，这是一错。

到了通州，和世泰与穆克登额本应该让他们事先排练磕头，使臣没有答应。但大臣们并没有如实报告皇帝，让皇帝错误地下令允许使臣进京，这是二错。

皇帝决定接见使臣时，和世泰与穆克登额终于将使臣还没有同意磕头一事告诉了皇帝，这时生米已经煮成熟饭，皇帝也不知道该怎么办了，只好问

---

① 见《阿美士德使团出使中国日志》第三章。
② 见嘉庆二十一年（1816）七月十三日邸报，引自《清实录·嘉庆朝》卷三二零。

他们。他们回答,只要接见了,使臣应该会磕头,这是三错。

接见当天,皇帝已经上殿,只等使臣前来磕头,但和世泰第一次奏称,使臣不能快走,要等一下;第二次奏称,正使得了腹泻的毛病,需要稍微等一下;第三次奏称,正使病倒了,不能觐见。皇帝于是下令让正使回去,只见副使。但和世泰第四次奏称,副使也病了。

上述四次错误让皇帝感觉受到奇耻大辱,在清朝的历史上,还没有一个使团给皇帝造成这么多的难堪,他这才取消了接见。

阿美士德离开后,皇帝才得知使臣是连夜从通州赶来,甚至连朝服都没有拿到,礼物也没有送来。他决定原谅他们,但更加怪罪和世泰,表示自己如果知道了这个情况,必定会允其改期。既然使臣已经离开,不便叫回来,于是皇帝下诏一路上给予使臣良好的待遇。① 当然这种说法只是皇帝给自己一个台阶下,否则即便使臣走了,他还是感觉丢了面子。

回过头来说,即便阿美士德获得了接见,也没有什么用处。他们期待改善贸易、与中央政府建立直接的联系,都是不可能的。因为皇帝只不过是按照对朝贡国的标准来对待他们:让他们磕几个头,赏赐一些东西,再吃几顿饭,参观一下万寿山。他们的朝贡,除了仰慕德化,其他要求都是僭越。②

阿美士德和马戛尔尼一样从陆路离开,坐船经京杭大运河,最后到达广州。一路上,各地政府纷纷下令,不准百姓与英国使节有任何接触,特别是女性。英国使臣被完全隔绝在中国社会之外,而当年马戛尔尼还可以与百姓有一定的接触,这又形成了对比。③

---

① 嘉庆二十一年(1816)10月8日,皇帝给两江总督的谕旨,见《阿美士德使团出使中国日志》附录。
② 阿美士德使团的清朝档案见《清代档案史料汇编·嘉庆朝·英使来聘案》。
③ 根据《东印度公司对华贸易编年史(1635—1834年)》,阿美士德的行程如下:嘉庆二十一年(1816)2月8日,从斯皮特黑德出发。7月10日,抵达南丫群岛。7月28日,停泊白河口外。8月9日,在塘沽上岸。8月12日,到达天津;开始讨论叩头问题。8月20日,到达通州。8月28日,离开通州。8月29日,早晨到达海淀;通知立即朝见;特使以匆促故称病;返回通州。8月30日,凌晨3时到达通州。9月2日,离开通州。10月14日,到达长江上的瓜洲。11月14日,进入鄱阳湖。12月20日,过梅岭。1817年1月1日,到达广州。1月7日,总督将皇帝的信交与特使。1月20日,特使离开广州。1月23日,到达澳门。1月28日,离开澳门往马尼拉。8月17日,使团在斯皮特黑德上岸。

这次出使的经历，让小斯当东从一个中国爱好者转向中立。回到英国后，他在国内当选议员。[①]

作为中国问题专家，又对中国怀有一定的感情，小斯当东的选择可谓时代的缩影。当英国商人将鸦片输入中国时，小斯当东明确反对鸦片贸易。英国国内的反对声音使得英国当局在林则徐禁烟过程中采取了中立的立场，驻华商务总监义律甚至鼓励商人将鸦片上缴给广东政府，并许诺给商人补偿。

当义律的许诺无法兑现时，小斯当东又认为既然当初答应了，就不应该出尔反尔，他支持商人对英国政府的赔偿要求。

但随后，双方之间的正常贸易也接近中断时，小斯当东支持了英国的军事行动。他之所以这样做，是认定想在中国进行英国期待中的贸易，除了武力，别无他法。

---

① 见《小斯当东回忆录》第四十章。

第十一章
战争是仅剩的可能性（1802—1840）

英国人觊觎澳门

嘉庆十年（1805），俄国船到达广州时，这里盛传着英国人的壮举：在三年前的拿破仑战争期间，由于葡萄牙本土被法兰西占领，英国为了避免葡萄牙的海外殖民地服从法兰西，差一点就占领了澳门。只是由于英法在最后时刻签订了和平条约，英国舰队才停在澳门外没有进入。①这也表明了外国人对清帝国的态度，在他们看来，要想入侵中国已经不存在实力上的障碍了。

事实上，在19世纪初，中国和英国之间已经有数次摩擦，距离战争爆发只是毫厘之间。这也是清政府察觉到危机的最后机会，但他们是怎么应对的呢？

嘉庆七年（1802）三月，有消息传来，六艘英国船停在了香山县的鸡颈洋，两广总督吉庆连忙打听这是怎么回事。②

原来在前一年，法兰西联合其盟友西班牙，③想要入侵葡萄牙。英国人听说了这件事，立刻开始盘算如何利用这个机会扩大自己的影响力。他们意识到，一旦法兰西吞了葡萄牙，那么葡萄牙的海外殖民地也必然为法兰西所有，法兰西战舰会出现在印度和东南亚以接收这些殖民地。

英国人决定派遣军队，以"支援葡萄牙，帮助他们保卫澳门"为借口占据澳门。他们完全知道，澳门只是名义上归葡萄牙人管理，拥有主权的是中

---

① 见《19世纪俄国人笔下的广州》。
② 见《清朝柔远记》。这里，中国人的记录与英国人的记录是一致的。
③ 1795年，法兰西和西班牙签订《巴塞尔和约》，停止了战争行为。第二年结为盟友共同反对英国。但这并没有阻止拿破仑于1808年入侵吞并西班牙。

国，而清朝政府绝不会容忍法兰西或者英国的占领行为。①

嘉庆七年（1802）3月，英国派出皇家战舰"自大号"，伴以三艘商船护送，从加尔各答到达伶仃洋，在这里，他们又与另两艘船"俄耳甫斯号"和"狐狸号"会合——船上满载着士兵和大炮，准备占领澳门。

这时，他们收到了还在广州的东印度公司大班委员会的通知，告诉他们如果要进驻澳门，必须得到葡萄牙人的允许。

于是，这支舰队的舰长们决定亲赴澳门拜访葡萄牙总督，告诉他：英国船是来保护他们的，希望能够得到允许登陆。葡萄牙总督却对这支舰队充满了疑心，在亚洲的葡萄牙人看来，英国人显然比法兰西人更加靠不住。澳门总督一面含含糊糊地顾左右而言他，另一面赶快向朝廷报告：英国人想要强行占据澳门。

得到消息的两广总督吉庆大吃一惊，他知道，如果丢失了澳门一定是大事。但这时他没有急于报告皇帝，而是立刻派人前往英国舰队，告诉他们不得入侵。同时，吉庆与在澳门的葡萄牙人形成策应，避免英国人钻空子。

但吉庆也有自己的考量——此时恰好也是中国海盗兴起的时候，吉庆曾经试图镇压海盗，但力量不足。因此，一方面他想阻止英国人占领澳门；但另一方面他认为，保持英国人在此地的军力，对于镇压海盗是有好处的。

吉庆与英国人的联系又是通过行商潘启官进行的。一般来说，行商对英国人更加有好感。吉庆的周旋和潘启官的礼貌结合起来，竟然使得英国人也叹服他们的表现，承认吉庆有政治家风度，正直、温和、公正。②

在吉庆处理这件事的同时，皇帝却从另外的途径知道了消息。在北京居住的西洋传教士索德超将此事告诉了工部侍郎、管西洋堂务大臣苏楞额，后者转而告诉了皇帝。③就在皇帝的询问到达广州的时候，恰好问题也已经解决了：英国的槟榔屿副总督给舰队来信说，去年10月英法之间及其盟国就签

---

① 关于英国人的认知，见《东印度公司对华贸易编年史（1635—1834年）》。
② 见《英国东印度公司对华贸易编年史（1635—1834年）》："中国的总督，从各方面看，都表现了政治家的风度……无论在任何方面，他已经很好地证明他自己不仅是一个极其正直与公正的人，而且性情温和，同时，又比他的国人更少傲气和偏见；虽然他经常通过潘启官送来口讯。"
③ 见《清朝柔远记》。

订了初步和议，规定除了特立尼达和锡兰之外的其他领地恢复之前的状态，葡萄牙国王的所有领土也都受到了尊重。也就是说，法兰西不会再入侵澳门，而英国人也丧失了进入澳门的借口。

英国舰队随后离开伶仃洋，结束了这次争端。①

这件事情虽然结束了，但在澳门的葡萄牙人却预感到了在不远的未来，澳门的归属问题还会沉渣泛起。只要英国人没有获得永久性的基地，争夺就不会真的结束。

嘉庆十二年（1807），由于清剿海盗的需要，福建派遣当地提督率领舰队前来支援，驻扎在澳门。这时两广总督吴熊光也来到澳门与福建提督会晤。葡萄牙人乘机向总督递上一份备忘录，提到英国皇家战舰借口护送商船，不断地在澳门附近巡游，在未来可能会发生武装冲突，请求允许澳门加强守备力量并增加船只数量。②

这个担忧很快就变成了现实：在前一年，拿破仑为了对付英国推出了大陆封锁计划，禁止英国从欧洲大陆获得资源，但由于葡萄牙在其控制之外，与英国人有联系，拿破仑于1807年入侵葡萄牙，并在当年底占领里斯本。葡萄牙王室逃往巴西，开始了流亡生涯，从此巴西的里约热内卢成了这个葡萄牙王国的首都，直到1821年才返回欧洲。③在法兰西和西班牙共同占领葡萄牙之后，这两个国家又陷入战争，1808年春天，法兰西占领马德里，将拿破仑的哥哥扶上了西班牙王位。

欧洲的混乱导致欧洲在全世界的殖民地和船只都陷入乱战之中。各方互相防备、攻击，也影响了各个国家在华的势力。加上书信往来需要时间，还

---

① 受英国人尊重的吉庆却在该年由于被广东巡抚珊图礼告状，愤而吞鼻烟壶自杀身亡。这位有理有节处理了棘手外事问题并对海盗问题给予极大关注的高级官员，以一种戏剧性的方式告别了人世。
② 见《东印度公司对华贸易编年史（1635—1834年）》，具体有五条：取消建新屋和重修旧屋的禁令；清政府只准澳门保留二十五艘贸易船，这个数量不足供应口岸之需，请再增二十五艘；凡在澳门的实重三千石以下的船只免去全部的航运税；政府盐船现常驻本口岸，只数过多，请下令移往别处；请下令香山县，将他现在所庇护的茅屋迁移。
③ 葡萄牙国王若昂六世返回葡萄牙后，将儿子佩德罗留在巴西出任摄政。但已经尝过了核心滋味的巴西不再甘于担当附庸的角色，于第二年宣布独立，建立巴西帝国，由佩德罗担任皇帝。

很难获得确实的消息,更增加了混乱。西班牙最初伙同法兰西对抗英国和葡萄牙,于是1808年3月,马尼拉的西班牙当局拒绝给一艘驶往加尔各答的葡萄牙船发放出港许可证;同月,英国船驶入马尼拉湾,俘获了西班牙的几艘船。但随后西班牙又成了法兰西军事行动的受害者——它被法兰西入侵了。当年6月,西班牙流亡政权又与英国结盟。

另一方面,英国也与美国发生了冲突。1808年,一艘美国船"杰斐逊号"被英国战舰扣留,但这艘船上载有大量中国行商昆水官家族的白银,还有许多西班牙人的财产,而西班牙人又已经与英国结盟。英国人将欧洲的交战规则应用在亚洲,带来了一系列问题,也扰乱了在亚洲的贸易秩序。

但这还不是最严重的。嘉庆十三年(1808)9月,英国海军少将度路利率领舰队载着三百名士兵从马德拉斯赶来。英国人对澳门觊觎良久,借助法兰西占领葡萄牙的机会,再次想要以保护葡萄牙在海外殖民地的名义占领澳门。

他们于9月21日在澳门登陆,10月22日,另一分队从孟加拉赶来。①而根据中方的记录,英国人派出二百人占据了三巴寺,一百人进入龙嵩庙,二百人占据了东望洋,还有一百人占据了西望洋。②

在澳门的葡萄牙人听命于果阿,但没有传来让他们服从英国人的信息。葡萄牙人立刻表示将全力抵抗,并通知了中国,同时让居住在澳门的中国人不要配合英国人。不过,葡萄牙人也知道反抗是无效的,因此拖延几天之后,虽然提出了抗议,却没有真正阻止英国人登陆。③

当时的两广总督是吴熊光,海关监督是常显。在广州还有英国东印度公司为了维持正常贸易而设立的特选委员会(原大班委员会),有五名英国人驻在广州,首领是剌佛。

吴熊光意识到事件的严重性——这是英国人以自我为中心发动的事件,

---

① 根据《东印度公司对华贸易编年史(1635—1834年)》。
② 数字根据《清朝柔远记》。
③ 葡萄牙人的态度是微妙的。根据英国人的记载,葡萄牙人是反对英国人的,但根据中方的记载,澳门服从了,为了避免冲突,向中国人表示国王有书信允许英国人占领,见《清朝柔远记》。英国人的记载见《特选委员会致秘密委员会报告》摘要,载于《东印度公司对华贸易编年史(1635—1834年)》。

丝毫没有顾忌对中国主权的损害。他连忙让特选委员会通知英国的舰队司令，让他们离开澳门。其实，在英国内部也有分歧：特选委员会代表的是东印度公司和商人，希望和平；而舰队司令则代表着英国国王和政府，更加自大。对中国的抗议，英国舰队无动于衷。

英国人登陆后，吴熊光犯了一个令皇帝感到非常不满的错误。在清朝的体系之下，任何事情都必须尽快汇报给皇帝，但吴熊光和几年前的吉庆一样，寄希望于先把事情解决了再上奏，以免影响自己的前途。

吴熊光让居住在广州的英国大班们前往通知舰队司令，可他们都知道舰队司令是不会听从的，于是都不肯行动。看到这种情况，吴熊光知道必须采取强硬措施了。为了让英国人撤离，他首先断绝了与英国人的贸易，封锁了在广州的英国船。

在香山县有许多依靠澳门生存的人民，他们为澳门提供粮食和物资补给。当英国人占领香山县之后，这里的人民担心战乱，纷纷逃离，从而导致澳门食物匮乏。

英国人也不肯服输，他们为了给吴熊光施压，派出三艘船顺江而上，直达广州，停泊在黄埔。直到这时，吴熊光知道事情捂不住了，才不得不奏请皇帝示下。[1]

就在皇帝收到上奏并下达谕旨的这段时间里，广州的形势还在恶化。英国船到达黄埔之后，派了三艘小船前往十三行所在的码头，下船后请求见总督，并申请接管澳门。吴熊光没有见他们，他下令封锁码头，同时下令禁止给英国人提供食物。在英国人去商馆寻找食物的过程中，双方发生了小规模的冲突。[2]

双方在这样的僵持中等到了谕旨。皇帝对吴熊光的软弱和行动缓慢感到吃惊。一方面，他认为吴熊光应该在第一时间用五百里加急上报，而吴熊光拖了一个多月，还只用普通的马上飞递报送，更是耽误了时间；另一方面，

---

[1] 事件发生的先后顺序根据《清代档案史料选编·嘉庆朝·吴熊光办理夷务失察案》。
[2] 英国人记录整个事件中双方都没有人员死伤，而在中方的记录中，这次小型冲突导致英国一人死亡，三人受伤。

皇帝对吴熊光躲在背后不出面感到愤怒，认为吴熊光作为地方大员，应该身先士卒，亲自前去训斥洋人，训斥不管用的话，就用武力驱逐——皇帝对自己的军队还是有信心的。①

皇帝的责难正是吴熊光感到为难的地方。他之所以拖延，就是知道广东海军的实力比不上洋人，但这一点是皇帝所不知道的。吴熊光也没有办法将真实的情况传递给皇帝，因为那只会导致他下台，皇帝不可能接受这样的消息。

事实上，吴熊光的处理方式，是居于军事弱势地位却有着贸易资源优势的国家所能采取的最合理的方式，也就是避而不战，绝不承认，断绝贸易，扣押货款。但是，这样做必须有一个前提：绝不逼迫对方开战，而是寻求缓和，在对方让步、达到自己目的后立刻恢复贸易。

皇帝谕旨的到来，并没有改变这种策略，却让吴熊光多了一个借口，他派人通知位于黄埔的剌佛，告诉他皇上谕令军队必须撤走，如果拒绝，将以武力驱逐。不过，在传达了谕旨之后，他还是表现出了友好姿态，表示只要英国人撤走，就恢复之前的商业关系。

与此同时，英国的舰队司令度路利也在做最坏的打算，他命令在内河的所有英国船撤离，以免成为人质。②

这时，英国人内部的矛盾也出现了。英国人分成了两派——以舰队司令度路利为首的强硬派，以及以特选委员会为首的温和派。舰队司令控制着军舰，而特选委员会对商船有着控制权。舰队司令下达命令让商船撤离，但特选委员会并不愿意让它们撤走。其中的原因也是复杂的——大部分商船到达广州后选择先将货物卸入十三行的仓库，货物还没有全部卖出，货款也就没有到手；与此同时，商船与行商之间有着复杂的信贷关系，几乎所有行商都会将应付款项押住，直到临走时才结清，由于中国行商还处于倒闭的危机之

---

① 见《清代档案史料选编·嘉庆朝·吴熊光办理夷务失察案》。《清朝柔远记》也记录了皇帝的谕旨。
② 撤离命令发布在11月21日，也就是在皇帝谕旨到达广州之前，度路利给了各船四十八小时时间，但半个多月后，英国船依然没有撤离。

中，①许多款项要跨年，甚至拖更久才能结清，还必须依靠广东各级政府和海关监督的帮助。这一切，都使得特选委员会与广州地方的关系更加密切，他们反对激进派采取的措施。

半个月后，英国船依然没有撤离，这时又出现了另一个谣言，说中国人将杀掉留在广州的英国人。但特选委员会依然没有命令商船撤离。这表明广东地方政府与特选委员会之间还存在一定的信任关系。特选委员会虽然无力帮助广东对抗度路利，却有意无意地加入了两广总督发起的软性抵制。

12月10日，已经无计可施的度路利终于决定撤退。15日，英国军队开始上船。20日，军队集结完毕。广东政府也说到做到，24日就开放了散商船的贸易，东印度公司的船则于12月26日开放。在英国商人和中国地方政府的共同努力下，一场危机就这样度过了。②

危机之所以能够和平解决，与中方采取的最佳策略有关，也就是前文提到的，以自己的强项贸易作为威胁，同时不主动寻求对抗，承诺只要问题解决就立刻恢复贸易。恢复贸易在整个策略中是非常重要的，因为这可以在英国人内部找到裂痕，争取一部分鸽派的英国人参与对鹰派的软性抵制。③

吴熊光的处理方式虽然成功，却是嘉庆皇帝所无法接受的。早在危机解除之前的11月，皇帝就派遣了大臣永保前往广东查办，其中最重要的批示是，必须暂停贸易以惩罚英国人，只有英国人保持恭顺两三年后，才能请求皇帝恢复贸易，商船也只准在澳门以外停泊，不准进入广州。④皇帝还特别指出：如果钦差到达时，吴熊光已经批准恢复贸易，那就证明他和英国人有勾结，要严格查明原因和其中的利益关系。

---

① 关于行商的破产，见下文。
② 日期根据《东印度公司对华贸易编年史（1635—1834年）》。
③ 英国特选委员会也承认中国在事情处理上的温和态度：自从贸易恢复以来，我们没有感受到有任何特别的不便。很多消息流传说，某种有关外国人的命令及规章正在拟订中，我们相信，这无论如何是没有根据的；而现在除公布关于我们及军队的过多责难的告示外，仍然没有发生什么事。
④ 《清朝柔远记》记载的皇帝谕旨中，有："仍严切晓谕英吉利夷人，以尔等擅入澳门，实属冒昧，断不能仍准贸易。倘自知悔罪畏服，倍加恭顺，于二三年后再行恳请，彼时尔国货船亦止准在澳门以外停泊，俟奏闻大皇帝，候旨遵行。设再欲携带兵船，即当永断贸易，声罪致讨。"

这件事最终导致吴熊光谪戍伊犁，与此同时，有连带责任的广东巡抚孙玉庭也被免职。吴熊光处理英国人入侵时调动军队，为了支付官军的盐菜、口粮和船夫等费用，花费白银三万一千七百余两。皇帝认为他花得太多了，让大臣们查一查到底多了多少，多出的部分由吴熊光和孙玉庭二人承担，其中吴熊光承担三分之二，孙玉庭承担三分之一。①

此次事件的后续是复杂的。在地方的请求下，皇帝最终没有禁止英国人的贸易，但大臣们看到了吴熊光的下场，也都知道了皇帝喜欢以强硬的态度对付外国人。他们一方面加强防卫，另一方面以硬碰硬，放弃了吉庆、吴熊光时期的怀柔政策。

嘉庆十四年（1809）二月，广东地方加强了澳门炮台，以防外国的进攻。原本葡萄牙人在澳门（从伽思兰到西望洋）有六座炮台，但由于炮台低矮，无法有效守卫澳门，最终英国人还是成功登陆了。这次，人们在炮台前加筑了一道女墙，增高了四五尺。同时，在澳门的前山寨设立了游击、守备、水师千总各一人，把总、外委、额外外委各两人，马步兵四百人，分为左右哨，组成了前山营。其他地方也加强了守卫。这一点兵马是不足以防范英国人的，但至少表明了中国抵御入侵的态度。

当年，新任总督百龄上任。百龄是一位过渡人士，由于他需要外国人配合以抗击海盗，依然延续了一部分前期的怀柔政策，他离职后，广东的政策才变得更加强硬。但官场的形势也不允许百龄表现得太软弱，他一方面下令警惕英国人，另一方面，制定了《民夷交易章程》，也称《广东互市章程》，要求限制洋商，护送货船的兵船不得驶入内港，澳门不得增加房屋和人口，建立洋行制度，等等。②

另外，百龄再次改变了吴熊光的政策。吴熊光认为中国的米艇过于落后，无法与洋船竞争，因此希望制造与洋船类似的登花船。但由于明朝以来的错误政策，中国的造船业已经远远落后于外国，要制造登花船必须进口外国材

---

① 见《清代档案史料选编·嘉庆朝·吴熊光办理夷务失察案》。四月二十九日廷寄，军机处奏片四。
② 见《清代档案史料选编》《清朝柔远记》，百龄的章程一共六条。

料，因此迟迟没有造出来。百龄接手后，认为制造登花船花费过多——造一艘登花船的开销可以造两艘米艇，又改为制造更加落后的米艇，从而放弃了先进的登花船。鸦片战争到来时，清政府无法拿出更加先进的船来对抗西洋船，导致了海权的失控。

最后，在沿海地区也掀起了一场针对西洋人的轰轰烈烈的运动，包括皇帝几次重申禁令：嘉庆十六年（1811）七月，严禁洋人传教；嘉庆十九年正月，严禁洋商运银出洋；当年十一月，再次禁止英国人传教。谕旨中还专门提到当年乾隆皇帝接见过的小斯当东，此人停留在澳门，会说汉语，希望当时的两广总督蒋攸铦仔细查访小斯当东的问题，将他赶走。

也就是在这时，鸦片问题成了中英之间最严重的问题。

鸦片的由来

咸丰八年（1858），清政府与英、法、美三国签订《通商章程善后条约》，条约中最引人注目的条款，是规定了鸦片贸易的合法性，从此鸦片以洋药的名义进入中国，每百斤收取三十两白银的税款。之后，洋药迅速成长为政府的一项重要收入，除了税金之外，政府又征收了厘金，使得税厘两项的总和超过了每斤一两白银。[①] 洋药税费占了进口关税的大半，而关税又占了整体财政收入的十分之一，使得鸦片也成了清政府财政收入的重要来源。[②]

随着鸦片贸易的合法化，国内也开始有人大量种植罂粟以获取鸦片——被称为"土药"。土药的大规模种植最终导致洋药的边缘化，随着竞争的加剧，烟土（未经熬制的鸦片）的价格也出现了大幅度下跌，变成了平民都可以吸食的毒品。20世纪初，随着全世界对于毒品态度的转变，洋药最终被取缔，但土药一直绵延不绝，成了各路军阀的生财之道。

小说《基督山伯爵》的主人公习惯于使用大麻精，德意志人则最先提炼

---

① 光绪七年（1881）为每百斤一百一十两白银，见《清史稿·食货志六》。
② 宣统二年（1910），中央政府的财政收入已经达到两亿九千六百九十六万三千零一十六两，洋关税为三千五百一十三万九千九百一十七两。见《清史稿》。洋药和土药的税厘约占财政收入的10%。

了吗啡，之后，吗啡风靡整个欧洲。20世纪30年代，毒品柏飞丁（甲基苯丙胺）又在德国流行，并可能对纳粹发动闪电战提供了巨大帮助。[1]

直到20世纪后半叶，人类社会才完全意识到毒品的危害，开始禁绝。

事实上，清朝时的人们知道西洋产品的好处。比如康熙时期，由于皇帝的开放，人们都乐于使用外国货，本国产品也故意模仿外国货，在包装上采用稀奇古怪的外国字母。[2]但之后人们不再使用外国货，倒不是因为人们审美情趣的变化，而是各方的贸易政策让外国货无法以低价进入中国市场。

英国引入鸦片，一部分原因是为了解决贸易中缺少白银的问题。而其成瘾性导致新的贸易失衡，大量的白银从中国被抽出，引起了国内的通货紧缩，给经济造成了巨大的伤害。鸦片也并不是清末才出现在中国的。对古代的中国人来说，罂粟并不陌生。在唐朝，阿拉伯商人就已输入罂粟。[3]罂粟花也早就在中国生长开来，比如，明代的徐霞客就记录了贵州境内的罂粟花。[4]至少在明朝，中国人就已经知道如何通过罂粟获得鸦片。[5]

鸦片的盛行也和另一种成瘾性植物烟草的传入有关。烟草产于美洲，在地理大发现之后传入亚欧，随后在明朝晚期（至迟是天启中期）传入中国，很快开始了种植。崇祯年间曾经出现过对烟草的禁令，但并没有奏效。[6]烟草之所以没有对明朝经济产生足够大的危害，在于其本土化，因为一旦在国内种植开来，价格便会大幅度下降，也不会产生国内白银被抽走的问题。

鸦片虽然产自亚洲，并长期存在，但只有在烟草进入亚洲之后，它才作为烟草的替代品被广泛使用。首先是在东南亚，1689年，东南亚已经出现了

---

[1] 欧洲的事例，见诺曼·奥勒《亢奋战：纳粹嗑药史》。
[2] 康熙时期的风尚，见上文。
[3] 见《中西交通史》。但罂粟输入中国可能更早，《冷斋夜话》引陶弘景《仙方注》提到的芙蓉花可能就是罂粟。唐朝已经记载了罂粟花、莺粟、米囊花等。
[4] 见《徐霞客游记》："莺粟花殷红，千叶簇，朵甚巨而密，丰艳不减丹药。"
[5] 割生鸦片的方式已经记载于《本草纲目》。
[6] 见杨士聪《玉堂荟记》："烟酒古不经见。辽左有事，调用广兵，乃渐有之，自天启年中始也。二十年来，北土亦多种之。一亩之收，可以敌田十亩，乃至无人不用。己卯，上传谕禁之，犯者论死。庚辰，有会试举人未知其已禁也，有仆人带以入京，潜出鬻之，遂为逻者所获。越日，而仆人人死西市矣。相传上以烟为燕，人言吃烟，故恶之也。壬午，余入京，鬻者盈衢，初以为异，已而知为洪督所请开其禁也。"

一种被称为"禅杜"的东西，是生鸦片和糖浆的混合物，它取代了烟草。由于东南亚不产鸦片，他们对鸦片的需求就成了嗅觉灵敏的商人们争夺的领域。

首先是荷兰人捷足先登。1677年，荷兰东印度公司与马打兰签署一项条约，对该地区垄断供应鸦片，之后又增加了对爪哇的垄断供应。到18世纪，荷兰平均每年向爪哇运送约五十六吨鸦片。除了荷兰，英国也来了，英国的优势比荷兰更大，一是它从1716年开始通过广州进入中国市场，二是在1757年，英国人通过普拉西战役控制了孟加拉——鸦片的主要产地。由于利润巨大，1773年，总督沃伦·黑斯廷斯确保了东印度公司对鸦片贸易的垄断。与此同时，东南亚地区的许多政府也由于鸦片利润太大，采取了同样的垄断措施。

鸦片贸易对世界贸易体系的改变是巨大的，不仅中国受到了影响，整个东南亚地区的政权也在鸦片贸易面前集体衰落，由此可见这种成瘾性物质对货币的抽取有多严重。[①]

鸦片贸易给西方人提供了大量资金以购买东方产品，而另一个因之发达的群体则是东南亚的港口，如新加坡、马来半岛等地，直到19世纪下半叶，鸦片还为东南亚的港口统治者提供了四分之一到一半的收入。而那些种植鸦片的地方，比如荷属东印度，鸦片也为统治者提供了大量的收入。[②]

鸦片贸易甚至还改变了东南亚的华人社会，他们之前只能充当农民、矿工、商人，但鸦片的输入客观上带来了新的机会，华人发展了当地的鸦片馆、赌场业务，这些灰色地带的业务都需要缴纳特许费，高昂的费用成了当地统治者的收入来源之一——在荷兰控制的东印度群岛，在暹罗控制下的曼谷，以及在新加坡等地。[③]

19世纪初，甚至连海盗也参与了鸦片贸易。当时中国的鸦片贸易刚刚

[①] 在东南亚国家的集体衰落中，暹罗幸免于难，因为暹罗国王学会了从鸦片贸易中抽税，这也是海通之后清政府逐渐采取的方式。

[②] 在荷属东印度种植鸦片的是中国人，为荷兰人提供了六分之一的财政收入。

[③] 关于东南亚的鸦片贸易和社会改变，见《东南亚史：危险而关键的十字路口》。其中提到华人资本家张弼士（19世纪后半期）的事例，他控制了亚齐的卖酒权，掌握了大量的鸦片。之后开始控制东苏门答腊岛的橡胶和咖啡，以及槟城和苏门答腊岛其他中心的鸦片和酒专卖权。他最终担任了北京驻槟城的副领事和新加坡的总领事，也是近代中国转向现代化的主要支持者和资助者。

兴起，而海盗们大都已经在东南亚地区接触过鸦片，有的首领甚至已经染上了鸦片瘾。海盗在乾隆五十八年（1793）就涉足了鸦片业，当时英国鸦片船时常落入海盗的手中。到了嘉庆八年（1803），海盗们又在广西西部一带劫掠英国人的鸦片船。之后，海盗可能采取了收保护费的方式，鸦片商人向海盗支付费用以换取他们的放行。①

鸦片与清政府的关系在康熙开海禁时期已经开始。由于鸦片有镇痛的作用，当时被作为药材引入并缴税，每担税银三两，每包加税二两四分五厘。康熙离世后，雍正七年（1729），雍正皇帝颁布了一道《申禁售卖鸦片及开设烟寮上谕》，对贩卖鸦片、开设烟馆都设置了相应的惩罚，同时采取连坐制，对相关的邻居、地方官都有惩罚措施。②

但雍正皇帝的出发点主要是他的排外情绪。当时的鸦片输入很少，在乾隆三十年（1765）前，每年输入额至多为二百箱，以葡萄牙人经营者为多。③雍正皇帝禁烟的主要目的，是要防止百姓利用烟馆发展与西洋人有关的活动，也正因如此，买卖鸦片参照的是"收买违禁货物罪"，而开设烟馆，参照的是"邪教惑众罪"。④

19世纪之前，中国的鸦片需求量不多。乾隆五十六年（1791），一艘运载一百五十八箱鸦片的船就满足了市场需要。⑤嘉庆五年（1800）是一条分界线，这之后，一些不安分的苏格兰人开始向中国大量出口鸦片，同时向中国出口鸦片的还有亚美尼亚人、波斯人、葡萄牙人（澳门）和西班牙人（菲律宾）。

嘉庆七年（1802）前后，鸦片的价格猛涨，从此鸦片就成了中外贸易的

---

① 见《华南海盗：1790—1810》。
② 见《中西交通史》《黄金圈住地——广州的美国商人群体与美国对华政策的形成，1784—1844》。
③ 见《中西交通史》。
④ 根据《东印度公司对华贸易编年史（1635—1834年）》，雍正七年（1729）的禁令颁布后，特选委员会给英国船"温德姆号"和"康普顿号"写信，提醒他们注意鸦片禁令，不得向中国输入鸦片，这是东印度公司的文件中第一次提及鸦片。之前东印度公司曾经朝苏门答腊、爪哇和婆罗洲运输了少量鸦片。在这时，向中国运输鸦片的还有来自果阿和达曼的葡萄牙船、来自本地治里的法兰西船，以及来自印度的荷兰船或者英国散商船。
⑤ 根据《黄金圈住地——广州的美国商人群体与美国对华政策的形成，1784—1844》。但也有资料表明当时的需求量远大于此，见下文和《东印度公司对华贸易编年史（1635—1834年）》。当时很可能有很多鸦片通过地下渠道流入中国。

主角。到嘉庆十一年，印度出口到中国的货物中，鸦片的价值占了将近一半；而嘉庆九年的一年时间里，鸦片价格就翻了一番；嘉庆十年出现了下跌，但整体上来看，价格依然是五年前的二到三倍。①

鸦片的输入还叠加着另一个危机，即中外贸易出现瞬间反转。嘉庆九年（1804），中外贸易已经接近于收支平衡，而到了嘉庆十二年，中国的白银开始大规模外流，这种外流加剧了中国国内的经济紧张和通货紧缩。

鸦片贸易还伴随着越来越多的参与者，让事情更加恶化。最早的参与者是葡萄牙人、荷兰人，随后英国人强势杀入。关于英国人的参与，我们在后面会谈到，这里先说一个更晚到的参与者——美国人。

美国是一个不走寻常路的国家，当西方各国大力发展贸易时，美国人开辟了金融之路来解决西方的白银短缺问题；当白银开始从中国流出时，美国人又从伦敦运来了有息证券。而当英国人垄断了孟加拉和印度的鸦片时，美国人也想插手这个赚钱的生意。但他们无法涉足印度市场——那儿已经被英国人垄断，于是美国人另辟蹊径，在中东地区发现了鸦片源。

美国人的鸦片来自土耳其的士麦那（现伊兹密尔），这里是土耳其在爱琴海岸边的一个港口城市，也是地中海东岸（黎凡特）鸦片的主要出口港。土耳其人也有抽鸦片的传统，只是宫廷控制了鸦片的出口。这些鸦片大都出产自士麦那以东五天路程的地方，从七八月份到第二年春，人们在士麦那收购鸦片，之后运往世界各地。在进入东亚市场之前，土耳其鸦片主要供应中东和欧洲，但美国人发现了机会，将英国、希腊和其他国家的商人排挤走，并于1820年与土耳其宫廷签订协议，代理土耳其鸦片。这些鸦片被运往荷属巴达维亚和中国。

随着1812年英美战争的爆发，美洲白银无法进入亚洲，美国人亟须开辟新业务，于是土耳其鸦片就进入了快车道，并开始与英国的印度鸦片竞争。

美国人也很快因鸦片在中国变得臭名昭著。嘉庆二十二年（1817），美国"瓦伯什号"船被海盗劫掠，抢走了七千美元现金和三十五箱土耳其鸦片。

---

① 见《黄金圈住地——广州的美国商人群体与美国对华政策的形成，1784—1844》。作者也承认鸦片价格上涨的原因是个谜。

清政府一开始帮助美国人抓住了海盗，令其归还了白银，但两广总督随后知道这艘船上有鸦片，便愤怒地拒绝给予进一步补偿。

美国人在中国的行商合作伙伴是浩官。由于掌握了土耳其鸦片，他们可以避开英国东印度公司在孟加拉的垄断。但作为惩罚，东印度公司也不让他们在孟加拉采购和出售其他货物。但美国人依然可以在印度寻找到漏洞。在印度，东印度公司控制力最强的部分是孟加拉，而在西南方的孟买，公司的实力不足，那儿散商的势力更强，于是美国人联合波斯人到孟买地区寻求与散商合作，这个地方也成了散商购买鸦片的去处。这里的鸦片主要来自印度中部的马尔瓦，在公司垄断范围之外。

孟加拉鸦片质量最好、价格最高，马尔瓦鸦片质量较差、价格便宜，而土耳其鸦片质量更差，但数量较马尔瓦鸦片多，三者构成了鸦片世界的三足鼎立。[①]

鸦片"冷战"和伶仃模式

不管其他国家和势力如何参与，英国依然是鸦片贸易的最大参与方，也是中国鸦片问题失控的最主要原因。

雍正七年（1729）雍正皇帝颁布的禁令，可以说长期有效，又可以说长期无效。说它有效，是因为在之后漫长的数十年里，中国的官方态度一直是不允许鸦片贸易，援引的法律就是这一条；说它无效，是因为在很长时间里，不管是官员还是水手都无视禁令。英国东印度公司作为官方贸易商，最初是反对挑战禁令的，它不想为了少量的鸦片影响更大宗的贸易。鸦片贸易的参与者大都是散商和避开了公司规则的船长。雍正皇帝刚发布禁令不久，东印度公司就提醒自己控制的英国船注意，不要将鸦片输入中国，以免影响其他贸易。

乾隆十五年（1750），东印度公司再次发出通知，表示一些英国船员私

---

① 见《黄金圈住地——广州的美国商人群体与美国对华政策的形成，1784—1844》。《东印度公司对华贸易编年史（1635—1834年）》提到，嘉庆二十二年（1817），孟加拉鸦片大约对华销售三千二百箱，价格在一千三百元/箱（第二年为八百四十元/箱），而马尔瓦鸦片为一千一百箱，价格只有六百八十元/箱。土耳其鸦片为一千九百箱。

自出售鸦片，请船长严格管理，不得将鸦片携带上岸。①

直到乾隆四十六年（1781），随着英国在美洲战争的负担加重，英国找不到足够的钱来为中国贸易付账了。孟加拉的财库空空如也，只好向位于广州的管理委员会透支，借款一百万卢比。为了补偿这笔借款，总督黑斯廷斯在加尔各答将鸦片偷偷交给了两艘私人船，②一艘前往马来地区，一艘前往广州。这是东印度公司将鸦片售往中国之始。

在此之前，已经有大量散商将鸦片运往中国，甚至在广州也出现了一位专门做鸦片生意的行商新官，而其他行商还不敢碰鸦片生意。

乾隆四十六年（1781）送往中国的鸦片一共一千六百零一箱，由"嫩实兹号"船装载。"嫩实兹号"联系上新官之后，后者表示在内陆只能消化二百箱，剩余一千四百箱只能在越南和马来地区出售。于是船只停泊在黄埔，由新官找人将二百箱鸦片卸下，支付给海关监督两万两礼银。③之后，这艘船又带着剩下的一千四百箱前往澳门，在澳门外的一个卸货处，将它们转入新官准备的小船，送往东南亚。但这批货对马来地区来说也是过多的，无法一下子销售完，又有五百箱回流到澳门，慢慢销售。④

这一次规模巨大的销售让英国人尝到了甜头，第二年，装载有大量鸦片的"嫩实兹号"再次作为散商船返回。也是从这时开始，东印度公司与中国的鸦片贸易再也脱不了干系。⑤大部分情况下，他们的鸦片被装入散商船，从印度运往东南亚和中国销售。英国的散商船通常停在潭仔（现澳门附近的氹仔岛），

---

① 《东印度公司对华贸易编年史（1635—1834年）》记载，1762年，散商船三桅方船"亚尔古舟号"也曾载运鸦片，公司再次发出警告。1771年，大班管理委员会给孟买和马德拉斯发信提醒不要让乘客夹带鸦片，因为乘客所带的鸦片也会给船只带来麻烦。

② "贝特西号"装一千四百六十六箱鸦片，售往马来地区，若有剩余，则售往广州。另有一千六百零一箱装入"嫩实兹号"，运往广州。前者在马来海岸销售后，在苏门答腊的廖内河被法兰西人捕获。

③ 海关监督显然知道里面装的是鸦片。由于鸦片是违禁品，对税收没有贡献，因此他索贿的两万两礼银与税收其实相当。

④ 有一部分同样在廖内被抢劫，损失了七万元。

⑤ 乾隆五十二年（1787），一共七百四十箱鸦片装在四艘船上运往广州。乾隆五十六年，"凤凰号"船接受委托，将二百五十九箱鸦片送往中国。见《东印度公司对华贸易编年史（1635—1834年）》。

再从这里装入中国小船。澳门西面一个岛的海湾云雀湾也被用作鸦片交易。

东印度公司之所以用散商船贩卖鸦片，是因为他们明知中国有禁令，不愿得罪中国，却又禁不住诱惑，要将货物销往中国。他们知法违法的证据还见于马戛尔尼使华时的训令中。这份训令主要想解决贸易问题，但也提到：如果中国提出鸦片问题，一定要谨慎处理，因为印度领地生产的鸦片有很大一部分流入了中国，如果中国提出来，那么为了其他的商业利益（如签订一个商约），必须在鸦片问题上让步。

随着英国的不断输入，中国的鸦片市场开始反应剧烈，这一点在广州的鸦片价格上也有所反映。在乾隆四十五年（1780），每箱鸦片价格还只有二百元到二百四十元，乾隆五十年就涨到了三百二十元到五百元。之后有所回落，但乾隆五十一年输入的数量很大，至少有两千箱进入中国，比前六年多出五六百箱。[1]

英国人对鸦片贸易的依赖导致了中国的反制。嘉庆元年（1796），恰逢老皇帝乾隆禅位，新登基的嘉庆皇帝再次提出禁止鸦片贸易。[2]

但这一次禁止依然没有效果，在中国内部，由于利益的划分，对鸦片的态度也是不同的。比如，海关监督支持鸦片贸易，因为他可以从鸦片贸易中获得不菲的收入。鸦片贸易是非法的，政府不能收税，海关监督却可以从中收取与税额相当的现金，装入自己的腰包。总督和巡抚是支持禁止鸦片的，因为这些钱无法落入他们的口袋，而鸦片贸易对白银的抽血作用却影响了当地的经济。

在博弈当中，广州终于在嘉庆四年（1799）颁布了禁止出售鸦片的法令，

---

[1] 每箱鸦片的具体单价为：乾隆四十五年（1780），二百至二百四十元；乾隆四十六年，二百四十至三百元；乾隆四十七年，公司鸦片（一千四百箱）二百一十元，另二百箱售价二百五十至二百九十元；乾隆四十八年，二百七十至三百元；乾隆四十九年，二百一十至二百四十元；乾隆五十年，三百二十至五百元；乾隆五十一年，联合会售出一千三百箱，中间价格为三百八十元；乾隆五十二年，三百二十至三百五十元。

[2] 《清朝柔远记》提到，英吉利控制孟加拉之后，增产鸦片，烟土多从孟买出口。英人旗舰叫"格拉巴"，可以载三百罂（一千六百八十斤为一罂）。每箱载两满，每满各重六十七磅，每磅十二两。价格为一千三百至一千五百卢比不等，五十先令为一卢比，二卢比值一番银。乾隆季年，广东吸食的人日渐增多，嘉庆初年，禁止鸦片，在黄埔的趸船改为在澳门或者急水门销售，每年三四千箱。

但在执行中被限制，仅表明鸦片不能再进入珠江前往广州，在海洋上的澳门，依然是可以销售的。乾隆四十七年（1782）时，英国船还可以大摇大摆地到虎门销售，这次禁令后，所有的贸易都转向了澳门。

虽然有了禁令，英国人的鸦片生意反而越来越好。最初每年进口约两千箱，从此时开始，有几年进口量甚至可以达到四千箱，大部分情况下稳定在三千箱。

嘉庆十三年（1808），随着鸦片贸易的繁荣和白银的流出，海关监督也抵不住压力，发令禁止鸦片贸易：一经发现，鸦片立刻销毁，保商连坐。嘉庆十四年，两广总督和海关监督联合发出谕令，加强封锁鸦片，并禁止出口金银。也正是在这时，中英贸易发生了巨大的逆转，鸦片和印度棉花的输入，使得中国的金银源源不断地流向西方。中国金属货币的缺乏，让鸦片问题越来越成为两国交锋的焦点。

恰好在这时，广东的政治也进入稳定期，接连出现了两位名声显赫的两广总督蒋攸铦和阮元，二人在任时间加起来近十五年。[①]他们在政治品格上都是第一流的，勇于任事，为国为民，蒋攸铦还发掘了林则徐、魏源、龚自珍等直面世界的人才，阮元则是清朝最杰出的文人之一。

两位名臣正视鸦片问题，试图解决。但令人感到不可思议的是，也正是在他们任期内，鸦片贸易极度失控，到阮元离任时，鸦片贸易又上了更高的台阶。这样的错位是如何形成的呢？

嘉庆十六年（1811），蒋攸铦一上任就亲自前往澳门，接见了那儿的英国人。在交谈中，他明确指出，皇帝派他上任，最想解决的就是鸦片问题，并表示鸦片的源头就在于英国人在印度的种植。

最初，他的谈话没有受到重视，英国人认为他和之前的总督一样，都只不过是在走形式而已。接下来广东政府开始动手，蒋攸铦下令在澳门逮捕了六名鸦片贩子。[②]英国人依然没有重视，认为这样的事情曾经也发生过，只要贿赂总督，这些人就会被无罪释放。不想这一次真的不一样了：鸦片贩子

[①] 见本书附录的《清代广东督抚表》。
[②] 据《东印度公司对华贸易编年史（1635—1834年）》记载，六人被捕是因为一位海盗首领阿保仔在福建做了军官，为了获得军功，抓捕了几位福建的鸦片贩子，并向广东传递来消息，于是广东抓捕了他们在澳门的同伙。

们遭受酷刑，被流放伊犁。

英国人没有理解的是，此时的经济形势已经不容中国再拖延：贸易逆差已经成了巨大的失衡因素。嘉庆二十三年（1818），输入中国（指广州和澳门）的产品价值达到两千六百万元，而出口只有不到两千万元。① 由于中国的白银被不断吸干，清政府从嘉庆十九年开始禁止纹银出口，之后又限制银圆出口：每艘船带走的银圆不得超过货物价值的30%。但这些措施依然无法制止贸易逆差。

事实上，仅仅将白银外流归结为鸦片的影响也是不准确的，自从18世纪初以来，中国对印度棉花的需求已经导致其从一个贸易顺差国变成了逆差国。即便没有鸦片贸易，中国的逆差也会有一百万元左右，但鸦片贸易显著扩大了逆差，将之提高至六百万元。

因此，如果清政府真的能够禁止鸦片，对控制逆差是有帮助的，但真正产生逆差的原因，是中英两国间巨大的生产力差距。随着英国工业革命的发展，技术和效率大大提高。要想真正解决问题，只有提高生产率一途，而提高生产率必然意味着放松经济，要放松经济，就很难控制鸦片。在集权状态下，要想控制鸦片贸易，就必须采取更加坚决的禁令，对整个海外商业动手，但这又会造成经济的进一步收缩。

表15 1797—1817年加尔各答销售鸦片数量②

年平均				五年（六年）平均	
年份	售价（卢比）	出售数（箱）	年纯利（卢比）	实售数（箱）	纯利（卢比）
1797	415	4172	983514	4009	2384378
1798	775	4054	2370706		
1799	688	4570	2302764		
1800	791	3947	2370772		
1801	1384	3292	3894132		

---

① 进口包括：英美产品价值达五百万元，印度产品（以棉花和鸦片为大宗）达一千四百万元，总计一千九百万元。美国还运入白银价值达七百三十三万元，加上其他国家的份额，总数在两千六百万元以上。出口则包括：英国公司六百万元，散商四百万元，美国九百万元，两国商馆维持费用一百万元，总计不超过两千万元。

② 本表根据《东印度公司对华贸易编年史（1635—1834年）》制作。

续表

年份	年平均			五年（六年）平均	
	售价（卢比）	出售数（箱）	年纯利（卢比）	实售数（箱）	纯利（卢比）
1802	1389	2840	3375187	3700	4664142
1803	1964	3159	5524696		
1804	1537	3836	5144439		
1805	988	4126	3315219		
1806	1510	4538	5976169		
1807	1213	4208	4310188	4718	6008173
1808	1551	4560	6199870		
1809	1628	4968	7155880		
1810	1627	4891	7022725		
1811	1264	4966	5356199		
1812	1860	4769	7958952	4135	7935382
1813	2428	3672	8143926		
1814	2150	4230	8232410		
1815	1976	4318	8144178		
1816	2178	3085	7197466		
1817	1785	3552	5568188		

这是在"伶仃模式"出现之前的数据，也就是鸦片贸易还没有大规模失控之前。注意，并非所有鸦片都销往中国，但进入19世纪，销往中国的比例越来越高。此表上的财政年度的1797年指的是由1797年4月至1798年3月，其余类推。

蒋攸铦担任两广总督时期的措施包括：第一，加强防卫，自嘉庆十六年（1811）开始以打击盗匪的名义在各地驻扎军队，强化地方治安的同时，打击贩卖鸦片、走私等行为；第二，嘉庆二十年，他上书皇帝，提出了《查禁鸦片章程》，不仅要求查禁鸦片，还提议对发现鸦片的有功人员进行赏赐。

嘉庆二十一年（1816），当仍有英国船不听劝告进入内洋时，他又直接停止了所有海外船只的贸易。之后又出台了各种限制外国人的措施，包括禁止百姓为洋人服务、洋行不许建造西洋式房屋、铺商不得用洋字店号、清查与洋人的欠款、没有执照不得冒充洋商、内陆人不得进入洋行，等等。①

上述措施已经明显带有扩大化的痕迹。例如"禁止人民往来""禁止建造西式房屋"，已经演变成仇外运动。更重要的是，蒋攸铦是一位正直的官员，他的措施大都传给了后来的执政者，禁止贸易也演变成鸦片战争之前清政府的常规手段。

除了禁止贸易之外，扩大化运动还在其他领域蔓延。同一时期，清政府开始严查西洋传教士。嘉庆二十年（1815）10月，西洋人兰月旺由于在耒阳传教被判死刑。11月，政府又下令禁止购买西洋的所谓"奇巧货物"，此令同样出自蒋攸铦。之所以下这样的命令，一个很重要的原因就是节省外汇。根据清政府的统计，从嘉庆十七年到十九年，广州的行商在与外国人清算时，一共付出白银一百三十余万两，同时又欠了对方一百零六万两，表明了贸易赤字。

蒋攸铦的观点还影响到了皇帝，这也间接影响了其他省份的贸易自由。嘉庆二十四年（1819）12月，福建请求皇帝允许厦门向洋船开放，让他们运输茶叶，这个建议被皇帝否决。蒋攸铦也对这个问题发表过意见（虽然此时他已经调任四川），他从维护稳定和便利性角度出发，认为这里的洋面太辽阔，无法稽查外国人的船只，不如只开放更加容易管理的广州，这样更有利于稳定，皇帝显然更青睐他的意见。②

嘉庆二十二年（1817），蒋攸铦离任，前往四川担任总督，接替他的是阮元，后者在两广总督任上待了近九年时间，历经嘉庆、道光两朝，更是直接影响了清政府的对外政策。

在对英态度上，阮元更是一个激进派。从上台开始，他就增建了大黄滘、大虎山两个炮台，并扬言必须对英国人用武。他认为对方在海上很强大，但在陆地上就弱小了。这个观念也影响了清政府在后来的战争中的战略思维。由于其过于激进，连皇帝都提醒他注意德威相济，不要孟浪。③

---

① 见《清史稿·蒋攸铦传》。
② 蒋攸铦这一系列的政策见《清朝柔远记》。
③ 见《清史稿·阮元传》。

道光元年（1821）之后，阮元兼任海关监督，权力更大了。①在其任上，对外贸易的口子继续收紧。同样是道光元年，在继续申禁鸦片的命令下，两广总督要求洋船到达广州后，必须由行商出具"所进黄埔货船没有鸦片"的甘结，而一旦在船上发现鸦片，不仅惩罚洋船，连行商也要负连带责任。如果有洋船与中国人发生冲突，阮元也毫不手软，直至人犯自刎，方才罢手。

然而，在蒋攸铦和阮元的从严政策之下，鸦片贸易却出现了突飞猛进的发展。这是为什么呢？

二人的许多政策虽然从表面上看是符合逻辑的，但实际上根本无法执行。比如，规定保商的甘结政策，具体的要求是：为了防止鸦片输入，每艘外船一到达广州，都必须寻找四位总商承保；一旦船上出现了哪怕一点鸦片，承保的行商都会立刻遭受惩罚。甘结政策执行起来却是这样的：英国船上往往带有鸦片，即便再想维持清白的船长，也不能保证水手身上不带点自用的鸦片；一旦有鸦片被发现，保商就要倒霉，对保商的惩罚往往是高额的罚款，久而久之，就变成政府官员从保商身上寻找敲诈的借口；保商不再敢承保外船，而外船无人承保，就无法在广州贸易。②

表面上自洽的一道命令，到最后却变成了杀死整个贸易体系的政令。在两位总督治下，外船，特别是鸦片船，纷纷不再进入珠江水道，而是在珠江口外的急水门、金星门停泊，再由中国的走私商开小船前来会合，将商品卸下，乘着夜间进入珠江或者到其他海岸，将商品分发。③其中的商品主要是鸦片等违禁品，但也包括那些因为担心被查出鸦片而不敢进入珠江的船只上的正常商品。

在这之前，鸦片和正常贸易是并行的，为了惩治鸦片贩子，需要鼓励正常贸易。但二人的政策严重地干扰了正常贸易，最后使得那些想靠正常贸易赚钱的人也死了心，更多的人为赚钱干脆转向非法的鸦片贸易。

与此同时，鸦片贸易向珠江口外转移，由于清政府缺乏海军，无法管理

---

① 他还先后六次在广州巡抚短暂缺位时兼署广州巡抚。
② 见《东印度公司对华贸易编年史（1635—1834年）》，其中一封向董事部秘密委员会的报告摘录中详述了这个逻辑，表示不能接受的原因。
③ 见《清朝柔远记》。

外洋洋面，于是在广州之外形成了庞大的走私市场。这样，原本可控的鸦片市场反而向着不可控滑去，变得越来越难管理，也越来越大了。

鸦片贸易的增长速度非常快速：嘉庆二十四年至二十五年（1819—1820）贸易季度上岸的鸦片一共是四千一百八十六箱，这个数量与嘉庆十年至十一年贸易季度是相当的，没有明显增长。但道光二年至三年（1822—1823）贸易季度市场上，第一年已经销售了七千七百七十三箱，下一年是九千零三十五箱；道光四年至五年中国人购买了一万两千四百三十四箱鸦片，五年之内上升了约300%。[①]

由此也产生了臭名昭著的"伶仃模式"。

所谓"伶仃模式"，指的就是离岸交接模式。这种模式的形成也经历了一个过程。最早在18世纪80年代，英国人就将船只停泊在外海，等待本土小船前来购买货品。19世纪，又将信用制度整合在内，产生了在广州谈好买卖，而实际交割放在外海的情况。道光元年（1821）年底，随着广州禁烟的加强，英国人在第二年年初将所有制度进行整合，船大都停留在伶仃岛，不再进入内河。在外海，将箱子里的鸦片取出，重新装进草席做的袋子里，再搬运到中国船上。[②] 又过了一年，美国人也采取了同样的做法。

英国人称这种模式为"高效、安全和利益的典范，充分利用了先进的西方技术、中国政府组织中的漏洞，以及人类所共有的贪婪"，并认为"1821年到1822年禁烟事件给走私者提供了天赐良机"，于是产生了这种完美的解决方案。

伶仃模式的发展也导致香港的加入。在道光二十年（1840）之前，伶仃岛已经成了广州之外的重要港口，而在台风季节或者清政府"严打"时，外来船只就会到香港港口停泊。英国人由此看上了香港这片荒芜的土地，并在

---

① 见《黄金圈住地——广州的美国商人群体与美国对华政策的形成，1784—1844》。
② 根据《黄金圈住地——广州的美国商人群体与美国对华政策的形成，1784—1844》，具体的操作是：船只到达海岸后会停泊在伶仃洋，先把鸦片运到一艘趸船上，再把船开往黄埔锚地。中国捐客或当地鸦片贩子会用白银在广州的账房购买鸦片票据。如果他们希望能够在一个月左右拿到鸦片，就必须支付"订金"（通常是五十美元），到达趸船时再支付余下的货款。外国侨商会向鸦片货主每一箱都收取一定的酬金，船只通常也会得到一笔逾期保管费。交易中危险而不愉快的部分是贿赂官员、把毒品搬到岸上、零售给瘾君子，等等，这些都由中国人处理。

几十年后通过条约将其占据。

伶仃模式很快被复制到全国。在短短的几年之内，广州鸦片商开始向北方沿海派遣小型高速纵帆船。于是，一个个法外之地出现在南澳、泉州、普陀等地。伶仃岛成了重要的鸦片集散地和批发地，而泉州等地则成为二级批发地，由零售商自提，再分发到各地的零售市场。

就在鸦片越来越泛滥、失控的时候，最后的打击来到了，道光十三年（1833），东印度公司失去了对华贸易的垄断权，于是，散商的鸦片船冲垮了清政府仅有的那一点防范堤坝……

当国家主义面对个人主义

造成沿海鸦片贸易失控最后的打击还是来自英国。1833年，英国通过了新的许可状法案，剥夺了东印度公司的贸易特权，却给了它继续管理印度的行政权。这是世界从垄断贸易走向自由贸易的关键性一步。

在此之前，世界贸易并非自由的，而是依托于国家和政府的特许专卖制。比如，在印度，英国政府最早只允许东印度公司一家做生意，其余贸易都被视为非法。

之所以会出现这样的贸易体系，与欧洲王室（及政府）和贸易的紧密联系有关。最初的贸易公司大都得到了王室支持，王室或者参股，或者出卖特许权，从中获利。为了将国王的利益最大化，就必须严格控制贸易，避免外人插手。因此，大航海时代虽然代表了人类的探险精神和对外界的好奇心，但在贸易上却是落后的垄断形式。欧洲的垄断势力甚至必须破坏亚洲（东南亚和南亚）原先更加自由的贸易体系，才能将垄断强加于当地。

而在欧洲国家之间，则依靠武力来决定谁家的东印度公司胜出。这导致印度被英国东印度公司强占，而印度尼西亚被荷兰东印度公司强占。

随着英国东印度公司获得了印度和对华贸易的垄断权，另一股反叛势力也出现了。这股反叛势力就是各国（特别是英国）的散商们，以及代表了新兴势力的美国人。散商们不肯服从于东印度公司的垄断秩序，他们最初很弱小，但随着财富的积累，成长为一股不容忽视的政治势力，在议会中有一定的影响力。他们的话语权越发被政治家们重视，从而进入立法体系。而美国人由于是后来者，从一开始就采纳了更加先进的自由理念，对机会均等和自由贸易更加看重，也起到了冲破英国东印度公司垄断的作用。①

1833年，自由贸易势力终于占了上风。东印度公司的许可证是二十年批准一次的，正好在这一年许可到期，英国议会在批准新的许可时摘除了垄断贸易权，于是亚洲进入自由贸易时代。②

散商集团的胜利对于世界贸易史具有重要的意义，它促成了一个竞争更加充分的世界体系，也促进了人类社会未来的整合。但并非所有地区都能够承受得起这样的冲击，特别是贸易本身就建立在人类的贪婪欲望之上。

在东印度公司时代，公司对鸦片贸易起到两方面的作用：第一，它是鸦片的供应者（在印度的垄断种植）；第二，它偷偷地利用散商船向中国运输鸦片——公司从来不用自己的船，在名义上也是禁止鸦片贸易的。由于印度的管理权依然掌握在东印度公司手中，公司依然是鸦片供应商，但随着散商贸易的放开，所有人都可以从公司购买鸦片运往中国，这势必造成鸦片更加泛滥。

事实上，在公司失去垄断权前的十年里，在散商的冲击下，鸦片已经充斥中国沿海地区。道光元年（1821），在美国和散商的冲击下，马尔瓦鸦片大量运往中国，造成了一次巨大的价格下跌，孟加拉鸦片从两千一百元/箱跌至一千零五十元/箱，马尔瓦鸦片从一千三百元/箱和一千二百元/箱跌至九百元/箱，鸦片浪潮也导致中国人的消费增加到六千箱，出现了越禁止消费越高的"奇景"。与此同时，中国官方依然只能与东印度公司打交道，提出抗议，但此时公司对散商已经没有了管辖权。

到了道光六年（1826），阮元的两广总督任期终于结束了，李鸿宾继任。

---

① 冲破贸易垄断的过程也有着无数的灰色地带，比如鸦片就在其中扮演了很重要的作用。见下文。
② 东印度公司对印度的行政垄断权要到1857年印度反英大起义之后才丧失，在起义中两个政权消亡，一个是残存的莫卧儿傀儡皇帝，另一个则是东印度公司政权。此后，英国人将印度纳入帝国范畴，置于英国女王（号称女皇）的统治之下，并交由一位代表了女皇的副王（总督）管理。可参考本书作者的《印度，漂浮的次大陆》。

在阮元晚期,这位老人已经无力再继续他的激进政策,连英国人自己也承认,伶仃模式让中国政府无力再阻挡"药片贸易",甚至由于不用给清朝官员贿赂,盈利比之前还要多得多。阮元担任总督的九年里,中国鸦片消费量增加了一倍。[①]

任何一个新总督到任后,往往会大动干戈进行一番整治,李鸿宾也不例外。他恢复了巡海制度,对走私者和海盗发出了严厉的劝谕告示,并派兵船前往伶仃等岛屿。但取得的效果只是暂时将停泊在伶仃的船只驱散,一旦官军撤离,对方又会回来,这种"游戏"已经无力阻止鸦片的泛滥。

事实上,两广总督还在收紧正常贸易。李鸿宾时期,为了惩治鸦片贸易而做出的管制对正常贸易的损害进一步加大了。由于贸易的外移,政府收税出现了困难,他下令对那些听话的正常贸易船加强管制,继续实行行商垄断,加强税收,这更进一步减少了正常贸易的渠道。[②]

道光九年(1829),在广州的东印度公司特选委员会又与广州政府发生了冲突,宣布暂停贸易。在此事件上,更能看出双方已经南辕北辙了:从清政府角度看,中国的外贸体系是最好、最健康的,不需要任何改变;而英国人从利润的角度看,却认为在这样的制度下已经无法再进行任何正常的贸易了。

在争执中,英国人提出的意见包括:必须改革保商制,因为它已经造成保商大面积破产,由此引起的金融问题也已经形成贸易危机;[③] 必须贯彻贸易自由原则,外商可以不用保商而自由地与任何人进行贸易;清政府必须大幅度减少苛捐杂税。

清政府无法解决上述问题,甚至认为那些根本就不是问题。对清政府来

---

① 见《东印度公司对华贸易编年史(1635—1834年)》。一封写于道光六年(1826)年初的信。
② 二十四种土产出口货,包括茶叶、生丝、大黄、南京布等,五十三种外洋进口货,包括毛织品八类、外洋五金六类、人参、毛皮、檀香木等,只能由行商经营。所有其他商品可由店铺主买卖,包括最重要的丝织品,其中任何一船运出不得超过八千斤(八十担);而店铺主之买卖,仍须在保商的名义下进行。
③ 关于保商破产的情况,见下文。保商由于连带着金融职责,与外商有着金融和账目往来,一个保商破产,就可能造成资金链的断裂。

第三部　锁死在系统中的百年（1735—1840）

说，真正的问题是税收不够。在官员们看来：税不是收多了，而是收少了；对外国人的限制也不是太多了，而是太少了，这才让他们过于自行其是；在现有保商制下，外国人已经这么胡作非为，如果撤销保商，那么该如何控制外国人？

在这种国家主义的思维下，对外国人的限制继续增多并越来越严格。由于一个英国人带妻子随行，两广总督下令，严禁外国妇女进入中国，这对天朝是天大的耻辱。之后，又重申了外国人不得坐轿子的规定。① 这些规定导致更多的外国商船坚决不再来广州，而是停留在外海：到道光十一年（1831），在六十八艘到达中国的英国散商船中，有三十二艘注明只到伶仃；美国船三十三艘，有十一艘留在伶仃。

大量的白银从地下渠道被送往国外，广州的白银荒愈演愈烈，以至于东印度公司都没有足够的白银购买茶叶，而鸦片的数量却在飞速增长。道光元年（1821），鸦片烟的输入约六千箱/年，到了道光十五年，已增至三万箱/年；道光十九年，已超过四万箱/年。大量的鸦片输入，导致每年流出白银一千万两以上。②

到道光十三年（1833）英国东印度公司对华贸易垄断结束时，清政府已经完全失去了对世界变化的适应能力。事实上，他们的一切管理都是围绕着垄断时代进行的，一系列的制度也都是以东印度公司的存在为前提的。

我们可以做个对比。在最初，不管是清政府方面还是英国方面都倾向于采取垄断的做法，这样更加便利、容易收税。但在个人主义的冲击下，英国人很快发现了自由贸易的好处，随着自由贸易力量的增长，即便东印度公司并不情愿，最终英国政府仍将它撇在一边，拥抱了自由贸易。

而清政府一直沉浸在垄断贸易带来的便捷性里，他们一直没有理解自由贸易。清政府已经适应了双方根据垄断原则搭建起来的贸易体系，因此，当

---

① 这两项规定早已有之。以携带妇女为例，乾隆十六年（1751），荷兰商人带来的一位外国妇女被解返澳门监禁；乾隆三十四年，英国商人带来的一位外国女仆被投入澳门监狱。
② 见《中西交通史》。道光十六年（1836）四月，太常寺少卿许乃济上奏："近来不货易货，皆用银私售，竟至二万余箱，每箱百斤，乌土为上，每箱约价洋银八百元。白皮次之，约价六百元。红皮又次之，约价四百元。岁售银一千数百万元，每元以库秤七钱计算，岁耗银一千万两以上。"

英国人想要自由贸易时，感到更加不适的反而是清政府。

另外，个人主义和自由贸易并不代表它们的一切都是好的。事实上，在这里的"自由"并不是一个带有感情色彩的词汇，它只表示在自由竞争下，人类社会更可能向复杂化迭代，拥有更多的发明创造，开拓更多的地方，让人类拥有更加富足的物质和精神生活。

在自由贸易之下，鸦片贸易也会比垄断状态更加难以控制。

清政府的贸易体系是搭建在垄断状态下的，一旦进入自由贸易阶段，鸦片的繁荣、贸易的逆差、白银的流出，都是原有体系难以应付的。只有重新搭建一个自由贸易体系，让人们在正常的合法贸易中赚到钱，才能排斥非法贸易，从而解决鸦片问题，但这是清政府所做不到的。鸦片的出现给了清政府一个千载难逢的借口，他们以此否认自己制度的失败。

自始至终，两个世界的碰撞一直是在不同的维度上展开的。清政府一直没有放弃国家主义的立场，而西方的个人主义逐渐彰显，表现出了更强的韧性。到底是选择个人主义，还是国家主义？这并不是一个对错的问题，而更多取决于不同制度体系下形成的价值观。

清政府对垄断贸易的留恋，还表现在道光十四年（1834）两广总督的一个提议上。彼时的两广总督是卢坤，在一年前，英国东印度公司已经丧失了贸易垄断权，特选委员会也不存在了。按照中国人的逻辑，对手从一家公司变成了一堆散商，本来应该便于各个击破，更好对付。但事实上，卢坤发现，一堆散商反而更加不好管理。在公司时代，两广总督只需要通过行商向特选委员会下令。但这时，总督已经不知道该向谁下命令了，于是，卢坤又写信请求英国恢复公司制度，至少是派一个对接人来，让他可以对散商下命令。[①]

作为回应，英国设立商务监督职位，由律劳卑担任，负责协调两国贸易事宜。

而清政府的官员们并没有意识到，律劳卑的这个职位的性质已经与当初的特选委员会完全不同了。特选委员会代表的是东印度公司，它更多地表现为一个贸易机构和传信人；而商务监督是由英国政府派出的，代表的是正处

---

① 见《清朝柔远记》，该书认为卢坤的这种行为是受到了别人的误导，但显然，卢坤是有需要的。

于最傲慢时期的英国政客。

律劳卑还没有到达广州,就陷入与广东政府的争执,原因就在于广东政府依然像对待商人一样对待他,而他本人则带着大英帝国的傲慢。两广总督不得不再次祭出断绝贸易的法宝,而律劳卑则派遣舰队进逼虎门,展开炮击。[①]

就这样,商务监督这个职位从诞生之日起,就注定无法在中国这样的国家平稳运行。在随后的几年直到道光二十年(1840),这种新制度导致中英关系从冲突走向失控,并最终演化为战争。

中英关系的失控,是从清朝在海外和海盗的冲击下失去制海权开始的;到欧洲战争让英国人试图占据澳门,并引发了断断续续长达几十年的清英小规模冲突;再到英国自由贸易的兴起、散商占据主导地位、东印度公司失去垄断权,由此引发了商务监督这个新职位的出现;最后,当两国都无法接受这个新职位带来的变化时,又进一步引发了更大的冲突。其中有鸦片带来的争端,但更多是清王朝采取的国家主义姿态与英国个人主义之间的冲突。

道光十六年(1836)上任的两广总督邓廷桢的做法反映出清政府的姿态,他对外贸和鸦片的观点可以用两句话来概括:集中行政力量严打外商,利用严刑峻法整治鸦片。[②] 他的做法代表的是帝国官方的意见:对民间,唯一的打击方法就是收紧收紧再收紧、加强加强再加强。他们没有意识到经济会有绷断的那一天。与此同时,当清政府的权力越来越集中时,英国的商务监督却无力监管散商,更不接受清政府为了对付鸦片而将所有贸易中断的做法。

当历史来到道光二十年(1840)前夜时,双方都意识到之前的体系已经不可维持,也意识到双方都不可能做出对方想要的改变——即便想做,也无力去做。到这时,双方都认为战争是仅剩的选择,剩下的,只是如何在军事和舆论上做好准备,让它水到渠成罢了。

---

① 这就是著名的"律劳卑事件",我们应该看到,这是两个傲慢的帝国之间无可避免的碰撞。道光十四年(1834),律劳卑在澳门死于疾病,其职位由爹核士(戴维斯)继任,仅百余日后,爹核士将职位让给罗拔臣。1836年,义律成为新的商务监督,在其任上发生了鸦片战争。

② 见《黄金圈住地——广州的美国商人群体与美国对华政策的形成,1784—1844》。

破产的十三行

在鸦片战争之前还有一个特殊的现象，这个现象从乾隆时期就已经显现，那就是十三行的大规模破产。

由于其垄断性，人们往往以为十三行的行商们都腰缠万贯，但事实上，这个作为政府触手的行业却在这种古怪的制度下举步维艰、怨声载道，有人甚至付出了家族和生命的代价。我们不妨看看十三行的起落，以便看清在道光二十年（1840）之前，一口通商制度已经到了何等山穷水尽的地步。

在清政府对外的商业机构中，最有特色的就是广州的十三行。十三行的出现与清朝开国同时，事实上，在明朝就有类似的牙行组织，清朝只是学习了明朝，并随着事态的发展更加垄断化罢了。十三行曾经是非常赚钱的机构，特别是在康熙后期，比如一个名叫屈大钧的人就在《广州竹枝词》中写道："洋船争出是官商，十字门开向二洋。五丝八丝广缎好，银钱堆满十三行。"乾隆时期的李调元也写道："希珍大半出西洋，番舶归时亦置装。新到牛郎云光缎，边钱堆满十三行。"①

美国人到来后，也认定与外国人联系最多、最友善的是行商。行商名号中大都加有"官"字，但地位比官员低。他们的影响力不仅来自财富，他们作为清政府的帮手，还能帮助处理外贸事务、执行对外国人的禁令、征收关税，等等。

但行商又是私商，只是领有官方执照罢了，所以他们也会为了自己的个人利益与外国人合作。

根据记载，在广州城外的外国人商馆区，跨过一条街道（称"十三行街"），正对着美国商馆后面，就是一座非常雄伟的石头柚木建筑，其中有几座花园庭院。这个建筑是公所房，也就是行商处理公务、协商贸易的地方。这个公所房是行商们集资建造和运维的，他们从外贸中赚了钱，会上缴一定比例，设立一个基金（叫作"行用"），用这笔基金维持公务费用，而它更重

---

① 两首诗转引自《中西交通史》。

要的作用是预防破产的保险基金:一旦有行商破产,就要从行用中取钱来赔偿破产行商欠下的债务。

除了公行商人之外,也存在一些私商作为制度的补充,他们被称作"铺商"。这些铺商负责为公行商人提供货物,甚至在缴纳一些费用的前提下直接与外国人贸易。

公行商人还负责向外国人推荐一些专职人员,比如买办和通事,其中买办负责管理中方杂役、购买生活必需品、维持日常开支等;而通事则负责翻译、沟通、文书和簿记等。

在公行商人之上,则是两广总督、广东巡抚和粤海关监督这三位官员。但三位官员也要依靠公行商人帮助他们收税,并通过通事获得情报。[①]

这样的制度本来是一个较为完整的链条,但链条过长,而问题往往就出现在链条过长上。公行商人在康熙时期还是香饽饽,他们的财富能够引发大家的觊觎。但到了乾隆晚期和嘉庆时期,由于承担了太多的责任,被强征太多的税收,而且还要负责与外国人有关的金融问题,这些行商稍有不慎,就会产生大量的债务。到最后许多公行商人都陷入破产境地,剩下的也想退出这个行业。可要想退出,必须得到官方的批准,而官方不会轻易批准,这就陷入了死循环。

所谓的十三行并非固定的十三家行商,而是在不同的时期不断变动,最多时有二十余家,最少时只有四家。当出现巨大的贸易波动时,一多半的公行商人要么破产,要么举步维艰。

表16 1757—1839年行商数量的变化(单位:家)[②]

年份	数量	年份	数量	年份	数量	年份	数量
1757	26	1791	5—6	1811	10—12	1831	10
1759	20余	1792	12	1813	10—13	1832	10
1760	9	1794	10	1815	10	1833	10

① 见《黄金圈住地——广州的美国商人群体与美国对华政策的形成,1784—1844》。
② 采自黄国盛《鸦片战争前的东南四省海关》表3.1。

续表

年份	数量	年份	数量	年份	数量	年份	数量
1765	10	1795	10	1822	11	1834	10
1776	8	1796	10	1823	11	1835	10
1777	8	1798	8	1824	10	1836	11
1778	8	1799	8	1825	10	1837	13
1779	8	1800	8	1826	10	1838	11
1781	4	1801	8	1827	9	1839	10
1782	9	1807	12	1828	7		
1786	20	1808	9	1829	7		
1790	5	1810	10	1830	10		

表 17 道光十三年的十三行[①]

序号	商名	行名	人名
1	Howqua 浩官	Evo 怡和	Woo shaou yung 伍绍荣
2	Mowqua 茂官	Kwonglei 广利	Loo ke kwang 卢继光
3	Puankhequa 正炜	Tungfoo 同孚	Pwau shaou kwang 潘绍光
4	Goqua 鳌官	Tung hing 东兴	Seag yewiu 谢有仁
5	King qua 经官	rienpow 天宝	Leang ching che 梁亟禧
6	Sunching	Hingtae 兴泰	Yeu khe cbang 严启昌
7	Mingqua 明官	Chung wo 中和	Pwau wan taou 潘文涛
8	Saoqua 秀官	Shun tai 顺泰	Ma Tso Leang 马佐良
9	Pwan Hog qua 海官	Yan wo 仁和	Pwan wau hae 潘文海
10	Sam qua 爽官	Tung shun 同顺	Wu Tien yuen 吴天垣
11	Kwan shing 昆水官	Fu tai 孚泰	Yih yuen chang 易元昌
12	Lamqua	Tung chang 东昌	Lo Futae 罗福泰
13	Taqua	An chang 安昌	Yung yew kwang 容有光

---

① 根据《中西交通史》资料整理。

其中最典型的案例来自一位名叫石鲸官的行商。石鲸官并不是实力最强的行商。实力最强的行商是与英国人关系最密切的潘启官，后期则是与美国人合作的伍浩官。但即便是这两个大行商也受尽了盘剥，更不要提那些小行商了。

石鲸官的倒霉遭遇始于乾隆三十八年（1773），这一年，广州城外的外商贸易地区发生了火灾，焚毁了约四百三十座房屋，烧掉了瑞典、法兰西的商馆，英国的两座商馆也被波及。石鲸官的商馆也完全毁掉了，由于商馆里有大量货物，造成了巨大的损失。

但石鲸官并没有因此倒下，而是继续苦苦支撑了二十年。老的石鲸官去世后，由他的儿子（也叫石鲸官）继续经营。在这二十年里，更多的行商支撑不下去了，乾隆五十六年（1791），行商的数量已经只剩下六家。而在这六家之内，也已经有人陷入困境，如鹏官和周官，都已经无法正常履行行商的职责。于是海关监督又派发了六张执照给新人，凑足了十二家之数。但随着新人加入，老人的生意更加难做，这一次就轮到石鲸官家族了。

乾隆六十年（1795，也是乾隆禅位前的最后一年），石鲸官破产。那时候，一个行商破产时，往往还有大量的未结清款项，由于行商时常被政府敲诈，他们的资金必然出现大的窟窿。只有行商持续运转时，才能够拆东墙补西墙，不被人发现，一旦破产清算，就必然会资不抵债。石鲸官也不例外，他欠了英国人大量的白银。一般情况下，行商内部的行用基金就是专门用来补偿破产行商欠款的，但随着大量行商破产，这笔保险费显然不足以填补这个窟窿了。

英国人找到总督，让他帮助解决石鲸官的欠款问题。总督大怒，将石鲸官投入监狱。曾经与石鲸官交好的低级官吏连忙向总督求情，请求带石鲸官去见一次英国人，争取他们的宽限，甚至放弃一部分欠款。

总督也想不出更好的办法，只能同意。于是就出现了下面这一幕。

乾隆六十年（1795）6月，在南海县县令及一名解差的押解下，在另外两位行商文官和潘启官的陪同下，石鲸官戴着铁镣被送到澳门见债主。英国人最初避而不见，最后迫不得已才松了口。

石鲸官之前一直是一副上等人打扮，彼时却戴着枷锁，穿着粗布做的短衣裤，脚穿白色的丧鞋（没穿袜子），前额的头发长得来不及剃，看上去肮脏得像个叫花子。他见到英国人后连忙跪下，磕头不止，直到官员们命令他停下。

随后，官员和另两位行商退出房间，将他单独留给英国人。当石鲸官与英国人独处时，又想磕头，被阻止了。他苦苦地哀求，请求英国人看在他父子二人多年服务的分上能够宽限一点。但英国人背后也有资方压力，显然无法做主答应太多要求。

最后英国人同意石鲸官用剩下的茶叶冲抵一部分债务，由此减少了一万四千两白银（二十万一千一百七十八银圆）的债务。石鲸官家族的土地、房屋和存货很快在官府的主持下被卖掉，首先扣除对官方的欠款（也就是行商应该交给政府的捐税，石鲸官显然没有交），剩下的全部偿还债权人，即便这样，依然有六十万两白银的欠款。石鲸官家族被要求分六年偿还这些欠款，但他们显然已经彻底拿不出来了。①

由于无法清偿债务，石鲸官的二哥怀官被充军伊犁，而他本人则继续关押在监狱中，直到缴清欠款才能出狱。嘉庆元年（1796）2月，知道已经榨不出油水的官方将他打死在狱中。一代行商在屈辱中死去。

石鲸官的死亡如同连环事件的第一环，随后，行商进入一个动荡和人心惶惶的时期。就在他死后两个月，陪他去澳门见英国人的行商中的一位（名叫文官）也自杀身亡。在死前，文官还是行商的首领。据称，他的事业已经无力为继，只是由于得到了朋友（尤其是另一家行商茂官）的帮助，才清缴了欠税。由于他的人品和地位，欧洲债权人对他的施压也小一些。但最终他依然选择了自杀。

文官死后，其兄弟思官被强迫继续担任行商，在其他人的帮助下，努力缩减对英国人的欠款。②

文官死后不到一年，善于做鸦片贸易的昆水官被捕。这次不是因为对外债务，也不是因为贩卖鸦片，而是证照不全。在缴纳了巨额罚款之后，他终

---

① 财产拍卖一共筹得二十八万两白银，偿还债权人约十万两，尚欠款六万两。
② 见《东印度公司对华贸易编年史（1635—1834年）》。文官的债务是二十六万七千两白银，思官将之降为十四万一千四百三十八两。

于获得自由。

嘉庆十年（1805），行商榜官陷入风雨飘摇的状况。他的事业不至于倒闭，但由于欠了政府和官员的税款，[1]而当时的海关监督要退职，希望走之前让榜官将钱补上，于是威胁他要将执照拿走。一旦抽走了执照，现金流会立刻断裂，破产就会是必然的，欠款也会大量出现。榜官经过多方努力，请求茂官和沛官从英国人手中借款，将钱交给海关监督，这才保住了执照，但新的债务让他的商号更加难以维持。

行商之所以大规模破产，与清政府对行商的过度压榨有关。由于外贸是广州的主要财源，一旦有了财政需求（不管是常规的还是非常规的），或者官员需要灰色收入，首先考虑的压榨对象都是外贸。最初时，政府的财政冲动依靠增加对外商的苛捐杂税来满足，但后来由行商负责清缴税款后，行商不可能将各种杂税都转嫁给外国人，于是他们自己承担的费用就越来越多，直至被压垮。

一份保留在外国人记载中的表格，留下了行商需要给清政府缴纳的非税贡献，其中既包括给朝廷的礼物，也包括出现军事行动之后的特别军费，还有给皇帝的生日孝敬。山东出现了饥荒，也要从行佣中出一笔贡献；黄河需要治理，广州的行商们也必须有所表现。

表 18　行商的负担（行佣的用途）[2]

项目	白银（两）
嘉庆十二年（1807）	194166
贡价，献给朝廷礼品	55000
军需，四川、陕西军费	41666
河工，黄河决堤	37500
剿匪	60000
嘉庆十三年（1808）	276666
贡价	55000

---

[1] 榜官的欠款为白银十四万五千两。
[2] 本表采自《东印度公司对华贸易编年史（1635—1834 年）》。

续表

项目	白银（两）
军需（四川和陕西）	41666
军需（澳门）	10000
剿匪	20000
河工（黄河）	150000
嘉庆十四年（1809）	565200
贡价	55000
皇上万寿庆典	120000
河工（黄河）	52500
剿匪	149800
河防	20000
前山寨和澳门军费	10000
万成行（侣官）破产	157900
未付捐税	53800
未付行佣	17900
欠粮道	2000
欠外国人债务	84200
嘉庆十五年（1810）	318700
贡价	55000
军需	41600
前山寨和澳门军费	43300
剿匪	50000
欠外国债权人债款	128800
嘉庆十六年（1811）	568000
贡价	55000
军需	41600
剿匪	30000
前山寨和澳门军费	43300
外国债务	（原文如此）398100
嘉庆十七年（1812）	366000

续表

项目	白银（两）
贡价（朝廷）	55000
军需（军队）	41600
河工（黄河）	60000
剿匪	30000
前山寨和澳门军费	33000
外国债务	146400
嘉庆十八年（1813）	274000
贡价（朝廷）	55000
河工（黄河）	73500
外国债务	145000
嘉庆十九年（1814）	290000
贡价（朝廷）	55000
河工（黄河）	60000
山东饥荒	30000
外国债务	145500
嘉庆二十年（1815）	290000
贡价（朝廷）	55000
河工（黄河）	60000
山东饥荒	30000
外国债务	145000
嘉庆二十一年（1816）	295325
贡价（朝廷）	55000
河工（黄河）	60000
山东饥荒	30000
虎门炮台，第一次分期付款	5325
外国债务	145000

比如，嘉庆皇帝六十大寿时，行商就必须"自愿"孝敬，而且孝敬的数量都有规定，整体上是白银三十万两，由各个行商摊派。行商可以向外国人

征收行佣,[①]但如果征收不上来,就只好自己出了。皇帝连过两个生日,就足以拖死石鲸官这样的中小体量行商了。

到最后,官员们不断地寻找各种借口,找行商要钱。比如,乾隆四十九年(1784),广东的邻省发现了四名传教士,官员抓捕时他们逃走了。这件事最终的结果是行商被罚十二万两白银,理由是他们既然和欧洲人有往来,就应该知道这件事并防止它发生。

而在嘉庆十一年(1806),在两广总督接见一位外国舰长时,[②]由于舰长惹怒了总督,总督勒令行商潘启官缴纳十万两白银的罚款。而这些白银又被巧妙地打进一个募捐包里,以清剿海盗经费的名义,强行要求全体行商自愿捐款白银二十万两(其中潘启官贡献五万两)。

这样的事情一再出现,就连最大的行商潘启官也承受不了,他一再要求退休,却屡屡被推脱。嘉庆十三年(1808),政府终于批准他退休了,但这也是有前提条件的,即他必须立刻缴付十万两白银的罚款(之前已经宣布免缴)。潘启官又结清了对英国人的欠款二十一万余元,才算平安落地了。

潘启官平安落地后,另一位寻求退休的茂官却被拒绝了。潘启官为了退休向各级官员贡献了大笔款项,而这是茂官的经济实力所不允许的。他还被强行塞了"首席行商"的职责。

到了嘉庆二十年(1815),十位行商中,有七位处于危机状态,不得不寻求英国人的援助。前一年他们从英国人处支借了二十二万六千两白银,第二年又支借了二十三万一千四百八十两。在英国人的不断要求下,清政府才放松了对小行商的一部分压榨。

道光六年(1826),新疆白山派首领张格尔在南疆发动反叛,攻克了喀什、英吉沙、叶尔羌、和阗。清军在两年后才镇压了这次反叛。[③]遥远地区的反叛也对广州产生了影响,由于国库空虚,皇帝又向各个省搞摊派,广东分得

---

① 向外国人征收的行佣数量也已经计算好了,每担棉花征收五钱,其他货物按比例征缴。但遭到抗议。
② "猎狗号"舰长拉特塞。在接受函件时由于舰长要求总督给他一个座位,遭到了总督的挤对。他的另一个把柄是未经许可进入虎门。
③ 见《清朝柔远记》。

了一百三十万两白银的额度，他们又决定把这个摊派分成三笔，其中官员认捐三十万两、盐商出四十万两、行商出六十万两，分十年缴付。最大的行商伍浩官一个人就被摊派三十万两，浩官四处奔走，最后减少为十万两，而且不算白捐，改为捐官，授给他儿子盐运使的虚职，他本人则获得道台衔。

行商的灾难还由于其他的原因而不断加重。道光二年（1822），广州十三行发生大火，烧掉7000间房屋，英国商馆也毁于一旦。而在行商中，沛官和茂官的损失最为惨重。

为了让行商付清各种勒索款项，清政府也是想尽了办法。道光三年（1823），为了逼迫他们付款，行商磻官、西成和发官被监禁，直到他们付清了摊派才被释放。而昆水官在这一年彻底陷入困境，他的欠款是白银十八万八千两，四处寻求帮助未果。他于该年8月去世后，清查债务为白银三十万两以上，最后债务被摊派给其他行商。①

道光九年（1829），由于英国东印度公司与清政府的冲突影响了贸易，十一家行商中又有四家破产。英国人希望改变行商制度，他们提出了八项要求，包括增加新行商、减少行商负担、减少摊派、允许自由贸易、减少苛捐杂税，等等，但大部分都被驳回。驳回时，有完全偿付能力的行商已经只剩下三家。而想增加行商也是不容易的，因为商人们都已经意识到，进入这个行业大部分情况下就意味着被敲骨吸髓。由于制度设计的问题，也由于行商虽然有钱却没有任何政治地位，行商只能一次次地接受官僚们的恣意横行和鞭挞棒槌。因此，商人们宁肯前往伶仃外洋充当法外之商，也不愿意参与清政府控制的外贸体系。

鸦片战争前的最后一瞥

道光七年（1827）7月，最后一个在京的罗马天主教传教士抵达澳门。

---

① 作为公行的连带责任，债务分五次还清，第一次立刻偿付，第二次于第二年初偿付，偿付额一共分成二十一份，由沛官认领四份，茂官、潘启官（并非那位退休的潘启官）和章官每人三份，而人和、磻官、鳌官和经官每人两份。

这位名叫高守谦的葡萄牙传教士也和他的同伴一样，在被批准留在北京的那一刻，就像是签了终身合同，不能再离开中国。但他依然找到借口，表示要去欧洲探望年迈的双亲，这个理由被皇帝接受，但要求他回去后就不要再返回中国。

他穿着清朝官服，带着随从出现在澳门，显得有些格格不入。[①]事实上，他在北京早已无事可做，充当的只是类似于宫娥的角色。早在雍正五年（1727），传教士已经被禁止传播宗教，那些仍然留在北京的传教士只是因为他们拥有天文学知识，能够用于历法，但他们也被严密地管控起来。所谓"天文学"，其实也早已没了用处，因为在汤若望和南怀仁时代，就已经将历法推算到数千年之后，号称"永年历"。传教士掌握的各种知识，繁荣富强的大清国都不需要。其实，传教士群体掌握的知识也早已过时，在牛顿等人的努力下，科学早已从经院回到了世俗世界，与利玛窦时期相比早已面目一新。

在北京还存在俄国的东正教团。他们之所以存在，是因为清政府与俄国条约的规定。每十年，俄国人就派一批新人来接替旧人。道光七年（1827），恰逢俄国的第十届东正教使团在京。俄国人的教团与天主教团不同，他们既不负责科学事务，也不负责传播宗教，他们此时最大的任务就是搜集中央帝国的情报，撰写书籍，供俄国人了解。他们刚刚送走了最伟大的俄国汉学家之一的比丘林，[②]很快，他们的中国知识将派上巨大的用场。即便这样，东正教使团也是在北京的严密监视和控制之下活动的。

不管是天主教士的离开，还是东正教士的艰难摸索，都让人仿佛看到了一个完全静止的世界。也就是说，在经过了轰轰烈烈的三百年之后，曾经充满了希望的帝国已经回归了古代的理想控制态。在这个帝国里，任何所谓的开放，都只是社会的一次不成功反抗，还是会被皇帝逐渐限制、控制，最后回归到超稳态，没有例外。

[①] 《东印度公司对华贸易编年史（1635—1834年）》对他的出现进行了描写。

[②] 关于比丘林的在华经历、他的被贬和回国之后的伟大成就，见《历史上北京的俄国东正教使团》。

第三部　锁死在系统中的百年（1735—1840）

然而，当帝国回归超稳态时，世界却已经在三百年里突飞猛进。如果一个 16 世纪初的明朝北京人来到 19 世纪清朝治下的北京，他会发现一切都没有变化；但如果一个同时代的欧洲人也进行同样时间的穿越，他会发现自己进入了一个幻想中的未来社会。这里不说欧洲的科学进步和知识迭代，只说欧洲的政治。19 世纪的欧洲，葡萄牙和西班牙已经衰弱了，两个伊比利亚半岛国家曾经拥有整个拉丁美洲，但此时，不管是西属美洲还是巴西都已经独立。在经过亢奋之后，伊比利亚又成了欧洲历史上的背水湾。在明朝时对中国影响巨大的意大利也经历着分裂与整合的痛苦。法兰西经过拿破仑的扩张，又回归到它的历史边界。俄国人从欧洲北方的偏远之国突然间变成横跨欧亚美的超级大国，并在拿破仑战争中树立了极大的威信。位于小岛屿上的英国变成了世界帝国。新大陆的美国成了一个宣扬自由贸易和机会均等的大国。

欧洲的不断变化，也影响了世界，包括东南亚和中亚。在东南亚，马六甲是最具代表性的国家，它此时已经三度易主。葡萄牙人到来时，马六甲是他们最先占据的东南亚港口，并由此引出葡萄牙人与明王朝的一段公案（见本书第一章），但到了 1641 年，就在中国遭受着李自成带来的巨大灾难时，荷兰人攻占了马六甲，成了其下一个领主。到了 1824 年，英国人通过和约从荷兰人手中获得马六甲，成了英属马来亚独立之前的最后一任领主。但与明王朝还愿意为了属国做一些象征性的努力不同，这时的清王朝已经不再关心马六甲的情况了。

不止马六甲，整个亚洲都在发生着巨大的变化。在印度，英国终于将这个亚洲明珠并入帝国。英国对印度的占领也是通过一系列的战争完成的。1757 年，英国通过普拉西战役，获得部分孟加拉；1764 年，英国击败莫卧儿皇帝，再次获得了孟加拉、奥德（现在的北方邦）和奥利萨的许多权益。之后，英国人通过四次英迈（迈索尔，1766—1799 年）战争和英马（马拉塔，1772—1818 年）战争获得了南方的大片区域。19 世纪初，总督韦尔斯利更是加快了扩张的步伐，通过合并或者要求土邦附属的方式，获得了大量邦国的控制权。

其中对南方邦国迈索尔的四次战争最重要也最艰难，让英国完成了历代印度本土帝国都无法完成的任务：合并印度的南方与北方。①1799 年迈索尔君主提布苏丹的死亡，结束了这次战争，却让他成了印度独立的象征，他也是 1857 年印度反英大起义之前最伟大的抗英英雄。②

英国对印度的征服持续到鸦片战争之后：1849 年，第二次英锡（克）战争中，英国合并了旁遮普、西北边境省和克什米尔（克什米尔后来卖给了查谟君王）。1856 年，英国废除奥德的傀儡君主，彻底吞并了奥德。英国还通过同尼泊尔的战争控制了尼泊尔的廓尔喀王朝。

直到 1857 年，印度发生反英大起义，英国人在镇压起义的过程中，才最终灭亡了莫卧儿王室，并成为印度毫无争议的霸主。③也只有到了 19 世纪中叶，欧洲人对亚洲才拥有了足够的优势，可以将亚洲的某些地区完全殖民地化。

在印度东面的缅甸，情况又有所不同。缅人的最后一个王朝——贡榜王朝于 1752 年建立。贡榜王朝是一个强大又骄傲的王朝，它不断地和邻居暹罗发生冲突，甚至灭亡了阿瑜陀耶王朝。直到 19 世纪初，缅甸还足够强大，能够抵御西方的势力。然而，到了 1824 年，缅甸和英国人的冲突爆发，英国用了六十多年时间，发动了三次战争，最终吞并了缅甸。④

1778 年，越南的最后一个王朝阮朝建立。阮朝在统一全国的过程中得到了法兰西人的帮助，也一度与法兰西保持了友好关系。然而，第二代皇帝明命帝时期，阮朝采取闭关锁国的态度，直到半个世纪之后，法兰西才想办法用武力撬开了越南的大门，将它慢慢变成法兰西的保护国。⑤除了越南之外，原来东南亚的强国占婆已经被越南完全吸收，而柬埔寨被暹罗和越南压缩成

---

① 印度的历史是相对分散的。中国古代曾经很长时间没有意识到南方的朱罗等国家也在印度次大陆上。印度传统上的古代帝国如孔雀、贵霜、笈多帝国大都从印度北部成长起来，统治并未到达最南方，印度近古时期的莫卧儿帝国同样对南方缺乏控制权。
② 迈索尔的两代君主海德尔阿里、提布苏丹父子，不仅对抗英国人，对科技也有很强的发展意识，印度的科技之城班加罗尔就是从他们执政时期开始了初步发展，并为 20 世纪末的崛起奠定了基础。
③ 见《印度，漂浮的次大陆》第二十六、第二十七章。
④ 根据《琉璃宫史》《三千佛塔烟云下》等书综合。
⑤ 见《剑桥东南亚史》第二卷第一部分第一章。

了小国，也被法兰西人纳入势力范围。

在缅甸和越南之间的暹罗由于缅甸贡榜王朝的入侵，离开了大城（阿育陀耶），在现代的曼谷建立了曼谷王朝。这个王朝一直持续到今天并保持了独立，实现了一定程度的现代化，是东南亚地区唯一一个完成了西化转型的国家。[①]

菲律宾依然是由西班牙人统治。而荷兰占据的东印度群岛已经连成片，这里曾经邦国林立，出现了无数的岛屿国家，直到荷兰统治时期，才逐渐形成民族意识，并在对抗荷兰的过程中最终成长为印度尼西亚。

在鸦片战争之前，荷属东印度群岛上的海外华人共和国衰落了。1837年，兰芳共和国的执政刘台二去世，之后的内争和外患致使兰芳共和国步入长期的衰落，即便之后有所恢复，最终还是于1884年被荷兰人灭亡。[②]

在中亚地区，俄国人已经完成了对哈萨克草原和荒漠地区的占领，并向清朝境内的巴尔喀什湖前进，在湖边修建了据点，成为日后将伊犁西部从清朝分离出去的基础。但直到鸦片战争时，俄国人对中亚定居区的占领仍不顺利。在中亚，当时最重要的领土是乌兹别克人建立的三大汗国，分别是位于花剌子模地区的希瓦汗国、位于布哈拉和撒马尔罕核心区的布哈拉汗国，以及位于费尔干纳谷地的浩罕汗国。

1839年，奥伦堡总督彼罗夫斯基率领八千人进攻希瓦汗国。但从奥伦堡到希瓦汗国的路程还是过于遥远了，这一次，经过三个月严寒天气的行军，俄国人没有赶到希瓦。人员逃散、装备损失、后勤船被焚，彼罗夫斯基吞下败果。到这时，三大汗国依然维持着骄傲的独立。但不幸的是，他们已经无法从清政府那里得到帮助了，因此它们的命运虽然依旧自主，未来却已经确定。

我们不妨对三大汗国未来的命运进行简单的说明。

当俄国人占据哈萨克时，位于费尔干纳谷地的浩罕汗国还处于扩张期，它向北占领了塔什干（现乌兹别克斯坦首都）、奇姆肯特（位于哈萨克斯坦

---

① 关于暹罗的转型，最大的成果在蒙固王和朱拉隆功王时期，见前文。
② 见李欣祥的《消逝的海外华邦：西婆罗洲华人政权的兴亡》。

南部)、突厥斯坦(这里的突厥斯坦指一座城市,位于哈萨克斯坦南部)等地,与俄国人形成对峙。

从1852年开始,俄国人展开了一系列针对浩罕汗国在锡尔河上各个要塞的进攻,并逐渐向锡尔河上游前进。1860年,占领托卡马克;1863年,攻克突厥斯坦;1864年,拿下奇姆肯特。这些城市都在如今的哈萨克斯坦境内。

1865年,俄国人攻占塔什干,越过了哈萨克大草原。占领了这里,就意味着俄国人已经深入中亚内部,从这里不管是前往浩罕汗国,还是进攻布哈拉汗国,都已经具备闪电战的可能性。

果然,在俄国人占领塔什干后,另一个中亚国家布哈拉汗国决定帮助浩罕攻打俄国,却遭到惨败。俄国人乘机攻克浩罕汗国的中亚名城苦盏。苦盏在今天的塔吉克斯坦境内,如果一个人从撒马尔罕所在的河中地区前往费尔干纳谷地,就必须经过苦盏,这座城市如同是一座碉堡一般卡在费尔干纳谷地的入口,无法绕过。拿下苦盏,就等于切断了布哈拉汗国和浩罕汗国之间的联系。

随后,俄国人大举侵入河中地区,以屠杀和震荡的姿态逼迫布哈拉汗国投降,割据了汗国第二大城市撒马尔罕,并把它变成自己的被保护国。布哈拉汗国的投降,成了中亚三汗国命运的转折点——布哈拉位于另外两国之间,一旦它投降,另外两国的灭亡就是须臾之间的事了。

到这时,俄国人再次想起了兵败希瓦汗国的仇恨。1873年,俄军兵分三路进攻希瓦汗国,分别从里海、奥伦堡和塔什干出发,总兵力上万人。稳扎稳打的军事行动终于奏效,希瓦汗国被俄国吞并。

中亚三分天下亡其二之后,仅存的浩罕汗国已经失去了抵抗能力。1875年,俄国大军进攻浩罕。

三个汗国最终的命运是不一样的。布哈拉汗国最早投靠俄国人,得到了沙皇的宽大处理,允许其保留汗王之位,汗王仍然掌握行政权,但是必须成为俄国的被保护国。希瓦汗国虽然曾经抵抗过俄国的两次入侵,但也受到优待,保留了汗王的位置,也成为被保护国。

浩罕汗国却是例外。他们的抵抗最激烈,同时,费尔干纳谷地的地理位置也最险要,如果俄国人要入侵中国的新疆,必须控制费尔干纳谷地南面和东面的山区。当其他两国的统治者都被保留时,浩罕汗国却成为俄国的一个辖区。

当中央帝国决定假装外部世界微不足道时,西洋人却不断尝试探索中国。虽然人们总是宁愿相信在道光二十年(1840)之前中国是完全封闭的,但事实上中国与西方早已接触,而清政府与西方的冲突在战争之前就已经越来越激烈。与此同时,西洋人在广州的存在感也在增强。

19世纪20年代末,在广州的外国人也打破了一些规定。比如,清政府一直禁止外国人在珠江江面上划船,但这个禁令几乎成了一纸空文。清政府还禁止外国人全年居留在广州,但这个禁令更是一个古老的笑话。实际上,一些外国商人常年隐居在广州城外的商馆里。据说怡和洋行的成员亨利·莱特有七年没有离开过广州商馆,而美国洋行的领导人物内森·邓恩和顾盛两人也长期居住在广州。①

行商们与外国人关系密切,他们受到清朝各级政府和官员的盘剥,为了缴纳多如牛毛的款项,甚至铤而走险参与鸦片贸易。在贸易上,行商与外国商人的联系更加密切。到了道光二十二年(1842)取消公行制度时,虽然外国人也欢迎这样的改变,但在做生意时,还是找那些担任过行商的商人做生意。因为这些人经历过商业的熏陶,更加知道诚信的重要性。当然,他们也有过欺骗行为,但那往往是在巨大的财政负担压迫下不得已而为之。

早在道光二十年(1840)之前,外国人就将报纸(期刊)引入中国。最早的期刊并不在中国内地出版,而是由新教教会组织在马六甲出版。虽然天主教士们离开了中国,但18世纪末,另一个教会组织填补了天主教士的空白,那就是英国国教会,特别是乾隆六十年(1795)成立的伦敦传教会。基督教在中国的传播进入了下一个阶段,英美的新教徒占据了主导地位。

嘉庆九年(1804),伦敦传教会派遣传教士马礼逊前往中国,他于三年后到达,并在广州学习汉语。在乾隆时期,英国人中只有洪任辉一人会说汉

---

① 见《黄金圈住地——广州的美国商人群体与美国对华政策的形成,1784—1844》。

语，之后虽然皇帝三令五申，但英国人学习汉语的环境仍大大改善。马礼逊借助东印度公司译员的身份居住在广州，他的传教活动进展不大，但学习汉语、研究书籍、编制字典等工作一直持续。嘉庆十七年，伦敦传教会再次派遣传教士米怜前来帮助马礼逊。米怜在澳门和广州都得不到施展空间，于是前往马六甲，在那里创办了近代中国的第一份中文刊物《察世俗每月统记传》，直到1822年去世为止。①

道光十四年（1834），马礼逊去世。他翻译出版了完整的中文版《圣经》，编撰完成了第一本《汉英字典》，并开办了第一个以西方医学为基础的诊所，成为英美体系下对华传播知识的先驱。不幸的是，他生活在道光二十年之前，他的工作被整个中国的官僚阶层、精英阶层和文化阶层忽略了。

创办《察世俗每月统记传》之后，在道光二十年（1840）之前，西方传教士又在南洋和中国等地创办了一批出版物，包括在马六甲出版的《天下新闻》（1818）、巴达维亚出版的《特选撮要每月统记传》（1823），以及在广州出版的《东西洋每月统记传》（1833）和《各国消息》（1838）。

道光二十年（1840）之后，出版期刊报纸更是成了一种潮流。到同治六年（1867）为止，来华的三百三十八名新教传教士一共出版了四百九十种中文期刊。②

除了传教士的努力之外，在商业方面，也有大量的出版物出现，但大部分都是英文的。广州最早的英文报纸《广州纪事报》是道光七年（1827）11月英国私商亚历山大·孖地臣创办的。道光十五年9月，另一份英文报纸《广州周报》开始出版发行。其他一些定期刊物也不时出版发行，但都不成功，其中最有名的是伍德创办的鼓吹自由贸易的《中国信使报》，报纸直接抨击了英国东印度公司。另一份著名的出版物是月刊《中国丛报》，由美国传教士裨治文编辑出版。这份杂志在广州和澳门坚持开办了很多年，是鸦片战争之前十年里关于广州外国人社区最丰富的资料来源。③

---

① 《察世俗每月统记传》共出版了六年多，共七卷七十八期，以登载对传教有利的小知识、小故事为主。
② 见《察世俗每月统记传》的《前言》。
③ 见《黄金圈住地——广州的美国商人群体与美国对华政策的形成，1784—1844》。

当外国人在不断地了解中国并试图将世界引入中国时，中国人自己所写关于世界的《海录》却被当作神话，被排斥在主流社会之外。在国内完全不了解海外世界、完全没有做好准备的情况下，双方的冲突已经来到了家门口。

结论
失去的三百年

历史只是谈资，无人吸取教训。

关于道光二十年（1840）之前的社会，有着太多错误的说法。当前人们的普遍认知是：这时的中国是一个闭关锁国的社会，没有人对外界有所了解，也没有人生活在海外，整个国家都处于极端的信息匮乏之中。

但事实上，当时中国的沿海社会并非如此封闭。人们忽视了当时已经有数百万华人分布在东南亚地区，他们与中国内陆依然有着紧密的联系。沿海的人们对海外世界和西方人并不陌生，也知道他们的坚船利炮有多么先进。

就算是清政府的地方官员，也并非全然无知。历任两广总督和位于广州的海关监督对西洋世界都有所了解，与洋人打交道也是他们的职责之一。在嘉庆七年至十四年（1802—1809）之间的澳门危机期间，广东各级官员也见识了英国人强大的军事实力。在同时段的南方海盗潮时期，广东官员也尝试着与西方人联合去解决海盗问题。在他们的意识中，已经知道自己的军事实力是不如西方国家甚至海盗的。对于西洋的先进武器，这些官员也大都有所认知。可以说，以两广总督为代表的官员们的消息并不算闭塞。林则徐也绝非"开眼看世界"的第一人，许多官员，如吉庆、百龄等人都曾经主动与西洋人打交道，去了解他们，他们的和平姿态甚至比林则徐的咄咄逼人更可取。

在中国民间，也有着一个以行商为代表的与洋人做生意的阶层，他们会说西语，对海外的产品和技术更加推崇，对西洋贸易规则也越来越熟稔。

因此，海外的华人、国内与海外有联系的沿海居民、国内沿海地区的官员和商人，他们都拥有丰富的西洋信息，这让那种认为中国在道光二十年（1840）时是铁板一块的无知说法根本站不住脚。

可是，我们又无法否认，虽然已经存在一个"开眼看世界"的群体，但在国家层面上，中国仍显得如此无知。这是为什么呢？

这就要从明清的封建集权制度说起。这个制度的最核心任务是保证社会稳定，并以一人为中心来格式化整个社会。

虽然有大量沿海地区的华人身处海外，但他们在皇帝的眼里并不是有益的阶层，而是不肖的臣民。皇帝对他们不仅不帮助，而且首先想到的是打击，甚至杀害。对那些身在海外的人，皇帝也想方设法地把他们与国内的亲戚隔离开，避免"有害的"（却往往是真实的）信息传入国内影响稳定。因此，海外华人虽多，但他们对国内的影响几近于零。

沿海的官员虽然也知道真相，但他们如果说出真相，不仅不会得到表彰，反而有可能在错综复杂的官场斗争中被清算，于是他们选择将有效信息过滤掉，只说皇帝喜欢的、抓不住把柄的话。最终，皇帝无法从官员处得到任何有价值的信息。

沿海的商人阶层更了解西洋世界，青睐西洋产品，甚至采取西洋式的生活方式。但他们在帝国的链条末端，只能扮演帮助帝国榨取洋人财富的角色。我们通常认为以十三行为代表的商人阶层是富裕的寻租阶层，却不知道，他们为了完成帝国的任务，大都被压弯了腰，且大规模地破产，有的甚至赔上了性命都无法满足皇帝的榨取。帝国甚至长时间无法凑够足够的行商与外国人做生意。长期处于这样低下的地位，于是没有商人能够说出真相，也没有人敢提意见。

所以，道光二十年（1840）之前的实质是：不是没有人知道真相，特别是19世纪之后，帝国的军事实力之孱弱，在沿海的精英阶层中已经是共识了，但这真相在集权制度之下却无法传递给皇帝，供他决策。也就是说，皇帝预设了立场（华夷秩序），只有符合这个立场的信息才能回馈给他，而当这个立场已经与真实世界严重不符时，哪怕全国人民都知道了真相，皇帝的决策也依然不会改变。

但我们也不能由此苛责皇帝（具体来说，是当时的道光皇帝），因为在封闭环境中接受教育和长大的人，是学不会开放思维，也不会接受新知识的。大权在握的皇帝所接收的信息就足以支撑他决策的正确性——最终的问题在于封建集权式制度而不是个人。

我们可以将中国古代集权制度与英国制度做个对比,来说明信息收集方面的差别。在大英帝国时期,整个决策阶层对任何有效信息都是渴求的,任何一位前往世界各地的探险家或者旅行者,任何一位活跃在世界贸易体系中的商人,他们获取的信息几乎都会在极短的时间内传回国内,让每一个政治家都在充分开放和透明的信息流中做出最有利的判断。正是解决了整个社会的信息沟通问题,使得这个海岛小国越发强大。而在中国,皇帝管制信息的行为最终伤害最大的就是皇帝本人,因为他完全被自己制造的预设立场封闭了。但不幸的是,整个国家的命运就掌握在这个完全被封闭起来的皇帝之手。

另一个现代人充满了误解的问题是关于"改革开放"。中国历史上从不缺乏改革时期,也不缺乏开放时期。需要说明的是,现代人错误地将改革与历史上的变法对应起来。虽然"改革"与"变法"在字面上接近,在内容上却是南辕北辙的。改革的核心在于放松管制、减少干预,目的是赋予民间经济更多自由;而历史上的变法(如商鞅变法、王安石变法,以及汉武帝变法、唐朝的两税法、明朝张居正的一条鞭法)却大都以收紧权力、加强干预、增加财政为目的。因此,几乎所有的变法都产生了挤出民间财富、达到普遍贫穷的结果。古代历史上真正的改革时期,对应的是以汉朝的文景之治为代表的休养生息的时期,几乎在每个朝代初期,都会有这样的一个宽松时期,减少权力的任性、强化民间的自治,从而达到经济快速发展的目的。

而在中国古代,大的开放时期也至少出现过四次,分别是魏晋南北朝时期对佛教和西域知识的大量引入,唐宋时期所代表的开放精神和面向海洋,元代的世界思维,以及明末的西学运动。这四次的开放并不比现代这一次弱。

但中国古代历史上一个困扰了两千年的问题是:不管一个时代采取了多少改革和开放的措施,但到最后,集权主义所产生的稳定需求,最后都会导致权力重归闭塞,将之前的所有成果尽数推翻。

以本书所描写的时段为例,当人们谈论起晚清时期的闭关锁国时,并没有意识到,这样的闭锁政策恰好是从明末的大开放逐渐演化来的。

明末的大开放时期曾经充满了希望,本书也详细地追寻了当时所取得的成就:在世界史上,任何一个文明在发展到高峰之前,往往会有一次大规模的知识引进,将其他文明的先进知识引入本土文明,而引入的方式,就是一次大规模的翻译运动。不管是阿拉伯帝国的兴起,还是欧洲的文艺复兴,都能看到明显的大翻译运动的痕迹。而在明末也有这样一次大翻译运动,也是中国古代历史上两次大翻译运动之一(另一次是佛教翻译运动)。这次运动中,人们几乎将西方科学所有的学科都翻译成中文并引入国内,这既包括几何、算术、天文、地理、力学等自然科学,也包括信仰和哲学。在当时,西方科学从发现到引入中国的时间差往往只有几年到十几年,在只能依靠航海沟通的时代里,这样的时间差已经是奇迹。

在明末,还有一群高官显贵愿意睁开眼睛看世界。当以利玛窦为代表的传教士来到中国,徐光启、李之藻、瞿太素等人迅速将他们介绍到中国的智识阶层当中,形成了一次西学运动。这些代表人物既有内阁的首辅、次辅,也有地方上的乡绅阶层,甚至包括宫廷内的皇室成员和太监。这些人大部分并不是为了宗教而与传教士接触,而是带着明确的学习和实用主义态度,他们看到了西方科学的先进性,也意识到这些知识可以为我所用,可以解决中国的问题。他们试图在军事、水利、天文等各个领域,将这些先进的知识与中国古老的体系完成对接。

而在经济层面上,随着隆庆开关的进行,中国和世界的贸易联系也越来越密切。在东南沿海地区出现了拥有世界眼光的对外人才。另外,东南沿海地区以郑芝龙为代表的政治势力也是最能和西方打交道、最懂得在近代规则下博弈的力量。当明朝变成了南明,郑氏与南明朝廷合作,成了中国古代历史上少有的充满了贸易精神和开放心态、懂得贸易规则的政权,可惜的是这个政权最终没有维持下去,而是被北方更加保守的政权所取代。

即便到了清朝,中国依然继续享受着这次开放的成果。康熙皇帝是清朝最懂得利用西方科学知识的统治者,虽然现代人谈起他来,总是津津乐道于他的"民族精神"和强大武力,忽略了他与世界的接触。

在康熙时代,清朝拥有最强大的西洋大炮部队,装配着最先进的西洋式武器,对整个亚洲地区形成了压倒性的军事优势。就连皇帝本人也对西洋的数学、几何、天文学、地理学知识充满了兴趣,不断地找北京的传教士给自己讲解,甚至自己做题巩固知识。他还擅长利用西洋知识来解决工程问题。在与俄国人打交道的过程中,皇帝的谈判队伍中就有会拉丁语的西洋人士,而与俄国人签订的《尼布楚条约》的正式文本用的竟然是拉丁文。为了获得最科学的地图，他将西洋人士派往全国测量地理，获得了精确的中国全图。

康熙皇帝对西洋事物也很痴迷，他知道西方的药品更能治病，使得宫人也以拥有西洋药材而自豪。他的宫廷里充满了西洋的器具。他本人甚至提倡皇室成员学习西洋语言。

而在贸易上，康熙皇帝在灭亡了郑氏集团后，毅然选择重启海外贸易，建立了比之后的一口通商要先进的四口通商体制。当人们对贸易政策依然有疑虑时，他又出台措施，鼓励海外贸易。当日本决定闭关锁国时，康熙皇帝甚至鼓励中国商人与日本交流。

中国皇帝对西洋知识和西洋物品的利用，在康熙时期达到巅峰。但我们也要看到，清朝对西洋知识的利用，已经与明朝有了重大的区别。

人们普遍认为明清都属于中国封建集权的高峰期，但明朝的官员、文人和社会相对于清朝，依然有更大的独立性。这使得明朝时对西学感兴趣的人群是庞大的，正是他们发展出轰轰烈烈的大翻译运动。而他们的兴趣又通过对政策的影响，使得明朝政治上对西学的接纳程度远高于清朝，这一点正是带给我们希望的地方。

到了清朝，随着密折制度的建立，集权的加强，大臣们已经失去了独立决策的机会，都以当皇帝的奴才为荣。因此，即便是康熙时期，对西学感兴趣的也只有皇帝一人而已，在大臣和社会群体中，我们已经看不到独立思考、接纳西学的人群。

康熙皇帝本人虽然推崇西方传教士的学问，却只是让传教士和西方技术为自己服务，他并不想推广西学，甚至害怕人们在西学的影响下产生抗拒权力的手段和思想。他对西学的态度，是禁止人民学习，只准自己利用。这就锁死了西学，使之无法在全国产生影响，将西学变成了皇帝圈养的金丝雀。他的这种做法在历史上还会一次次重演，那就是统治者只想利用西方科学技术发展官营事业，对百姓却充满了警惕，将他们获取先进知识的通道全部堵死。

在清朝，随着开明皇帝的去世，西学的圈养化产生了最坏的结果：当一个对西方知识更加无知、思想上更保守的皇帝上台时，就轻而易举地结束了中国的开放之路。而恰在同时,科学在西方产生了爆炸式的进化。在明朝,西方科学传播到中国的时间差只有几年,但在清朝,任何的新知识都不会再传入中国。中国在皇帝的挟持下彻底扭过了头,再也不学习海外的先进知识了。

清政府对社会的超强控制,对海外贸易也产生了最坏的结果,从四口通商退回到一口通商,而这一口,也成了敛财的工具——清政府和官员不断地从外贸中榨取收入,直到连官方指定的商人(行商)都出现了大规模的破产。

从明朝后期打开国门迎接西方贸易,到一群承认西学先进性、主动引入西方知识的文人和官员阶层出现,中国进入了一个充满无限可能的时机。但不幸的是,明朝打开国门的时候,已经是国内政治和经济走下坡路的时候,它无力调整统治秩序,这个衰老的政权也在国内反叛和对清战争的双重压迫下走向灭亡。

但明朝文人所主导的西学精神即便到了南明政权以及郑成功时期,依然保留了下来。在这些南方政权中,我们还可以看到对西学知识的倚重,加上形势的逼迫,让他们必须开放国门,接受西方的武器和商品。但他们最终无力抵抗更加强大的北方政权,被纳入了集权体制中。

清政府在早期为了扩张,也必须利用西方的军事技术和其他科学,在一个雄心勃勃的皇帝手中,依然表现出了一定的开放性。只是这个皇帝也有着巨大的维持稳定的需求,不允许西学流向民间。当帝国结束了扩张期,进入稳定期,就关闭了所有窗口,产生了中国历史上最僵化的闭锁。

从大航海时代到海通的三百年时间里,中国曾经带着希望迎接西学的到来。在第一个百年里,它充满了好奇和试探,并接纳了更加先进的知识;在第二个百年里,随着明清的改朝换代,西学知识在颠簸中继续传播,直到被一个聪明的皇帝利用,但最终在另一个保守的皇帝手中落下了帷幕;到第三个百年,中国已经没有了西学知识,只有自大,但即便这样,知道西方、了解西方的中国人并不少,只是制度将他们的消息全部过滤,留给皇帝的,只有他心目中那个万年永驻的中央体制。当西方人从大航海走向工业革命,最终铺向世界的时候,中国却拐了个巨大的弯,最终彻底浪费了这三百年的机会。

本书的写作目的，就是不想让这宝贵的三百年淹没在一句"闭关锁国"之下，而是要让读者看到，中国也曾经有机会去学习西方、向世界开放，不管是在技术、商业、资金还是制度上。也让现代读者明白，中国历史上不止一次发生过对外开放，但如果不吸取历史的教训，就会回归封闭的原点。

那么，到底什么是所谓的"闭关锁国"？

闭关锁国并不是硬性地将所有的贸易断掉，而是在保留了部分对外贸易的名义下，以维护稳定的名义出台各种互相抵触的政策，在官僚执行过程中，让对外贸易变得困难重重，直至无法顺利地进行，从事实上将国门关闭。

闭关锁国也不是被迫的，而是一个制度性的自主选择。由于集权式制度对开放性的天然恐惧，皇帝更倾向于禁止百姓接触海外新事物、学习新知识，从而利用制度和舆论的力量，将百姓闭锁在信息大坝之内，最终产生对世界的厌恶和轻视。

我们也可以看到，晚明时期的开放已经"制造"了一批开眼向洋的人，即便到了清朝，东南沿海地区特别是广州一带依然有人是知道海外世界的，但整个社会的舆论场已经故意去排斥他们、不去了解海外世界了。

我们可以说，大航海时代以来，中国也曾经生机勃勃，充满了希望，但中国的皇帝却花了三百年将大门重新关上。只是他们不知道，随着大门的关闭与新技术的断绝，政权最终也必将在外部的冲击下倒塌。从这个角度说，鸦片只是一个契机，它的非正义性给了清朝的溃退一个借口，即便没有鸦片，这个封闭的政权也必将在其他的契机下轰然崩塌。

附录一

晚明两广总督表[①]

年份	总督
隆庆元年（1567）	谭纶，张瀚（八月）
隆庆二年	张瀚，刘焘（十二月）
隆庆三年	刘焘
隆庆四年	刘焘，李迁（二月）
隆庆五年	李迁，殷正茂（八月）
隆庆六年至万历二年（1574）	殷正茂
万历三年	殷正茂，凌云翼（六月）
万历四年至五年	凌云翼
万历六年	凌云翼，刘尧诲（十月）
万历七年至八年	刘尧诲
万历九年	刘尧诲，陈瑞（十一月）
万历十年	陈瑞
万历十一年	陈瑞，郭应聘（正月），吴文华（十一月）
万历十二年至十四年	吴文华
万历十五年	吴文华，吴善（二月）
万历十六年	吴善，刘继文（七月）

---

① 根据吴廷燮《明督抚年表》，见《二十五史补编》。

续表

年份	总督
万历十七年至十八年	刘继文
万历十九年	刘继文，萧彦（三月）
万历二十年	萧彦，陈蕖（十月）
万历二十一年	陈蕖
万历二十二年	陈蕖，陈大科（十月）
万历二十三年至二十五年	陈大科
万历二十六年	陈大科，戴燿（八月）
万历二十七年至三十七年	戴燿
万历三十八年	张鸣冈（三月）
万历三十九年至四十二年	张鸣冈
万历四十三年	张鸣冈，周嘉谟（二月）[①]
万历四十四年	周嘉谟
万历四十五年	周嘉谟，许宏纲（三月）
万历四十六年至四十七年	许宏纲
万历四十八年（泰昌元年，1620）	许宏纲，陈邦瞻（八月），胡应台（十二月）
天启元年（1621）至三年	胡应台
天启四年	胡应台，何士晋（二月）
天启五年	何士晋，商周祚（五月）
天启六年	商周祚
天启七年	李逢节（正月）
崇祯元年（1628）	李逢节，王尊德（七月）
崇祯二年至三年	王尊德
崇祯四年	王业浩（十月）
崇祯五年	王业浩，熊文灿（二月）
崇祯六年至九年	熊文灿

[①] 亦有记载周嘉谟取代张鸣冈发生在前一年，见《明史》周嘉谟本传。根据《明实录》，张鸣冈在万历四十三年（1615）依然担任两广总督。

续表

年份	总督
崇祯十年	熊文灿，张镜心（闰四月）
崇祯十一年至十三年	张镜心
崇祯十四年	张镜心，沈犹龙
崇祯十五年至十六年	沈犹龙
崇祯十七年	沈犹龙，丁魁楚（十月）

附录二

清代广东督抚表[1]

年份	两广总督	广东巡抚
顺治四年（1647）	佟养甲	
顺治五年	佟养甲	
顺治六年至八年	佟养甲	李栖凤
顺治九年		李栖凤
顺治十年至十二年	李率泰（六月）	李栖凤
顺治十三年	李率泰，王国光（二月）	李栖凤
顺治十四年	王国光	李栖凤
顺治十五年	王国光，李栖凤（六月）	李栖凤，董应魁（七月）
顺治十六年至十七年	李栖凤	董应魁
顺治十八年	李栖凤，卢崇峻（十二月）[2]	董应魁，卢兴祖（五月）
康熙元年（1662）至三年	卢崇峻	卢兴祖
康熙四年	卢崇峻，卢兴祖（二月）[3]	卢兴祖，王来任（三月）
康熙五年	卢兴祖	王来任
康熙六年	卢兴祖，周有德（十二月）	王来任，刘秉权（十二月）
康熙七年至八年	周有德	刘秉权
康熙九年	周有德，金光祖（三月）	刘秉权

[1] 根据钱实甫《清代职官表》的"总督年表和巡抚年表"。
[2] 从卢崇峻开始，两广总督区变为广东、广西分列，各有总督，这里列出的是广东总督。
[3] 从卢兴祖开始，广东、广西又合并为两广总督区，卢兴祖为两广总督。

续表

年份	两广总督	广东巡抚
康熙十年至十三年	金光祖	刘秉权
康熙十四年	金光祖	刘秉权，佟养钜（正月）
康熙十五年	金光祖	佟养钜
康熙十六年	金光祖	冯甦，金儁（十二月）
康熙十七年至十九年	金光祖	金儁
康熙二十年	金光祖，吴兴祚（十二月）	金儁，李士祯（十二月）
康熙二十一年至二十五年	吴兴祚	李士祯
康熙二十六年	吴兴祚	李士祯，朱宏祚（十一月）
康熙二十七年	吴兴祚	朱宏祚
康熙二十八年	吴兴祚，石琳（七月）	朱宏祚
康熙二十九年至三十年	石琳	朱宏祚
康熙三十一年	石琳	朱宏祚，江有良（十二月）
康熙三十二年	石琳	江有良
康熙三十三年至三十四年	石琳	高承爵
康熙三十五年	石琳	高承爵，萧永藻（十二月）
康熙三十六年至三十八年	石琳	萧永藻
康熙三十九年	石琳	萧永藻，彭鹏（十二月）
康熙四十年	石琳	彭鹏
康熙四十一年	石琳，郭世隆（十月）	彭鹏
康熙四十二年	郭世隆	彭鹏
康熙四十三年	郭世隆	彭鹏，石文晟（三月）
康熙四十四年	郭世隆	石文晟，范时崇
康熙四十五年	郭世隆，赵宏灿（十二月）	范时崇
康熙四十六年至四十八年	赵宏灿	范时崇
康熙四十九年	赵宏灿	范时崇，满丕（八月）
康熙五十年至五十二年	赵宏灿	满丕
康熙五十三年	赵宏灿	满丕，杨琳（十二月）
康熙五十四年	赵宏灿	杨琳
康熙五十五年	赵宏灿，杨琳（十月）	杨琳，法海（十月）

续表

年份	两广总督	广东巡抚
康熙五十六年	杨琳	法海
康熙五十七年	杨琳	法海，杨宗仁（十一月）
康熙五十八年至六十年	杨琳	杨宗仁
康熙六十一年	杨琳	杨宗仁，年希尧（十一月）
雍正元年（1723）	杨琳①	年希尧
雍正二年	杨琳，孔毓珣（四月）②	年希尧
雍正三年	孔毓珣	年希尧，杨文乾（四月）
雍正四年	孔毓珣	杨文乾
雍正五年	孔毓珣③	杨文乾，阿克敦（四月），石礼哈（九月）
雍正六年	孔毓珣	石礼哈，傅泰（八月）
雍正七年	孔毓珣，郝玉麟（三月）	傅泰
雍正八年	郝玉麟	傅泰，鄂弥达（五月）
雍正九年	郝玉麟	鄂弥达
雍正十年	郝玉麟，鄂弥达（二月）	鄂弥达，杨永斌（二月）
雍正十一年至乾隆元年（1736）	鄂弥达④	杨永斌
乾隆二年	鄂弥达	杨永斌，王謩（三月）
乾隆三年	鄂弥达，马尔泰（七月）	王謩
乾隆四年	马尔泰	王謩
乾隆五年	马尔泰	王謩，王安国（十一月）
乾隆六年	马尔泰，康复（四月）	王安国
乾隆七年	康复	王安国
乾隆八年	康复，马尔泰（五月）	王安国
乾隆九年	马尔泰，那苏图（七月）	王安国，策楞（正月）

---

① 该年八月两广再次分为广东、广西两总督辖区，杨琳为广东总督。
② 该年四月，广东、广西再次合并为两广总督辖区，孔在担任两广总督之前为广西总督。
③ 该年，广西并入云贵总督辖区，是为云广总督。孔毓珣依然为广东总督。
④ 雍正十二年十二月，广西回归两广总督辖区。鄂弥达为两广总督。

续表

年份	两广总督	广东巡抚
乾隆十年	那苏图，策楞（四月）	策楞，准泰（四月）
乾隆十一年	策楞	准泰
乾隆十二年	策楞	准泰，岳濬（五月）
乾隆十三年	策楞，尹继善（九月），硕色（十月）	岳濬
乾隆十四年	硕色	岳濬，苏昌（十二月）
乾隆十五年	硕色，陈大受（正月）	苏昌
乾隆十六年	陈大受，阿里衮（九月）	苏昌
乾隆十七年	阿里衮	苏昌
乾隆十八年	阿里衮，班第（正月），策楞（九月）	苏昌，鹤年（十一月）
乾隆十九年	策楞，杨应琚（四月）	鹤年
乾隆二十年	杨应琚	鹤年
乾隆二十一年	杨应琚	鹤年，周人骥（十月）
乾隆二十二年	杨应琚，鹤年（七月），陈宏谋（十二月）	周人骥
乾隆二十三年	陈宏谋，李侍尧（四月）	周人骥，钟音（正月），託恩多（三月）
乾隆二十四年至二十五年	李侍尧	託恩多
乾隆二十六年	李侍尧，苏昌（四月）	託恩多
乾隆二十七年	苏昌	託恩多，明山（八月）
乾隆二十八年	苏昌	明山，阿思哈（六月），明山（十一月）
乾隆二十九年	苏昌，李侍尧（六月）	明山
乾隆三十年	李侍尧，杨廷璋（六月）	明山，王检（闰二月）
乾隆三十一年	杨廷璋	王检
乾隆三十二年	杨廷璋，李侍尧（三月）	王检，钟音（八月）
乾隆三十三年	李侍尧	钟音，良卿（三月），钱度（四月），钟音（六月）
乾隆三十四年	李侍尧	钟音，德保（十二月）

续表

年份	两广总督	广东巡抚
乾隆三十五年至三十九年	李侍尧	德保
乾隆四十年	李侍尧	德保，熊学鹏（十二月）
乾隆四十一年	李侍尧	熊学鹏，李质颖（三月）
乾隆四十二年	李侍尧，杨景素（正月）	李质颖
乾隆四十三年	杨景素，桂林（二月）	李质颖
乾隆四十四年	桂林，巴延三（十二月）	李质颖
乾隆四十五年	巴延三	李质颖，李湖（三月）
乾隆四十六年	巴延三	李湖，雅德（十二月）
乾隆四十七年	巴延三	雅德，尚安（三月）
乾隆四十八年	巴延三	尚安
乾隆四十九年	巴延三，舒常（正月）	尚安，孙士毅（正月）
乾隆五十年	舒常，富勒浑（七月）	孙士毅
乾隆五十一年	富勒浑，孙士毅（四月）	孙士毅，图萨布（五月）
乾隆五十二年至五十三年	孙士毅	图萨布
乾隆五十四年	孙士毅，福康安（正月）	图萨布，郭世勋（六月）
乾隆五十五年至五十七年	福康安	郭世勋
乾隆五十八年	福康安，长麟（八月）	郭世勋
乾隆五十九年	长麟	郭世勋，朱珪（五月）
乾隆六十年	长麟	朱珪
嘉庆元年（1796）	长麟，朱珪（六月），吉庆（六月）	朱珪，英善（六月），张诚基（八月）
嘉庆二年	吉庆	张诚基，陈大文（四月）
嘉庆三年	吉庆	陈大文
嘉庆四年	吉庆	陈大文，陆有仁（正月）
嘉庆五年	吉庆	陆有仁，瑚图礼（二月）
嘉庆六年	吉庆	瑚图礼
嘉庆七年	吉庆，长麟（十一月），瑚图礼（十一月）	瑚图礼，铁保（十一月）
嘉庆八年	瑚图礼，倭什布（正月）	铁保，瑚图礼（正月），祖之望（八月），孙玉庭（九月）

续表

年份	两广总督	广东巡抚
嘉庆九年	倭什布，那彦成（十一月）	孙玉庭，百龄（十一月）
嘉庆十年	那彦成，吴熊光（十月）	百龄，孙玉庭（六月）
嘉庆十一年至十二年	吴熊光	孙玉庭
嘉庆十三年	吴熊光，永保（十一月）	孙玉庭，永保（十月），韩崶（十一月）
嘉庆十四年	永保，百龄（正月）	韩崶
嘉庆十五年	百龄	韩崶
嘉庆十六年	百龄，松筠（正月），蒋攸铦（九月）	韩崶
嘉庆十七年	蒋攸铦	韩崶
嘉庆十八年	蒋攸铦	韩崶，董教增（十月）
嘉庆十九年至二十一年	蒋攸铦	董教增
嘉庆二十二年	蒋攸铦，阮元（九月）	董教增，陈若霖（三月）
嘉庆二十三年	阮元	陈若霖，李鸿宾（四月）
嘉庆二十四年	阮元	李鸿宾，康绍镛（闰四月）
嘉庆二十五年	阮元	康绍镛
道光元年（1821）	阮元	康绍镛，张师诚（六月），孙尔准（八月），嵩孚（十月）
道光二年	阮元	嵩孚，程含章（六月），陈中孚（十二月）
道光三年—四年	阮元	陈中孚
道光五年	阮元	陈中孚，成格（八月）
道光六年	阮元，李鸿宾（五月）	成格
道光七年	李鸿宾	成格
道光八年	李鸿宾	成格，卢坤（八月）
道光九年	李鸿宾	卢坤
道光十年	李鸿宾	卢坤，朱桂桢（八月）
道光十一年	李鸿宾	朱桂桢
道光十二年	李鸿宾，卢坤（八月）	朱桂桢

续表

年份	两广总督	广东巡抚
道光十三年	卢坤	朱桂桢，祁𡎴（七月）
道光十四年	卢坤	祁𡎴
道光十五年	卢坤，邓廷桢（八月）	祁𡎴
道光十六年	邓廷桢	祁𡎴
道光十七年	邓廷桢	祁𡎴
道光十八年	邓廷桢	祁𡎴，怡良（二月）
道光十九年	邓廷桢，林则徐（十二月）	怡良
道光二十年	林则徐，琦善（九月）	怡良

附录三

明末中国各省教会发展情况[①]

明末,天主教在中国的传播达到高峰。下表根据传教士曾德昭的记录整理。

省份	情况
广东	耶稣会在这个省有两处驻地,有教堂和房屋,因几次迫害而毁坏
广西、云南	
福建	教会在这个省有两所房屋和教堂,有许多基督徒,他们有十来座教堂。两座主要的教堂一座在福州,另一座在泉州。还有若干私人礼拜堂
江西	耶稣会有两座教堂和房屋,一座在南昌,一座在南雄
四川	
湖广	该省省府有一处教会驻地,始于曾德昭到达之时
浙江	耶稣会在杭州有两处房屋,但后来减为一所。当地发展了许多基督徒,不乏有教养者
南京	耶稣会在这里有四座教堂,第一所在南京,还有一所耶稣会房屋,是早期传播基督教的,教会遭受过四次迫害,但每次都有力地恢复。第二所在上海,有很多信徒。第三所在松江。第四所在嘉定。除了这些教堂,还有若干礼拜堂
河南	耶稣会在首府开封有一座教堂和房屋,有许多基督徒
陕西	这里发现了古代最明显的基督教遗迹(大秦景教流行中国碑)。在西安,耶稣会有一座教堂和一所房屋,基督教有良好基础,也有教徒聚会的若干礼拜堂

[①] 根据传教士曾德昭的《大中国志》。

续表

省份	情况
山西	耶稣会在绛州有一所房屋和一座教堂。在蒲州也有一座教堂。二地均有相当多基督徒，其中许多人是贵族。有一些礼拜堂以弥补教堂的不足
山东、辽东	
北京	耶稣会在京城有一座漂亮的欧式教堂及一所房屋，有四位经过皇帝允许而居留的神父，很受官员尊敬
全国	除了各地的教堂（大多在大城市），还有许多基督徒居留地，他们有自己的礼拜堂，耶稣会教士定期去拜访并讲道、施洗、实施圣礼

葡萄牙人曾德昭，1585年生，十七岁入耶稣会，1613年到达南京，取名谢务禄。1616年由于南京教案，与意大利人王丰肃一起被遣返澳门。1620年重入内陆，改名曾德昭，历居杭州、嘉定、上海、南京、西安。1637年曾返欧，书于1638年在果阿完成，1640年携至葡萄牙。曾德昭于1649年再至广州，后至肇庆，为永历皇帝、皇后和宫廷举行弥撒，不久被卜弥格取代。1651年清兵取广州，曾德昭被拘数日，后回澳门养病。他在生命的最后几年又回到广州，1658年离世。

由于长期在中国生活，他对中国的观察代表了传教士的最高认知，他对中国各地的记载也体现出中国各地发展的不平衡。

他对广东称赞有加，认为中国最好的商品大都由此处运往各地。广东是中国最开放、最自由的贸易地点。且不说六个邻国运走的各种货物，仅葡萄牙人运往印度、日本和马尼拉的货物，每年就包括约五千三百箱各类丝绸，每箱装一百匹真丝，如天鹅绒花缎和缎子，轻料如半花缎、彩色单层缎，以及黄金、麝香、珍珠、糖、瓷盘、中国木、大黄、镀金器皿等各种东西。

滨海的福建为中国提供了另一大优良港口——漳州。这里是通往马尼拉、日本，特别是中国台湾岛（顺风二十四小时可达，当时被荷兰占领）的重要港口。

浙江为中国提供了最潮流的商品——上等丝绸。

南京（南直隶）则代表了全国风尚的精华，仅常州就有二十万台织布机，皇帝从这里每年征收十五万克朗的税。但这里缺乏对外港口。

陕西的甘州和肃州相当于北方的澳门，面向的是中亚地区，也是内陆各国成千商旅（主要是伊斯兰教徒）的聚集地。

在曾德昭的眼中，中国并不如欧洲富有，穷人也比欧洲的更穷。这里政府富足，但百姓贫穷。由此产生了中国人的许多特点，比如：天生好经商，小贩很多，处处都有；经商中容易偷奸耍滑；平常温文尔雅，但刑罚上又残忍无比；手工业发达，但工业和机械制造大大落后于西方。

中国人醉心于政治，对科学和艺术的兴趣不大。他们的逻辑缺乏训练，也对逻辑学研究不多。有完善的算术体系，但只限于四则运算，对代数则完全不知。有一定的几何学知识，有完善的地图，但对边界地区划分不清。可以预测日食和月食，也有星图，但不很完备（也不算差）。不知道油画，也不懂得绘画的阴影法，人物平面呆板，但画树木、花鸟栩栩如生。

中国武器落后，以弓箭和刀枪为主。但中国很早就使用火药，善于制造烟火。他们会制造炮身很短的臼炮，但制作水平低劣，比不上欧洲，战船上的炮也很小且战术落后。

曾德昭在写书之前已经在中国生活了二十二年，因此他能将中国的政治、社会、经济、民俗、文化、书籍、考试、选官、物产等方方面面都记载下来，并用最明白的语言写成册子，而这就是西方传教士和商人的记载最有价值的地方。他们每一个人都是学会了独立思考的存在，将大量关于中国的情报传递回去，供接下来与中国打交道的人使用。

相信很多现代读者看到这里，第一印象是：他们在偷情报，应该禁止他们！但是，事实上，所谓情报只是生活而已，只要他们生活在这里，人类天性中的好奇心就会起作用，让他们观察和记录。如果想杜绝情报，只有一个办法，就是禁止他们来中国。中国的皇帝就是这么想的，但达成的唯一结果，就是闭关锁国。这才是我们最需要时时刻刻警醒和防范的。

附录四

历届东正教驻京使团[①]

届数	年代	团长	事件
三	1736—1743	伊拉里翁·特鲁索夫	1734年制定了修士守则。 与第三批俄罗斯商队一同入华,商队队长是朗格和叶罗菲·菲尔索夫。 1736年,雍正皇帝去世。 1741年,特鲁索夫去世。 培养了三位汉语和满语人才。
四	1744—1755	格瓦尔西·林采夫斯基	使团由十人组成。随第五批商队一同入华。 1745年11月27日抵京。 编纂语法书,花一千五百卢布搜集了各地和北京地图。 中国人希望俄国人承担天主教的科学任务,但被拒绝。 开始发表关于中国的作品。
五	1755—1771	阿姆夫罗西(尤马托夫)	使团由十四人组成。1754年12月23日抵京。北京只留下六人。 雅克萨俄罗斯人普遍淡漠,但有二百二十名满人和汉人受洗。 1768年,皇帝禁止中国人信奉外国宗教,不久又放松。 1771年,阿姆夫罗西死亡。 中国与俄国外交关系复杂:商队停止。 逃人遣返问题导致北京在1759年关闭东正教堂。 1768年,北京与俄国签订备忘录,视为1728年条约的补充条款。
六	1771—1781	尼古拉·茨维特	1771年11月8日抵京。 1779年,恰克图贸易终止。

[①] 根据《历史上北京的俄国东正教使团》整理。

续表

届数	年代	团长	事件
七	1781—1794	约吉姆·希什科夫斯基	1781年11月2日抵京。与中国关系缓和，皇帝善待使团，各色人等可以不受限制地与使团来往。
八	1794—1807	索夫罗尼（格里鲍夫斯基）	旨在选择学者学习中国知识。 1794年11月27日抵京。 大量的著作。
九	1807—1821	阿波洛斯（后为亚夫金，即比丘林）	1805年戈洛夫金使团无法进入中国，拖延良久。 阿波洛斯未进入中国就被亚夫金替换了。 1808年1月10日抵京。 最热衷于学习的大司祭，却也是最堕落的大司祭。回国后被审判剥夺教职。但他的著作流芳千古。
十	1821—1830	彼得	曾参加第八届使团。从八等文官成为教士。 增加了年薪；规定了成员回国后待遇；明确必须学习汉语、满语、蒙语；明确学术构成。
十一	1830—1840	韦尼阿明	第十届使团成员，同意多留十年。 周游于高官显贵之间，与中国官员的关系达到高峰。
十二	1840—1849	波利卡尔普	越来越多地参与了贸易、政治、军事。 提交中英战争情报。探讨从天津走水路的贸易问题。试图解决黑龙江通航以及开辟新的口岸问题。

参考书籍

中国史书

〔元〕周达观.真腊风土记.中华书局.1991.
明史.中华书局.2000.
明实录.上海书店出版社.2015.
〔明〕张岱.石匮书.故宫出版社.2017.
〔清〕赵尔巽.清史稿.中华书局.2020.
王钟翰点校.清史列传.中华书局.2022.
〔清〕谷应泰.明史纪事本末.中华书局.2015.
〔清〕计六奇.明季北略.中华书局.1984.
〔清〕计六奇.明季南略.中华书局.1984.
〔清〕徐鼒.王崇武点校.小腆纪年附考.中华书局.1957.
〔清〕徐鼒.小腆纪传.中华书局.1958.
〔明〕谈迁.张宗祥校点.国榷.中华书局.2005.
〔清〕夏燮.沈仲九标点.明通鉴.中华书局.2009.
齐思和等整理.三朝筹办夷务始末：全24册.中华书局.2014.
〔清〕蒋良骐.鲍思陶、西原点校.东华录.齐鲁书社.2020.
钱海岳.南明史.中华书局.2006.
魏源全集.岳麓书社.2004.
二十五史补编.中华书局.1955.

中国资料

王铁崖编.中外旧约章汇编.生活·读书·新知三联书店.1957.

郭卫东编.中外旧约章补编.中华书局.2018.

大清新法令.商务印书馆.2011.

罗振玉辑.张小也、苏亦工等点校.皇清奏议.凤凰出版社.2018.

〔清〕伊桑阿等纂.杨一凡，宋北平主编.大清会典（康熙朝）.凤凰出版社.2017.

〔清〕允祹等纂.李春光校点.杨一凡，宋北平主编.大清会典（乾隆朝）.凤凰出版社.2018.

〔清〕托津等纂.王帅一，刘盈皎，王正华校点.杨一凡，宋北平主编.大清会典（嘉庆朝）.凤凰出版社.2021.

龚延明.中国历代职官别名大辞典.中华书局.2019.

钱实甫.清代职官年表.中华书局.2019.

魏秀梅编.清季职官表.中华书局.2013.

陈振汉，熊正文，萧国亮编.清实录经济史资料.北京大学出版社.2012.

王宏斌汇编点校.清代近海管辖权资料长编.上海古籍出版社.2019.

中国史学会主编.鸦片战争：中国近代史资料丛刊.上海书店出版社.2021.

邱居里点校.海甸野史：外二种.北京出版社.2019.

中国社会科学院近代史研究所《近代史资料》编译室主编.鸦片战争时期思想史资料选辑.知识产权出版社.2013.

清代档案史料选编.上海书店出版社.2010.

韩琦，吴旻校注.熙朝崇正集　熙朝定案（外三种）.中华书局.2006.

黄兴涛，王国荣编.明清之际西学文本.中华书局.2013.

周振鹤主编.明清之际西方传教士汉籍丛刊（第一辑）.凤凰出版社.2013.

周振鹤主编.明清之际西方传教士汉籍丛刊(第二辑).凤凰出版社.2017.

张星烺编注.中西交通史料汇编.华文出版社.2018.

梁家勉原编,李天纲增补.增补徐光启年谱.上海古籍出版社.2020.

〔明〕李之藻.郑诚辑校.李之藻集.中华书局.2018.

〔明〕李叔元.福建市舶提举司志鸡肋删.商务印书馆.2020.

〔明〕郑大郁.经国雄略.商务印书馆.2019.

〔明〕刘效祖.彭勇,崔继来校注.四镇三关志校注.中州古籍出版社.2018.

〔明〕巩珍.西洋番国志 郑和航海图 两种海道针经.中华书局.2000.

〔明〕黄省曾,张燮.谢方校注.西洋朝贡典录校注 东西洋考.中华书局.2000.

〔明〕严从简.余思黎点校.殊域周咨录.中华书局.1993.

〔明〕马欢.万明校注.明本《瀛涯胜览》校注.广东人民出版社.2018.

〔明〕费信.冯承钧校注.星槎胜览校注.华文出版社.2019.

〔清〕张喜.抚夷日记.南京出版社.2018.

〔清〕杨英,〔清〕施琅.郑焕章点校.从征实录 靖海纪事.商务印书馆.2019.

〔清〕黄逢昶,〔清〕黎景嵩,〔清〕刘璈.钟启河,喻几凡,廖芳芳校.海东札记 台湾杂记 巡台退思录 台海思痛录.岳麓书社.2011.

〔清〕易孔昭等.孔文杰整理.平定关陇纪略.人民日报出版社.2018.

〔清〕梁廷枏.海国四说.中华书局.2013.

〔清〕姚莹.姚彦琳点校.东槎纪略.中华书局.2020.

〔清〕夏燮.欧阳跃峰点校.中西纪事.中华书局.2020.

〔清〕王之春.赵春辰点校.清朝柔远记.中华书局.1989.

〔清〕谢清高.海录:附三种.岳麓书社.2017.

〔清〕王芝.海客日谈.岳麓书社.2016.

〔清〕潘鼎珪,〔清〕陈伦炯,〔清〕林豪.叶恩典,丁金潮,陈琼芳点校.安南纪游 海国闻见录 东瀛纪事.商务印书馆.2020.

〔越〕黎崱，〔清〕大汕．武尚清，余思黎点校．安南志略　海外纪事．中华书局．2000.

〔明〕王圻．续文献通考．巴蜀书社．2022.

〔梁〕释僧祐．苏晋仁，萧鍊子点校．出三藏记集．中华书局．1995.

〔北魏〕杨衒之．曹虹今译．王伊同英译．洛阳伽蓝记：汉英对照．中华书局．2007.

〔清〕屈大均．安龙逸史．贵州人民出版社．2010.

〔清〕查继佐．罪惟录．浙江古籍出版社．2012.

〔明〕刘湘客．行在阳秋．上海古籍出版社．1996.

〔清〕佚名．平定罗刹方略．中华书局．1991.

中国研究

顾诚．南明史．光明日报出版社．2011.

倪玉平．清代嘉道财政与社会．商务印书馆．2013.

赖惠敏．满大人的荷包：清代喀尔喀蒙古的衙门与商号．中华书局．2020.

阎宗临．中西交通史．商务印书馆．2021.

黄国盛．鸦片战争前的东南四省海关．福建人民出版社．2000.

李恩涵．东南亚华人史．东方出版社．2015.

李欣祥．消逝的海外华邦：西婆罗洲华人政权的兴亡．北京大学出版社．2022.

钟永宁．消失的铺路人：罗明坚与中西初识．中华书局．2022.

樊树志．晚明大变局．中华书局．2015.

郭建龙．印度，漂浮的次大陆．浙江大学出版社．2013.

郭建龙．中央帝国的财政密码．鹭江出版社．2018.

郭建龙．丝绸之路大历史：当古代中国遭遇世界．天地出版社．2021.

张明扬．中国古代战争史札记．山西人民出版社．2020.

外国资料

伍宇星编译. 19世纪俄国人笔下的广州. 大象出版社. 2011.

孙晓主编. 大越史记全书. 西南师范大学出版社, 人民出版社. 2015.

[意]利玛窦, [法]金尼阁, 何高济, 王遵仲, 李申译. 利玛窦中国札记. 中华书局. 2010.

[意]利玛窦. 文铮译. 利玛窦书信集. 商务印书馆. 2018.

[美]李国庆编译. 龙旗下的广州城. 广东人民出版社. 2022.

[英]艾约瑟等. 西学启蒙两种. 岳麓书社. 2017.

[英]乔治·马夏尔尼, [英]约翰·巴罗. 何高济, 何毓宁译. 马夏尔尼使团使华观感. 商务印书馆. 2013.

[英]乔治·斯当东. 钱丽译. 英使谒见乾隆纪实. 电子工业出版社. 2016.

[英]爱尼斯·安德逊. 费振东译. 在大清帝国的航行：英国人眼中的乾隆盛世. 电子工业出版社. 2015.

[英]乔治·托马斯·斯当东. 屈文生译. 小斯当东回忆录. 上海人民出版社. 2015.

[英]亨利·埃利斯. 刘天路, 刘甜甜译. 阿美士德使团出使中国日记. 商务印书馆. 2013.

[英]C. R. 博克舍编注. 何高济译. 十六世纪中国南部行纪. 中华书局. 2002.

[英]约翰·贝尔. 蒋雯燕, 崔焕伟译. 从圣彼得堡到北京旅行记（1719—1722）. 云南人民出版社. 2018.

[美]丁韪良, [意]艾略儒, [比]南怀仁, 赖某深校点. 丁韪良西学考略　职方外纪　坤舆图说. 岳麓书社. 2016.

[美]威廉·怀特曼·伍德. 邓赛译. 洋记者的广州城记. 广东人民出版社. 2022.

[西]胡安·冈萨雷斯·德·门多萨编撰. 孙家堃译. 中华大帝国史. 中

华书局 .2013.

［西］帕莱福等 .何高济译 .鞑靼征服中国史　鞑靼中国史　鞑靼战纪 .中华书局 .2008.

［葡］巴洛斯，［西］艾斯加兰蒂 .何高济译 .十六世纪葡萄牙文学中的中国　中华帝国概述 .中华书局 .2013.

［葡］曾德昭 .何高济译 .大中国志 .商务印书馆 .2012.

［葡］安文思，［意］利类斯，［荷］许理和 .何高济译 .中国新史（外两种）.大象出版社 .2016.

［俄］B.C.米亚斯尼科夫主编 .徐昌翰等译 .19世纪俄中关系：资料与文献 .广东人民出版社 .2013.

［法］加略利 .谢海涛译 .1844年法国使华团外交活动日记 .广西师范大学出版社 .2013.

［比］南怀仁 .［比］高华士英译 .余三乐中译 .南怀仁的《欧洲天文学》.大象出版社 .2016.

［波］卜弥格 .［波］爱德华·卡伊丹斯基波兰文翻译 .张振辉，张西平中文翻译 .卜弥格文集：中西文化交流与中医西传 .华东师范大学出版社 .2013.

［越］陈重金 .戴可来译 .越南通史 .商务印书馆 .2020.

［意］鄂多立克等 .何高济译 .海屯行纪　鄂多立克东游录　沙哈鲁遣使中国记 .中华书局 .2018.

外国研究

黄若泽，庄弛原，吴慧敏译 .王宏志审订 .英国国家档案馆藏鸦片战争史稿 .上海书店出版社 .2022.

［美］马士 .区宗华译 .林树惠校 .章文钦校注 .东印度公司对华贸易编年史（1635—1834年）.广东人民出版社 .2016.

［英］兰宁，库寿龄 .朱华译 .上海史 .上海书店出版社 .2020.

［英］罗杰·克劳利 .陆大鹏译 .征服者：葡萄牙帝国的崛起 .社会科学

文献出版社.2016.

［美］珍妮特·L.阿布-卢格霍德.杜宪兵,何其兰,武逸天译.欧洲霸权之前:1250—1350年的世界体系.商务印书馆.2015.

［美］魏斐德.王小荷译.大门口的陌生人.中国社会科学出版社.1988.

［美］柏理安.毛瑞方译.东方之旅:1579—1724耶稣会传教团在中国.江苏人民出版社.2017.

［美］穆黛安.刘平译.华南海盗:1790—1810.商务印书馆.2019.

［美］雅克·当斯.周湘,江滢河译.黄金圈住地:广州的美国商人群体与美国对华政策的形成,1784—1844.广东人民出版社.2015.

［美］邓恩.余三乐,石蓉译.一代巨人:明末耶稣会士在中国的故事.社会科学文献出版社.2023.

［美］马娅·亚桑诺夫.朱邦芊译.帝国边缘:英国在东方的征服与收藏(1750—1850).社会科学文献出版社.2019.

［美］阿图罗·吉拉尔德斯.李文远译.贸易:马尼拉大帆船与全球化经济的黎明.中国工人出版社.2021.

［美］查尔斯·曼恩.朱菲,王原等译.1493:物种大交换开创的世界史.中信出版社.2016.

［意］白佐良,［意］马西尼.白玉崑译.意大利与中国.浙江人民出版社.2023.

［法］佩雷菲特.王国卿等译.停滞的帝国:两个世界的撞击.生活·读书·新知三联书店.1998.

［苏］米·约·斯拉德科夫斯基.宿丰林译.俄国各民族与中国贸易经济关系史(1917年以前).社会科学文献出版社.2008.

［俄］阿夫拉阿米辑.柳若梅译.历史上北京的俄国东正教使团.大象出版社.2016.

［澳］瑞德.孙来臣,李塔娜,吴小安译.东南亚的贸易时代:1450—1680年.商务印书馆.2013.

［澳］安东尼·瑞德.宋婉贞,张振江译.东南亚史:危险而关键的十字路口.上海人民出版社.2021.

［荷］安东·范德伦.杜原译.海洋帝国的崛起：尼德兰八十年战争.天地出版社.2021.

［法］格鲁塞.蓝琪译.草原帝国：珍藏本.商务印书馆.2009.

［英］西蒙·塞巴格·蒙蒂菲奥里.陆大鹏译.罗曼诺夫皇朝（1613—1918）.社会科学文献出版社.2018.

［法］G.赛代斯.蔡华，杨保均译.东南亚的印度化国家.商务印书馆.2017.

后 记

在写作本书的间隙，我陪着父亲去了一次浙江舟山，寻找当年祖父母居住的地方。

祖父过继给了他的大伯，在1947年，作为独子的他本不需要参军，但因为人为安排，被迫扛起了枪离开家乡，据说他的名额原本是分给村干部的一位亲戚。祖母哭着送走了丈夫，以为再也见不到他了。这是祖父人生的第一次低潮。

不想，这位貌不惊人的二十岁青年不仅没有战死沙场，反而因为他的勇敢而步步高升。他参加了洛阳战役、济南战役、淮海战役，渡江之后已经成了军官，绰号"郭疯子"。当20世纪50年代我的祖母带着我的父亲去看望他时，他已经是营长了。

军队对祖父也非常重视，送他前往南京高等军事学院深造，之后提为秀山独立营营长（正团级），未来可期。

但就在这时，变化来了。祖母的父亲出身不好，死于一场运动，祖父因为这层关系也受到牵连。其实在那个特殊的年代，一些农村出身的军官在革命胜利后，与农村的妻子离了婚，并在驻地再选择一个有文化的年轻女子。祖父如果和祖母离婚，将不再受祖母家族的牵连，未来可以继续拥有"远大的前程"。但他不忍心抛下祖母，于是不得不离开军队。

祖父离开军队后，被送往当时最偏远的云南，在玉溪地质队（区域地质调查队）工作。当时恰逢"文化大革命"初起，刚刚到任的祖父由于不赞成"放弃生产搞革命"的做法，被关入牛棚。这是祖父人生的第二次低潮。

不想，与祖父一起关牛棚的，还有玉溪当地的官员，涵盖医疗、教育、烟草等各个系统。到了20世纪80年代初，正是这一批人主导了改革开放最初几年的地方政策。祖父由于正直，也负责主持地质队的工作，担任副大队长（正大队长空缺）。借助与那些"棚友"的友谊，他为单位争取了不少利益，受到同事们的爱戴。

但就在这时，祖父又做了一个惊人的决定：他认为自己不是地质专业出身，不应该外行领导内行，因此数次放弃提拔的机会，将一批专业出身的年轻人扶上了领导岗位。他自己则功成身退，回到山东。

就这样，祖父在我的家族成了传奇，我们根本不在乎他曾经担任过什么职务，我们只记住了他的人性，他的宠辱不惊，他低潮时不放弃、高潮时不张扬的品性，以及他对祖母的感情。

在我们美化关于他的记忆的同时，事实上，他又有着无数缺点。比如他脾气暴躁，到了晚年对祖母的态度并不好。祖母去世，就是因为在与他生了一场气的当天突发脑溢血。祖母去世后，祖父的自责让他在十一天后就追随妻子而去。但随着他们的离去，所有的恩怨都已经消失成风，留给我们的回忆，反而是他宁肯失去一切也不抛弃一个女人的勇气，即便在最极端的年代，他也不惜任何代价。

父亲曾经跟随祖父母在浙江舟山读书，直到考上大学才离开浙江，后来再也没有回去过。这一次，我陪着他去了将近六十年前离开的地方。

经过寻找，我们发现，祖父在秀山岛担任独立营营长时住的房子还在。当年的军官宿舍已经改为纯净水厂厂房，房子的屋顶改为彩钢，只有厚厚的石墙能够帮助父亲回忆起六十年前的景象。我惊讶于当时营长居住的房间只有不到十平方米大小，父亲则在不断地恢复着记忆：这儿一口井，那儿是食堂……白发苍苍的老人因为童年的记忆而潸然泪下。

我们还去寻找了更早期祖父在舟山岛担任教导团二营营长时住的房子。当我们到达那个叫作黄沙周的小山坳，一位当地人告诉我们，房子已经被拆掉了。但离开时，父亲发现了一条小河，他断定刚才寻找的地方是错误的。我们循小河而上，看见了那三排青砖灰色二层小楼，父亲已经激动得快哭出了声。这几栋近百年的楼房保存得非常完整，在军官们离开后，曾经作为民房使用，现在已经空出来了。

当我望着当年祖父的居所，回想起已经逝去近三十年的祖父母，才意识到，人生中那些跌宕起伏并不是什么大事，当繁华落尽，留下的反而只是那偶尔的人性瞬间。

不仅对人，对社会也是如此。人们总是相信历史是向上的，在某个历史阶段，人们更是信心满满，憋足了劲想要证实历史的进步性。但历史确实是会倒退的，不管是开元盛世和仁宗盛治之后、面对着大规模战乱的唐宋人民，还是经历了明末开放、以为中国拥抱了西方的士大夫们，他们都不得不面对倒退的尴尬。

对中国人来说，历史是周期性发展的。这既包括王朝兴衰的大周期，也包括人生起伏的小周期。如果一个人只盼望着顺境，那么他脆弱的心态会在逆境中崩塌，要么无力活下去，要么依附于权力，变成帮凶。

一个人只有学会尊重逆境，才能在渺茫的希望中苦苦支撑，等待着下一次复苏。由于人类的寿命是有限的，他有可能等得到，也可能等不到。只有坦然接受命运的人，才能忍受得住等不到的可能性，即便等不到也坚持不能放弃心中的理想。

这就是我从祖父那儿所学到的人性，并希望自己哪怕在人生逆境之中，依然能够坚守自己的独立判断。

本书所描写的内容，不是歌颂古代王朝的伟大，而是探讨从地理大发现到鸦片战争爆发的三百多年里，中国的客观得失。让人们去理解，中国不是天生闭锁的，在几百年前就有过一次大规模的开放，并将当时最先进的西方技术和知识尽数引入。但由于封建集权政权的性质，中国社会又忘掉了当初学习的一切，重归传统的闭锁社会。

只有理解了这一次大倒退中的逻辑，才能理解之后的开放得来多么不易，并珍惜眼前的一切。

但不管怎样，我希望读者们理解，历史和人一样，也有顺境和逆境，做好心理上的准备，在顺境中保持谦虚，在逆境中不放弃希望。

本书献给我的祖父母郭保成和李玉萍，我的父母郭连生和张桂琴。

献给我的妻子梦舞君。

献给我的朋友文学锋、谷重庆、秦绪东、周杭君。

献给我的老师俞敏洪、罗振宇。

献给我的编辑董曦阳。

本书的构思和初稿完成于大理风吼居，本书终稿完成于大理跑狗场。